U0052954

# 西洋教育史新論

## ——西洋教育的特質及其形成與發展

許智偉　編著

三民書局

*Education*

國家圖書館出版品預行編目資料

西洋教育史新論：西洋教育的特質及其形成與發展 /
許智偉著.－－初版一刷.－－臺北市: 三民, 2012
　　面；　公分

ISBN 978-957-14-5594-5　（平裝）

1.教育史 2.西洋史

520.94　　　　　　　　　　　　　　100023953

© 　西洋教育史新論
　　　　——西洋教育的特質及其形成與發展

| | |
|---|---|
| 著 作 人 | 許智偉 |
| 責任編輯 | 佘泓智 |
| 美術設計 | 陳宛琳 |
| 發 行 人 | 劉振強 |
| 著作財產權人 | 三民書局股份有限公司 |
| 發 行 所 | 三民書局股份有限公司 |
| | 地址　臺北市復興北路386號 |
| | 電話　(02)25006600 |
| | 郵撥帳號　0009998-5 |
| 門 市 部 | (復北店)臺北市復興北路386號 |
| | (重南店)臺北市重慶南路一段61號 |
| 出版日期 | 初版一刷　2012年4月 |
| 編 　號 | S 521130 |

行政院新聞局登記證局版臺業字第○二○○號

ISBN　978-957-14-5594-5　　（平裝）

http://www.sanmin.com.tw　三民網路書店
※本書如有缺頁、破損或裝訂錯誤，請寄回本公司更換。

# 自 序

　　1969 年我由德學成回國，立即應恩師劉真（字白如）教授之召，到他所主持的國立政治大學教育研究所任教，講授中西教育思想史有關課程，因譯介原典且運用詮釋學方法探討，頗受學生歡迎。其後雖轉任教育行政工作，仍兼課不輟。1981 年時，三民書局董事長劉振強先生因好友史振鼎兄介紹，推愛囑撰《西洋教育史》，原意可將講義增補後交稿，孰知簽約不久，突被徵召赴歐工作，14 年後歸國，發現有關詮釋已屢次更新，並且新說迭起，連學術典範亦已轉移，舊稿無法再用，必須重新寫起。幸旅歐之時，經常搜集有關資料，並曾訪遍各大教育家之故居，且考察其教育事業之遺跡，體驗頗深，感受更切，所以我想寫一部不同於傳統的西洋教育史。我渴望根據歷年切問近思所得，試著做到：

㈠說明西洋教育的特質及其形成的重要原因與發展的趨向。

㈡教育並非孤立的單一現象，而係社會變遷、文化發展與哲學思潮的一環，介紹任何一種教育思想時，都必敘述其有關的脈絡。

㈢誠如許伯朗額 (Edward Spranger, 1882–1963) 所云：「沒有教育天才，無法創造不朽的教育！」所以這部西洋教育史乃是以歷代大教育家為核心所寫的歷史；但是介紹他們時，並不是書寫履歷，而是要指出形成其人格和思想的因素。

㈣站在我國學生的立場來探討西洋教育，時間愈遠者愈簡略，時間愈近者愈詳細；與我國教育無關者盡量省略，對我國現代教育影響深遠者則予詳論；我們所熟悉的史實只略加提示，大家不清楚的背景則一一說明。譯名依國際通例，應根據其本國語文的發音，且力求接近該字原意，故除約定俗成者外，有些譯名與坊間出版品不同。

㈤狄爾泰 (Wilhelm Dilthey, 1833–1911) 說：「對於自然，我們可以解釋；對於人，我們只能理解。」我們雖然無法實證人類的內在經驗，

但卻可運用生命整體（知、情、意、靈）去理解人類創造的精神事實──「教育思想和事蹟」之意義，進而發現個別生命的理性與普遍歷史之目的，因而把西洋教育史組成有機的系統而不是零碎史實的堆砌。

從 2003 年 5 月《丹麥史》交稿後，我便開始撰寫本書，原期 3 年完成，然因有關史料卷帙浩繁，想讀的書愈讀愈多，以致落筆愈來愈慢；兼因年老力衰和眼疾手術，幾度想要放棄。正徬徨間，承陳雅鴻博士之推薦，並蒙淡江大學創辦人張建邦博士、校長張家宜博士及國際研究學院院長戴萬欽博士之不棄，邀愚於退休後仍至該校博士班兼課，講授歐洲哲學及教育、外交政策及戰略等課程，由於學生們的熱烈參與討論，翁明賢博士與郭秋慶博士兩位所長的不斷鼓勵，重燃我向學的勇氣，堅定我治史的信心，終於經過多年抗戰，寫完 24 章而可以集結出版。由此我必須向張創辦人和淡江的師友們表達由衷的感謝，尤其要向先後參與研討、查證資料及代為謄稿的博士研究生吳振逢、程大洋和許衍華表示最深的謝意，如果沒有他們的協助，今天能否完稿，仍是疑問。

在撰寫的過程中，明斯德 (Münster) 大學的指導教授列希登斯坦 (Prof. Dr. Ernst Lichtenstein, 1900–1972) 及高伯赫 (Prof. Dr. Friedrich Kaulbach) 的諄諄教誨仍歷歷在目；陸尚 (Prof. Dr. Rudolf Lassahn) 和呂登瑙娃 (Prof. Dr. Isabella Rüttennauer) 的熱心闡釋，逐字訂正；費惕希 (Prof. Dr. Horst E. Wittig)、史玉山 (Carla Steenberg) 和劉爾士 (Prof. Dr. Hermann Röhrs) 不遺在遠方多方指導；以及同窗裴綸士 (Almut Behrens) 和郭恆鈺博士屢次寄贈眼藥及珍本書籍資料等，種種桃李情誼更不斷浮現腦際，使我常懷感恩，容許我先在此向他們說聲多謝！

當然，最應該感謝的是劉董事長振強先生，如果沒有他數十年的忍耐與寬容，這本小書無法出現；同樣地要感謝內子顏粹咩女士，如果沒有她不斷督促，我亦不易擺脫俗務，專心寫作。三民書局王韻芬女士、編輯群協助訂約、催稿及編校，還有負責排印與出版的各位同仁，亦均備極辛勞，謹在此表達由衷的謝意。

　　此書完稿之時，又傳來令人興奮的佳音：恩師劉校長白如先生在慶
祝百歲華誕之時，受浸皈依基督。他在立德立功立言之餘，又為我們樹
立了效法的榜樣，所以我要恭恭敬敬地把這本著作獻給他作為生日禮物！

　　但願尊貴、榮耀、讚美和感謝都歸給那一生一世牧養我們直到如今
的慈愛父神！


　　　　　　　　　　　　　　　　　許智偉　謹序
　　　　　　　　　　　　　　　　2012 年 4 月，時年 81 歲

# 西洋教育史新論

## ——西洋教育的特質及其形成與發展

# 目 次

# 第一篇

# 西洋教育的探源

# 第 1 章

## 古希臘的教育

## 第一節　西洋文明的搖籃

### 一、西洋的範圍

所謂「西洋」是我們對「西方世界」(western world) 的泛稱，原來沒有明確的定義，通常是指挾「船堅砲利」之勢，藉「科學」、「民主」之力，西擴美洲、南窺非洲、東來亞洲的歐洲列強，及其所代表的文化而言。

### 二、東地中海區域

歐洲地處陸半球的中央，與亞、非、美洲的往來都很方便；且位於西風帶上，氣候適合人類的居住與發展。尤其是南部的地中海區域，冬暖夏涼，盛產橄欖與葡萄，既利農耕又便於畜牧，更成為人類文明發展的溫床。在東部地中海，島嶼密佈、海灣交錯，不僅易於通商貿易，而且海水蔚藍，配以高山白雲，亦引發人類的想像，遂逐漸成為歐洲文化的發源地。❶

### 三、希利尼人

西元前 1200 年左右，當人類開始進入鐵器文明時代的時候，印歐族 (Indo-Europeane) 已經在歐亞兩洲有了很好的發展。其中有一群自稱是普羅米修士（Prometheus，盜火給人類的神仙）後裔的希利尼人 (Hellene) 駕木舟南下，紛紛占領了愛琴海 (Aegean Sea) 區域的各島嶼。他們不僅善於航海，而且發展了重裝步兵方陣 (hoplite phalanx)，強調集體力量，培養出同進共退、步伐一致的公民意識；更由於採用了腓尼基人 (Phoenicians) 所發明的字母，而開始文字記事的歷史時代。他們又各占山頭，發明了城邦 (polis)，進而產生了「城邦政治」(the city-state)。這些希利尼人由於方言的不同又可分成 3 支：

---

❶　參閱鄒豹君：《歐洲地理》(臺北：商務，1978)，頁 354–364。蔡進丁、陶瑋譯：《歐洲地理新論》(臺北：黎明，1985)，頁 99–104。

愛奧尼亞 (Ionians)、伊奧尼亞 (Aeolians) 及杜利安 (Dorians)，但習慣上把他們定居的區域通稱為「希臘」(Hellas)。❷

## 四、希臘早期歷史

　　希臘早期的歷史幸運地由《荷馬史詩》(*Homeric Epics*) 流傳下來。這些由行吟詩人所彈唱的愛情與戰爭英雄故事，使我們得以一窺當時的風俗與制度。相傳盲詩人荷馬 (Homer, c. 850–700 B.C.) 的史詩，最重要的有兩篇：〈伊利亞德〉("Iliad") 和〈奧德賽〉("Odyssey")。前者描述特洛亞 (Trojan) 王子巴力士 (Paris) 訪問斯巴達 (Sparta)，國王梅尼老 (Menelaus) 依照希臘好客傳統熱情接待，焉知巴力士卻勾引美麗的王后海倫 (Helen) 逃歸本國，激怒了希臘各族。梅尼老乃與邁錫尼 (Mycenaean) 國王艾加猛 (Agamemnon) 統帥各邦攻打特洛亞，圍城 10 年，終以木馬屠城獲勝。後者則記敘斯巴達凱歸的艦隊，途中遇到暴風雨，歷經艱險與奇遇，尤其是提出木馬奇計的奧德秀 (Odysseus) 10 年後才能返鄉復國的壯烈故事。

　　從上述史詩以及有關文獻可以推知，希臘各邦已經在西元前 1000 年左右，在愛琴海區域以武力擴張並繼承了克里特 (Cretan)，而創造了邁錫尼的文化。❸

## 五、奧林匹克運動會

　　希臘人民崇敬奧林帕斯 (Olympus) 山上的諸神仙，每一城邦各有其自己的保護神，每一神殿也各有其不同的廟會活動，其中最熱鬧的是每 4 年一次用以對天帝宙斯 (Zeus) 表達感恩的運動競技大會，成為全民族團結的象徵。宙斯神殿建在伯羅奔尼撒 (Peloponnesos) 半島上艾利斯 (Elis) 邦國的奧林匹亞 (Olympia)，競技活動就在附近的山谷舉行。

---

❷　參閱楊萬運、賈士蘅譯：《世界通史》(臺北：正中，1978)，頁 95–109。

❸　德國的徐利曼 (Heinrich Schliemann, 1822–1890) 自 1871 至 1885 年間多次發掘，證實了特洛亞城及邁錫尼文化。英國的艾文思 (Arthur John Evans, 1851–1941) 則在克里特島上挖出邁諾斯 (Minos) 王宮。兩者均證實了希臘古史的真實性。

西元前八世紀，艾利斯王伊斐多 (Iphitos) 邀請比薩邦主克利奧 (Kleosthenes) 和斯巴達王雷可格 (Lykourgo) 共同發起舉辦運動會，獲各邦熱烈響應。並協議：(1)賽前一個月，所有交戰行為全部停止；(2)死刑犯延到賽後處決；(3)攜帶武器之個人或部隊不得進入艾利斯境內；(4)由艾利斯當局派遣「信使」將約本快遞至各邦。

首屆奧運乃於西元前 776 年 7 月（夏至後的第一個月望）舉行。日期決定後，首請祭司在奧林匹亞宙斯神殿的祭臺前點燃火種，然後交由「信使」持著火炬一站一站地跑遍各城邦，告知各參賽的城邦邦主必須依照協定休戰，積極準備參加奧運。選手限來自使用希臘語文、遵守希臘傳統風俗習慣的城邦成年男子，經宣誓後裸體上陣，裁判則由地主國國王擔任。參賽項目原來只有「賽跑」一項，其他項目如角力、五項全能、拳擊、馬車等都是以後陸續增加出來的。

奧運會的最後一天是頒獎日，清晨由身穿紫色長袍的裁判長替優勝者逐一加冠，中午由地主國邦主賜宴，晚間由各城邦使節分別款宴。奪冠選手回到本鄉時，更從平日只供邦主專用的城門進城，一路接受沿途群眾向他身上撒花朵樹葉；馬車抵達守護神廣場時，還要接受廣大群眾的歡呼❹。此對於鼓勵青少年努力向上及培養勇敢、合作、守法、榮譽的公民道德極有幫助，使希臘精神得以代代相傳，亦是希臘得以戰勝強敵波斯 (Persia) 的精神基礎。

## 第二節　希臘的傳統教育

### 一、斯巴達

在今日摩里亞 (Morea) 半島上首先建立城邦的是伯羅奔 (Pelops)，他娶艾利斯王的公主為妻，開創了邁錫尼文化，並稱此一半島為伯羅奔尼撒（伯羅奔之島）。接著，好勇善鬥、自承是大英雄海格力士 (Hercules) 子孫的杜利安

---

❹　謝棟樑：《看希臘人打造奧運》（臺北：聯合文學，2004），頁 16-43。

人各族大舉侵入，征服原住民阿該亞人 (Achaeans)，收其為從事工商貿易的「邊民」(periaeei) 及從事耕種的「農奴」(helots)，杜利安人自己則成為「自由民」，從事戰鬥及統治全邦。其中最強大的是建城邦於山谷平原的斯巴達。

斯巴達在雷可格執政時建立了法制：設有 2 王，平時與其他 28 位元老共同處理邦務；戰時則一個國王在前線，作全軍總司令，另外一個國王留守國內，負責後勤。自由民所生嬰兒必須在元老院監督下舉行體格檢查，身體不合格的，即棄之山谷，不准撫養。幼兒在 7 歲以後就要離開家庭，在教育總監督促下過團體生活，勤勞簡樸、刻苦耐勞，忘記家族的差別，長成為國家的兒童。年滿 12 歲後，由長老直接教訓，練習田徑、游泳及角力，學習荷馬的詩歌及杜利安的軍樂，養成服從、誠實與榮譽的習慣。18 歲開始軍事訓練，20 至 30 歲參加軍隊生活。30 歲取得公民資格後可以結婚，但仍以武士身分留營服役，直至 60 歲。

斯巴達的女子雖在家庭中接受教育，但亦以國家為重，讓奴隸去操持家務，自己則努力體育鍛鍊，以便 20 歲結婚後能生育健康的兒童，培養他們成為英勇的戰士。斯巴達的武士出征前，母訓往往是：「如果你不能拿著勝利的盾回來，那你就躺在你的盾上回來」。

在這種尚武精神的鼓勵下，斯巴達全國皆兵，武力鼎盛，遂能不斷實行軍事擴張，在西元前 550 年建立了「伯羅奔尼撒同盟」，使半島上的各城邦都在它的號令之下。❺

## 二、雅　典

雅典 (Athens) 位於希臘中部的阿提加 (Attica) 半島，傍薩拉密斯灣 (Salamis)，船舶出入極為方便。據傳薩克羅普 (Cecrops) 首先率領愛奧尼亞人抵此，選擇女神雅典娜 (Athena) 為守護神而以此作為城名。其後裔，剷除迷宮妖怪的西修士 (Theseus) 首建「衛城」(Acropolis)，海拔 156 公尺，形勢險

---

❺　田培林先生評論說：「斯巴達的教育制度，可以說就是社會制度；教育和生活完全合一，就是為了適應『現實』的需要，同時又是使『神話』成為『現實』的設施。」見田培林：《教育史》（臺北：正中，1963），頁 139。

要，有王宮及神殿。其歷經柯德羅 (Cordrus)、德拉寇 (Draco) 之建制，梭倫 (Solon) 及克利斯提尼 (Cleisthenes) 之改革而形成了一種行使直接民權的民主政治。

直至伯理克利斯 (Pericles, 495–429 B.C.) 時代，希臘約有公民 3 萬人，經常舉行公民大會，通過宣戰、媾和，制定國家法律。相當於英國內閣的「十總監委員會」(the board of ten generals) 也由該會選出，其他官吏則由抽籤產生，任期 1 年。總監們的職權雖然龐大，且可指揮軍隊，但若有不法行為，很容易遭受罷免或控訴。司法方面也設置一連串的平民法庭 (popular court) 審理各種案件；每年初，以抽籤方式選出 6 千人，分別組成人數不等的獨立陪審團，在各個法庭以多數決決定判決內容❻。因此，在雅典，每一公民都有參政機會。

雅典人愛好個人自由，不願意讓國家統籌公民教育的設施。通常 7 歲以前在家庭中受教，生活在母親和褓姆的監護之下，注意良好習慣的養成；年滿 7 歲後由「教僕」(pedagous) 陪同，到私立的體育學校及音樂學校去求讀。前者鍛鍊兒童的身體和道德，強調規律的動作和優美的姿勢、注意儀容的整齊和感情的控制，以培養公正的品格，重要科目有賽跑、跳高、標槍、鐵餅及角力等 5 項運動；後者陶冶兒童的心靈和感情，故除七弦琴等樂器以外，詩歌、戲劇、歷史、演說、科學等也都是主要的課程。到了 18 歲在神殿宣誓成為「見習公民」(ephebos) 後，獲授一矛一盾，開始接受正式的軍事訓練。青年先在郊區學習戰鬥方法和宗教儀式，20 歲以後則配屬較遠的邊區，使其能對國家的形勢有清楚的認識。經過規定的時期，方能成為獨立自由的公民，但同時仍是在鄉軍人，須自動地負起保國衛民的責任。❼

## 三、波希戰爭的影響

在東方迅速崛起的波斯帝國對內專制，對外擴張。當大流士 (Darius, 521–486 B.C.) 在位時，為了鎮壓愛奧尼亞人在小亞細亞所建的殖民地，於西

---

❻ 劉增泉：《希臘史》（臺北：三民，2003），頁 23–38。

❼ 劉伯驥：《西洋教育史》（臺灣：中華，1983），頁 25–32。

元前 490 年集結雄兵攻打希臘。首當其衝的雅典在麥太迪 (Miltiades) 統帥下，沉著應戰，誘使敵兵深入山谷而殲滅之，大流士飲恨退兵。10 年後其繼承者薛西斯一世 (Xerxes I, 519–465 B.C.) 集結 25 萬士兵和 500 多艘戰艦再度來犯，幸其時雅典已編練了一支勇猛有力的海軍，同時斯巴達及其他城邦也紛起響應，組成了泛希臘同盟團結抗敵。當斯巴達王李昂尼達 (Leonidas) 以 300 孤軍血戰 10 多萬大軍而身殉溫泉關、波斯兵又以排山倒海之勢進攻雅典城時，雅典軍以新建艦隊為主力，利用背風港口，在薩拉密斯灣內展開海戰，最後終藉暴風之助，大敗波斯海軍，迫薛西斯立即退兵。❽

　　這場決定性的戰役，時為西元前 480 年 9 月 23 日，不僅保存自由民主的希利尼文化成為歐洲文明的主流，也證明了雅典式的個人主義之自由教育，更能產生競爭力與創意，遠勝斯巴達式的集體主義。

 ## 第三節　追求智慧的希臘新教育

 ## 一、黃金時代

　　為了保障波希戰爭的勝利成果，愛奧尼亞各城邦在西元前 477 年組成了「提洛同盟」(Delian League)，以雅典為盟主，共同維持一支具有 300 艘戰艦的海軍。他們在西元前 449 年正式與波斯簽訂《賽蒙和約》(*Peace of Cimon*)，贏得 50 年的和平，保障了區域安全，使東地中海猶如內海，東西方的貿易往來頻繁，各邦間的商業活動更為活躍。

　　經濟繁榮助長了文化發展，使追求智慧的希利尼人更能自由地發揮創造力而形成了人類文化史上的黃金時代，與中國在春秋戰國時期的成就東西輝煌。例如：

### (一)文史及藝術

　　希臘黃金時代產生了 2 位偉大的史學家，即被稱為「歷史之父」、著有《波

❽　張宜雷：《影響西方文明的戰爭》（天津：百花，2003），頁 16–35。

希戰爭史》的希羅多德 (Herodatus, 484–425 B.C.) 及撰述《伯羅奔尼撒戰爭史》的修西底德 (Thucydides, 460–406 B.C.)。悲劇作家有艾契洛斯 (Aeschylus, 525–456 B.C.) 和索福克利斯 (Sophocles, 496–406 B.C.)。喜劇作家亞里士多芬 (Aristophannes, 448–380 B.C.) 所編《波斯人》、《伊底帕斯》及《雲》等劇均轟動一時，傳誦後世。

由於波希戰爭勝利後對諸神的感激，古希臘人興建了杜利安式的巴森農 (Parthenon) 神殿，供奉雅典娜；在伯羅奔尼撒半島上新建哥林多 (Corinth) 式的宙斯神殿。配合這許多建築，雕刻和彩繪也多方發展，呈顯了古希臘人愛美和創造的天分。 ❾

### ㈡科學及哲學

來自米利都 (Miletos) 的泰利斯 (Thales, 624–546 B.C.)，創始數學研究，且認為「充滿神明」的「水」就是生的象徵。亞那希曼德 (Anaximender, 611–547 B.C.) 發現有機體演化的概念而說明「愛」、「恨」與「無限」，促成宇宙萬物的變化。發現月亮光是太陽光所反射的亞那米內斯 (Anaximenes, 585–528 B.C.) 則指出「氣」為宇宙的本源，滋生火、風、雲、水、土、石，而構成了世界。畢達哥拉斯 (Pythagoras, 580–500 B.C.) 主張宇宙的本質是「數字」，最高的境界是「和諧」，他的門徒也發現靈魂的中心是頭腦而非心臟。

戰後雅典經濟繁榮，不僅各國商人雲集，在言論自由的大環境下，各地學者也紛紛來此講學。來自伊利亞 (Elea) 的薛諾分 (Xenophanes, 570–475 B.C.) 公然提出「神性唯一」的理論，向希臘多神的宗教思想挑戰。潘梅尼德斯 (Parmeminides, 540–470 B.C.) 把宇宙分為思想觀念和感官世界，但感官是虛幻的，觀念才是真象。提出「飛矢不動」理論的齊諾 (Zenon Elea, 490–430 B.C.) 認為思想即存在，人不只可以認識，同時可以反省。生在以弗所 (Ephesos) 的赫拉克利圖 (Herakleitos, 544–484 B.C.) 舉「投足入水，已非前水」為例，說明人的感官所能認識的「萬物流轉」(panta rhei) 之現象，它是由「火、氣、水、土」生生不息所構成的宇宙。恩培多克利 (Empedocles, 492–432 B.C.) 則認為上述宇宙 4 元素，因愛而結合，因恨而分離，愛恨交錯產生了萬物的

---

❾　參閱方豪審訂：《世界文明史：希臘文明》（臺北：地球，1977）。

流轉；他行醫濟世，也發現血液會進出心臟、皮膚的毛細孔能幫助呼吸。德謨克利圖 (Demokritos, 460–370 B.C.) 則進一步指出：構成宇宙的基本元素是「原子」，原子與原子之間為「真空」，連結原子與真空的是「運動」，完全根據機械法則來運作。

此外，亞那薩哥拉 (Anaxagoras, 500–428 B.C.) 更大膽地提出「太陽是一塊燃燒的廢鐵」，而被崇拜太陽神的希臘人判刑充軍。事實上，當他思考：「別人並沒有吃頭髮，卻長出頭髮；自己吃的是蔬菜，卻長出肉來」之問題時，已經發現有機體就整體而言，有其自身目的，不是完全可以用機械法則來解釋 ❿。希波克拉第 (Hippocrates, 460–379 B.C.) 亦勇敢地否認疾病是由於惡魔的侵襲，而係源於身體內 4 種液體（黃膽液、黑膽液、黏液和血液）不平衡的結果；他對病理的探索及養生方法之研究，使他贏得了「醫藥之父」的稱譽。 ⓫

### ㈢詭辯派

在和平繁榮的環境中，由於自由民主的氣氛、外來多元文化的刺激，使雅典城內百家爭鳴、百花齊放，顯示了希臘人思想創新的智慧；但是這種情形也動搖了傳統的權威，削弱了保障城邦安全的力量，尤其是當斯巴達發動伯羅奔尼撒內戰 (431–404 B.C.)、大政治家伯理克利斯又不幸早逝以後的雅典議會，都是些逞口舌之利、用雄辯來煽動民眾的政客，而年輕的貴族們也都花大錢來向自稱為「智者」(sophist) 的詭辯家（亦稱哲人）學習辯論方法。

當時最負盛名的哲人是普羅達哥拉 (Protagoras, 481–411 B.C.)，他自己承認是無神論者，其名言是：「人為萬物之尺度」，亦即每個人都有他自己對真理的看法，真假是非全憑各人的感覺，可因人、時、地而異。第二位有名的哲人是高奇亞 (Gorgias, 483–373 B.C.)，他驚人地假設：(1)無一物存在；(2)如有物存在，此物必不可知；(3)此物如可知，此知亦不能傳授。可見他否認一切知識的懷疑態度，所以他可以把強者說成弱者，把強權說成公理。在詭辯學派的哲人們、同時也是私人興學的教師們之影響下，當時的雅典人已對客

---

❿　鄔昆如：《希臘哲學趣談》（臺北：東大，1976），頁 19–86。

⓫　劉增泉，前引書，頁 55。

觀的真理和價值沒有興趣，使雅典的政治和社會陷於混亂。因此蘇格拉底等有識之士便決心糾正他們的錯誤，使人們重新體悟人類認知的能力和世界客觀的真理。**⑫**

## 二、偉大的教師

力排眾議，重建希臘理想並恢復雅典人信心的有 3 位偉大的教師**⑬**：

### ㈠蘇格拉底 (Socrates, 469–399 B.C.)

出生於雅典，父親是雕刻師、母親是助產士。當他與那些外邦來的哲人辯論的時候，首先迫使他們「承認自己的無知」，如「什麼是勇敢?」「什麼是正義?」等，用雕刻的手法，一層一層地反面質問、逐步剔除，使對方發現反省的結果是：「我知道，我一無所知。」然後再循循善誘地應用「產婆法」(maieutik)：把天生的觀念接生出來，把殊相 (particulars) 中的共相 (universal) 概念歸納出來，以至於認識客觀的真理。

蘇格拉底主張「知識就是道德」，因為人心向善，如知其為善、也自願去行善，這便是德行。如果缺乏明辨是非之能，身陷罪惡而不知，便需要追求知識來醫治這種「無知即罪惡」；而明知其為惡，卻偏要去行惡，那更需要教育來矯治。所以他接著主張「知識就是力行」，心裡的是非決定生活的行動，與當時哲人們所主張的「利害方是決定實際行動的力量」恰恰相反。以是非為口頭禪的哲人並沒有真正懂得是非，所以才會談正義者未必必行正義，甚至言不顧行、言行相反；但是有真知的人，是非心可以勝過利害心，因此言行一致，明正義者不會行不義**⑭**。最後他還主張「知識就是幸福」，因為真知帶來德行和美善；雖然這種正義的、十全十美的「至善」是必然應該的，卻未必存在於今世，所以蘇格拉底把它放在彼岸或來世，因此也就不惜犧牲此世的生命，以求達到正義和永恆的幸福境界。

西元前 399 年亞是鄙 (Asebie) 大審，蘇格拉底被控「褻瀆神明」及「搧

---

**⑫** 鄒文海：《西洋政治思想史稿》(臺北：鄒文海先生獎學基金會，1972)，頁 44–45。

**⑬** 林玉体：《西洋教育思想史》(臺北：三民，2001)，頁 21–94。

**⑭** 鄒文海，前引書，頁 49。

動青年」等罪，判決放逐或飲酖。他囑咐弟子勿忘獻給神明一隻公雞，證明他敬神；拿起毒杯不肯逃亡，證明他守法。他的從容就義更證明了他的德行已超越了城邦公民的道德，追求靈魂的美善，才是人生最高的價值❶。他一生「述而不作」，其對話均由其弟子（尤其是柏拉圖）所記錄。

## ㈡柏拉圖 (Plato, 427–347 B.C.)

生於雅典貴族，母親係出先賢梭倫。16 歲開始學哲學，鍾情於赫拉克利圖的理論和畢達哥拉斯的數學，21 歲起追隨蘇格拉底學習探索「概念」(begriff) 的方法與真知力行的倫理。8 年後蘇格拉底殉道，柏拉圖亦出國旅遊，在意大利南部的西西里島應國王戴奧尼西一世 (Dionysius I) 之邀前往講學，並擬輔導他成為「哲學家皇帝」；卻因當地政變，柏拉圖被賣為奴，幸得弟子艾梅客 (Amikeris) 用錢贖回，始能在雅典創辦學院，從西元前 387 年起達 40 年之久。

他繼承蘇格拉底，採用辯證法 (dialektik)，以追根究底式的問答求得定義，繼而不斷推翻他人所下的定義來澄清概念、獲取真知。曾用「洞穴寓言」說明人如同被綑綁在陰暗洞穴中的囚徒，所見都是燈光映照的「感官世界」之幻影，必待獲得自由、出到洞外，始能認識陽光普照下「觀念世界」之真相。且謂人類不但具有「歸類」、「超越」及「追求」的認知能力，並可以「回憶」先天的知識、「分享」觀念世界的真和美，進而使靈魂返歸至善的故鄉。

他研究範圍極廣，上自天文下至動植物，旁至教育及美學，各種知識無所不包，且對當時各種科學及哲學重加檢討、一一整理，故著述豐富，流傳至今者有 35 種，其中以《理想國》(*Politeia*)❶最為重要。因他身處伯羅奔尼撒戰敗後的雅典亂局，時思撥亂反正，重建「公道」的國家，而國家是個人的放大，必先有健全的國民，才能建立富強的國家，所以這部政治學的著作把重點放在國家如何辦理國民的教育。

柏拉圖分析人類心理，發現人有理智、有血性、也有欲念。上帝造人時所用質料不同，致各人的氣質亦異：金質的人重理智，可以學習辯證法來發

❶　Willibald Russ: *Geschichte der Pädagogik* (Heilbrunn: J. Klinkhardt, 1965) s. 14.

❶　參閱侯健譯：《柏拉圖理想國》（臺北：聯經，1980）。

展智慧，以公道治理國家而成為哲學家皇帝；銀質的人為血性男子，好榮譽、尚氣節，可以發揮勇敢的美德而成為保國衛民的戰士；鋼鐵質的人欲望較強，適合於農工商業，可以勤勞、服從，生產報國。這 3 種人如能各盡所能、各守本分，則天下大治。否則，如以銀質者治國，會形成武人政治；如以銅質者治國，則變成財閥政治，都將遠離公道❶。當然，天賦之不同，不是出於門第，也不是根據階級，而需經由教育選拔。

柏拉圖所設計的教育方案，基本上參考斯巴達的學制。自受孕之日起應注意胎教，在家庭中父母及褓姆之言行與教唱的兒歌更要謹慎。7 歲入學，以運動鍛鍊身體、以音樂陶冶心靈。除賽跑、鐵餅、摔角、標槍、格鬥外，還學習彈弓、射箭、騎馬，並從事打獵及露營等活動以提昇戰鬥技能；根據當時的醫藥常識，注意養身保健。❶

此外，如果沒有音樂的調節，運動只能強壯身體而無助於智力的發展與德性的培養，所以柏拉圖特別強調音樂的教育功能❶。他所謂的音樂包括 3 部分：詩歌、音律及舞蹈。這 3 者都強調「節制」及「和諧」：凡行乎正義的人，都會自制，不做不得當的不智之事；與別人及環境和平相處，進而追求天地及萬有之和諧，更是愛智者夢寐以求的目標。受滿音樂及體育訓練，人人文質彬彬，從事農工商業的生產工作；若其中有保國衛民之志者，在 16 歲時可甄選接受軍事訓練及學習算術，其成績優異者可於 20 歲開始接受戰士教育，主要科目為算術、幾何、天文及音樂，使他們得見事物的真相而不是僅見洞穴中的幻影，因此可以在 30 歲時出任軍官或從事其他公共事務。其成績特優者可再接受 5 年的辯證法訓練後，於 35 至 50 歲之間歷練各種政治職務。期間若證明其具有高瞻遠矚的智慧，能掌握追求公道的辯證法、愛好真理而鄙名位如敝屣，即可視作是金質的人，可以做哲學家皇帝。❶

---

❶　鄒文海，前引書，頁 64。

❶　Fritz Blättner: *Geschichte der Pädagogik* (Heidelberg: Quelle & Meyer, 1966) s. 25.

❶　參閱楊深坑：《柏拉圖美育思想研究》（臺北：水牛，1983）。鄒文海，前引書，頁 455–484。

❶　F. Blättner, a.a.O., s. 27–28.

　　為了保證金質者不至於受私情之累而變質，讓金質者能專心一致地發展理性、為國效勞，柏拉圖還提出了一個激烈的主張：統治者必須「共產公妻」而不受私情之累。當然，這些都是一廂情願的理想，無法見諸於實踐，只留下「理念」(idee) 衝擊我們的思考。

### ㈢亞里士多德 (Aristotle, 384–322 B.C.)

　　父親為馬其頓國王的御醫，亞里士多德幼承庭訓，喜愛生物及自然研究。18 歲到雅典就讀於柏拉圖學院，直到柏拉圖逝世才離開；在校 20 年，成為該校最傑出之弟子。西元前 347 年離校後周遊列國並娶亞索 (Assos) 邦公主裴蒂雅 (Phthias) 為妻。西元前 342 年應馬其頓王腓力二世 (Philip II, 382–336 B.C.) 之聘返鄉擔任時年 13 歲的太子亞歷山大 (Alexander, 356–323 B.C.) 的老師。西元前 335 年，亞里士多德在雅典創設「學園」聚眾講學，因為師生們經常在樹蔭下、草地上，不拘形式地自由討論，被稱為「逍遙學派」(Peripatetic)。校中教授哲學、歷史、自然科學與政治學等，已具歐洲大學最早的形式。❷❶

　　西元前 323 年，亞歷山大大帝因飲酒過度，英年早逝，得年僅 33 歲；帝國且一分為四：色雷斯（小亞細亞）、馬其頓、敘利亞及埃及，由其部將分別統治，雅典城也重起紛爭。亞里士多德為避免清算蘇格拉底的「亞是鄙大審」再次上演，乃悄然隱退。

　　他發明了邏輯（論理學），首倡三段論法，並且繼承赫拉克利圖的「萬物流轉」觀念而主張「四因說」，即謂任何東西都有 4 個原因：(1)質料；(2)動力；(3)形式及(4)目的。不僅形式決定質料，並且「目的因」是最高的因。如以造桌子（目的）為例，它決定木匠（動力）、桌子的形狀（形式）及所用材料（質料）。進一步推論更可以發現：具體世界的事物都是朝著自己目的前進——這個目的是由質料變成形式、潛能變成現實，尤其是人文世界和整個宇宙的變化，更是屬於目的性的運動和變化。

　　亞里士多德認為宇宙中不僅有水、火、氣、土等元素，並且有「以太」(ether) 促成運動與變化而產生生命、意識和精神❷❷。人類有靈魂、有生命，

---

❷❶　Albert Reble: *Geschichte der Pädagogik* (Stuttgart: Ernst Klett, 1965) s. 34.

❷❷　鄔昆如，前引書，頁 224–245。

其發展有 3 種不同的層次：⑴生魂或植物性 (the nutritive or negetalive soul)：具同化、生殖、營養等功能，並使存在的整體先於部分，全體大於各部分之和；故兒童時期的教育，應以體育訓練為優先。⑵覺魂或動物性 (sensible soul)：具想像、記憶及各種感官印象，每一動物都會避苦趨樂，選擇適合自己的環境，爭取生命的需要；故青春發育期的教育，應以廣義的音樂減少心靈中不合理的成分。⑶靈魂或人性 (human soul)：靈魂是生命體的形式、目的及形成的動力，經由理性的作用不僅能夠感覺、反省、思想和推理，並且可以生長和超越，以自己對生活的體驗去改善生活，以自己對事物的價值判斷來追求人生的理想；故在青年的理智發展以後，要用科學與哲學把純心靈中的合理部分盡量發揮出來。❷❸

亞里士多德在其所著《政治論》(*Politika*) 中強調人是理性動物，也是政治動物，有合群天性；人與人結合成家庭，擴大為村落，更以國家（其實是指城邦）為群體發展之最後目的❷❹。在《倫理學》(*Ethika Nikomacheia*) 中則指出：人本著自由意志，「自知」及「自願」地追求「幸福」，而國家為最高的「社會形態」，更應以「至善」為唯一目的❷❺。個人既是國家有機體的部分，個人的價值只有在國家中才能表現出來，所以教育的目標在培育國家理想的公民，教育工作應該由國家來負責❷❻。由此可見，亞里士多德雖在政體上主張民主而與柏拉圖之崇尚君主不同，但在教育上卻都與蘇格拉底一脈相傳。❷❼

## 三、希利尼文化

伯羅奔尼撒內戰以後，斯巴達雖戰勝了雅典，但其霸權不久就被底比斯 (Thebes) 所取代。西元前 338 年，馬其頓王腓力二世統兵征服希臘各邦。繼

❷❸ 林玉体，前引書，頁 73–92。

❷❹ 吳頌皋、吳旭初譯：《亞理斯多德政治論》（臺北：商務，1966）。

❷❺ 高思謙譯：《亞里士多德之宜高邁倫理學》（臺北：商務，1979）。

❷❻ 田培林，前引書，頁 145–146。

❷❼ Werner Jaeger: *Paideia: die Formung des griechischen Menschen* (Berlin: Walter de Gruyter, 1959).

承王位的亞歷山大發揮其軍事天才,於 12 年間便建立了橫跨歐亞非三洲的大帝國,而且深受他的老師亞里士多德之薰陶,熱愛希臘文化,而企圖把境內各地區都希利尼化。據說他曾建立了 70 餘座城市,後來都成為傳播希臘文明的中心,其中最重要的有埃及的亞歷山大利亞 (Alexandria)、小亞細亞的柏迦曼 (Pergamun)、敘利亞的安提阿克 (Antioch),以及東地中海羅德島上的羅德城 (Rhodes) 等地。其軍事征伐的結果,不僅打開了由印度河至尼羅河間廣大的通商貿易;而為了便於運兵而修築的公路與運河,派出軍艦來清理海域、整修港口等措施,更有利於工商企業的發展。

從西元前 300 年起,泛希臘世界中,希臘話已經成為共通的語言,私人教育事業異常發達,城市中普遍設有教讀、寫、算、音樂和體育的基礎學校,也有招收 10 至 12 歲少年授以希臘文及荷馬史詩等古典文選的文法學校。此外以訓練辯士及準備實用生活為目的,由伊蘇格拉底 (Isocrates, 436–388 B.C.) 開其端的修辭學校 (rhetorik-schulen) 也很受歡迎。這種學校與繼承柏拉圖及亞里士多德傳統的學院,後來匯合在一起,形成了大學。❷⓿

此外,雅典仍然是文化中心,各種專門學科亦有長足發展,如歐幾里德 (Euclid, 323–285 B.C.) 的幾何學、阿基米德 (Archimedes, 287–212 B.C.) 的物理學及阿里士塔克 (Aristachus, 310–230 B.C.) 的天文學等都完成於這個時期。但是由於戰爭破壞,政治動亂、社會不安,人們懷疑存在的意義和生活之目的,在哲學思想上偏重於個人自由及內心平安的追求,例如:

## ㈠犬儒主義 (cynicism)

由戴奧真尼斯 (Diogenes, 412–323 B.C.) 所創,倡言「有德就是福」,強調自律、自制與獨立,排斥世俗之名利、學問、禮節、教化之束縛,刻苦修行;因其生活猶如乞丐,被人譏為「窮犬」,故名。當亞歷山大大帝來訪並擬賞賜時,戴奧真尼斯回道:「請站開一點,不要擋住陽光」而膾炙人口。

## ㈡伊璧鳩魯學派 (Epicurean school)

伊璧鳩魯 (Epicurus, 341–270 B.C.) 否定超自然的事實,曾謂即使有神明存在,也不會干預人類事務,故每一個人都可以自由地決定自己的生活、自

---

❷⓿ A. Reble, a.a.O., s. 34–39.

由地追求感官的快樂。但真正的快樂不僅是物質上「償足所欲」，而且是精神上恬適安和，這種永恆的快樂才是幸福。一個有智慧的人，懂得為幸福而節制快樂，為內心的平靜而克制肉體的享受，更不會讓政治滋生煩惱，讓愛恨主宰心靈。

### ㈢斯多噶學派 (the Stoics)

該學派因齊諾 (Zenon Kition, 336–264 B.C.) 在西元前 294 年設校於「彩色畫廊」（即 Stoa 之原義），故名。他們把亞里士多德的邏輯學作進一步的發展，認為思想有律，言語也有法則。外界事物經由感覺，印在心靈上形成記憶；反覆記憶使人有經驗，把經驗與別人的經驗溝通，便產生語言、文字，使思想有邏輯而產生了知識。在宇宙中，物質與精神原為一體兩面，憑理性而使萬物和諧共存，藉氣 (pneuma) 而使萬物流轉，生生不息。人類既分受了宇宙的理性而成為自由人，就必須對自己的行為負責，節制欲望、追求永福；行事為人要符合宇宙的法則、自然的規律，不追求功名利祿而找尋內心的平安喜樂。

斯多噶學派主張「眾生平等」，所以極力反對奴隸制度，必須依自然法來處理公共事務、追求公共利益，所以有人認為斯多噶學派具有大同主義的傾向。此外，他們認為求學目的不在窮理而在實行，人類更應根據理性克制私慾來追求世界的十全十美。

斯多噶學派在當時可說是最積極的思想，具有使社會向上提昇的功能，不僅影響羅馬帝國初期的哲學，而且對其後西洋法學、政治學及教育實施有其不可磨滅之影響。㉙

---

㉙ 陳正謨譯：《西洋哲學史》（臺北：商務，1968），頁 110–130。

## 小　結

　　希臘的教育精神是 Paideia，即是要形塑身體健美有力、心靈活潑自由的理想公民。斯巴達是由國家選拔菁英，並負責培養其成為保國衛民的英雄或生產報國的臣民；雅典則採取自由式的教育，以體育鍛鍊身體、以音樂涵養心靈，並以軍訓及辯論培養民主國家的公民。

## 【問題討論】

　　1.請簡述蘇格拉底的「產婆法」(maieutik)。

　　2.為什麼柏拉圖要用「洞穴寓言」來說明理念理論？

　　3.亞里士多德認為生物的進化可以分成哪幾個層次？

# 第 2 章

## 古羅馬的教育

## 第一節 羅馬帝國的興衰

### 一、羅馬的興起

羅馬城位在泰伯 (Tiber) 河畔,由伊突斯坎人 (Etruster) 與原住民拉丁人 (Latin) 混合居住而很早即與小亞細亞的古文明聯結。西元前 509 年,羅馬人推翻了伊突斯坎的塔魁恩 (Tarquins) 王室而建立了共和政體,且受希臘移民的影響而發明了拉丁字母。

當時的共和政府除由各族領袖及貴族組成的元老院外,並設有公民會議。元老院選任 2 位執政 (consul) 為軍隊的統帥及最高民政長官,也選任其他官吏,可通過法律及議決和戰。西元前 450 年公布《十二銅表法》(*Law of Twelve Taklets*),此為古羅馬第一部成文法典。西元前 366 年羅馬選出了第一位平民執政官,自此之後 2 位執政中必有 1 位是平民。

其時羅馬社會以家族為單位,父權特高,且因不斷對外戰爭,貴族都編入「兵團」(legion) 及「支隊」(company)。他們於北方抗拒高盧、在南方平定各族,終於逐步統一意大利半島而稱雄。❶

### 二、與迦太基的戰爭

羅馬既強,遂南下奪取西西里島 (Sicily) 而與北非大國迦太基 (Carthage) 發生衝突,羅馬史家稱之為「布匿戰爭」。第一次戰爭雙方纏鬥了 23 年 (264–241 B.C.),終於由羅馬攻破迦太基海上無敵的神話,也使迦太基忍痛割讓西西里、薩丁尼亞及科西嘉諸島嶼。❷

迦太基的主將哈米卡 (Hamilcar) 以伊比利亞 (Iberia) 半島建立新迦太基基地。24 年後,其子漢尼拔 (Hannibal) 發動第二次布匿戰爭 (217–202 B.C.),

❶ 沈剛伯校訂:《世界通史》(臺北:東亞,1956),頁 135–154。
❷ 張宜雷:《影響西方文明的戰爭》(天津:百花,2003),頁 45–58。

在坎尼 (Cannae) 與新當選的羅馬執政法羅 (Varro) 對壘。是役，漢尼拔大勝，僅損失士兵 5 千餘人，羅馬軍則喪亡 5 萬餘人，這一場歷史上永垂不朽的坎尼會戰也使漢尼拔留芳百世。❸

　　漢尼拔雖獲得了勝利，但是羅馬軍屢敗屢戰，在名將費邊 (Fabius) 用持久戰與消耗戰跟漢尼拔周旋了 14 年後，漢尼拔終因補給不易且後援未至，在被召回迦太基保衛本土時，遭羅馬大將西庇阿 (Scipio) 所敗。戰敗後的迦太基，經濟與貿易依然繁榮，羅馬元老伽圖 (Marcus Porcius Cato, 232–147 B.C.) 前往訪問後力主摧毀，乃發生第三次戰爭 (149–146 B.C.)。

　　羅馬傾全國之力，不斷徵訓公民，增加兵力，歷時近 3 年才得攻陷，迦太基所屬之地亦被劃為「阿非利加行省」。其時羅馬也已擊潰馬其頓、哥林多等希臘城邦，改設行省，各行省行「什一稅制」，強占一切礦山、採石場、鹽田、港口等生產資源，終使羅馬帝國境內貧富差距愈益擴大，但社會風氣卻也因而愈益奢靡，開始腐化，而埋下滅亡的種子。

## 三、帝國時代

　　羅馬對外擴張順利，內部貴族派與平民派的政爭劇烈，享有軍功者更易於當選執政。當兼併敘利亞有功的龐培 (Pompey, 106–48 B.C.) 為執政時，擬鞏固政治地位，聯合富甲天下的克拉蘇 (Licinius Grassus, 115–53 B.C.) 與年輕有為的凱撒 (Julius Caesar, 100–44 B.C.) 組成了「三人團」(triumvirate)。

　　凱撒於西元前 58 年出任高盧總督，掌握全國兵力之半數，經 10 年奮戰，平定高盧並制止了日耳曼人的入侵。西元前 49 年班師回朝後，他總攬一切權力而被推為終身的「狄克推多」(Dictator)，但後來仍被擁護共和的好友布魯特斯 (Marcus Brutus, 85–42 B.C.) 等刺殺。❹

　　凱撒的繼子屋大維 (Octavius, 63–14 B.C.) 統兵入京，與安東尼 (Mark Antony, 83–30 B.C.) 及雷比達斯 (Lepidus, 89–13 B.C.) 組三人團執政。迨雷氏請辭、安東尼被誅，在西元前 29 年屋大維已成為實際上的獨裁者了，然他不

---

❸　鈕先鍾：《歷史與戰略》(臺北：麥田，1997)，頁 179-191。

❹　沈剛伯校訂，前引書，頁 172。

願享受東方皇帝的尊榮，而以保民官自居，只接受了「奧古斯都」(Augustus) 的尊稱，做羅馬帝國的首席公民 (princeps) 繼續統治 15 年，開創了「奧古斯都的和平」。

其後，統治者理論上仍由元老院選舉，然而事實上繼承人總是由統治者自己指定，不是兒子，便是繼子，奧古斯都成為皇帝的別稱。羅馬帝國經過歷代王朝的更迭後，又陷入內戰的混亂，西元 217–270 年間易主 30 次，每 2 年換一位皇帝，而且只有一位壽終。這種亂局到戴克理先 (Diocletian, 243–316) 登基為皇帝時才結束。他把全國分為 4 區，除自己直轄之區外，由一位奧古斯都、兩位凱撒 (副皇帝) 分別治理，並於在位 21 年後辭職隱退。❺

復經多年奮戰，君士坦丁一世 (Constantine I, 272–337) 在 313 年頒《米蘭敕令》(the Edict of Milan) 宣布基督教為合法宗教；323 年再度統一全國，遷都拜占庭 (Byzantium)，建設新的羅馬，在蠻族顛覆西羅馬後，帝國壽命得以在東羅馬延長約千年。而他在臨終前受洗，成為第一位信奉基督教的皇帝，也有助於基督教文化在歐洲的成長。

## 第二節　羅馬的教育措施

## 一、傳統的羅馬教育

拉丁人原是一個農業民族，腳踏實地、注重實用，不像希臘人那樣崇尚自由，追求真善美的理想；羅馬人崇尚法治、善於組織管理，講求實際的效用。羅馬社會以家庭為單位，尊崇父權，父親為一家之主，司理生產及祭祀之大任；母親因負責教育兒女，也享有崇高地位。

古羅馬的傳統教育在家庭中進行，強調尊親、愛國、勤儉及服從之美德以成為羅馬的公民。其後，如詩人賀藍士 (Horace, 65–8 B.C.) 所云：「征服了希臘，卻反而被希臘的文化所征服」。羅馬不僅被希臘的教育所影響，而且也

---

❺　沈剛伯校訂，前引書，頁 173–190。

大量移植希臘式的教育。守舊之士如力主攻打迦太基的伽圖，便認為希臘式
教育將使人生活奢靡而淪喪羅馬人的民族精神，所以激烈反對。但是到西元
前 146 年，希臘各城邦已收歸版圖，羅馬也進入帝國時代，學校教育便全面
希臘化了。❻

## 二、希臘化的羅馬教育

從希臘籍奴隸安德尼柯 (Livius Andronicus, 284–204 B.C.) 在西元前 250
年創設第一所希臘式的學校開始，羅馬逐漸形成一種「希羅學制」
(Graeco-Roman school system) 的私立學校體系：

### ㈠小　學

6 或 7 歲入學，至 12 歲為止，課程包括寫字和算術，在認識字母和音調
上非常注意。由於羅馬人的計算方法較為複雜，需要花更多的時間在算術上，
學生經常帶著算盤及計算用的彈珠或石塊。此外，小學還會教一點歷史故事、
宗教歌曲及《十二銅表法》。

### ㈡文法學校

就學年齡為 12 至 16 歲，課程為文法與文學。前者要對文法構造、音調
變化慎加推敲，再加上造句及作文等練習；後者選讀拉丁作家微吉爾 (Virgil,
70–19 B.C.)、賀藍士、希臘作家荷馬及《伊索寓言》等文章，加以講解、欣
賞及評論。此外也不時穿插歷史、地理、幾何、音樂等知識，並設有導師以
加強輔導。

### ㈢修辭學校

貴族子弟或有志從事法政工作的青年，都須在 16 歲以後進入修辭學校肄
業 2 至 3 年。羅馬人認為演說家必須是一位知識廣博、學問豐富的人，所以
在校要學習天文、地理、軍政、法律、幾何、哲學等各種學問。所以它是一
種培養士人（統治階級）的專業學院，也曾受到皇帝們的撥款補助與推廣。
如果想進一步進修，羅馬青年還可以到東方的雅典和羅德島等地去遊學，正

---

❻　Fritz Blättner: *Geschichte der Pädagogik* (Heidelberg: Quelle & Meyer, 1966) s.
31–33.

像十九世紀中葉，美國學生前往德國接受教育一樣。 ❼

## 第三節　羅馬時代的教育思想家

### 一、西塞洛 (Marcus Tullius Cicero, 106–43 B.C.)

西塞洛是羅馬共和時期最重要的教育思想家，其成長在希臘化的教育環境中，深研斯多噶的哲學，追求宇宙真理、世界正義及内心之平安喜樂，不肯為功名利祿而犧牲自己的原則。所以，他雖然與凱撒大帝為友，卻不肯屈從執政的三人團而遭髮針刺舌之凌遲。他曾任法庭辯護士，不僅辯才無礙，而且被譽為大演說家，每次發言都能吸引萬人傾聽、影響政治決定。

他曾謂哲學家獨善其身，雄辯家則要把知識推銷給大眾。雄辯家一定是哲學家，而哲學家未必是雄辯家，因為雄辯家「具備廣博知識，而非只是玩弄語言文字而已——要有獨特風格、用字遣詞獨樹一幟、了解人性以便煽發其情愫，還要擁有幽默感、機智、領會過去歷史……都是不可或缺的要件」❽，故其養成必須經由全面的人文主義教育。

西塞洛還創造了古典拉丁文的文體，被當時羅馬文人摹擬，更為後世學習拉丁文者所必讀。他是幫助羅馬帝國接受希臘文化而創造「希羅文明」的最大功臣，所著《辯學》(*De Oratore*) 一書也是詮釋羅馬時代「人文主義教育理念」之最佳著作。 ❾

### 二、坤體良 (Marcus Fabius Quintilian, 35–95)

出生於西班牙，父親為修辭學教師。早年負笈羅馬，33 歲時主持修辭學校，曾獲歷朝皇帝頒發獎助金，並兼任法庭辯護士，聲望頗隆。西元 90 年，

---

❼　楊亮功譯：《西洋教育史》（臺北：協志，1965），頁 55–61。

❽　參閱林玉体《西洋教育思想史》（臺北：三民，2001），頁 95–121。

❾　Albert Reble: *Geschichte der Pädagogik* (Stuttgart:Ernst Klett, 1965) s. 42.

著有《雄辯家之教育》(*Institutis oratoria*) 共 12 卷 ❿，是第一本以討論教育為主題的西洋著作，在文藝復興期間曾廣被討論。他所要培養的是「完美的雄辯家」，有美好的靈魂與極高的才華、知識、口才、品德，其培養應從兒童時期開始，誘發他們學習的興趣，培養其自動的習慣。

　　坤體良認為小學教師應該是各級學校教師中的最優秀者，必須以身作則，像父親一樣地教導孩子；要鼓勵學生們互相競爭，卻不可施以體罰，以免傷害自尊並助長暴戾之氣。此外雄辯家不可只專精某科，而應具備廣博的文雅教育基礎，音樂、幾何與文法更為不可或缺的基礎科目。所謂文法不僅指發音正確，更要能闡釋詩詞、能近取譬。 ⓫

　　《雄辯家之教育》第 12 卷中還提出了「人格教育」的主張，要使每一位雄辯家不僅「勝人之口」還能「服人之心」，所以理想的師生關係應該是：「採取父親的態度對待他的學生，並作為付託管教的代表人。自身無瑕疵，也不容許別人為惡。端莊但不嚴厲，和藹但不隨便。……勤於進修，對學童的要求不可鬆懈，但也不可過分。」 ⓬

## 小　結

　　原住羅馬的拉丁人是農業民族，因耕種殖民、開闢疆域而創建法制，成為帝國。他們的社會以尊崇父權的家族為單位，傳統的教育也在家庭中進行，男耕女織，諄諄教誨要培養具備尊親、愛國、勤儉及服從美德之羅馬公民。

　　由於受到希臘文化的影響，不僅拉丁文改良自希臘文，而且也產生了希臘化的羅馬學制如文法學校和修辭學校。

---

❿　參閱徐宗林譯：《西洋三千年教育文獻精華》（臺北：幼獅，1971），頁 77–98。

⓫　A. Reble, a.a.O., s. 43–44.

⓬　轉引自林玉体，前引書，頁 112。

## 【問題討論】

1.什麼是文法學校與修辭學校? 它們有何區別?

2.為什麼西塞洛要說:「哲學家獨善其身, 雄辯家則推廣知識給大眾」?

3.坤體良認為雄辯家應該具備什麼條件?

# 第 **3** 章

## 基督教的教育

# 第一節　基督教的興起

## 一、猶太教與律法

根據猶太人自己的史書《創世紀》之記載，建造方舟躲過了洪水大災的挪亞有 3 個兒子：閃、含、雅弗。他們的子孫，生養眾多，分居各地。有一天，耶和華呼召閃的後裔亞伯蘭前往迦南地 (Canaan)，並且賜給他一個新名：亞伯拉罕（意指萬眾之父）。繼承亞伯拉罕事業的是以撒，其兒子雅各被神揀選且被改名為以色列。後來因全地發生饑荒，以色列帶了全家 70 人下埃及。

約在西元前 1500 年，他們的子孫被埃及法老奴役苦待，耶和華乃呼召摩西領他們出埃及回到迦南地。領出來的會眾，20 歲以上的有 60 餘萬人，授以「十誡」，要他們分別為聖，成為信仰獨一真神的民族❶。經數十年之戰鬥，大衛所領導的猶太國終於強大，並建設宏偉的首都於耶路撒冷 (Jerusalem)。第三任君主所羅門，以智慧出名，他建造聖殿、設置儀仗，為萬邦所欽羨。

所羅門死後，北方的 10 個支派因不服他的兒子羅波安 (Rehoboam) 而另外成立以色列國，但於西元前 722 年被亞述人征服。猶太國則於西元前 586 年被迦勒底的巴比倫所征服，人民被迫遷徙。波斯在西元前 539 年滅巴比倫後釋放猶太人，准他們返回原籍，重建聖殿。西元前 332 年波斯被亞歷山大征服，復經托勒密王國的統治後，猶太國於西元前 63 年成為羅馬的保護國。

猶太人在祭司以斯拉 (Esra) 的教導下，學習摩西的律法及其有關的條例與典章，並逐步推廣，甚至在每一個村落都建立了會堂 (synagogue)，最主要的教材是《摩西五經》(Pentateuch)、詩篇以及先知的預言，同時教導讀書、寫字及算術，使猶太人成為全球最重視教育的民族；其後雖屢經苦難，卻能因此維繫民族意識，拯救民族於不亡。❷

❶ 參閱周特天譯：《西洋文化史》（臺北：黎明，1977），頁 119–142。

❷ 參閱楊亮功譯：《西洋教育史》（臺北：協志，1965），頁 74–83。

## 二、彌賽亞與耶穌基督的福音

在被擄與受苦的年代，猶太人的先知預言，將有一位彌賽亞（受膏者）也就是基督，要來拯救，他將作人的救主並建立永遠的國度。屋大維統治羅馬帝國期間，猶太國王為希律 (Herod, 74–4 B.C.)。時耶穌出生在伯利恒，但因希律下令殺滅伯利恒及其周圍境內 2 歲以下的兒童而避難埃及，30 歲時至施洗者約翰的所在地受浸，並在曠野勝過魔鬼的試誘後出來傳道。

耶穌趕鬼行醫，服事眾人，強調「有信、有望、有愛，其中以愛為最大。」他要用愛來成全律法、以愛來建立國度，這與各國信奉的賜福降災的神明不同，也與當時各種賞善罰惡的宗教不同，所以很多人相信他、跟從他；所到之處，群眾擁擠。然而猶太教的祭司和長老因滿懷妒忌，把他捉送給羅馬總督並釘上十字架。

據傳，耶穌在被釘死後的第三天復活，成為神的長子並使信徒接受神的生命而成為神的眾子。彼得及 11 位使徒聚集了 120 名信徒，持續禱告，到五旬節被聖靈充滿，一天有 3 千人受浸，乃正式建立了耶路撒冷的教會。❸

## 三、保羅 (Paul, 5 B.C.–67 A.D.) 對基督教的貢獻

保羅出生於大數 (Tarsus)，起初熱衷律法，堅持猶太教傳統，認為傳耶穌是違背傳統信仰的異端，因此極力迫害基督徒。但後來他在往大馬色迫害門徒的途中，得到耶穌奇妙的異象啟示，自此悔改歸入耶穌基督的名。

保羅的第一次宣教旅程約在西元 47–49 年，當時他身在安提阿 (Antioch) 教會，同行的還有使徒巴拿巴，他們到過亞西亞省（今土耳其全境）的好幾個地方，將福音帶到羅馬帝國。

保羅第二次出外傳道，歷時約 3 年；旅程中他夜見異象，遂前往了馬其頓，首次把福音傳入歐洲。在這次旅程，他們在腓立比、庇哩亞、帖撒羅尼迦、哥林多等地建立了教會，亦在雅典將福音傳給文化水準極高的希臘人，並與無神論的伊璧鳩魯及泛神論的斯圖亞等哲學家相互辯論，也令很多雅典

❸ 參閱李常受編：《真理課程》（臺北：臺灣福音書房，2002），一級卷二，頁 85–196。

人信而受浸。

　　保羅第三次出外傳道是到小亞細亞的以弗所，期間再次穿越馬其頓，後來為了徹底解決猶太教的問題，而以耶路撒冷作為這次旅程的終點站。焉知猶太人因他引起暴動並設計謀害，後來在羅馬拘留 2 年（西元 62–64 年）之後才獲得釋放。

　　在羅馬拘留期間，使保羅有充分時間檢討生命的經歷與猶太教的現況，並在獄中寫了 4 封書信（〈以弗所〉、〈腓立比〉、〈歌羅西〉及〈腓利門〉）；獲釋後寫了〈提前〉、〈提多〉和〈希伯來〉；加上西元 67 年第二次坐監時所寫〈提後〉以及之前所寫〈帖前〉、〈帖後〉、〈加拉他〉、〈羅馬〉、〈林前〉、〈林後〉。這 14 封書信構成《新約聖經》27 卷中的 14 卷，使基督教義趨於完整。而這一個平等、博愛、不分族群及階級的宗教思想，也終於逐漸推廣，在歐洲文化中取得主流地位。

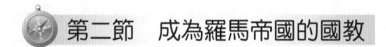

## 第二節　成為羅馬帝國的國教

### 一、對早期教會的迫害

　　當基督教會開始發展的時候，羅馬帝國卻日益腐化。奧古斯都既藉軍隊的支持、群眾的擁護而得位，那些沒有戰功的繼承者們更要靠發放麵包給貧民、舉辦劇場格鬥等娛樂，以及興建重大工程及公路來提高民間聲望❹。縱使如此，皇帝、貴族及高官們仍然沒有安全感，雖擁有皇家衛隊卻又怕他們叛變；生命無常，只能縱情聲色、酗酒賭博以掩蓋內心的不安，社會風氣日益淫奢，遇到災禍便怪罪於清明自守的基督徒，以他們作代罪羔羊。

　　西元 64 年，尼祿 (Nero, 37–68) 誣控基督徒縱火而大肆捕殺，彼得及保羅也因此被捕殉道。西元 70 年，太子提多 (Titus, 39–81) 率軍攻陷耶路撒冷並毀聖殿，雅各及眾長老遇難，其他弟兄四散各處。自此以後，羅馬皇室對基

❹　沈剛伯校訂：《世界通史》（臺北：東亞，1960），頁 181–182。

督徒更為嚴刑迫害，或梟首、或焚烙、或釘十字架，但殉道者受天國鼓舞，慷慨赴義、前仆後繼，反使信者日眾。

## 二、 基督教會的勝利

基督教會遭受過 9 個皇帝的大迫害，人數不僅沒有減少，信徒反而日眾。第三世紀末，基督信眾已有了相當完善的組織，不僅各階層的平民、政府官吏、軍隊官兵，乃至行省總督都皈依了基督。戴克理先好不容易結束軍閥混戰而稱帝時，發動了最後一次迫害，結果發現雖把羅馬公民都殺光也無法滅絕基督教，只好改弦換轍。他的繼承者蓋力略（Galerius, 242–311）乃在臨終前宣佈寬容，停止迫害。

西元 313 年，君士坦丁頒布《米蘭敕令》，承認基督教的地位。西元 325 年在尼西亞 (Nicaes) 召開了第一次大公會議 (ecumenical council)，有 318 位各處主教出席，由君士坦丁親自主持，並通過了《尼西亞信經》(Nicene Creed) 作為教友共守的信仰準則，使宗教與政治有了進一步的聯合，他自己也在臨終前受洗皈依基督。

狄奧多修一世 (Theodosius I, 347–395) 在接位後立即受洗，並於西元 381 年召開第二次大公會議，堅定了《尼西亞信經》，復由其繼承者擬訂法典，使基督教成為羅馬帝國之國教。教會亦仿照羅馬帝國金字塔式層層節制的行政組織，而產生了與「平信徒」分離的「聖品階級」，甚至包括教皇制度。宗教與政治進一步結合的結果，使教會喪失它原有的屬靈性質；然而在民族大遷徙的時代，教士們終能發揮他們的影響，使入侵蠻族或篡位的傭兵領袖接受基督教的信仰，保存希羅文化遺產而產生了文明的歐洲。

## 三、 初期的教育設施

### ㈠慕道學校 (catechumenal school)

初期教會為了使教友明白《聖經》與教義、懂得彌撒或禮拜的規則、學會讚美及歌頌基督與上帝的詩歌，常設置正式或非正式的慕道課程，這些課程通常都以問答的方式來進行，此外也教授讀寫及有關真理的知識課程。尤

其是對出生後即受洗的兒童，施以慕道課程，俾其明白教義後才接受堅信禮。

## ㈡主教學校 (cathedral school)

　　當希臘化的文法學校逐漸式微的時候，代之而起的便是各大都市中主教府所附設的主教學校，選拔品學兼優的少年授以拉丁文的教育，以養成能閱讀拉丁文《聖經》、會運用拉丁文來做彌撒的教士。其後又開放給部分的貴族子弟修讀。

## ㈢修院學院 (monastic school)

　　當基督教在第四世紀成為國教以後，仍有少數基督徒不願意與世浮沉，而隱居山林或閉門自修過聖別的生活。西元 330 年巴康米 (Pachomius, 292–348) 在尼羅河流域的田培泥 (Tebernae) 島設立了第一所修道院；巴希爾 (Basil, 330–379) 則於西元 350 年在希臘另設一所，其後逐漸推廣。

　　當中最重要的是本篤 (Benedict, 480–543) 於西元 529 年在羅馬南方的蒙卡西諾 (Monte Cassino) 設立的修道院，立清規 73 條，其中明定每天工作 7 小時、讀書 2 小時。所謂工作主為手工藝、農耕及抄書；所讀書籍主為《聖經》，亦旁及注釋與神父的著作。擬入院修行者必須先實習 2 個月，試修滿 1 年，將誓願書當眾獻在祭臺上並跪拜眾弟兄入會。這種清規後來被設立在歐洲千餘所的修道院所採用。

　　其後修道院也設立學校，通常分為內外兩院，內院是修士的養成教育，外院則讓不擬做修士的 12 至 18 歲之有志青年修讀，課程除《聖經》外，主為拉丁文及自由七藝 (artes liberales)：文法、修辭、邏輯、算術、幾何、音樂、天文。❺

## 第三節　中世紀的教育思想

　　《聖經》在〈創世紀〉中記載，神是按著祂自己的形象和樣式造人，可見人性是何等尊貴；《新約聖經》也說：「相信主耶穌的人都要得著神的生命，

---

❺　楊亮功譯，前引書，頁83–91。

成為神的兒女」，可見眾生是何等的平等。所以基督教主張以耶穌為榜樣，更新變化，模成神長子的模樣，使基督教會的工作成為變化氣質的教育工作。歷代教士亦對如何教育頗多發揮，其中最重要的有：

## 一、奧古斯丁 (Aurelius Augustinus, 354–430)

奧古斯丁生於北非的泰格斯 (Tagaste)，父為商人，母親為敬虔的基督徒。他 19 歲時信奉摩尼教 (Manichaeans)，後赴羅馬辦修辭學校時，遇安白路士 (Ambrosius, 333–397) 主教，始被「人若賺得全世界，卻賠上自己的生命，有什麼益處呢？還能拿什麼換生命呢？」(《馬太福音》16: 26) 所感動而研讀《新約聖經》。他 33 歲時受洗，3 年後被祝聖為神父。西元 395 年起一直在希波 (Hippo) 城服事，由輔理主教、主教一直做到諾曼弟大主教。

奧古斯丁一生著述甚豐，常引柏拉圖哲學闡明基督信仰，且以自己內心的經歷說明辯證的合理與宗教的合情，主張用靈和愛去追求上帝與真理。所著《懺悔錄》(Confessiones) 及花了 13 年功夫才完卷的《上帝之城》(The City of God) 更被認為是不朽的傳世之作。其教育思想❻則可歸納為：

### ㈠信以求知，為信而知

理性為靈魂之眼，能認識萬物，更能認識真理，但真理永久不變之源在上帝，是上帝把觀念置於人心。有些東西非了解不足以發生信仰，另有些東西則非信仰便無法了解。對追求真理而論，啟示與信仰兩者俱備，乃了解的不二法門。

### ㈡啟示光照，回憶重現

從柏拉圖的「洞穴寓言」可知自由意志為求知的必要條件，但若沒有陽光（上帝的啟示），也無法認識真理。我們要藉心靈之光來透視永恆，用眼睛之光來感覺萬物；因啟示而回憶真理，因光照而重新發現已存有之知識。

### ㈢以愛施教，為愛而教

愛是最高德性，其他德性如克己（愛上帝不愛世界）、剛毅（因愛而克服痛苦與災難）、正直（敬奉上帝，不愛物慾）、智慧（明辨是非，熱愛真理）

---

❻ Willibald Russ: *Geschichte der Pädagogik* (Heilbrunn: J. Klinkhardt, 1965) s. 22.

等皆由愛而來。故應本神愛世人的天性，效法基督因愛服事的榜樣來施教，才能使師生在和諧的氣氛中，相互辯證，進入真善美的境界而享受天福。

㈣**虛己自制，集中注意**

斯圖亞學者禁慾克己，使自由勝過必需；新柏拉圖主義要脫離身體及物質的限制，以追求至高的理念。奧古斯丁則認為謙卑地自制，勝過高傲的禁慾，集中注意的訓練可引導人進入神真理的實際。

# 二、多瑪斯 (St. Thomas von Aquinas, 1225–1274)

出生於意大利南部的貴族家庭，5 歲入本篤會修道院學校，能背誦老師所授課本，一字不漏。14 歲就讀於那不勒斯 (Naples) 大學，其驚人的記憶力及思考力，令全校師生讚賞。為實現其以神修配合研究生活來救人救己、事神事主的宏願，多瑪斯於 18 歲加入道明會，其母聞訊大為反對，派她任軍職的另外 4 個兒子沿途攔截，將他押回家中軟禁。期間，多瑪斯把《聖經》及有關經典背得滾瓜爛熟，修行志願不變；其姐受命勸其還俗，卻反而被他說動，做了修女。20 歲時他被送往巴黎大學受教於阿伯都 (Magnus Albertus, 1192–1280)，27 歲任巴黎大學道明學院講師，32 歲獲博士學位後返意大利勤於著述。1261 年經恩師阿伯都引介，多瑪斯晉見教皇烏朋四世 (Urban IV, 1195–1264)，受命研究亞里士多德的哲學來闡明教義。

1264 年《哲學大全》(Summa Contra Gentiles) 完稿，此書替有神論作了良好的辯護。在大阿伯都的力薦下，多瑪斯又於 1268 年 11 月返巴黎大學主持神學系。1272 年應那不勒斯國王力邀而返鄉任教。1273 年多瑪斯出版《神學大全》(Summa Theologica)，全書採問答方式，第一部分論上帝與世界、第二部分談人性美德、第三部分涉及人性如何透過聖事與神性結合，如洗禮、堅振、聖餐及悔罪等神學中的奧祕部分。

1274 年多瑪斯赴里昂參加大公會議時，途中臥病不起，3 月 7 日蒙主恩召，享年僅 49 歲。臨終禱告謂：「主耶穌基督，祢是我的救贖主，我一生所做研究，日夜不停所寫文字，都是因為愛祢的緣故，從來不敢違反祢的意思，如因我的無知而誤犯，也樂意收回並服從教會的指正。」 ❼

　　與奧古斯丁力求知識與信仰之統一不同，多瑪斯強調知與信的區別，運用亞里士多德的方法，把人類的理智推向最高峰，依次躍進，不僅把握求得的科學與哲學的知識，而且自我超越，體驗啟示的神學與信仰的知識❸。其對於教育的主張可歸納如下：

### ㈠教育目標

　　人之創造是照著神的形象，不僅分受了神的存在，並且分受了神的理性，必須實行神旨，完成神的計畫。縱然哲學不是神學的奴婢，任何教育仍不可悖離神的教會。

### ㈡教育是發展

　　宇宙分為物質、生命、意識及精神 4 個階層；人類也不僅有肉體的作用，並且有靈魂的作用，可經由植物性的生長、動物性的感覺、最高級的理性，在精神世界中自我超越而邁向神性的境界。所以教育不僅是為了今生，而且也要為來世。

### ㈢生活實踐

　　多瑪斯認為唯有理知認識了事物，給予某種價值批判以後，意志才會使人去追求，所以是理知導引意志。然而在具體德目方面，他則主張以「信、望、愛」來代替「智慧、勇敢、節制、公正」。

## 第四節　教育設施的創新

## 一、宮廷學校

　　狄奧多修一世於西元 526 年崩逝後，羅馬帝國已一分為二，繼承者猶士丁尼 (Justinian, 527–565) 以君士坦丁堡（拜占庭）為首都，在東方奮戰，力

---

❼　Hermann Glockner: *Die europäische Philosophie* (Stuttgart: H. Reclam, 1958) s. 345–349.

❽　參閱鄔昆如：《中世哲學趣談》（臺北：東大，1976），頁 170–204。

保帝國傳統；西羅馬則因蠻族入侵及傭兵作亂，繼續陷於戰亂不安。且因政府腐敗、社會糜爛，故感化蠻族、撥亂反治的工作便落在基督教會的肩上；經由無數教士犧牲奉獻的努力，終於使進入羅馬帝國範圍的各族都接受了基督教化。當日耳曼人查理曼 (Charlemagne, 747–814) 於西元 800 年受教皇李奧三世 (Leo III, 750–816) 加冕為法蘭克帝國的皇帝時，歐洲已經恢復了正常的社會秩序。

查理曼大帝非常重視教育工作，他在西元 782 年禮聘艾爾坤 (Alcuin, 735–804) 從英格蘭來主持宮廷學校，不僅用以培養朝廷中的書記和法官，並且王子及公主以及其他貴族子弟也前來就讀。艾氏採問答式教學，績效卓著，14 年後出任位於都爾 (Tour) 的聖馬丁修道院院長，仍繼續編輯教材並督促各地的教育工作。查理曼大帝曾於 789 年發表宣言，希望每一個修道院及主教堂都能設立學校來教化臣民，813 年更指令神職人員必須教導孩子們都能背誦信經及主禱文；他自己也是勤學不輟，即使在老年時仍在學習拉丁語文。如此上行下傚，使法蘭克帝國得以繼承基督教及希羅的文明。❾

另一位重視教育的君王是英國的亞弗烈 (Alfred, 848–901) 大帝，他受到查理曼先例的鼓舞，也捐出收入的八分之一辦理宮廷學校，除羅致各地學者來英國教學外，還倡導將拉丁文的經典翻譯成古英文，同時也修復各地修道院，鼓勵他們辦理學校。

## 二、騎士教育

查理曼駕崩後的歐洲，出現了一段有組織的無政府時期，治安不良，使農民必須依靠地主，地主需要領主的保護，小領主更需要投靠大領主。平時農民在四郊耕種，戰亂時躲入領主的城堡避禍，由領主率領武士抗敵，如此逐漸產生領主與家臣關係而演變成封建制度。早期的武士多為日耳曼的傭兵，為改變其酗酒鬥殺的習慣，遂培養其忠於領主、忠於教會，且能保護婦女及小孩的美德，逐漸形成一套騎士教育的制度，這種制度到十字軍東征時發展最為顛峰。❿

---

❾　W. Russ, a.a.O., s. 25.

　　騎士是篤信基督的戰士，為基督教的遊俠團體，首先發端於法國西南部，故以法蘭西語為騎士的語言。早期貴族常將子弟送給大領主作人質，7 歲時遣入城堡作「侍從」，附從於某一貴婦，從事伺候飲食、傳遞信件及招待賓客等工作；另也學習優美儀容、唱歌跳舞、讀書下棋等活動，並且到室外練習騎馬、游泳及角力。14 歲時升為「隨從」，除繼續伺候女主人外，還須隨從男主人外出狩獵及應酬，其需梳刷坐騎、看管武器、幫助穿戴，並且要隨時學習戰鬥的技術，如穿戴鎧甲，使用盾、矛、劍及斧來作戰。接近成年時，要選擇一位年長於他的情婦宣誓效忠，並學習寫詩作歌、彈唱豎琴及履行宗教儀禮。年滿 21 歲時舉行盛大的受封典禮後，始成為「騎士」。通常是將佩劍獻在祭臺上，蒙教士或主教祝福後宣誓：「保衛教會，攻擊邪惡，敬重聖職，保護婦女及窮人，保持國家安泰，為同胞不惜流出最後一滴血。」❿

　　與文法學校中教授的「七藝」不同，騎士教育所強調的乃是「七技」，即：騎馬、游泳、射箭、擊劍、狩獵、紙牌或下棋、吟詩，可見其完全為世俗的生活而預備，並且把品格陶冶、行為訓練看得比知識傳授更重要。

## 第五節　大學的興起

## 一、中世紀的奇葩

　　很多人說中世紀的歐洲是西洋文明的黑夜，只等待文藝復興的黎明，事實卻不然。天主教統治期間，不僅感化了蠻族、保護了希羅文明，使西洋文化之命脈得以延續不絕，而且其經院哲學 (philosophia scholastica) 亦加深加寬了人類理性的成就。所以我們不妨把中世紀比喻為歐洲的嚴冬，萬物都向下扎根，在白雪覆蓋下儲備再生的動力。在中世紀末期，像梅花一樣搶先迎春的奇葩便是「大學」(universitas)，且其是在歷史發展的潮流中自然形成的。⓬

❿　楊亮功譯，前引書，頁 161–164。

⓫　劉伯驥：《西洋教育史》(臺灣：中華，1983)，頁 111–115。

⓬　W. Russ, a.a.O., s. 68.

　　為了培養教士及處理行政的管理人員，教廷早在中世前半期便在各天主堂，尤其是主教堂設立學校，教授青少年閱讀寫字、唱詩及宗教儀禮。由於當時的《聖經》是拉丁文版，彌撒也是用拉丁文進行，所以有志擔任教士者必須學習拉丁文並進入修道院深造。在修道院中不僅可以深入研究《聖經》及教義，並可博覽群籍，了解教皇的律敕和國家的法律，甚至可以親聆神學家們的講授。隨著不斷的演變，不僅學校廣收世俗弟子，而且修道院也設立「外院」接受貴族弟子入學，課程也逐漸增加世俗的學問。

　　神聖羅馬帝國成立以後，查理曼大帝敦聘英格蘭學者艾爾坤等人在阿享行宮 (Aachen) 講學，其門弟子莫魯士 (Rabanus Maurus, 776–856) 等人遍布帝國各地興辦教育事業，把蠻族統治的歐洲轉化成為文明的世界。十字軍東征後，不僅吸收了阿拉伯回教文化，而且發現了更多古希臘的文明，文風更盛。

　　十二世紀時，研究亞里士多德哲學、阿拉伯科技及各種專門學問的知識分子日益增多，每逢聽到有傑出學者講學時，大家都蜂擁前往聞道受業。由於學者和聽聞者人數眾多，他們各依籍貫，組成團體。依照當時習慣，師生都視同神職人員，享受特權及優待。為了排解糾紛及爭取進一步的權益，他們又仿照海港城市中「基爾特」(Guild) 制度（即今日同業公會），組成了「大學」。❸

　　1158 年，意大利的波隆尼 (Bologna) 獲得神聖羅馬帝國皇帝腓特烈一世 (Friedrich I, 1122–1190) 批准，頒發特許狀，成為歐洲最早成立的大學。法國巴黎的聖母院 (Notre Dame) 及其分院原有接待外來學者的傳統，著名神學家艾伯拉 (Peter Abelard, 1079–1142) 及禪波的威廉 (William of Champeaux, 1070–1121) 等學者經常駐院講學，素有「神學的錫安山」之稱。唯因學生眾多、生活放蕩、不受拘束，終於在 1200 年發生與市民大規模衝突；法王腓力二世 (Philip II, 1165–1223) 乃頒布特許狀，督促大學自行管理學生，在校園內有逕行逮捕及自行審理之權，同時禁止市民毆打學生、市府刑罰學生。意大利南部的海港城市薩理諾 (Salerno) 因擁有藥泉及迦太基與東羅馬的醫藥著作，也於 1200 年成立了以醫學為主的大學。

---

　　❸　Albert Reble: *Geschichte der Pädagogik* (Stuttgart:Ernst Klett, 1965) s. 56–59.

　　由上可見，當時所謂大學，乃是以講學為中心；老師和學生的組合，既無設備、也缺圖書，可以跟隨老師行動，遷徙極為方便。

　　1167 年，在巴黎的英國留學生因不滿教皇額祿九世 (Gregory IX, 1145–1241) 新頒特許狀而發生糾紛，便接受英王亨利二世 (Henry II, 1133–1189) 的號召，遷往牛津 (Oxford) 成立大學；1209 年，部分學生不滿學校守舊作風且與當地居民相處不洽，乃遷往劍橋 (Cambridge) 成立新大學，致力於自然哲學研究，且成為宗教改革之勝地。1636 年創設、並於 1640 年開辦大學課程的哈佛 (Harvard) 大學，便以劍橋大學的以馬內利 (Emmanuel) 學院為仿效的對象；且在其校友的協助下，此新劍橋不僅是美國第一所高等學府，而且迄今仍領導著新大陸的人才教育。

　　大學在歐洲如細胞分裂般地，經由教授與學生散佈各地而紛紛成立，至 1500 年時已有 80 所，到 1600 年時更高達 108 所❶，群芳爭豔，也令大學教育有著欣欣向榮的繁盛氣象。

## 二、德意志大學的發展

　　第一所德意志大學是神聖羅馬帝國皇帝查理四世 (Karl IV, 1316–1378) 於 1348 年在其布拉格 (Prag) 行宮所設立的，繼之有維也納 (Wien, 1365) 及克刺高 (Krakau, 1364)。西元 1385 年布拉格的部分師生遷往海德堡 (Heidelberg) 成立大學，伯爵魯佩一世 (Rupert I, 1309–1390) 特別宣佈免除貢賦及服役義務之特權以示獎勵，各地諸侯紛起仿效，遂又有科隆 (Köln, 1388)、艾爾福德 (Erfurt, 1392) 及萊比錫 (Leipzig, 1409) 等大學成立，並且吸引了巴黎大學等各校教授來講學。

　　當新人文主義思想蓬勃發展時，誕生了自由堡 (Freiburg, 1455) 及法蘭克福 (Frankfurt, 1507) 兩所大學。馬丁路德改革宗教後又成立了馬堡 (Marburg, 1527)、威登堡 (Wittenberg, 1502) 及寇尼斯堡 (Königsburg, 1514) 等大學，發展基督教的神學，對抗天主教的教義。

　　隨著啟蒙運動的展開，又成立了一連串新的大學如哈萊 (Halle, 1694) 及

❶　楊亮功譯，前引書，頁 222–226。

哥丁根 (Göttingen, 1734) 等，均成為理想主義哲學的堡壘。當中最重要的是
1810 年為復興德意志及促進現代化而成立的柏林大學❶。負責創校的普魯士
首任教育首長洪博 (Wilhelm von Humboldt, 1767–1835) 認為：「大學應該是經
由科學以陶冶人性的所在……自由與自主的思想則是追求真理與道德上完全
的黃金大道。」大學不僅要傳授知識，而且要發展知識、注重科學研究，以研
究領導教學。所以他提出了「寂寞與自由」(Einsamkeit und Freiheit) 的理念，
作為全校師生之守則。

所謂「自由」，乃是發明真理與完成道德之前提；所謂「寂寞」，乃是領
導國家社會的知識分子，必須養成不計利害、不隨流俗、不慕虛榮、不醉生
夢死，而甘願忍受寂寞、淡泊度日以從事學術研究的人格修養❶。依據此一
理念，柏林大學不僅在外部形式上成為嶄新的「研究型大學」，而且在內部精
神上也被激發出創新的活力，在科學上創造發明，在文化上推陳出新。單以
諾貝爾獎而言，從 1901 年開始頒獎起，至 1956 年時該校已有 29 位教授獲獎，
成就足以傲世，不僅成為德意志各地大學的典範，也引起了美國普林斯敦
(Princeton) 等大學的仿效，促成全球大學追求卓越的趨勢。

綜上可見，德意志大學從中古後期開始，隨著歷史的脈動而發展，不斷
接受時代挑戰，推動文明進步，終於開花結果，奠定現代化的基礎。

## 三、大學的學位、課程與教學

中世紀大學的通用語言是拉丁文，教學與考試以拉丁文來實施，師生同
學間也以拉丁文來交談，所以通曉拉丁文自然成為入學的必要條件，故拉丁
文中學就成為大學的預備學校。由於大學逐漸普及，畢業生除了任教士、官
吏及醫師外，也可至拉丁文中學任教，使高級中學隨之蓬勃發展。

當時大學組織既採取基爾特制度，學位授予也比照辦理。例如學習期滿，
考試及格者可頒授相當於「助理」的「入門者證書」，後來演變成「學士」學

---

❶ Helmut Schelsky: *Einsamkeit und Freiheit: Idee und Gestalt der deutschen
Universität und ihrer Reformen* (Hamburg: Rowohl, 1963) s. 17–20.

❶ H. Schelsky, a.a.O., s. 66–69。

位。已獲學士學位、從事實際工作 2 年以上且成績優秀者，可申請「師父」證書，即是後來的「碩士」學位。其擬留在大學任教者，則必須考取「博士」學位，其通常要提出論文，由指導教授正式推薦，且經口試論辯通過後頒授之。❶

　　從十四世紀開始，各大學除神學、法學及醫學 3 個專業學院外，還設有 1 個文學院或稱通識學院；除加強「七藝」教育外，特別重視辯證法、物理學、倫理學與政治學之學習，作為大學入學者之前期課程，且必須成績及格者，始能進入專業學院求讀。各學院設立院長，由全院教授選舉之，負實際教務行政責任；校長為榮譽職務，由全校教授選舉產生。

　　文學院到十八世紀時已不再是前期課程，而與其他專業學院並列，甚或成為全校的核心學院，故紛紛改稱哲學院，因之奠定了歐洲大學由神、哲、法、醫 4 個學院構成的基礎❶。當時最重要的學院是神學院，由於多瑪斯的神學結合了亞里士多德的哲學，使「經院哲學」大放異彩；其運用人類的理性以「知物」、「知人」和「知天」的輝煌成就，不僅使教會人才輩出，也為君侯培養無數治國良材，對於思想的啟發與真理的追求頗有貢獻，終使中世紀後期興起的大學成為黑暗長夜中的閃亮晨星！

## 小　結

　　基督教的教育目標不僅要求信徒以耶穌為榜樣，效法祂的行事為人，而且要相信神，接受祂的生命、活出祂的性情，敬天愛人地成為「在人性美德上彰顯神性榮耀的基督人」。其主要的教材是《聖經》，經由福音傳講、聚會說明、個人禱讀及聖靈啟示而實施屬靈教育。

　　中世紀時不僅成立了慕道學校、主教學校及修道院等專門教育場所，也產生了影響西洋文化發展的神學家。

❶　A. Reble, a.a.O., s. 58.
❶　A. Reble, a.a.O., s. 57–58.

## 【問題討論】

1.什麼是修道院的「內院」與「外院」?

2.為什麼奧古斯丁要主張「信以求知」?

3.多瑪斯認為「教育是發展」，與亞里士多德的哲學有何關係?

# 第二篇

# 西洋教育的曙光

# 第 **4** 章

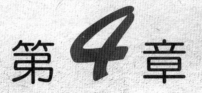

## 文藝復興與人文教育的重視

# 第一節　文藝復興的意義及其發生

　　康德 (Immanuel Kant, 1724–1804) 在〈普遍的歷史觀〉❶一文中指出：「人是理性動物，本於內在的動力，自然朝向整體目的而向上發展；雖時受外在環境的影響而向下沉淪，但往往相反而相成，因理性的逐漸成熟，而使人類歷史朝向理想世界逐步前進。」

　　回顧西洋歷史的發展歷程，就長期來說，亦確與此一論點若合符節。例如當蠻族南下，羅馬帝國於西元 476 年覆亡後，歐洲進入政治動亂、宗教專制的黑暗時期，但到了十三世紀因大學的興起，終於在漫漫的長夜中出現了一顆晨星，接著曙光綻現，那就是文藝復興。直到哥白尼 (Nicolaus Copernicus, 1473–1543) 提出天體革命的主張、馬丁・路德 (Martin Luther, 1483–1546) 吹響宗教改革的號角時，歐洲歷史便進入了「科學得以昌明，人性重被尊重」的新世紀。

　　文藝復興 (Renaissance) 的字義是再生或復活❷，在當時是因為重新發現希臘羅馬的古典文化而激發人類理性的覺醒，使人文主義成為主流、科學與藝術得以昌明的一個文化運動。其最早開始於意大利，接著散播至荷蘭和日耳曼地區，再影響法國及英國而刷新了歐洲的面目。

　　文藝復興之所以起始於意大利，因為它是掌握中古時代權力核心的教皇直轄地區，又為古羅馬帝國的首都所在，便於活用拉丁語文；而且在地理位置上，意大利半島伸入地中海與各文明古國為鄰，且為十字軍東征後東西文化交流的樞紐。再者羅馬教廷及翡冷翠 (Firenze) 的麥迪西家族 (de Medici) 肯花錢興辦文化事業，威尼斯更已成為地中海上最活躍的商業城邦，其累積的財富足以提倡文化活動。此外拜占庭帝國派駐教廷的外交官員，原本就是希

---

❶　Immanuel Kant: *Immanuel Kant Werke*, hg. v. Wilhelm Weischedel (Darmstadt: Wissenschaftliche Buchgesellschaft, 1964) s. 33–50.

❷　意大利文稱為 Rinascita，來自拉丁文 Renasci，與法文一樣，意思是再生。

臘文明的代言人，該國於 1453 年亡於土耳其以後，有更多的文人與官員流亡意大利，帶來了許多被東羅馬所保存的希臘文化。

　　由於對「光榮的希臘」和「偉大的羅馬」的重新發現，使人類恢復了自信，亦盼望對未來的創造，故在人文主義思想的主導下，逐漸擺脫宗教的桎梏而推展文藝復興運動。其在意大利的發展，可就文學、美術、音樂及人文主義學校的設立等方面簡述如次：

# 一、 文學方面

　　精通拉丁文的但丁 (Alighieri Dante, 1265–1321) 用意大利文寫下了長詩〈神曲〉("Divina Commedia")，首開民族文學的風氣，隨後用各國文字所寫的英雄史詩如日耳曼的〈尼布龍艮〉("Nibelungenlied") 等紛紛出現，形成新的風氣，表現了新的精神。

　　佩脫拉克 (Francesco Petrarch, 1304–1374) 曾因所著的敘事詩〈阿非利加〉("Africa") 被封為「桂冠詩人」。1333 年他發現西塞洛 2 篇未被人知的演說稿，開始了詳細搜求及審慎校正古代文獻的風潮。1350 年他與將荷馬史詩及希臘神話譯成拉丁文的薄伽丘 (Giovanni Boccaccio, 1313–1375)，分別至各天主堂及修道院覓求古代重要文獻，其中薄氏用手抄寫的稿本達 106 本之多。

　　當時的學者不僅重視人文學科，讓古典的光輝在內心裡再生，並且用同樣的標準努力創造，超越古人。這種精神領導著當時的學術思想，也影響了醫學、工藝、建築和美術。

# 二、 美術方面

　　當文藝復興的巨浪把意大利的美術推上藝術高峰時，人們所歡迎的並不是平鋪直敘、蕭規曹隨的力作，而是那些靈思煥發、巧奪天工的創作，尤其讚賞像達文西 (Leonardo da Vinci, 1452–1519) 那樣的「全能天才」。

　　達文西不僅懂得建造城堡、鑄造軍事器械；並且運用理性與數學來作畫，使藝術創作發出知性光彩，而成為人文學術。他累積幾近 5 千頁有關機械設計、科學發明、人體解剖、素描草圖及哲學理論之傳世手稿，雖只有 10 餘幅

畫作，但其中包括了不斷被人詮釋的《最後的晚餐》及迄今受人青睞的《蒙娜麗莎的微笑》。

繼起的米開朗基羅 (Michelangelo, 1475–1519) 更是一位蒙上帝特別恩賜的超人，他不承認任何比他本身天才更高的權威。26 歲時所雕刻的「大衛像」，被認為可將英雄的靈魂從大理石的監獄中解放出來； 33 歲開始創作希斯汀 (Sistine) 大教堂的壁畫，更充滿活力地活化了人類歷史。

不同於孤獨天才與悲壯氣概的米開朗基羅，較年輕的拉斐爾 (Raphael, 1483–1520) 卻是一帆風順地在生前便享有盛名。他的天才是融合了老師們的優點而創造出一種富有詩意和戲劇性的優美形態。《聖母像》和《雅典學院》中「神、哲、法」及「藝術」之表顯，充分表現了文藝復興的精神。

## 三、音樂方面

在這天才盡出的時代，文藝復興的音樂自然而柔和，旋律符合歌手呼吸的韻律，聽起來和諧順耳，表現了人性的自覺、自尊而朝向人性化發展。關鍵人物均來自尼德蘭 (Netherlands) 學派，他們在意大利的教堂擔任歌手並負責音樂工作。

學派的創始人杜飛 (Guillaume Dufay, 1400–1474) 結合了英國和意大利的傳統發展出「定旋律彌撒曲」，把垂憐曲、光榮頌、信經、聖哉經和羔羊經形成整體而使藝術性充分發揮。曾在巴黎任職的歐克亨 (Johannes Ockeghum, 1410–1497) 則把「對位化」的技巧運用得登峰造極，使樂曲緊扣主題卻又變化萬千；他的學生喬斯更 (DesprezJosquin, 1440–1521) 更進一步樹立重視歌詞表達的作曲風格。

到了十六世紀時，魏拉赫 (Adrian Willaert, 1490–1562) 開創威尼斯學派；拉索 (Orlando di Lasso, 1532–1594) 接任慕尼黑宮廷樂師長達 38 年，寫下 2 千餘首作品，使文藝復興的波瀾更為廣闊，影響歐洲樂壇何其深遠。❸

## 四、人文主義學校的設立

❸ 陳希茹：《奧林帕斯的回響——歐洲音樂史話》(臺北：三民，2002)，頁 73–87。

　　首先介紹坤體良的《演講學校》(*Institutio Oratoria*) 而倡導文雅教育的是意大利的詩人外交家范傑里奧 (Pietro Paslo Vergerio, 1370–1445)❹。把這種理想付諸實踐的是費多里諾 (Vittorino da Feltre, 1378–1446) 和桂里諾 (Guarino von Verona, 1374–1460)；前者於 1423 年創辦文法學校於威尼斯公國的孟都 (Mautua)，後者則於 1429 年在北部的大學城費拉臘 (Fernara) 設立學校。其均招收貴族子弟授以拉丁文訓練及古典文學，注重生活禮儀、人格陶冶及體育活動，開博雅教育 (liberal education) 之先河。尤其是桂里諾所編的拉丁文文法課本更廣被採用，流傳甚久，使文藝復興的影響日益擴展。

## 第二節　文藝復興北上推展

## 一、荷蘭的共同生活兄弟會

　　同樣以海運致富的荷蘭，由於商人階級的興起，不僅與歐洲各重要港口及意大利有文學、音樂和美術等多方面的文化交流，而且開始設立新式的文法學校，其中最重要的是鄰近萊茵河出海口的丹文特 (Deventer)。神學家葛魯特 (Gerhard Groote, 1340–1384) 受到天主教神祕主義的影響，認為靈修生活重在內裡生命的追求，而不是遵守教條和戒律的苦修。信從他的人於 1378 年組成「共同生活兄弟會」❺，試圖恢復早期教會的靈修生活。最盛時期該會設立了 45 座學舍，後因遭致教廷誤會，葛魯特於 1383 年被禁止傳教，但其同工們卻仍繼續維持該會的事功，並於翌年把原為專門培養傳教士的學校，改組為「丹文特文法學校」擴大招生，用荷蘭語及拉丁文教學，以文化陶冶來培養善良行為與聖潔生活，頗受歡迎。

　　1465 年海吉士 (Alexander Hegius, 1433–1498) 接任校長後，以身作則，親

---

❹　Willibald Russ: *Geschichte der Pädagogik* (Heilbrunn: J. Klinkhardt, 1965) s. 29–33.

❺　周愚文：〈共同兄弟會學校制度〉，載於國立編譯館主編：《教育大辭書》（臺北：文景，2000），第 3 冊，頁 133–135。

自領導學生的學習及生活達 43 年之久，他並推動學校組織的改造：「將學生分為 8 個年級，每個年級都訂有詳細的教學計畫：一年級學文法初步，二年級修簡明文選，三年級習拉丁文及文選，四年級讀史學名著及初級希臘文，五年級為高級希臘文、修辭學及邏輯學，六年級開始作文並學習高級邏輯及修辭學、讀希臘文學，七年級研讀柏拉圖、亞里士多德、歐幾里德等人的作品及羅馬法，八年級則修習神學及辯論。」「若班級太大，一個教師無法單獨管理時，就將學生分為 10 人 1 組，各組由 1 位較年長的學生來負責照管」❻。其有效的學習吸引青少年慕名來學，全校學生人數不斷增加，甚至超過了 2 千人。

這種有效的學校組織方式，不僅推廣至與「共同生活兄弟會」有關的學校，並且被日耳曼地區的各學校所仿效，校中的優良教師如艾基柯拉 (Rodolf Agricola, 1443–1485) 及羅吉林 (Johannes Reuchlin, 1455–1522) 等均在發揚古典語文上有輝煌的成就，學生中也產生了一位偉大的人文主義學者——伊拉斯慕士 (Desiderius Erasmus, 1466–1536)。

## 二、司徒穆 (Johann Sturm, 1507–1589)

司徒穆於採取丹文特教學方式的利溪 (Liege) 學校畢業後，進入魯汶 (Louvain) 大學攻讀。1530 年任教於巴黎，1537 年應聘至今日德法邊界的斯特勞斯堡 (Strassburg) 創辦一所學校，定名為 "Gymnasium"（九年制文科中學，迄今仍為德文地區高中之主流）。他把學生依能力分為 10 個年級，每個年級設有一位導師，學生學通拉丁文法後要修習西塞洛等拉丁文名家的作品，俾能培養言辯的技能與優雅的談吐。第五學年開始學希臘文，第十學年加學希伯來文❼。

司徒穆的教育宗旨是要經由文化陶冶來培養具有虔誠信仰、豐富知識及

---

❻　方永泉：〈赫吉亞斯的教育改革計畫〉，載於國立編譯館主編：《教育大辭書》（臺北：文景，2000），第 9 冊，頁 428–429。

❼　方永泉：〈斯都姆教育報告〉，載於國立編譯館主編：《教育大辭書》（臺北：文景，2000），第 7 冊，頁 908–909。

辯論長才的文化人 ❽。他擔任校長逾 45 年，由於「教育有明確目的、周密組織、層次訓導、良好教法且擁有優良師資」，是當時最偉大而成功的教育家，王公貴族紛紛遣送子弟來學，慕名來校參觀者更絡繹不絕，使該校成為日耳曼地區設立人文主義學校時的效法對象。❾

## 三、伊拉斯慕士 (Desiderius Erasmus, 1466–1536)

出生於荷蘭的鹿特丹 (Rotterdam)，幼時就讀於丹文特學校，受艾基柯拉之啟迪，熱衷學習古學。父母被傳染疫疾雙亡後，轉學至修道院的附設學校。1483 年進入史恩修道院 (Augustinerkloster in Seyn) 苦修，專心研習拉丁文的古典文學及歷史文選。1493 年入巴黎大學神學院深造，成績優異且勤於著述，但因其神學思想已與當時天主教的教義不合，故有意擺脫神職生涯而擔任家庭教師；學生中不僅有來自呂貝克 (Lübeck) 的商人家庭，也有英國的貴族子弟。1499 年他應聘英倫，與莫爾 (Thomas More, 1478–1535) 和柯烈 (John Colet, 1467–1517) 結成莫逆，共同推廣人文主義的理想，歸國後致力於校訂古代典籍並勤修希臘文。

1505–1509 年間伊拉斯慕士在意大利講學，並在威尼斯協助古籍重行出版的工作；有名的諷刺小說《蠢者之讚》(*The Praise of Folly*)❿便是在那裡完稿的。1510 年他開始將《新約聖經》翻譯成拉丁文，1516 年完稿後在瑞士出版，極受推崇，伊氏也因此被譽為人文主義的大師，教皇亦准其解除在奧古斯丁修會所立擔任聖職的誓約。當時他認為基督教的精神可與古希臘哲學相通，人不僅可以與上帝直接交通，而且跟上帝一樣具有自由意志，才能創造出人類的文化⓫，因此他與教廷的歧見益深；但是他也不贊成路德的宗教改革，只好躲開一切的衝突而隱居到學術的象牙塔中。

亨利八世 （Henry VIII, 1491–1547） 繼承英國王位後，伊拉斯慕士在

❽　朱經農、唐鉞、高覺敷：《教育大辭書》（臺北：商務，1974），頁 1162。

❾　楊亮功譯：《西洋教育史》（臺北：協志，1965），頁 284。

❿　林玉体：《西洋教育思想史》（臺北：三民，2001），頁 167–168。

⓫　田培林：《教育史》（臺北：正中，1963），頁 172。

1512–1514 年間到英國居留了 2 年，除在劍橋教授希臘文和神學外，還協助柯烈重建聖保羅學院。1514–1521 年間他定居魯汶，勤於著述及發表文化評論，影響遍及全歐。由於新舊教間之衝突愈演愈烈，他反對教廷用「破門」及「烙刑」來對付異己，也不贊成燒教堂、奪修院的激烈反抗。他一再呼籲寬容及倡導和平均無效果，只能於 1521 年避居瑞士巴薩爾 (Basel)，後於西元 1536 年 7 月 12 日逝世，享年 70 歲。

伊拉斯慕士一生著述甚豐，也有數卷討論教育，當中最能說明他教育思想的是《論兒童博雅教育初階》(*On the First Liberal Education of Children*)，其中認為古典學術研究可以培育青少年負責任的生活態度與良好的禮儀習慣；研讀《聖經》則可養成虔誠的德性與和平處世的行為，兩者相輔相成，並行不悖。他認為教育實施的重點有三：(1)順應兒童的本能；(2)訓練技巧與能力；(3)落實生活的實踐。同時，他竭力反對當時流行的打罵式教育，而大聲疾呼要廢除體罰。❷

## 四、柯烈 (John Colet, 1467–1517)

父親是富有的紡織商人，曾任倫敦市長。柯烈於 1493–1496 年間遊學意大利的翡冷翠，歸而推動人文主義運動。當伊拉斯慕士於 1512 年第二次訪英時，柯烈已擔任當地主教，他接受伊氏建議，捐獻所繼承的遺產來創辦宏揚人文主義精神的「聖保羅學校」(St. Pauls School)。他聘亦曾留學意大利的李理 (William Lily, 1468–1522) 為校長，雖以古典拉丁文為核心課程，但也教授有助現實生活的各種知識，頗受當時社會歡迎並被其他學校如溫徹斯特 (Winchester) 及伊登 (Eton) 等作為辦學藍圖，影響後世文法學校傳統之形成。

李理所編《拉丁文法》(*Lilys' Latin Grammar*)，經柯烈及伊拉斯慕士審訂後暢銷逾百年，其後改名為《伊登拉丁文法》(*Eton Latin Grammar*) 仍被初學古文者所愛用❸。此外，聖保羅學校德智體 3 育並重以培養具有「敬虔信仰、

---

❷ 徐宗林：〈伊拉斯慕士〉，載於國立編譯館主編：《教育大辭書》（臺北：文景，2000），第 3 冊，頁 11–12。

❸ 李園會：〈英國的公學教育制度〉（國立編譯館，2002），頁 39–41。

禮儀風度及文化教養」的紳士之目標，亦逐漸成為英國文法學校之辦校宗旨。

## 第三節　文藝復興對法國及西班牙的影響

## 一、法國王室的獎勵

　　經過了百年戰爭 (1337–1453)，法國對外抗拒英國，對內削減封建諸侯的權力而建立起一個中央集權的王國。法王查理八世 (Karl VIII, 1470–1498) 更曾遠征米蘭及翡冷翠，推翻麥迪西家族的統治，也帶回了意大利的文藝復興。

　　愛好古典文學的法蘭西斯一世 (Francis I, 1494–1547) 繼任王位後更大力獎掖文化活動，他於 1522 年任命著名人文主義學者，希臘文教授布岱 (Guilaune Bude, 1467–1540) 為皇家圖書館長，徵集古文典籍，領導文化研究，並設立皇家印刷廠、發行有關書刊。1530 年創辦法蘭西學院以推廣拉丁、希臘、及希伯來文之講座，一時蔚為風氣，許多學校均以傳習古典語文，研修歷史文獻為重點。

　　約在同一時期，古維亞 (André de Gouveia, 1497–1548) 在法國南部的博多市 (Bordeaux) 創辦了居儀學院，聘請優良教師，實施人文主義教育，態度開明、成效卓著。該校校長費奈 (Elie Vinet, 1509–1587) 不僅認真辦學，而且還把校務活動留下詳盡紀錄，把學校生活作了有趣的報導❶❹，影響所至，逐漸形成法國高中的傳統。

　　文藝復興對法國教育的影響，不僅在學校設施，更重要的在思想。行醫濟世的天主教本篤會神父刺伯雷 (Francois Rabelais, 1494–1553) 在其所著諷刺小說《巨人傳》(*Gargantua und Pantagruel*) 中，詳細敘述修道院內中世紀的教學方式——由於一味死記硬背文法和教條，使學生變成毫無學習興趣及判斷能力的「傻瓜」。書中不僅表達了伊拉斯慕士及司徒穆等人文教育的思想，如：「你應當學會各種語言，像坤體良所希望的那樣，首先學拉丁文、然後學

❶❹　楊亮功譯，前引書，頁 278–280。

希臘文，為了閱讀《聖經》也要學希伯來文」等；並且提出了許多超越時代的看法：「我願你盡心研究大自然的知識，不僅是天空飛禽、海中魚類、林地花草和各種礦物寶石，而且要研讀希臘、羅馬和阿拉伯的醫學著作。」⑮

與剌伯雷同國的蒙他尼 (Michel de Montaigne, 1533–1592) 在所著《散文集》(*Essais*) 中，認為自然就是人類的教師，反對打罵式的教育與讀死書的學校，並強調學習的功能在培養獨立的判斷與自主的思考，而非機械地記憶。

笛卡兒 (René Descartes, 1596–1650) 立基於他的懷疑論也掀起了反對中古教條的現代思考。在〈論兒童教育〉("De linstilution des enfants") 文中他沉痛地呼籲：「教育必須絕對地在和諧氣氛中進行，……但進入學校所聽到的不是孩子們挨打時的哭喊聲，便是教師們的大發雷霆聲。這算是什麼方式？為了唸書，便要用憂傷的心靈和顫抖的小手去接受鞭打！這簡直是一種不正確而且腐敗的教學方式。」亦值得我們傾聽與反省。

## 二、人文思想在西班牙的再生

從西元 711 年阿拉伯的軍隊顛覆了西歌德王國以後，西班牙半島便落入回教的統治，但固守基督信仰的原住民仍不斷反抗，藉著爭取民族自由的戰爭，在伊比利亞半島上逐漸形成了 3 個王國：葡萄牙 (Portugal)、卡斯提爾 (Castile) 與亞拉岡 (Aragon)。

1469 年卡斯提爾女王伊莎白拉 (Isabella, 1451–1504) 與同樣信奉天主的亞拉岡國王斐迪南 (Ferdinand, 1452–1516) 結婚，奠定了西班牙統一的強大基礎，並於 1492 年攻占南部的回教國家格拉納德 (Granada)⑯。為了利用教權來鞏固王權，西班牙設立異端裁判所排除異己，把不肯皈依天主教的人民（包括猶太人）都放逐國外，保守的宗教氣氛極為濃厚。

在文藝復興精神之倡導方面，最重要的是庇護二世 (Pius II, 1405–1464)，他曾為文論兒童教育，強調記憶孕育知識，適當的教育為德性的根源；且謂

---

⑮ 許智偉譯：〈蒙他尼論教育〉，載於《師友月刊》（臺北：師友月刊社，1974），第 90 期，頁 46–47。

⑯ 陳大端譯：《世界通史》（臺北：東亞，1960），頁 294, 374, 418–419。

好好接受「七藝」訓練，並學習拉丁文和希臘文，才能成為愛民如子的人君，才不致成為「戴著王冠的驢子」。在教學方法上，他同樣反對體罰，甚至說：「教導孩子不是經由毆打，而要藉著勸勉和理性。」因為「仇恨來自掌摑；若使學生懷恨在心，那比什麼都要壞！」

　　與坤體良同鄉的微范士 (Juan Luis Vives, 1492–1540) 則是文藝復興期間，西班牙最重要的人文主義學者。他出生於瓦倫西亞 (Valencia) 西班牙貴族的家中，幼受賢母教導成為忠誠的天主教徒，17 歲時赴巴黎留學，修古典文學、法律及物理，讀伊拉斯慕士的著作而嚮往人文主義。

　　1519 年，微范士開始擔任魯汶大學教授。1522 年他訪問倫敦，會見歐洲人文主義的領袖莫爾。翌年將所著《論基督教婦女教育》(De institutione Jeminae Christianse) 獻給英國王后，其閱後頗為讚賞，立即安排他到牛津大學講學並擔任公主的導師。1528 年他因反對亨利八世要與王后離婚，致遭拘禁後被驅逐出境，自此以後便歸隱鄉間，埋首著作。**⑰**

　　1531 年他出版《教育論》(De Tradendis Disciplinis)，其中明確宣示：天主為絕對真理，《聖經》神聖不可侵犯。教皇既為天主在地上的發言人，也必完美無疵，所以在信仰上要服從教會的判斷。但是有關自然的知識，只是可能的真，不可確信其絕對正確，而必須運用批判性的思考。同時他認為教育不是只有「課本學習」而應與實際生活聯繫，甚至可向店員及技師去請教工藝的細節。

　　微范士在 1538 年出版的《心靈論》(De anima et vita) 更是教育史上第一本系統的心理學著作，也使他贏得了「現代心理學之父」的稱譽**⑱**。而他「從生活中去學習，用感官經驗及歸納方法來探索心靈現象」等主張，亦被狄爾泰 (Wilhelm Dilthey, 1833–1911) 肯定為開創「哲學的人類學」研究之先河。此外，他認為父母只能給子女肉身的生命，教師卻要給學生心靈的生命，所以要以父愛來對待學生，要了解學生的個性來因材施教。「如果用鞭打來強迫小孩做大人的事，這種教師最應挨打。」

---

⑰　Eugen Schoelen: *Lexikon der Pädagogik* (Freiburg: Herder, 1965), Bd. IV, s. 818.

⑱　林玉体，前引書，頁 200–212。

綜上可見，微范士的確是「十六世紀最進步的天主教教育學者」❶；然而西班牙教學實際的革新，則尚有待於反宗教改革運動中耶穌會學校之普及。

## 小　結

文藝復興的字義是再生或復活。十三世紀的歐洲因重新發現希臘羅馬的古典文化而激發理性的覺醒、恢復人類的自信；在人文思想主導下，也終於逐漸擺脫宗教的桎梏，開始欣賞現世的美麗而探索過去的成就、期待未來的創造，展開了文藝復興運動。

十五世紀時，不僅達文西和米開朗基羅表現偉大的美術天才，而且尼德蘭學派亦開始不朽的音樂創作。更重要的是從丹文特學校開始，亦培育了無數人文主義大師。

### 【問題討論】

1. 司徒穆學校的教學方式是怎樣的？由來如何？
2. 為什麼伊拉斯慕士被公認為是文藝復興的大師？
3. 微范士為何被稱譽為「現代心理學之父」？

---

❶ 李正富譯：《西洋近代教育史》（臺北：國立編譯館，1968），頁63。

第 **5** 章

科學重振與實用教育
的萌芽

**第一節　新世紀的曙光**

## 一、古騰堡發明活版印刷術

　　紙張取代羊皮、手抄改為印刷，使文藝復興的精神得以普及、宗教改革的風潮得以形成，亦促使了人類文化的進步與教育方式的改變。造紙雖是中國人發明的，但阿拉伯人也很早得到製造紙張的方法，並且於十三世紀時經由希臘傳到歐洲，讓意大利的米蘭、翡冷翠及波隆尼等大學城紛紛設立製紙工場。十四世紀初葉，日耳曼地區也開始設立造紙廠，古騰堡 (Johannes Gutenberg, 1396–1468) 便在 1448 年於梅因茲 (Mainz) 開始他的活版印刷事業，較中國宋朝畢昇發明活字印刷晚了 400 年。❶

　　古騰堡原來是一位金飾技工，1434–1444 年間在斯特勞斯堡工作時，引起了他探索印刷新法的興趣。根據德國博物館所藏要求古氏償還債務的訴狀，可推知他是在 1442 年完成了金屬活字的發明，與人合夥生產而造成財務困境。1445 年他返回故鄉梅因茲，贏得商人福士 (Johann Fust, 1400–1466) 的投資而創辦了活版印刷廠；起初承印羅馬教廷為募集十字軍戰費而發行的「贖罪券」(ablassbrief) 及其他金融票券。1450 年起他在梅因茲大主教監督下排印拉丁文《聖經》，但就在 1456 年正式出版前，卻與福士產生歧見而拆夥。

　　古騰堡雖仍為活版印刷繼續奮鬥，卻因自有資金不足無法獨立營業，而只能在 1465 年起受雇於梅因茲大主教府；但是他對於歐洲新世紀的催生及人類文化發展的貢獻，已不是區區商業利潤所能計算。由於活版印刷的普及，價廉物美的書籍得以大量發行，教科書也可以普遍使用。「由教育的觀點看，印刷的發明，幾可視為中世紀的終結與近代的開始之分水嶺。」❷

---

❶　方豪：《中西交通史》（臺北：華岡，1977），第 2 冊，頁 165–167。
❷　楊亮功譯：《西洋教育史》（臺北：協志，1965），頁 263。

二、哥倫布發現美洲新大陸

　　經由阿拉伯人的改良，中國的羅盤和希臘的天體觀測儀已於十五世紀中葉起流行於歐洲。此時葡萄牙人也創新了造船的方法，以中間的主桅配以多帆，使水手能在不同的風向和波浪中保持船隻平衡，於是有堅硬外殼、巨大龍骨及裝有大砲的遠洋帆船乃告出現。

　　首先認清海洋不是障礙而係聯絡世界各地之通渠大道的是葡王之子亨利 (Henry, 1394–1460)，他藉擔任阿格夫省 (Algarve) 總督的資源來支持海外航測和探險的工作，不斷派出船隻遠航，並為此設立了造船廠、天文臺、研究航海和地理的學校。葡人狄亞士 (Bartholomeu Diaz, 1450–1500) 於 1488 年發現非洲最南端的好望角 (Cape of Good Hope)；達伽瑪 (Vasco da Gama, 1469–1524) 於 1498 年到達印度的古里 (Calicut)，並且接著赴遠東大事經營其海上商業帝國。

　　影響歐洲更大的是原籍意大利熱內亞的哥倫布 (Christopher Columbus, 1451–1506)，他於 1492 年到達美洲的巴哈馬 (Bahama) 群島，但他卻以為此次西航已經到達印度。回西班牙受到英雄式歡迎並被稱為「海洋元帥」後，再遠航 3 次，發現了許多美洲的島嶼和河口，但始終都沒有找到印度和中國。不過美洲新大陸的發現，不僅使歐洲經由新航路以認識新世界，並且更由於歐洲工業經濟的發展、軍事力量的強盛、宗教文化的優勢，而在其後的 4 個世紀，歐化了美洲、震撼了亞洲、瓜分了非洲、控制了澳紐❸，亦使西洋教育在全球各地留下無法磨滅的影響。

---

❸　王曾才：《西洋近世史》(臺北：正中，1978)，頁 11–18。

## 第二節　新思維的衝擊

### 一、哥白尼 (Nicolaus Copernicus, 1473–1543) 引發思想革命

人為萬物之靈，不僅能累積前人的經驗，使文化的發展超越生物的演進，並且能從已知去推算未知，有系統地去觀察和了解自然、創新利用，使萬物皆役於我。但要發揮這種科學理性的功用，仍要以思想自由為前提，故當十四世紀的意大利文藝復興使人類歷史綻露曙光以後，日耳曼人哥白尼於十六世紀初期所掀起的思想革命，結束獨斷教條，改採不同觀點，在人類文化發展史上的意義非常重大。

哥白尼出生於波蘭的多倫 (Thorn)，1491 年起就學於柯拉各 (Cracow) 及波隆尼等大學，均為當時歐洲研究數學及天文學的重鎮。1503 年獲費拉臘大學教會法博士學位後返波蘭，在天主教會任神職，住在符勞恩堡 (Frauenburg) 逾 37年。公務繁忙之餘，他將希臘古詩譯為拉丁文，並以觀察天象為休閒興趣。

因研讀古籍，他發現西元前三世紀的天文學家阿里士塔克曾主張：「地球依軸心每天自轉一次」，其與流行的托勒密 (Claudius Ptolemy, 90–168) 理論所謂：「地球是一固定的、不能自轉的大物體，位於宇宙的中心，其他天體包括太陽在內，均圍繞著地球運轉」有所不同。哥白尼利用自製儀器，經多年詳加觀察天體運行的結果，發現：「地球並非太陽系的中心，但卻是月球環繞軌道的中心。所有的行星都是圍繞著太陽而運行的。」

哥白尼並未將此研究結果發表，直至 1539 年威登堡大學天文學教授雷天可 (George Joachim Rheticus, 1514–1576) 來訪，交談頗為投機，乃盤桓 2 年，潛心研讀哥白尼的著作，更為欽佩。其介紹哥白尼學說的〈第一紀〉("Narratis Prima")，在紐倫堡的雜誌上發表後，引起學界熱烈討論，遂將哥白尼所著《關於天體運行》(De Revolutionibus Orbium Coelestium) 原稿送到紐倫堡去出版。

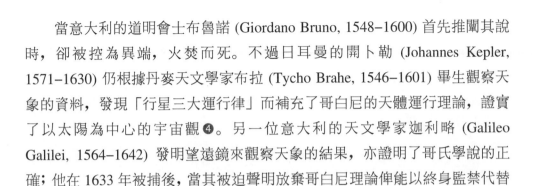

當意大利的道明會士布魯諾 (Giordano Bruno, 1548–1600) 首先推闡其說時，卻被控為異端，火焚而死。不過日耳曼的開卜勒 (Johannes Kepler, 1571–1630) 仍根據丹麥天文學家布拉 (Tycho Brahe, 1546–1601) 畢生觀察天象的資料，發現「行星三大運行律」而補充了哥白尼的天體運行理論，證實了以太陽為中心的宇宙觀 ❹。另一位意大利的天文學家迦利略 (Galileo Galilei, 1564–1642) 發明望遠鏡來觀察天象的結果，亦證明了哥氏學說的正確；他在 1633 年被捕後，當其被迫聲明放棄哥白尼理論俾能以終身監禁代替烙刑時，不禁喃喃自語：「事實上，地球仍在繞著太陽運轉。」

哥白尼這位偉大的天才，不僅隻手推開宇宙之窗，奠定現代天文學的基礎，更重要的是如同康德所一再強調的：「哥白尼式的思想革命，使理性得以自由地採取不同的觀點來認識自然，站在更超越的地位上接近真理，並進而開創了科學實證研究的新境界和教學活動的新方向。」 ❺

## 二、培根 (Francis Bacon, 1561–1626) 倡導治學新工具

要恢復科學創新的能力，不僅要採取新的觀點來思考，並且要運用新的方法來研究。培根出生於倫敦近郊，父親為英國女王的掌璽大臣，母親為當時著名才女，自任教導培根之責任。培根 13 歲進入劍橋大學就讀，但不滿該校教育方法，16 歲便出任英駐法大使館隨員。2 年後父親逝世，乃返國當律師。22 歲時當選國會議員，因辯才無礙，問政擲地有聲而連任多次。不過直到詹姆士一世 (James I, 1566–1625) 繼承王位後，培根才承襲父職為掌璽大臣，時已 56 歲。他因倡導科學實驗，在大風雪中下車、殺雞作冷藏實驗時受寒身亡，享年 65 歲。

他在 1620 年出版的《新工具》(*Novum Orgnum*) 便是針對亞里士多德所著《工具》(*Orgnum*) 一書而發為反對議論。培根認為人類心智活動有 3 種：記憶產生歷史、想像創造詩歌、推理構成哲學並演化為各種學問。傳統的求

---

❹　Walther Gerlach & Martha List: *Johannes Kepler: Dokumente zu Lebenszeit und Lebenswerk* (München: Ehrenwirth, 1971).

❺　Friedrich Kaulbach: *Immanuel Kant* (Berlin: Walter de Gruyter, 1969) s. 110.

知方式，有的像螞蟻，採糧而食，堆積知識；也有的像蜘蛛，吐絲結網，完全出於自己的思考與推理。但是有效的求知方式應該像蜜蜂一樣，採百花之精，釀成蜜糖，也就是經由觀察及實驗來搜集資訊及經驗材料，再加以歸納及綜合而成知識。他批評統治歐洲學術界逾千年的亞里士多德之演繹邏輯是一種陳舊的治學工具，只知分析已成的事實，株守原有的材料，不足以發現新知識；所以主張改用「歸納邏輯」，以經驗為基礎，尋求客觀的知識，經過實驗證實，才能歸納出真實有效的知識。

換言之，求知並非僅是「枚舉」，而是要發現各種事物之所以存在及行動的確定法則。具體地說，歸納法應包括：(1)搜集：考察某一特殊現象發生情形，一一加以呈現；(2)排除：確定某一現象並未發生，即處理反面的個案；(3)總括：比較兩者之差異，設法找出此現象之因果關係。

如果吾人有足夠的知識來了解自然的法則，則人類便可控制自然，使萬物皆役於吾，否則將被自然所囚——這才是培根倡言「知識即權力」的本義。同時，他也指出人類求知時最大的困難在偏見與成見，也就是他所謂的「偶像」，其不僅是知識的障礙，也是一切錯誤的根源，最主要的有 4 種❻：

㈠**種族偶像 (idola tribus)**

出於人性普遍的錯誤，及以「人為萬物的尺度」之偏見。

㈡**洞窟偶像 (idola specus)**

個人特有的錯誤，是由於教育、性格、專業等不同而形成。

㈢**市場偶像 (idola fori)**

出於語言、文字等人類溝通之障礙及成見。

㈣**劇場偶像 (idola theatri)**

基於虛妄的哲學理論及誤證的律例規則等。

培根認為，我們必須破除心中的偶像、改變求知的心態，運用嶄新的研究工具來追求人類的進步，同時學校的課程與教學亦必須因之而改變。

---

❻ 關琪桐譯：《新工具》（臺北：商務，1971），頁 45–48。

# 三、笛卡兒 (René Descartes, 1596–1650) 主張疑以求知

　　被譽為近代哲學之父的笛卡兒，出生於法國北部，幼入耶穌會學校求讀，16 歲在大學習法律，20 歲獲法律碩士學位，但已對經院哲學之「信以致知」的方式表示懷疑。1618 年三十年戰爭爆發，笛卡兒投身軍旅，後加入巴伐利亞大公麥克西面連一世 (Maximilien I, 1573–1651) 的軍隊。1621 年紮營於新山 (Neuberg) 時，頓悟：「人既是照著神的形象所造，具有『類神的特性』，自可運用天賦理性來思考問題，不該盲從權威、迷信傳統。但什麼是正確的思考方法，能使我們所獲得的知識，都像數學一樣的可靠，既可便利科學發明、又能追求宇宙真理呢？」為了尋求答案，他決定立即退伍，專心思考，並於 1628 年起定居荷蘭，潛心著述。

　　1629 年笛卡兒在《沉思錄》(*Meditationes de prima Philosophia*) 中主張一切學問都應該從懷疑設問開始，用悟性直觀像幾何一樣「明白」地認識事物，進而運用演繹推算「清晰」地導致結論。1637 年，笛卡兒把所著〈光學〉、〈氣象學〉及〈幾何學〉合成一書出版，前面加了一篇導論，此即名垂千古的《方法論》(*Discours de la Methode*)，其中所言：「我思故我在」(Cogito ergo sum)，不僅一再被人傳誦，更重要的是由此「清晰」、「明白」地說明了他「疑以致知」的思想方法：

## ㈠故 (ergo)

　　由於我在思想，故我會懷疑；如果沒有我在思想，我如何會懷疑。由此證明主體的我是存在的。

## ㈡我思 (cogito)

　　並不是另有一個不是我的理性在思想，而是我自己的理性在思想。這裡說出了我的自覺，也證明能思想的、精神的我才是我的本質。

## ㈢我存在 (sum)

　　指寄寓在我身體之內的靈魂，它才是思想的我，它才能明白地認識事物、清晰地辨明殊相，猶如解析幾何之既可直觀又可推算。❼

---

❼　Hermann Glockner: *Die europäische Philosophie* (Stuttgart: H. Reclam, 1958) s. 417–422.

綜上可見，笛卡兒是運用了當時天文學、物理學，尤其是數學研究上的新成就和新知識來重新詮釋哲學理論，同時企圖為近代自然科學建立「心物二元論」之新的形而上學的基礎。但是他從來沒有改變信奉天主教的立場，相反地還一再強調天主才是絕對實體，是心與物 2 個相對實體所依存，也是最明白與最清晰的最高觀念，使人們可疑以致知地達到存在的真理。

即使如此，當他的《沉思錄》及《哲學原理》(*Principia Philosophia*) 正式出版時，卻仍被人誣控為倡導無神論而被判禁印。幸而到了 1648 年，三十年戰爭終告結束，國際政治才有了新的局面，學術研究亦有一番新的氣象。當素以獎勵科學及愛好哲學著名的瑞典女王克麗絲汀 (Christine, 1626–1689) 慕名邀聘時，笛卡兒亦欣然就道。1650 年初，笛卡兒罹患感冒，未料於 2 月 1 日便與世長辭，享年僅 54 歲。❽

笛卡兒不僅是理性主義的元祖，且因劃分了心和物為二元，使「思維本體」的心，可以主觀體驗；「延伸本體」的物則要從時間、空間、運動及狀態等入手而客觀地研究。其使自然科學的發展一日千里，使人類更能以科技為基礎，發現機械原理，建立起「萬物皆役於我」的近代文明。也由於學術研究的精神與立場有了如此根本的改變，教育的重點與方式，亦必須隨之有徹底的更新。

## 第三節　實用教育的萌芽

## 一、各類科學的成形

自哥白尼於十六世紀後半期引發了思想革命以後，除了開卜勒與迦利略繼之奠定現代天文及物理學的基礎外，笛卡兒勇敢地質疑遭言陳規、發展解析幾何及開創近代物理學的研究，再加上培根所創歸納與實驗的新工具，使十七世紀的科學探究活動日益蓬勃，各類科學得以相繼成立。例如英人吉伯

❽　錢志純編譯：《我思故我在》(臺北：志文，1975)，頁 15。

特 (William Gibert, 1549–1603) 發現電磁原理；愛爾蘭人波義耳 (Robert Boyle, 1627–1691) 在《理化疑義與詭論》(*Chynico-Physical Doubts and Paradoxes*) 中駁斥鍊金術而提倡科學的化學研究，他所發現的「波義耳定律」：「在恆溫中，氣體的壓力與其體積成反比」迄今仍適用。

生物科學方面，繼英國虎克 (Robert Hooke, 1635–1703) 發現植物的細胞結構、意大利馬爾卑 (Marcello Malpighi, 1628–1694) 展示植物的性別以後，荷蘭的呂文霍克 (Anthony van Leewenhoek, 1632–1723) 也發現了原生動物和細菌。

在醫學方面，瑞士潘若翠 (Hohenheim Paracelsus, 1493–1541) 首先試用化學藥劑；比利時維薩里 (Andreas Vesalius, 1514–1564) 開始人體解剖；英人哈維 (William Harvey, 1578–1657) 在 1628 年出版了僅有 72 頁的偉大著作：《動物血液與心臟運動之解剖實驗》(*Exercitatio Anatomica de Motu Cordis et Sanguinis in Animalibus*)，經由活體解剖及無數試驗經驗所獲得的結論，說明了「血液由心臟的左側，經過動脈進入四肢，然後再經過靜脈而進入心臟的右側。」成為現代試驗醫學的起點。是故，今天血液與心臟疾病的救治，以及高血壓等疾病的處理，皆以他的理論為基礎；而他把科學研究從耳朵聽、眼睛看的時代，進化到用手來做實驗的時代，亦正是現代教育的新方向。

## 二、拉提克 (Wolgang Ratke, 1571–1635) 提倡實用教育

科學探求日益昌明的十七世紀初期，在教育方面首先響應的是日耳曼人拉提克。他出生於霍爾斯坦 (Holstein)，幼在漢堡求讀，大學攻讀神學、哲學及語言學，畢業後赴英國進修。受培根影響，擬創語言教學的新方法。1603–1610 年間在阿姆斯特丹 (Amsterdam) 擔任家教，自認已發現有效學習各種語言的方法，曾上書荷蘭總督，雖蒙嘉許卻未被採用，乃回歸故鄉。

1612 年馬提亞（Matthias, 1557–1619）繼任神聖羅馬帝國皇帝，拉提克乘機上書帝國議會，建議：⑴用統一的國語教育，完成國家的統一和宗教的統一；⑵用教育來發展經濟生活。他於 1617 年出版《新方法》(*Methodus Nova*) 詳加說明教育理念，其中最主要的項目為：⑴應依照自然的程序來教學，由

易及難、由個別而綜合、由具體而抽象，採取直觀及歸納的方法來教學；(2)一次只學一事，基礎打定後再擴大學習範圍，不可同時學習數種不同的語言；(3)要反覆練習，以求熟能生巧；(4)每種學科在開始時，均應採取母語教學；(5)語文科之教學首應介紹作者，接著口語練習，然後才說明規則及文法；(6)不可強迫灌輸，不可採取注入式的教學，更不可為成績而體罰；(7)要快快樂樂地學習，課間要有休息，遊戲及散步更不可缺少。

　　該著作發表後轟動一時，哥丹 (Gothen) 及馬格德堡 (Magdeburg) 等侯國曾先後請其辦理實驗學校，卻均因拉提克志大才疏、拙於行政，未見成效；但是他的理論確已指出，教育必須適應現實生活的需要，並配合科學發展的趨勢，而成為提倡實用教育的先鋒。❾

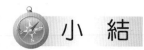

# 小　結

　　十五世紀時古騰堡發明印刷術、哥倫布發現新大陸，已經使人類的視野得以開闊、世界圖像必須重寫。到了十六世紀哥白尼的思想革命，結束獨斷教條，推開宇宙窗戶，使人們可以採取各種不同的觀點觀察萬有、研究自然；不僅引發了物理、化學、生物與醫學等實證的自然科學的誕生，而且促成了新的思想工具、新的哲學思考，以及不同於人文修養的教育主張。

## 【問題討論】

　　1.培根認為人類求知的障礙有四大偶像，內容為何？
　　2.為什麼笛卡兒說：「我思故我在。」請加以闡釋。
　　3.拉提克建議的實用教育要如何實施？

---

❾　Willibald Russ: *Geschichte der Pädagogik* (Heilbrunn: J. Klinkhardt, 1965) s. 44.

第 *6* 章

宗教改革與平民教育
的倡導

## 🧭 第一節　宗教改革的先鋒

　　促成宗教改革的因素雖然很多，但就基督教本身而言，主要原因是由於君士坦丁把基督教變成羅馬帝國的國教以後，宗教與政治的結合愈來愈深，逐漸失去了原始教會的「聖別」與「純潔」，教義也混雜了異教的文化❶。所以歷代都有虔誠的基督徒尋求「真理」的恢復，最明顯的有：

### 一、英國的威克里夫 (John Wycliffe, 1328-1384)

　　牛津大學巴里奧 (Balliol) 學院的院長，曾為文支持英王的賦稅權而反對教皇的斂財及干政；強調教會只能牧養靈魂，君王才受託管理世上財產。當他代表英王在比利時會見教皇使節時更聲稱：「平信徒也有與神交通及閱讀《聖經》的權利。」並把伊拉斯慕士所譯拉丁文《聖經》轉譯成英文，這也是第一本英文《聖經》。

　　由於教宗對威克里夫的理念深惡痛絕，包括其主張「聖經的權威高於教會、信徒應服從基督而非教會」等，故 1414 年天主教在康斯坦茲 (Constance) 舉行的大公會議中，教皇仍下令對已逝世 30 年的威克里夫掘墳鞭屍；儘管如此，其精神依然影響英國信徒極為深遠。❷

### 二、波西米亞的胡司 (John Huss, 1369-1415)

　　布拉格大學的校長，讀威克里夫著作而主張《聖經》為獨一權威，信心為得救的唯一條件，且謂教會是基督的身體，其元首是基督而非教皇。他把《聖經》譯成捷克文，也用捷克文講道。因其主張出生後立即接受洗禮的天主教徒，在真實信主後仍須受浸，故被人稱為「再浸派」。

　　1409 年教皇約翰廿三世 (Johannes XXIII, 1370-1419)，派人到捷克販賣

❶　王曾才：《西洋近代史》（臺北：正中，1978），頁 41-59。

❷　臺灣福音書房編：《二千年教會歷史巡禮》（臺北：臺灣福音書房，2004），頁 41-42。

「贖罪券」，胡司公開斥其為斂財騙局，後來教廷對胡司以及布拉格全市市民，發出「破門出教令」(Dictatuo papae)，激起民眾劇烈抗爭。1414 年，神聖羅馬帝國皇帝齊客猛 (Sigismund, 1368–1437) 藉故將胡司逮補下獄，翌年以傳播威克里夫等異端言論之罪名，判處火刑。

　　之後波西米亞分成三派：主和的貴族們於 1433 年跟帝國及教廷達成協議，平信徒可以領用聖杯，貴族們也可保有財產；主戰的農民轉入地下打游擊，繼續為民族自由奮鬥；第三派則效法使徒的榜樣，為信仰及福音受苦，被稱為波西米亞弟兄會，為教會革新播下生命種子。❸

## 三、意大利的薩伐諾拉 (Girolano Savonarola, 1452–1498)

　　靠金融業起家的麥迪西家族，在十五世紀後期已用財力操縱翡冷翠的政治，權勢顯赫。原為道明會士的薩伐諾拉在接任翡冷翠的聖馬可修道院院長後，不畏強權，嚴詞抨擊教廷腐敗和麥氏家族的驕奢淫侈。

　　1494 年，法王查理八世入侵意大利推翻麥迪西的統治，改由薩氏出任執政。他有意用己力把翡冷翠建立成地上天國，勉勵市民過簡樸敬虔的生活，卻反而招致反感。麥氏乃買通教皇出兵，攻破修道院逮捕薩氏，以異端罪名處以絞刑。❹

## 第二節　馬丁‧路德吹響了改革的號角

## 一、主張改教的馬丁‧路德 (Martin Luther, 1483–1546)

　　馬丁‧路德出生於日耳曼的薩克森邦 (Sachsen)，原在艾爾福德大學攻讀法律，1505 年改入奧古斯丁修道院苦修，考取神學博士後在威登堡大學任教。1515 年禱讀《聖經》「義人必本於信得生並活著」(《羅馬書》1: 16) 時，頓

---

❸　臺灣福音書房編，前引書，頁 42–44。

❹　臺灣福音書房編，前引書，頁 37–39。

悟主耶穌在十字架上的救贖是讓人白白稱義，不需代價、不靠功德，但也不能用金錢贖罪。因此當教皇李奧十世 (Leo X, 1475–1521) 以興建聖彼得大教堂為名發行「贖罪券」時，路德立即起而反對。

1517 年 10 月 31 日諸聖節前夕，他在威登堡教堂大門上張貼〈關於贖罪券之辯九十五條〉，要求愛護真理人士共同討論，使贖罪券的銷售大受打擊❺。此舉亦使教皇惱羞成怒，令帝國議會審訊路德，但也令他立場更為堅定，且出版 3 本書闡明基督真理：

㈠《教會被擄於巴比倫》(*Von der babylonischen Gefangenschaft*)

羅馬教會建於聖禮制度和聖品階級上。所謂聖禮有七：聖洗、聖餐、告解、堅振、婚姻、授聖職和臨終膏油，且唯有教士才有權執行聖禮。但路德指出，只有基督自己「藉有形之物，賜無形之恩」所設立的才是聖禮，而合乎此條件的只有聖洗 (受浸) 和聖餐 (擘餅)。每一位信徒既然都是上帝兒女，故都可以與上帝面對面，直接沐領主恩，不需要另有中介代行聖禮。

㈡《基督徒的自由》(*Von der Freiheit eines Christenmenschen*)

人是靠主耶穌在十字架上的救贖才能得救，是「因信成義」。信使人接受神的生命與基督聯合，基督徒本著內住的生命有行善的自由。「神的兒子若叫你們自由，你們就真自由了」(《約翰福音》8: 35)。

㈢《致德意志基督教貴族書》(*An den christlichen Adel deutscher Nation*)

指出教會腐化是由於教皇制度所建立的「耶利哥城牆」，即教權高於政權，且唯獨教皇有解釋《聖經》及召開大公會議之權；但根據《聖經》，平信徒皆為福音祭司，均有解釋《聖經》之權。為了對抗教皇的權勢與財富，改革教會有賴於各王公貴族。❻

1520 年 6 月 15 日，教皇敕令路德須在 60 天內收回「邪說」，否則「破門出教」。路德卻把教皇敕令在群眾歡呼聲中放火燒了，並在帝國議會受審時昂然回答：「我的良心是為上帝的話所約束，除非有人根據《聖經》說服我，

---

❺ 郭恒鈺：《德意志帝國史話》(臺北：三民，1992)，頁 31–41。

❻ 徐慶譽、湯清譯：《路德選集》(香港：金陵神學院及基督教文藝社，1986)，頁 157–386。

我不願亦不能取消我的申言。」皇帝查理五世 (Karl V, 1516–1556) 當即下詔剝
奪公權，幸賴薩克森選侯迅派衛隊，名為押送，實係保護，將路德送往瓦德
堡 (Wartburg) 隱居。

　　其後路德在 3 個月內把《聖經》從希臘文直接譯成德文，3 年內銷售 50 萬
本，使人人都有機會閱讀《聖經》、明白真理。他更在 1524 年致函日耳曼地
區各郡市首長說：「各城市既可花費大量金錢於修橋補路、構築城堡，為何不
能同樣花錢設立學校、聘請教師？ ……國家之安全與福祉，有賴於公民之智
慧與美德，各郡市首長豈能不以創辦學校為職責？ ❼」其使宗教改革運動所
到達的地方，都設立了教平民識字讀經的學校。

## 二、北上傳道的布艮漢根 (Johannes Bugenhagen, 1485–1558)

　　馬丁・路德認為接受教育乃上帝的恩賜，是每一兒童均應享受的天賦權
利，且曾建議：「應使兒童每天上學 2 小時，同時在家學習一種行業。」他在
威登堡大學的同事布艮漢根響應他的號召，在北上傳道之時，協助市鎮設立
讀寫學校，並且在 1528 年替布朗薛維克邦 (Braunschweig) 擬訂《學校法》，
各邦競相仿效。1537 年他應丹麥國王基士揚三世 (Christian III, 1503–1559) 邀
請渡海北上，將丹麥天主教會改組成基督教信義會，亦將哥本哈根大學改組
成新教大學，並廣設國民學校，使北歐各國成為基督新教的重鎮。大教育家
許伯朗額 (Eduard Spranger, 1882–1963) 稱譽他為德意志國民教育之祖。 ❽

## 三、南下宣教的梅蘭克頓 (Philipp Melanchthon, 1497–1560)

　　威登堡大學希臘文教授，素享文名。他從 1525 年替馬丁・路德的故鄉籌
設文科中學開始，常常替各城市籌設高中，幫他們規劃課程及介紹校長和教

---

❼　徐慶譽、湯清譯，前引書，下冊，頁 9–33。

❽　許智偉：《丹麥史──航向新世紀的童話王國》(臺北：三民，2003)，頁 29–33。

師。他不僅把威登堡大學改組為基督新教的大學，並且創設了一所典型的信義宗大學：馬堡大學。此外他還編寫了一系列啟蒙書籍如拉丁文法、希臘文法、修辭學、邏輯學，甚至算術、天文和音樂等科的教科書，流傳極廣。

梅蘭克頓在威登堡大學任教 42 年，桃李滿天下，其中還包括了多位辦學有成的教育家如斯特勞斯堡的司徒穆等人，故被譽為「日耳曼的導師」。大教育家包爾生 (Friedrich Paulsen, 1846–1908) 認為：「梅蘭克頓是實至名歸，當之無愧」。 ❾

## 🧭 第三節　喀爾文教派的事功

### 一、慈運理 (Ulrich Zwingli, 1484–1531) 首先響應

1523 年慈運理在蘇黎世 (Zürich) 市政廳公開與康斯坦茲大主教辯論，響應路德改革呼籲，提出〈六十七條〉指摘教皇制度與贖罪券的錯誤，並批評天主教的各種節期和迷信均與《聖經》不合。會後在議會支持下，接收天主堂並清除其中的不當裝飾，獲得阿爾卑斯山區各郡邦的響應，翌年推行基督化的少年教育。

1531 年瑞士與固守天主教信仰的森林地區各城邦爆發戰爭，慈運理不幸於隨軍出征時陣亡，瑞士的宗教改革也隨之告一段落。《卡培爾和約》(*Peace Treaty of Kappel*, 1531) 同意各郡邦可以自由選擇各自的信仰。 ❿

### 二、喀爾文 (John Calvin, 1509–1564) 與日內瓦學院

喀爾文曾在巴黎修習士林哲學，1533 年始放棄天主教信仰而撰寫《基督教要義》。曾至日內瓦提改革建議，未被接受卻反被驅逐出境。1540 年大選，改革派勝利，喀爾文重返日內瓦擔任首牧 (chief pastor)，且從 1541 年開始，

---

❾　Willibald Russ: *Geschichte der Pädagogik* (Heilbrunn: J. Klinkhardt, 1965) s. 39.

❿　臺灣福音書房編，前引書，頁 51–53。

以政教合一方式，全面指導日內瓦的社會生活逾 23 年。

　　其教育理念認為，在家庭中父母要教導兒童教義問答及示範聖潔的生活，學校中要講解教義及教唱讚美詩，社會上禁止跳舞、玩牌和看戲，巫術與異端更要被處以極刑而形成了「神權統治」(theocracy)。

　　1559 年喀爾文又依據逃亡期間在司徒穆學校的經驗，創辦「日內瓦學院」為大學的預備學校，共分 7 個年級。除一般課程外，每天早晨以禱告開始，11 至 12 時唱讚美詩，下午 4 時背誦主禱文、信經、十誡，謝恩後放學；週三上午講道、週六下午教義問答，星期日則為主日崇拜。由於成績斐然，歐洲各國青年慕名來學者，年達數百多人，被譽為新教牧師與教師的預備學校。其教育方式亦被以後成立的新教大學如荷蘭的萊頓 (Leyden)、蘇格蘭的愛丁堡 (Edinburgh) 及美國的哈佛所效法。❶

## 三、 自由教會的興起

　　尼德蘭因繼承關係屬於神聖羅馬帝國，十六世紀時歸西班牙國王腓力二世 (Philip II, 1527–1598) 統治，其時南部各省（約今比利時）講法國方言，仍信天主教；北部各省講日耳曼方言，大部人民屬基督新教的喀爾文派，其次為反對嬰兒洗禮、主張真實信主者才能受浸的「再浸派」，還有少數的信義宗。他們受文藝復興的影響最早，思想也最為自由。

　　1566 年，來自各省的貴族數百餘人上書反對「異端裁判所」與西班牙駐軍被拒，腓力二世且派軍討伐。貴族們乃共推時任大統領的威廉 (William, 1533–1584) 領導反抗西班牙的獨立戰爭，並獲英國援助，遂能持久抗戰。1581年北部 7 省共組聯邦，即今日之荷蘭。1584 年威廉遇刺身亡，由歐登伯乃威 (Johan van Odenbarnevelt, 1547–1619) 繼承，立即宣佈全國歸宗喀爾文教派，採取宗教寬容的政策，允許各種不同信仰的人民，包括天主教和再浸派，均可自由居住、遷徙、就業及集會，使荷蘭成為遭受宗教迫害者的避難所。

　　當時喀爾文主義最為昌盛，傳入法國者被稱為護經派 (Huguenot)；英格蘭的諾克斯 (John Knox, 1513–1572) 訪問日內瓦後則建長老會 (Presbyterian)。

---

❶　李正富譯：《西洋近代教育史》（臺北：國立編譯館），頁 109–110。

英人還習慣地把各種互不相屬的教派統稱為清教徒 (Puritan)，德人則稱之為自由教會 (Frei Kirche)，其中最主要的是堅持「信而受浸」及「唯有聖經是真理」的再浸派和波西米亞弟兄會。

　　1648 年《威斯特伐利亞和約》(*Peace Treaties of Westphalia*) 簽訂，結束了三十年戰爭，荷蘭才和瑞士獲得正式獨立，喀爾文教派也和天主教及信義宗和平共存。但是受到「多特會議」(the synod of Dort, 1618–1619) 的影響，荷蘭政府也開始迫害再浸派，迫使他們再度分散各地成立浸信會 (Baptist Church)、公理會 (Congregational Church)、貴格會 (Quaker) 等獨立教會，且有一部分人冒著風浪、移民美洲。❷

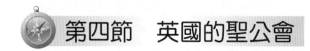

## 第四節　英國的聖公會

## 一、聖公會 (Episcopal Church) 成立的背景

　　雖然英國早已有威克里夫的宗教改革運動，並有出身牛津的田戴爾 (William Tyndale, 1492–1536) 訪問馬丁・路德後把《新約聖經》自希臘文譯成英文，喀爾文思想也早已彌漫於民間；但是英國教會響應馬丁・路德的改革卻是英王私人的理由。

　　亨利八世原本擁護教廷，曾被教皇李奧十世頒贈「信仰護衛者」榮銜，但因他熱戀宮女鮑玲 (Anne Boleyn, 1501–1536) 而要求與王后凱薩琳 (Catherine of Aiagon, 1485–1536) 離婚。教皇鑑於凱薩琳乃神聖羅馬帝國皇帝之姑母，有所猶豫，未即批准。亨利八世遂憤而於 1533 年 3 月任命相信路德學說的劍橋神學家克蘭穆 (Thomas Crammer, 1486–1556) 為大主教，克氏立即在 5 月宣布亨利與凱薩琳婚姻無效，6 月安排亨利與鮑玲婚禮，教皇也於 7 月開除亨利教籍。

　　亨利八世隨後令國會通過《最高統領法》(*Act of Supremacy*, 1534)，宣布

❷　臺灣福音書房編，前引書，頁 73–75。

英國國王為「英國教會與教士的保護者及唯一的最高統領」而與羅馬教廷分
裂。後來伊莉莎白一世 (Elizabeth I, 1533–1603) 於 1563 年公布《卅九信條》，
內容包括以英語代替拉丁文講道、教士可以結婚、保留中古教會的組織與教
堂、大主教與主教仍出席上議院、教會法庭仍管轄婚姻與遺囑，並且由國王
透過國會來解釋教義，如此形成了折衷妥協的國教：聖公會。❸

## 二、艾理得 (Thomas Elyot, 1490–1546) 的《治者之書》

亨利八世自始熱心人文主義，曾在牛津大學設置希臘文講座並獎助有關
學者。他在接收天主教財產、解散修道院改設文法學校之時，更強調教育貴
族子弟的重要，要培養紳士來治理國家。其中艾理得所著《治者之書》(*The
Governour*) 最能切合當時需要，極為暢銷。

艾理得本柏拉圖思想，認為智者治國才能促進公眾福利；所謂智者須選
自名門貴族，且受過良好教育。教育雖是父親的責任，但母親、褓姆、僕人
以及所有在孩子身邊的人也都要文雅地講拉丁話。7 歲開始學音樂和美術，
接著是拉丁文和希臘文訓練，有了相當基礎以後就研習邏輯學、修辭學和雄
辯術。17 歲開始讀哲學和倫理學，21 歲起研究法律；同時練習角力、賽跑、
游泳、騎馬、打獵、武藝及舞蹈，此外更重要的是養成「善盡貴族義務」的
精神與習慣。❹

## 三、穆卡斯特 (Richard Mulcaster, 1531–1611) 的新公學

在《卅九信條》頒布以後的聖公會教育體系，也產生了一位有遠見的教
育家穆卡斯特，他自伊登公學畢業後先讀劍橋，轉學牛津，成績優異。1561 年
他應聘擔任由工商界人士出資成立的泰勒學校 (Merchant Taylor's School) 校
長。這所學校與其他公學不同，既非寄宿學校，並且招收非貴族的中產階級
子弟。除一般文法學校的課程外，特別注重讀寫習慣、藝術修養及禮儀訓練。
雖然他本身長於拉丁、希臘等古文，卻認為要根據學生需要，以英文來教學。

---

❸　王曾才，前引書，頁 71–77。

❹　林玉体：《西洋教育思想史》(臺北：三民，2001)，頁 169–177。

穆卡斯特擔任校長滿 20 年時,曾出書檢討當時英國學校教育實況並提出建議: ⑴無論貧富貴賤均有權接受與其才能相當的教育; ⑵有能力的女孩也有權接受高等教育; ⑶教育是一種藝術, 要使兒童發展人性 (human nature) 追求神性 (divine qualities); ⑷應實施博雅教育, 培養良好的人文修養; ⑸校舍要光線充足, 通風良好並設有運動場等。此外他還建議要設置專門學院培養師資, 且其課程要哲學修養優先於教學技術。當他任滿 25 年時被調任教會職務, 1596 年起又出任聖保羅公學校長 12 年, 78 歲時退休, 為教育工作者樹立了良好的榜樣。

## 第五節　天主教的革新

### 一、反宗教改革運動

德國史學家習用的「反宗教改革」(gegenreformation) 一詞, 不僅具有反對馬丁・路德宗教改革的意義, 也指稱此運動為「反向」。宗教改革要恢復原始教會的聖潔生活, 反宗教改革則要維持中古教會的虔修傳統。客觀地說, 此一行動亦可視為天主教的自強運動。

有志改革的保羅三世 (Paul III, 1468–1549) 首先在奧地利召開大公會議, 卻無法獲致共識。直到 1563 年教皇庇護四世 (Pius IV, 1499–1565) 時, 經過 18 年的討論才獲得結論: 嚴禁買賣聖職、不准濫發贖罪券、主教應常駐教區; 保留七聖禮、拉丁語為崇拜用語、只有教廷可以解釋《聖經》、教士獨身及修道院制度。

然其時天主教內部已經成立了許多強調善行、力求革新的修會, 最早成立的是聖愛會 (Oratory of Divine Love, 1517), 最有影響的則是耶穌會 (Society of Jesus, 1540)。 ⑮

---

⑮　Albert Reble: *Geschichte der Pädagogik* (Stuttgart: Ernst Klett, 1965) s. 87.

## 二、羅耀拉 (Ignatius Loyola, 1491–1556)

西班牙貴族，早歲從軍，受傷退伍後立志作耶穌精兵。1528 年入巴黎大學讀神學，1537 年開始以「耶穌會」名義行道。1540 年教皇保羅三世正式批准該會成立，會員均係男性，要宣誓守貞、守貧及服從教皇。羅耀拉曾著《精神訓練》(*Exercitia Spiritualia*) 一書，告訴會員們如何經由心靈的操練，克制欲望、甘願受苦，作基督的精兵。1551 年在羅馬設訓練中心，翌年建日耳曼學院，培養對抗路德教派的傳教士，接著在各地設拉丁中學、大學及神學院。至 1756 年時，他們在全歐擁有 728 所學院，學生 20 萬人，不僅為天主教培養了無數優秀幹部，而且也對今後歐洲教育影響極大。

然而，耶穌會的成功也招致了嫉妒。1773 年，教皇克里門十四世 (Klemens XIV, 1705–1774) 竟下令撤銷該會，直到 1814 年才由教皇庇護七世 (Pius VII, 1742–1823) 准其恢復活動。耶穌會曾把天主教傳至美洲、非洲及亞洲，迄今仍活躍於世界各地。明朝來華的利瑪竇、湯若望等都是耶穌會的傳教士；近代在臺灣也與其他修會共同創辦輔仁大學，且在之前已設有震旦語文中心，並有個別教士在臺灣大學等校任教。因學識淵博、品德高尚，被認為是良師楷模，令人敬佩。❶⑥

## 三、耶穌會學校 (Jesuitenschule)

羅耀拉不僅長於領導管理，而且擷取了當時法國居儀學院的學校制度、日耳曼司徒穆學校的班級教學、瑞士喀爾文學院的周密監督、意大利宮廷學校的體育訓練等各種優點，形成耶穌會學校的特色；其更重要的是將希臘的人文思想、羅馬的七藝教育和天主教的經院哲學辯證統一起來，成為他們的課程內容。根據其繼承人艾奎維伐 (Cludio Aquaviva, 1543–1615) 所編《教學手冊》可知：

1. 每一學校設校長、教務長及學務長各 1 人。
2. 學校區分為初級部及高級部。初級部有 5 個年級，類似梅蘭克頓所創

---

❶⑥　A. Reble, a.a.O., s. 87–88.

文科中學，前 3 年為拉丁文的七藝教育，五及六年級則以修辭學及辯證術為主，並研讀西塞洛等經典文選。高級部則有 3 年制的哲學系及 4 年制的神學研究所，均以研習士林哲學及多瑪斯神學為核心。

3.教學方法以講解說明及背誦記憶的注入法為主，輔以激發榮譽感及競爭心的比賽及獎賞，而且反對體罰，教師不可自行懲處學生；如有必要，則由學務長代為審判執行。

4.重視各項運動，遠足及旅行；經常舉辦辯論、演講比賽及戲劇演出；設有「學生自治會」相互勉勵自我克制、靜肅及服從。全校以拉丁文為共通語言，以教義問答為共同守則。

5.初級部畢業後有志成為耶穌會會士者，須先經 2 年與世隔絕的修行，品性考核及格後入哲學系就讀，畢業後任初級部教師；服務 3 年以上成績優異者，得被甄選入哲學研究所（該所也甄選其他大學畢業生入學）；肄業 4 年以上，經成績考核及格且宣誓成為終身會士者，始授予教授或神父之資格。其教育內容包括神學、專門科學及教學實習。在學期間一律住校，免收學費，生活費用也全部由教會負擔。❼

## 四、其他教團的事功

耶穌會所辦理的是菁英教育，至於對一般平民的教育，則由其他教團辦理，例如：

### ㈠天主堂附設小學

在主教堂聖母院的倡導下，巴黎市各天主堂均為一般職工及勞動階級子民設立「小學」，授以讀、寫、算、教義問答及唱詩，頗受歡迎。

### ㈡烏蘇琳修女會 (Der Orden Ursulinerinnen)

1535 年由梅莉西 (Angela Merici, 1474–1540) 創立，在歐洲各國推動女子教育；1598 年傅理葉 (Peter Fourier, 1565–1660) 繼起在法國南部設立聖母修女會，免費教授工商階級的女兒讀寫算及宗教課程，輔以縫紉及手工藝。

---

❼　A. Reble, a.a.O., s. 90–93.

㈢庇亞兄弟會 (Der Piaristen)

1597 年在羅馬開辦第一所貧民學校，收容窮人子弟並授以讀寫算及教義問答。至 1613 年時，學生數已擴增至 1200 人，教皇額祿十五世 (Gregory XV, 1554–1623) 曾予嘉勉，該會工作也遍及意大利及西班牙各偏遠地區。❶❽

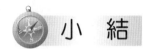

小　結

1517 年 10 月 31 日，馬丁・路德把〈關於贖罪券之辯九十五條〉張貼在威登堡教堂大門上，要求愛好真理人士共同討論。此文一出，遠近傳誦，掀起了宗教改革的巨浪。許多日耳曼地區的國家與羅馬教廷決裂而自立國教，並且發展出全球各種不同的自由教會。

由於基督教不僅主張「因信成義」、「平信徒皆為福音祭司」，而且認為「唯有《聖經》是真理」，故特別重視平民教育，好使人人能讀《聖經》。其後天主教的自強運動，也以辦理教育為要務，更提昇了歐洲的文化水準。

【問題討論】

1. 喀爾文所創日內瓦學院之辦學情況如何？有何績效？
2. 為什麼穆卡斯特擔任校長的泰勒學校被稱為新公學？
3. 試簡述耶穌會學校的組織、課程、教學及聯課活動。

---

❶❽　W. Russ, a.a.O., s. 41–42.

# 第三篇

# 西洋教育的黎明

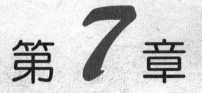

# 第 7 章

# 柯美紐斯與汎知主義

# 第一節　開創近代教育

## 一、新的時代需要新的教育

　　十四世紀開始的文藝復興，恢復了人類的自尊與自信；十五世紀的科學昌明，恢復了人類的理性與創造；十六世紀的宗教改革，更進而恢復了個人與上帝之間的信心與交通。十七世紀成為西洋文明的黎明時期，人們應可安享文明的成果與幸福；但事實則不然，十七世紀一開始，便是一場慘烈無比的「宗教戰爭」。30 年間，戰火燒到的地區，燒殺姦淫、橫徵暴斂；戰爭過後，更常見饑荒疫病，人肉相食。

　　當時教廷為了抗拒改革，皇帝為了維護權威，新教諸侯為了奪取教產，天主教的法國更為了擴張領土而支持新教國家攻打公教同盟，這些都是名為宗教信仰，實則爭權奪利。幸而痛苦的黑暗面仍襯托出幸福的光明面，經過了徹底的破壞，也帶來了全新的建設。十七世紀的下半期出現了新的歐洲、新的西洋文明；而不斷產生的民族國家，也構成了新的國際社會，接二連三的科學發明更形成了新的知識體系。戰爭的洗禮也使人性逐漸成熟，理性更能發揮，人們不再隱遯於復古的幽情，而必須面對現實的未來，終於催生了一個新的時代。

　　在這歷經苦難、迎接黎明到來的過程中，始終樂觀奮發、集文藝復興科學創新的大成，又能掌握宗教改革之原始目標的是出生於摩爾維亞 (Moravia) 的教育家柯美紐斯 (Johann Amos Comenius, 1592–1670)。❶

## 二、汎知主義的形成

　　柯美紐斯相信上帝已把生命的種子種植於每一個人的心靈深處，經由文

---

❶　Herman Nohl: *Erzieher gestalten* (Göttingen: Vendenhoeck & Onprecht, 1958) s. 25–85.

化陶冶，每個人皆可培養出知識、道德與敬虔的教育成果。所以他在教育上倡議「汎知」(pansophie)，經由合適的「教學」來產生正確的認識、獲得豐富的知識。他在政治上主張和平，認為由於教育促使人性進步，可以建立道德國家而實現世界和平；在宗教上則要求操練敬虔、超越宗派的教條和儀式，聖潔地生活在屬靈的宇宙教會中。

　　柯美紐斯敏於思辨、長於文詞，明白地指出時代的要求，並且把拉提克失敗的嘗試變成成功的實施，所編《語文入門》(*Janua Linguarum*) 等書流傳了 200 年。微范士對兒童心理的重視，也落實於他所著《大教學論》(*Didactica Magna*) 中，廣被採用。其所建議的三級制學校體系，迄今仍為全球各國的範本。此外，他像培根一樣，反對堆砌世界上的所有知識，而是要如蜜蜂釀蜜，把它們條分縷析、體系分明地徹底呈露；並且還進一步地主張，要經由理性的認知，參研上帝的啟示而探究宇宙的真理。所以西洋史家皆認為：哥白尼推開天窗，引發思想革命以後，培根開創近代科學、笛卡兒開創近代哲學，而柯美紐斯則開創了近代教育。❷

## 第二節　在苦難中成長的教育先知

### 一、蒙愛之子

　　柯美紐斯誕生於波西米亞邦摩爾維亞地區的小鄉村尼尼斯 (Nivnice)。16 歲進入普雷勞 (Prerau) 弟兄會所辦拉丁中學就讀，深受哲學教授艾斯天德 (Johann Heinrich Alsted, 1588–1638) 教育理念之影響，立志向學且相信基督。1613 年訪問荷蘭後轉學至海德堡大學，始立志要以教育來追求世界和平❸。1614 年畢業後立即返普雷勞中學任教，並開始編寫捷克文的文法課本及百科全書，2 年後接任校長並被按立為弟兄會牧師。

❷　Albert Reble: *Geschichte der Pädagogik* (Stuttgart: Ernst Klett, 1965) s. 104–111.

❸　Hermann Röhrs: *Erziehung zum Frieden* (Stuttgart: Kohlhammer, 1971) s. 11.

## 二、護衛宗教自由

1618 年柯美紐斯任福內克 (Fulnek) 教區首牧兼當地學校校長,且與馬格黛琳娜 (Magdalenna Vizovska) 結婚。同年,三十年戰爭爆發,「白山之役」波西米亞戰敗,1621 年西班牙軍隊占領福內克,非天主教徒四散逃離,戰爭帶來的瘟疫又襲擊難民,柯美紐斯的愛妻與 2 個孩子同時殉難。遭逢此種錐心刺骨的痛苦,他寫下了被人一再傳誦的捷克文經典之作《世界如迷宮,天國在心中》(*Das Labyrinth der Welt und Das Paradies des Herzens*)。

1624 年柯美紐斯再婚後四處尋求弟兄會的庇護所。1628 年才獲准在波蘭的里薩 (Lissa) 居留,弟兄會乃能重集遺種,生聚教訓。他們在流亡期間,始終弦歌不輟;定居下來,更重視辦學。他重執教鞭,撰《大教學論》初稿;編《語文入門》,用實物及實用的知識作為拉丁文法教材的內容,出版後頗為暢銷。1632 年,柯美紐斯被選為弟兄會的長老並兼管里薩中學校務。其時,他陸續出版初級部各科教科書及母親學校的幼兒教材,且著手編撰百科全書式的學校課本。

柯美紐斯的虔誠信仰認為,上帝之所以賜人以理性、良知及教虔,即為讓人們與祂同工而認知萬物,俾能利用厚生,使萬有都復歸於以基督為元首之宇宙秩序。只要經由合適的教學,任何人均可獲得全知,明白神意。

## 三、奔走歐洲和平

英人哈理伯 (Samuel Hartlib, 1600–1670) 讀到柯美紐斯的文章後,頗為欽慕,不僅在報章上廣為鼓吹,並且力邀他來英訪問。1641 年柯氏抵達倫敦時,受到盛大的歡迎,英國國會甚至採納他在〈光明大道〉("Via Luis") 一文中的建議,籌設綜合性的研究機構以提昇人性、促進和平,可惜後來卻因為突然爆發內戰而被擱置。法國原來也有意聘請柯氏去創設汎知學校,卻也因樞機主教病故而作罷。

1642 年,柯美紐斯受邀前往瑞典,途經荷蘭時,在萊頓 (Leiden) 與笛卡兒相會,各自表達不同觀點:笛氏欲窮科學之知以證明上帝真理,柯氏則認

為「敬畏耶和華是智慧的開端」，兩人續有魚雁往返。抵達斯德哥爾摩時，柯氏受到熱烈歡迎且蒙女王接見；但是瑞典人感興趣的是新穎的語文教科書，而不是帶領人類走向光明的汎知計畫，所以只委請他替瑞典學校編教科書。

　　為了借重瑞典武力以光復故國的希望，柯美紐斯遂留在北歐從事繁重的編書工作。焉知 1648 年所簽訂的《威斯特伐利亞和約》，不僅不肯承認天主教、信義宗及喀爾文派以外的各自由教會的地位，而且根本沒有允許弟兄會回鄉的打算。柯氏失望之餘，上書抗議後立即返到里薩，然而庇護他們的波蘭國王華拉迪斯老四世 (Wladislaw IV, 1595–1648) 又於同年薨逝，境內的耶穌會士再度燃起反宗教改革的風潮。在如此難困的環境下，弟兄會選任柯美紐斯為首席長老，要他為衛護宗教自由而繼續奮鬥，他因此寫下了字字血淚的《臨危母親的見證》(*Testament der sterbenden Mutter*)，安慰信徒並呼籲一切真實愛主的人，離開褻瀆上帝的巴比倫，回歸以《聖經》為唯一真理的教會，合而為一地為迎接基督再來而戰鬥。

## 四、教科書的編寫

　　柯美紐斯接任後立即赴各地訪問教會，安慰弟兄。他在匈牙利遇到年輕諸侯拉柯斯基 (Sigismond Rakoczi, 1621–1660)，禮聘他設計教育制度及建立汎知學校；經長老會議同意，他於 1650 年前往薩路巴妲 (Saros-Patak) 從事建校工作。在那裡，他擴編完成《世界圖解》(*Orbis Pictus*)，又寫了一本類似今日所謂「教學參考單元」的教師手冊，用對話、表演及模擬等方式來進行語文教學，名為《學校劇場》(*Schola Ludus*)，出版後極受歡迎。1655 年，瑞典興兵侵占波蘭，翌年，天主教軍隊回師波蘭時，刻意傾覆里薩，把弟兄會的印刷廠和柯美紐斯的藏書及文稿都付之一炬。

　　在友人戴濟 (Louis de Geer, 1587–1652) 的幫助下，柯美紐斯終得以寄寓阿姆斯特丹，把 20 餘年來殘存的教育文稿整理成集，從 1657 年起陸續出版❹。同時，他又著手編撰一部完整地表達汎知主義的論文集：《人性總論》(*De Nerun humanarum emendatione Consultaion Catholic*)。他生前發表最後一

---

❹　Hans Scheuerl: *Klassiker der Pädagogik* (München: C. H. Beck, 1979) s. 67–73.

篇文章是 1688 年所寫〈不可少的事，只有一件〉("Unum Necesarium")，其中討論正常的基督徒生活，並謂其一生好像馬大，辛苦忙碌，終無所成。「現在，我要跟馬利亞一樣安坐在主的腳前，傾聽祂的聲音」。

## 五、柯氏學說的復興

法國大革命的狂熱與衝擊，以及維也納會議以後的復辟與保守，都淹沒了柯美紐斯在教育上的諸多貢獻，直到 1830 年才有捷克的學者重新開始柯氏學說的研究。1871 年紀念柯美紐斯逝世 200 週年時，德人貝格 (Julius Beeger) 倡議募集基金於柏林設置紀念圖書館。 ❺

1884 年起，狄爾泰在其柏林大學講座中闡釋柯氏學說，更引起教育界的重視；1891 年便在柏林成立了「柯美紐斯研究學會」，以開勒 (Ludwig Keller, 1849–1915) 為會長，遂即籌備於翌年慶祝柯氏誕生 300 週年，並發行《研究通訊》(*Comenius — Blaetter zur Volkserziehung*)，兼以許伯朗額等在講課時的推崇，帶動了研究風潮。

此外，在二十世紀初又奇蹟地發現了「列寧格勒手稿」(Leningrader Handschriften)❻、「哈理伯藏稿」(Nachlas Hartlibs)❼，以及在哈萊大學附近一所孤兒院中發現了 7 卷《人性總論》的抄本及《汎知百科全書》(*Lexikon Reale Pansophicum*) 的原稿❽，不僅使研究者大為振奮，也因為結合在阿姆斯特丹所出版的文集，而可以窺得柯氏思想全貌。

歷經 2 次世界大戰，也被稱為新三十年戰爭 (1914–1945) 的苦難，歐洲知識分子從內心深處體驗到柯美紐斯對和平的渴望，亦因此對他以教育來達成世界和平的努力倍感興趣，參與研究的學者愈來愈多，發表論文遍及各種主要歐洲語文。為紀念柯氏逝世 300 週年，捷克國家科學院在聯合國贊助下，1970 年在布拉格召開「國際柯美紐斯研討會」，並出版《柯氏全集》的學術

---

❺ 該館於 1951 年併入柏林中央教育圖書館。

❻ 1930–1931 年被 Stuistav Soucek 所發現。

❼ 1932 年由 G. H. Turnbult 在哈氏遺藏中發現。

❽ 1934 年由 D. Tschizewski 所發現。

版，會後又在布拉格及德國的哈萊、海德堡及明斯德等大學設立研究中心，掀起柯氏學說的復興高潮。❾

## 第三節　汎知主義教育

### 一、教育目標

　　柯美紐斯的教育理念根植於當時流行的新柏拉圖主義的哲學思想。他說：「人雖然照著上帝的形象被造，且蒙被賜理性，足以如鏡子反映宇宙真理、如種子生長人性至善；但由於亞當墮落影響，非獲啟示無法認識全知，非經陶冶無法與天同工。」所以教育的目標乃是「改善人性，以發展出完全的知識、完善的道德及完美的敬虔，與神相配、被神所用，而重建以基督為元首的宇宙秩序」。❿

### 二、學校制度

　　在《大教學論》，柯美紐斯建議 4 種學校系統⓫，即：

#### (一)母親學校

　　自出生至 6 歲，在母親膝前受教育。雖然是家庭教育，卻是為汎知的發展奠定良好的開始。例如辨別「是否、同異、有無」而開啟形上思考；認識「水、火、石、礦、動植物」而研究自然；觀察「山川河流，城鄉景觀」而學習地理；計算「時、日、年、節」以了解歷史；經由「問答、談說」而開始辯證；習慣「服從節制，兄友弟恭」而培養倫理等，均是從日常生活及感官接觸中獲得知識。柯氏還寫了一本附有插圖，可以認圖識字的《媽媽教材》

---

❾　Klaus Schaller: *Comenius* (Darmstadt: Wissenschaftliche Buchgesellschaft, 1973).

❿　K. Schaller, a.a.O., s. 84.

⓫　Johann Amos Comenius: *Grosse Didaktik*, hg. v. Andreas Flitner (Düsseldorf & München, 1960).

(*Die Mutterschule*)，對後來的裴斯泰洛齊 (Johann Heinrich Pestalozzi, 1746–1827) 及福祿貝爾 (Friedrich Fröbel, 1782–1852) 都有很大影響❷。

㈡**母語學校**

7 至 12 歲，共分 6 個年級，用母語來教學。全校學生應不分家長背景與未來職業，一起共同生活、互相學習、彼此適應。科目包括：讀、寫、算、《聖經》、歷史、地理、倫理、政治、音樂及工藝等，教學時不僅要加強外在感官的經驗，而且要養成記憶、想像等內在的心理能力。母語學校以設在村莊為原則，便利兒童在當地上學。

㈢**拉丁學校**

13 至 18 歲少年，除已學習職業技能者外，可至設在市鎮的拉丁學校就讀，教授「七藝」、自然科學、史地、倫理及神學，逐漸培養全知。柯氏特別推重歷史教育，認為是教育中最美麗的部分。校中亦注重生活規範的養成與宗教生活的陶冶。

㈣**大　學**

18 至 24 歲之青年，資賦優異經考試及格者得進入大學就讀。大學應普設於每一省區，除傳統的神、哲、法、醫之專業教育外，尤須追求科學新知與人類全知。故大學應有完整的圖書館，並設立「教學研究院」(collegium didacticum)，革新教學、消化新知；更應設立「汎知研究院」(collegium pansophie)，與各國科學機構及科學家交換研究心得，共同追求全知以促進世界和平與教會合一。

## 三、教學方法

教學方法乃是指教和學的互動過程。柯美紐斯曾列舉各種不同的、有效的教學方法，備受讚響，但基本原則卻只是：

必須向大自然學習，例如鳥兒們不在寒冷凍僵的冬天或炎熱的夏天生育；而是在春天，當溫煦的陽光把生命的力量重新帶給萬物

---

❷　Fritz Blättner: *Geschichte der Pädagogik* (Heidelberg: Quelle & Meyer, 1966) s. 58.

之時。所以人類的教育應當開始於生命的春天，也就是兒童時代。
……學校卻違背了「內容在先，形式隨之」的自然順序，往往令語
文的教學先於事物的了解。豈不知事物是必然的，語文則是或然的；
事物是核心，語言僅其皮殼。語言教學還有一種不當的程序：先教
文法規則，後教文學家的作品。殊不知文章才是語文的材料，文法
僅僅其形式。

柯美紐斯並進一步說明：「自然的陶冶，開始於普遍概念而終止於個別的
事物，故若不先作整體性的了解，而把學問支離破碎地分割開來研究，將無
人能在專業以外顧及其他學科而獲得全知，進入至善。」故挽救此種不合自然
順序的救藥是：

1. 孩子們在開始學習的時候，應先接受普通教育。各科教材的安排也應
注意，以後所學的並非全新，而是在以往所學的基礎上發揮出來。
2. 無論是語文、科學或藝術學科，都應該從簡單的、基礎的地方開始，
繼之以學習規則與例證，第三步才從系統化的整體中去了解例外的與不規則
的事物。

總之，如果我們跟隨自然的腳步前進，課程的實施就會顯得格
外輕鬆，所以要：(1)及早在心靈被汙染以前就開始；(2)普遍到特殊；
(3)簡易到困難；(4)無人被過多的教材所困住；(5)按照各人的年齡與
適合的方法來施教；(6)應用具體事物，透過感官經驗的直覺來教學。

## 四、人格輔導

柯美紐斯跟同時代的人文主義教育家們一樣，反對體罰而只保留理性而
溫和的懲罰。他說：「雖然摩爾維亞的俗語說，學校沒有懲罰，猶如磨坊沒有
流水。但這並不是說，學校中應該充滿哭喊和打罵；相反地，這僅僅用以提
高教師與學生的警覺，如何才能使懲罰成為有效的方法。」積極方面則謂：「所
有美德均應在年輕時期予以栽種，包括：智慧、節制、堅定與正直。智慧源

自良好的教誨；節制要在上課時養成習慣；堅定必先戰勝自己；正直則要不侮蔑他人，遠離說謊和詭詐，以贏得信任和喜愛。」培養敬虔，柯氏認為是一種真理教育，「因為《聖經》是上帝所說的話，世界是上帝的工作，我們則具有尋求上帝的天賦能力。」

綜上可見，柯美紐斯不僅創新了近代教育思想，設計了完善的學校教育制度，甚至在教學的內容與方法上，亦作了許多迄今仍然有效的提示，故實在不能不讚美他是轉移時代、揭開現代教育帳幕的偉大先知。

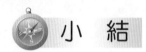 小　結

十六世紀的宗教改革雖領導著政治、經濟、科學與文化等各方面的進步，但卻引來了十七世紀初期長達 30 年殘酷的宗教戰爭，戰禍所到之處的中部歐洲盡成廢墟，且隨之饑荒疫病，甚至人肉相食。然而魔鬼的破壞還是帶來了上帝的祝福，十七世紀下半期出現了新的歐洲，形成新的西洋文明。

弟兄會的首席長老柯美紐斯，在宗教上要求敬虔、在政治上主張和平、在教育上提倡汎知，且開創近代教育、建立了現代學制。

【問題討論】

1.何謂汎知？柯美紐斯主張的汎知教育要如何實施？

2.《大教學論》中所設計的學校系統為何？是否合適現代？

3.學校中採用「教科書」為教材是如何開始的？第一本教科書是什麼？

# 第 8 章

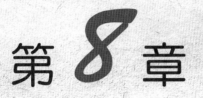

# 傅朗克與敬虔主義

## 第一節　敬虔主義

### 一、意義與由來

馬丁・路德改教之初，原期可以恢復到早期教會純真的情況，洗淨一切摻雜在基督教中的異教麵酵和文化傳統，「唯靠《聖經》、因信成義」，並且每一位信徒都可以在心靈中直接與神交通，而主觀地經歷神的救恩。但是在教廷和皇帝的鎮壓下，只有獲得各邦王侯的支持，改教才能成功，以致新教國家仍然是政教合一，成為國教。

聖職人員是國家的公務員，教會活動注重儀式和規條，信徒們不僅缺乏全心愛神的敬虔情操，也缺少真心愛人的仁慈胸懷。在「宗教官僚主義」的支配下，社會中充塞著偽善的假道學，政治上更不斷地製造戰爭、殘殺異己，因此迫使真實相信耶穌基督的人，尋求進一步的宗教改革。有些人主張從國教中分離出去，成立「自由教會」，如英、荷的清教徒和法國的護經派。

另外有些人主張留在信義宗的教會中，但要從神學八股和形式教條中釋放出來，追求重生得救，培養活的信心，恢復原始愛心，操練聖別生活，在心靈中主觀地經歷生命救恩，這就是日耳曼的敬虔主義（pietism，兼指敬虔的情操，良善的感情和仁愛的德行）❶。其神學思想雖可以上溯至十五世紀的伯拉散士（Philappus Paralcelsus, 1493–1541）和十六世紀的潘梅（Jacob Boehme, 1575–1624）等天主教中追求內裡生命的神祕主義哲學家，但其具體影響卻是由十七世紀的神學家許賓內之倡導。

### 二、許賓內（Philipp Jakob Spener, 1635–1705）

1664 年獲斯特勞斯堡大學神學博士學位，到處自由講道，頗著聲名。1666年在法蘭克福擔任牧師，鼓勵信徒除明白《聖經》真理、運用理智來建立客

---

❶　Willibald Russ: *Geschichte der Pädagogik* (Heilbrunn: J. Klinkhardt, 1965) s. 53.

觀的信仰外，尚須在情感上「被神愛充滿而愛神愛人」，各人得以主觀地經歷內心的新生而個別地與神交通，獲得啟示。並由於真實地重生得救而在行為上活出聖別敬虔，受人推重。

　　其至 1670 年形成「敬虔團契」(collegia pietatis)，1675 年出版通訊，敬虔主義的影響日益擴大。適逢普魯士開始崛起，王侯威廉 (Friedrich Wilhelm, 1640–1688) 於 1685 年公佈《波茨坦詔令》(Edikt von Potsdam) 保障宗教自由，接受宗教難民如法國的護經派等移民其轄區。許賓內亦於翌年應聘擔任宮廷牧師，於 1691 年兼任柏林教區監督，1694 年協助建立哈萊大學，使其成為改革後的基督教倫理與神學研究中心。

　　敬虔主義運動不僅活潑了信義宗教會的信心生活，並且經由傅朗克的教育事業為國民教育樹立了典範，經由新生鐸夫的弟兄相愛廣傳福音於海外。當腓特烈一世 (Friedrich I, 1657–1713) 於 1701 年繼承為普魯士的國王時，國民的文化水準已普遍提高，繼任的王侯們亦得以在十八世紀開始的啟蒙時代中，以開明君主自豪。❷

## 第二節　敬虔主義的教育金字塔

### 一、傅朗克 (August Hermann Francke, 1663–1727)

　　出生於呂貝克，母親為市長女兒，父業律師。傅朗克先後就讀於艾爾福德、基爾 (Kiel) 及萊比錫等大學。1685 年考取碩士學位擔任哲學講師時，根據許賓內之建議，以《聖經》取代傳統教義為課程核心。

　　1687 年獲謝伯獎學金 (Schabbelsche Stipendium) 赴呂內堡 (Lueneburg) 進修。在那裡，他為準備講稿，禱讀《約翰福音》20 章 31 節：「但記這些事，要叫你們信耶穌是基督，是神的兒子；並且叫你們信了，就可以在祂的名裡得生命。」蒙聖靈感動，獲得重生得救的經歷，而完全接受敬虔主義的神學。

❷　Albert Reble: *Geschichte der Pädagogik* (Stuttgart: Ernst Klett, 1965) s. 117–123.

翌年寒假，他應邀到許賓內在德來斯登 (Dresden) 的家中住了 2 個月，從此開始了他們情同父子的友誼。當他於 1692 年被守舊的萊比錫大學解聘並被當地教會解除職務時，許賓內立即安排他到布蘭登堡所轄葛老橋 (Glaucha) 的聖喬治教堂 (St. Georgenkirche) 擔任牧師，並於 1694 年介聘到新成立的哈萊大學教希伯來文。1698 年起傅朗克成為哈萊大學的神學教授，並逐步建立他教育事業的金字塔，而成為敬虔主義的第二個領導中心。❸

# 二、各級各類的學校

## ㈠平民學校

三十年戰爭後的經濟尚未復甦，民生極為疾苦，傅朗克初來葛老橋時，便發現教區內的兒童大多貧窮而愚昧。他試著在每週四循例發放救濟品給貧苦兒童之前，先為他們講解福音真理，但苦於他們不識字而難以明白，於是便積省晚餐的費用，加上收到的捐款，終能購買教科書及聘請大學生來兼任教師，每天教他們讀書識字 2 小時。

學生聞風而來，1693 年傅朗克便建立了免收學費的平民學校。根據 1727 年統計，該校已有學生 1725 人。

## ㈡貴族學校

1695 年，貴婦人葛笙 (Frau von Geusan auf Sandersheim) 委託傅朗克代覓家教來教導她的 3 個孩子，但他建議把孩子送到哈萊讀大學預科更有效，因此辦了一所專收貴族及富豪子弟的住宿學校，請傅林豪 (Johann Anastasius Freylinghausen, 1670–1739) 為校長，2 年內便收了 69 個學生，成效卓著。1702 年蒙普魯士王頒發特許狀，命名為「教育學苑」(Paedagogium Regium)。

## ㈢拉丁學校

1697 年傅朗克應中產階級家長們的要求，開設了以升學為目的、以古典語文為核心科目的拉丁學校，入學者應繳納適當數目學雜費，頗受歡迎。根據 1727 年之統計，該校在校學生已逾 400 人，且曾一度設置女生部來回應家長們的要求。

---

❸　Hans Scheuerl: *Klassiker der Pädagogik* (München: C. H. Beck, 1979) s. 83–93.

### ㈣孤兒院

1695 年，當傅氏又收到一筆 500 泰勒 (taler) 的捐款時，他便把它作為開辦孤兒院的基金，收容貧苦無依的兒童。至 1698 年已可以仿照荷蘭的模式，興建多功能的院舍，1727 年時收容的院童計有 134 人。資質優異的院童並可獲得獎學金至拉丁學校甚或大學就讀。

### ㈤教師研習會

為培養及提昇相關學校的師資水準，傅朗克亦於 1697 年在招待來院從事義工的大學生之午餐聯誼會的基礎上，設立了「教師研習會」，至 1707 年成為正式的 2 年制的師資養成機構，且也是普魯士甚或全歐洲最早的師資訓練機構，影響深遠。1727 年時計有學生 82 位。

### ㈥附設機構

為了供應各有關機構的需要，傅朗克在 1698 年開辦了書店與藥房，並於 1701 年增設印刷廠及製藥廠，成為營利事業機構而有助其教育工作之推動。

### ㈦基金會

為了加強各有關事功之聯繫、管理及諮商決策，且也為了募款及報稅的方便，傅朗克又成立了基金會來統籌其事，並且標榜以「榮神益人」為目標。❹

## 三、教育理念

雖然傅朗克是以宗教家對社會關懷的立場來辦理教育事功，但是他亦深切地體認到，唯有經過適當的教育陶冶，才能培養出正常的基督徒。1702 年出版的《簡短的課程——如何使孩子們真蒙神恩，活出基督徒的聰明》(*Kurzer und einfaeltiger Unterricht, wie die Kinder zur wahren Gottseligkeit und christlichen Klugheit anzufuehren sind*)，傅氏特別強調教育工作者的身教重於言教：「信仰的榜樣，影響心靈，而非經由頭腦」。他進一步說明，蒙福的人生必須「愛好上帝的真理」、「具有服從的心志」與「養成勤勉的習慣」，這些都不是課本知識所能教得出來的，而是要在生活中陶冶。所以他主張學生應該住校，與導師共同生活。

---

❹　H. Scheuerl, a.a.O., s. 90.

　　此外他也主張課程中應增加生活實用的科目和各種新興的自然科學，還要做實驗以致每天要上課 7 小時以上，加上晨更與晚禱等宗教活動，學校生活相當緊湊。雖然他為了追求聖別的生活而不贊成跳舞等世俗娛樂，但是經常舉辦郊遊及遠足等活動，在大自然中修養身心。另外雖然他主張嚴格管教，但是亦不准打罵體罰。

　　傅朗克的教育事功不僅恢復了早期基督教會的傳統精神，同時亦趕上了科學昌明的近代社會潮流，影響深遠地推動歐洲進入啟蒙時期。由於他能遊刃有餘地管理多角化經營的事業，這些事功在他有生之年始終欣欣向榮，不斷擴展，其領導才能也令人欽佩。❺

 ## 第三節　歷史的意義與影響

### 一、唯實論的教育與實科中學之創立

　　傅朗克所設各類學校的課程，原本都有務實的傾向，修希臘文是為了讀《新約聖經》的原文，修希伯來文是為了更易了解《舊約聖經》。生活中各種實用的知識和技能，更讓學生盡情去學習，所以校中設有植物園、博物館、理化實驗室、生物解剖室，甚至有可以練習吹玻璃、動機械、學銅雕木刻的工藝教室。但是這一切在當時都只算是課外活動。

　　第一位試著把它們納入正式課程的是傅朗克在哈萊大學的同事申姆勒 (Christop Semler, 1669–1740)，他獲得馬德堡邦政府的支持，1706 年在哈萊創辦了第一所「實科中學」。然而保守的教育界人士，尤其是拉丁中學的校長和教師紛起反對，認為不應該專為工匠、商賈或士兵辦教育，以致這所學校辦不到 3 年便結束。但復經有識之士的鼓吹、工商社會培養後繼人才的需要，終於在傅朗克的大弟子海克爾 (Johann Julius Hecker, 1707–1768) 之努力下，1747 年在柏林又創辦了一所實科中學，其不教拉丁文而注重自然科學、經濟

❺　A. Reble, a.a.O., s. 120–122.

及數學，成效卓著而得以逐漸流行。❻

　　出生於魯爾區埃森 (Essen) 的海克爾，在哈萊大學攻讀神學時接受傅朗克之指導，畢業後至「教育學苑」任教；1739 年出任柏林三一教堂的牧師，把傅氏關懷社會、重視教育的精神發揚光大。所創實科中學之課程，充分容納科學及實用的知識，共有 8 個班級，包括建築、土木、機械、商業及貿易等類科，且因強調實觀經驗的價值，校中教師也試行實務教學法而搜集商品、採集標本、繪製圖像及製造模型等，使學習效果大增，畢業學生頗受工商界的歡迎。❼

　　有意變法圖強，自稱為「無愁宮哲人」(der Philosoph von Sanssouci) 的腓特烈二世 (Friedrich II, 1712–1786) 對海克爾的貢獻也頗為重視，曾親往巡視該校並面允恩遇，更撥款補助海氏於 1747 年與實科中學同時創立的師範學校，且介聘其畢業生至境內學校服務。1753 年又命海氏草擬普魯士的《邦立學校通則》(General Land-Schule Regelment) 為其實施義務教育的基礎，強調經由理性的教育與宗教的陶冶來培養「有用的國民」，把敬虔主義與啟蒙思想巧妙地結合在一起，使學校課程實用化、科學化，而有助於民族國家的建立。

## 二、 主護村與摩爾維亞的兄弟們

　　另外一位把敬虔主義發揚光大的傅朗克的學生是新生鐸夫 (Nikolaus Ludwig von Zinzendorf, 1700–1760)，他是薩克森王國的一位伯爵，幼時就讀於傅朗克所辦的貴族學校。在威登堡大學修習法律時，看到狄賽道夫美術館中題為〈看哪，這人〉的耶穌受難畫像時深受感動，讀該畫下方題詞「為你，我捨一切；為我，你捨何情？❽」而決志終生為基督而活。

　　1721 年返鄉結婚後，經波西米亞傳教士戴維 (Christian David, 1690–1751) 之引介，新生鐸夫收容了 200 餘名摩爾維亞弟兄們的後裔到他自己的采邑：伯鐸莊 (Berthelsdorf) 定居。1722 年，他們將新建的、用以避難的

---

❻　參閱許智偉：《德國師範教育》(臺北：臺灣書局，1968)，頁 61–62。

❼　Fritz Blättner: *Geschichte der Pädagogik* (Heidelberg: Quelle & Meyer, 1966) s. 69.

❽　臺灣福音書房編：《二千年教會歷史巡禮》(臺北：臺灣福音書房，2004)，頁 90。

山間小鎮命名為「主護村」(Herrnhut)，歐洲各地遭受迫害的基督徒，紛紛聞風來歸。由於人數愈聚愈多，對儀禮與教義的解釋也愈加分歧，新生鐸夫乃於 1727 年 5 月 12 日召集全村信徒訂定公約：「不分宗派，彼此相愛，共同追求聖潔生活」。8 月 13 日主日首次舉行擘餅聚會時，經歷聖靈澆灌，教會大大復興。

8 月 26 日主護村有 24 位弟兄奉獻自己，為全球禱告而開始至海外傳道。移民至美國喬治亞州的弟兄們，在曾任哈萊大學教授的許邦根 (August Gottlieb Spangenberg, 1704–1792) 領導下建立教會，設立傅朗克式的孤兒院及拉丁學校。哈萊孤兒院的一位教師繆倫貝克 (Heinrich Melchior Muehlenberg, 1711–1787) 於 1742 年被派往賓州照顧移民時，不僅建立教區及學校，而且還協助佛蘭克林 (Benjamin Franklin, 1708–1790) 等時賢建立了賓州的教育制度。凡此，均可發現弟兄會對美國教會與教育發展的影響。

新生鐸夫亦曾赴英國、美國及西印度群島訪問教會，且曾應丹麥國王腓特烈四世 (Friedrich IV, 1671–1730) 之邀到北歐去講道。他們的教會生活與弟兄相愛的見證更深深地影響了英國的衛斯理兄弟 (John & Charles Wesley, 1703–1791; 1707–1788) 和凱瑞 (William Carey, 1761–1834) 的宣道工作，此外也影響丹麥祁克果 (Soren Kierkegaard, 1813–1855) 以及瑞士巴特 (Karl Barth, 1886–1968) 等的神學思想與德國許萊雅馬赫 (Friendrich Daniel Schleiermacher, 1768–1834) 的教育工作。

## 小　結

恢復歐洲和平，需要宗教寬容。十七世紀後期，普魯士崛起，王侯威廉於 1685 年頒《波茨坦詔令》，保障宗教自由、收容宗教難民，並聘敬虔主義神學家許賓內為宮廷牧師。腓特烈一世繼位並加冕為普魯士國王後，更重用他為柏林教區監督。許氏提拔傅朗克為新成立的哈萊大學神學教授且助其建立各級各類學校。傅朗克的同事申姆勒在哈萊創設第一所實科中學，學生海

克爾則到柏林創辦實科中學，另一位學生新生鐸夫所領導的主護村教育運動
更影響英美及全球。

## 【問題討論】

1. 什麼是實科中學？與文科中學的課程教學有何不同？
2. 普魯士的《邦立學校通則》是由誰草擬的？它的歷史影響是什麼？
3. 新生鐸夫對英、美、德、瑞等國的啟蒙思想和教育有何影響？

第 **9** 章

洛克與品格主義

## 第一節　啟蒙時代

### 一、什麼是啟蒙思想

啟蒙的中文字義是「開導蒙昧，使之明白」❶，與德文的 aufklaerung 相當；英文的 enlighten，雖原義為「照亮」，但早已引申出「開導」與「啟明」的意思，更是指人類基於理性的自我覺醒，運用理性之光、袪除無知。十八世紀歐洲的啟蒙運動 (the Enlightenment)，便是把十七世紀自然科學昌明和哲學思想革命的成果予以普遍化，使人類思想脫離幼稚的狀態，從迷信和偏見中解放出來，而得以在宗教、倫理、政治、法律、經濟和科技等各方面均能創新而進步。

更重要的是啟蒙時代的人們樂觀地要在現世建立地上的天國，而不是刻苦修行等待來世的天堂。所以康德認為啟蒙思想乃是人類精神方面的成熟，能夠脫離愚昧與盲從而自由地運用理性 (vernunft) 來認知世界，勇於憑著理智來行事為人，並且尊重人性的尊嚴與價值，而把別人亦當作人來對待。然而，「啟蒙思想」不是一種主義，本身並沒有內容，而只是一種思想的態度，一種思想潮流的趨勢。❷

### 二、啟蒙運動的發展

文藝復興讓漫漫長夜的歐洲中古時代，透露出一道曙光；如果說宗教改革猶如旭日東升，而啟蒙運動則伴隨著自然科學的昌明而成為西洋文明的黎明。啟蒙運動由信奉新教的荷蘭和英國啟其端，經過日耳曼諸邦學者的深入探討，而至天主教的法國匯為大成。

在荷蘭，猶太裔富商之子斯賓諾莎 (Baruch Spinosa, 1632–1677) 受笛卡

---

❶ 三民書局編：《新辭典》（臺北：三民，1989），頁 887。

❷ 田培林：《教育史》（臺北：正中，1963），頁 185。

兒之影響，以吾心自明之理，認為宇宙全體是一種幾何系統，可用數學方式加以演繹。永恆的上帝是產生宇宙的原因，也是宇宙的本體，所以存在於自然萬物之內，遂有所謂「神即本體亦即自然」(Deus sive substantia sive natura) 之泛神論的說法。然而，這種理論與猶太教的律法和教訓不合，他被判「出教」，以致潦倒終身，不過，宗教自由的思想卻因此得以廣傳。❸

在英國，最重要的啟蒙運動領導者是洛克 (John Locke, 1632–1704)，他認為不論從事何種研究，都必須先檢討人心之能力，經 18 年之思考，始寫成《人類悟性論》(*An Essay Concerning Human Understanding*)，其中強調人心如同「白板」(tabula rasa)，並無生而有之的知識，更無天賦的觀念，必待感官接觸到外在事物而產生感覺，才有外在經驗，並由悟性加以反省才成為內在經驗而形成觀念，產生知識。

啟蒙思想認為，感官所得到的是「印象」，也就是外界事物印在感官上的東西；觀念則是這些印象的複印，而人心則好像攝影室的暗房，可以把這些觀念及反省的經驗在心靈的底片上，毫無改變地沖洗出來。換句話說，經驗是形成觀念與知識的基礎，因而建立了經驗主義的哲學體系❹，由此不僅使牛頓 (Issac Newton, 1642–1727) 及其同時代的科學家們得以把自然哲學發揚光大，蘇格蘭的亞當·斯密 (Adam Smith, 1723–1790) 能倡導自由經濟的學說，並且更由於洛克在宗教上力主寬容、政治上提倡民權而促成了英國的君主立憲。

在日耳曼諸邦，啟蒙運動的中心是哈萊大學，吳爾夫 (Christian Wolff, 1679–1754) 將萊布尼茲 (Gottfried Wilhelm Leibniz, 1646–1716) 哲學思想整理編輯，用德文寫成講義，廣為流傳。依照萊氏所創「單子論」(Manadologie)，宇宙由無數單子構成，最高的中心單子乃是上帝，是一切能力與知識的來源。雖各個單子的運動變化是機械性的，受科學的物理法則所支配，但就宇宙整體而言，仍有其「內在目的性」。人為高級單子，具有理性，故心靈絕不是一塊「白板」，被動地複印事物；而是一面「活的鏡子」，要主動地反映世界。

---

❸　參閱吳康：《近代西洋哲學要論》(臺北：華國，1970)，頁 32–39。

❹　吳康，前引書，頁 8–13。

　　單子論所帶來的影響，不僅表現在藍辛 (Gotthold Ephraim Lessing, 1729–1781) 的文學、鮑嘉登 (Alexander Baugarten, 1714–1762) 的美學，以及康德業師克諾誠 (Martin Knutzen, 1713–1751) 的哲學等作品上，而且促成了腓特烈二世在普魯士的開明專制。❺

　　到了法國，由於狄德羅 (Denis Diderot, 1713–1784) 窮畢生之力編《百科全書》(*Encyclopedia*) 共 28 冊，介紹了各種新興的思潮與科學的知識，其中包括主張理性與懷疑的伏爾泰 (Francois Marie Arouet de Voltaire, 1694–1778) 及提倡直接民主的盧騷 (Jean Jacques Rousseau, 1712–1778) 等名家，聲勢浩大、波瀾洶湧，終於激成了法國大革命。

　　綜上可見，在啟蒙思想的時代裡，人類確已擺脫掉自我封閉的無知狀態，勇敢地本乎「理性」來認識自然、利用自然」，而創造了近代文明的新時代。

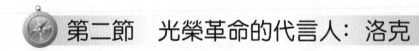

## 第二節　光榮革命的代言人：洛克

### 一、成長背景

　　洛克的父親亦名約翰，業律師，清教徒革命時曾任國會軍騎兵隊長。他管教子女頗為嚴格，但能贏得信任而有良好的溝通。1647 年洛克 12 歲時進入西敏寺公學 (Westminster School) 就讀，因品學兼優，於 1652 年畢業時獲牛津大學獎學金。

　　在牛津，他攻讀神學、哲學及醫學，1958 年獲文學碩士學位，留校任導師並繼續隨生物化學家波義耳攻讀醫學，2 年後擔任希臘文講師。

### 二、與夏富士百利的來往

　　1666 年，洛克與英國自由黨前身輝格黨 (the Whigs) 的創黨人夏富士百利

❺　Hermann Glockner: *Die europäische Philosophie* (Stuttgart: H. Reclam, 1958) s. 573–586.

伯爵 (Anthony Ashley Cooper, Earl of Shaftesburg, 1621–1683) 相識，初任其醫藥顧問，繼兼小孩的家教；他亦參與夏富士伯爵的戎幕，為英國的憲政改革奮戰，建立了民主政治理論。1665 年他出任英駐布蘭登堡公使之祕書，1668 年當選英國皇家學會會員。1675 至 1676 年間因工作過勞，罹患肺結核而至法國南部蒙比利 (Mont Pellier) 養病，1683 年又隨夏氏亡命荷蘭。

在養病與逃亡期間，洛克完成了他那開創經驗主義的鉅著：《人類悟性論》。1688 年，英國結束天主教暴政，並解決了內戰以來的憲政問題，史稱光榮革命。其時夏氏已病故，乃由洛克陪侍王后返英。他雖備受禮遇，卻堅辭駐法大使等高位而專心將其歷年著述，逐一分別出版。

洛克是英國民主制憲運動時期人緣最好、影響最大的思想家，然卻終身未娶，賴友人麥士翰 (Damaris Cudworth Masham, 1659–1708) 奉養晚年。1704 年 10 月 28 日逝世，基碑上所刻，是他自撰的銘辭：「在此長眠的約翰・洛克，很滿意自己的命運。品德不足以誇口，錯誤也都已埋葬。這裡僅留下死亡的圖畫，如同其他地方一樣。若要尋找生命，只有去聽耶穌基督的福音。」 ❻

## 三、重要著作

1690 年洛克所出版除前述《人類悟性論》外，尚有《論寬容》(*An Essay Concerning Toleration*) 及《文明政府論》(*Two Treaties on Civil Government*) 2 部重要著作。前者認為純粹宗教信仰的領域，政府不必干涉，且信仰出於人人的良知，強迫會造成形式主義，偽裝虔誠而內心甚至反感。何況，荷蘭因宗教寬容而工商發達，北美由於崇尚自由的清教徒而殖民事業得以蓬勃發展。由此可知，以寬容的態度保障宗教自由為理性國家之主要特徵。

後一部著作則強調生命、自由、財產三大自然權利之保障，謂上帝造人也賦人以理性，人人平等而獨立，雖為維護理性生活而訂定契約、組成國家，但統治的權力基於被統治者的同意，且應根據少數服從多數的原則來行使治權；倘若政府違背原訂契約或不能保障基本人權時，人民即有起而革命的權利。此不僅為光榮革命作了有力的辯護，也為英國憲政之發展指示了務實可

❻　H. Glockner, a.a.O., s. 468.

行的正確途徑。❼

　　1693 年洛克又將其與友人葛拉克 (Edward Clarke, 1650–1710) 討論兒童教育問題的書信集輯出版，是為《教育漫話》(*Some Thoughts Concerning Education*)，其文筆優美、深入淺出，指陳舊時歐洲學校教育之積弊，而機智地提出許多新穎的見解，極受當時中上階層人士之歡迎。此外 1706 年出版的《悟性行為》(*Of the Conduct of the Understanding*) 中有關學習方法與為學態度等見解，均經盧騷及裴斯泰洛齊等之闡發，影響西洋教育逾 300 年。

## 第三節　品格陶冶的教育主張

### 一、啟蒙時代的教育特徵

　　我國教育家田培林先生曾剴切地指出，啟蒙時代教育的特徵有五❽：

　1.教育的任務，乃是有目的、有計畫地發展人類精神中潛在的各種能力。也就是承認自內向外的適當發展，方是正當的教育歷程。

　2.在歷史傳統的拘束下，人類不能得到適當發展；教育上所說發展，乃是企求建立一種來自理性的人生觀。

　3.科學的研究，尤其是心理學研究的成就，乃是教育工作所依據的原則。

　4.不論貧富或性別，任何人都應有平等受教育的機會。

　5.在教育的價值上，文雅教育、人文主義的教育，遠不及實利教育——自然科學、經濟商業、手工業以及各種職業教育。近代「教育即生活」的主張，即是啟蒙思想最明白的表現。

　　洛克的認識論建立了經驗主義的哲學體系，他的教育思想則建立在這樣的哲學觀點上。由於他在哲學上的聲望甚高，對民主政治貢獻極大，反而使人不太注意他的教育思想。其實在其《教育漫話》中的論述雖然瑣細，卻富

---

❼　鄒文海：《西洋政治思想史稿》(臺北：鄒文海先生獎學基金會，1972)，頁 320–359。

❽　田培林，前引書，頁 186。

含深意，值得後人研究。

##  二、紳士教育之目的在培育高尚品格

在給友人葛拉克的信中，洛克明白表示是要寫一篇「合於我們紳士教育的文章」。《教育漫話》第 134 則說明：「每個紳士為兒子所求的事情，除了留給他財產以外，都包括在 4 件事情上面，就是德行、禮儀、智慧和學問」❾。換言之，紳士應該具備 4 種高尚的品格：

1.「德行」是被人尊敬與喜愛的必要條件，要自幼養成敬天愛人的態度開始（《教育漫話》：§135, 136）。

2.「禮儀」或教養使人自尊而尊人，不至於行動粗暴或看不起別人的錯處來加以非難，或是當別人正在說話時去插嘴。但是注意禮貌不可過分，以免流於繁文縟禮而變得諂媚與偽善（《教育漫話》：§143–145）。

3.「智慧」是一種合乎理性的見識，能聰明地處理世間事務的能力；它是融合了良善的天性、敬虔的心靈和生活的經驗所產生的能幹與遠見，但絕不是與之似是而非的狡猾。因為狡猾具有虛偽的成分，而知慧卻必須習於誠篤與真實，必須服從理智而盡量反省自己的行為（《教育漫話》：§140）。❿

4.「學問」包括知識與技能。增進學問可從遊戲中去學習（《教育漫話》：§147），千萬不可當作工作，變成煩惱而強迫兒童去讀書寫字（《教育漫話》：§148），以免他們一生一世憎惡書本與學問（《教育漫話》：§149）。教師應親切和藹，以技巧贏得學生注意，不可氣惱、申斥，更不可任意責備、懲罰，因為你不能在戰慄的心靈上教導，正好像不能在一張震動的紙張上寫平正的字一樣。何況學生的剛愎倔強，往往是導師粗暴待遇的結果（《教育漫話》：§167）。

---

❾　傅任敢譯：《教育漫話》（臺北：商務，1966），頁 178。

❿　由此可見洛克所說「知慧」不是理性主義哲學家所說的「智慧」，故德文有時把它譯成 klugheit 而不是 weisheit；加上他把「宗教上的敬虔」隸屬於行為的「德行」，同樣表達了他經驗主義的基本看法。

# 三、教育內容要德、智、體育並重

## (一)增進身心健康

《教育漫話》第一則便開宗明義地指出:「健全的心靈,寓於健康的身體。」這話雖簡短,但卻充分地描寫出世上幸福的情境;但是健康不僅是醫藥問題,而且要加以合適的教育。

《教育漫話》第 2–18 則提到:

> 大多數兒童的身體,因為父母過於疼愛之故,全部弄壞了,或至少也受了損害。第一件應該當心的事是:無論冬夏,兒童的衣著都不可過暖。……每天用冷水洗腳甚至洗澡。學習游泳並多做戶外活動。衣服不可過緊,尤其不可束胸及纏足。食物應力求清淡與簡單。

洛克並且強調「教育上應該當心的一件大事是看你養成什麼習慣」,良好的生活習慣是增進健康的基礎,尤其是按時大解與早起早睡。

## (二)養成節制的習慣

《教育漫話》第 33、34 則提到:

> 一切道德與價值的重要,其原則及基礎在使一個人能夠克制自己的欲望,能夠不顧自己的傾向而純粹服從理性所認為最好的指導。……一般人對於子女的教養有個重大的錯誤,就是對於這一點沒有加以充分注意;心性在最纖弱最容易支配的時候,沒有養成遵守約束、服從理智的習慣。

《教育漫話》第 38 則指出:

> 大凡理智所不容許的欲望,我們都應該自己把它們克制下去。這種能力的獲得和增進是由於習慣,而如何使這種能力容易發揮,則端在及早把它養成起來。……兒童自出生起始,就應該習於克制自己的欲望,不可時時望著這樣、想著那樣。……假如他們從不因

懇求任何事物而使他們的欲望得到滿足，他們就不會哭著鬧著要求
什麼，正和他們不會哭著鬧著去要月亮一樣。

### (三)學習基本學科

「學習語文要從聽和說入手，不必死背文法規則。學今日使用的英文和
法文應優先於死去的古文：拉丁和希臘文」（《教育漫話》：§147-177）。洛克
認為一位有教養的紳士還必須獲得種種科學的知識，如地理和歷史等（《教育
漫話》：§178-184）。

為了工作與職務上的需要，紳士必須懂得本國的法律，所以要研讀有關
的法學著作來尋求是非的真實標準，但是「修辭學」與「邏輯學」這 2 種技
術，洛克認為「沒有實際的用處」（《教育漫話》：§188）。他贊成跳舞為養成
優雅的動作；不鼓勵音樂以避免浪費時間。與當時流行的觀念不同的是他還
主張紳士也要學習手工技藝，諸如務農植樹、雕刻銅塑、首飾加工、函牘書
寫以及商業算學等（《教育漫話》：§201-211）。

## 四、注意教學方法

洛克主張兒童的本質和兒童所處的環境才是決定教育效果的因素，因而
他特別重視個別教學的價值，認為家庭教師優於學校教育，並且強調每一個
從事教育的人都必須尊重兒童及其個性的發展，他說：「假如我的觀察不錯的
話，他們希望被人家看作具有理性的動物，是比想像得到的年歲還早的」（《教
育漫話》：§81）。

洛克還不忘提醒：「每個人的心理都與他的面孔一樣，都有一些特色，使
他與別人不一樣；2 個兒童很少有能用完全相同的方法去教導的」（《教育漫
話》：§217）。

在《悟性行為》一書中，洛克強調正確的為學態度，首須運用理性，憑
藉自己的感官來學習：「知識就是親目所見，……除非吾人用自己的眼睛親自
見到，用自己的悟性親自了解，否則吾人仍一如往昔般地處在黑暗中，知識
還是空的。」❶

❶　林玉体：《西洋教育思想史》（臺北：三民，2001），頁 307。

但感官之所及，未必是全貌，可能只是一隅。「人們如長期只習於一種方法或一種想法，他們的心靈就會硬化……因此需要給他們了解知識的各種層面，在多樣且廣泛的知識儲庫裡運用其領會力」❷。此外更要避免把沒有必然相關的觀念，因習俗、教育、傳統等因素而錯誤地聯合在一起，例如 13 日又是星期五與吉凶並無相關，強加聯結便成了迷信。

同時他主張在積極方面要訓練及啟發人的心智能力，認為感官經驗須加以反省才能成為觀念，而單純觀念必須依其在自然界中之特性、狀態及相關位置組成複合觀念，始能產生知識。這種觀察、分析、推理、明辨及綜合等心理官能，對洛克來說，就是人類理性的悟性能力，可以經由訓練來增進，猶如運動訓練之鍛鍊體力一樣。

是故，語言訓練是為了增進記憶力，數學練習是為了培養推理力。「教育工作，我想不是使學生精通各種學科，卻在於開啟並安頓學生的心靈，使之可以盡力發展任何可資發展的方向。」❸

## 五、關懷貧苦兒童

雖然在《教育漫話》中，洛克所討論的是關於培養青年紳士的教育，但是對於一位主張「人生而有自由平等權利」的民主鬥士來說，是不可能完全忽視平民教育的。光榮革命後他返回英國，雖懇辭重要公職而埋首著述，但仍受聘擔任殖民及貿易委員會委員等職，協助內閣草擬貨幣改制及出版自由等重要法令。

洛克曾提了一個「教養貧苦孩子的建議」(proposals for the bringing up of the children of paupers)，提出要廣設工作學校 (working school) 收容 3 至 14 歲的貧苦兒童，訓練一技之長，培養勞動習慣並且免費供應麵包、白水和熱粥。❹

---

❷　林玉体，前引書，頁 308–309。

❸　林玉体，前引書，頁 309。

❹　林玉体，前引書，頁 325。

## 小　結

　　十八世紀的啟蒙運動是人類精神生活的成熟，脫離愚昧和盲從，運用理性認識世界，憑藉理智行事為人，並且尊重人性價值，使經濟生活自由、政治生活民主。其在德國產生開明君王，在英國則促成了光榮革命。

　　陪同夏富士百利伯爵流亡荷蘭、又伴隨瑪莉女王班師返英的哲學家洛克，不僅首倡經驗主義的悟性理論，主張政府必須保障人民的生命、自由和財產的自然權利，而且提出了對兒童教育的看法，影響西洋教育逾 300 年。

## 【問題討論】

1. 人類是如何認知的？試根據《人類悟性論》加以說明。
2. 洛克認為教育目的在培養紳士，紳士應具備何種品格？
3. 洛克是否同意教育機會平等？試各就己意加以討論。

第 *10* 章

盧騷與自然主義

## 第一節　法國大革命

### 一、君主專制的極致

　　法國既對內削平貴族的抗爭，對外又贏得了三十年戰爭，路易十四 (Louis XIV, 1638–1715) 於 1661 年親政以後遂得以厲行專制。但國內社會極不公平，第一階級（教士）和第二階級（貴族）毋庸繳稅，所有稅負都壓在最低層的第三階級：工商業者和農民身上。

　　路易十四不僅要恢復古代高盧的疆域，把邊界推展到比利牛斯山、阿爾卑斯山和萊茵河；而且積極從事海外殖民地競爭，以致不斷地用兵征伐，更使政府財政長期入不敷出。當路易十六（Louis XVI, 1754–1793）介入美國獨立戰爭，耗費 20 億利維 (livees) 鉅款後又碰到連年天災，致在 1788 年大饑荒發生時，國家陷入空前的財政危機。

### 二、巴斯底獄之攻陷

　　1789 年國王乃循例召開三級會議來募款。焉知在會中第二階級主張建立憲改，並保障人身、出版和言論自由；第三階級更主張將會議改稱「國民會議」(Constituante)，欲切斷過去因階級問題所造成不合理的會議傳統。議士們乃於 6 月 20 日集會於鄰近的網球場，宣誓聲稱：「不訂憲法決不解散」。6 月 27 日，路易十六被迫承認國民會議，但其弟又調動軍隊，準備以武力對付國會。7 月 14 日飢民湧入巴黎並攻陷巴斯底獄，釋放囚犯，並組成人民委員會接管市政，稱為「巴黎公社」(Paris Commune)，是為法國大革命之開始。

　　國民會議於 9 月 3 日制訂了《1791 年憲法》，採三權分立的君主立憲政體，法王成為「法蘭西人之王」而非「法蘭西之王」，其詔令須經有關部會首長副署。

## 三、二次革命，改建共和

1791 年 10 月，依憲法選舉產生的 745 名立法會議議員正式集會，但會中左右對立；勢力強大的左派又分成 3 個集團，相互爭權。1792 年 2 月，普奧組聯軍侵法且聲稱：「如法王受到損傷，將毀滅巴黎為懲」，此舉激怒法人，認係路易十六勾結外敵。羅伯斯庇爾 (Maximilien Robespierre, 1758–1794) 及丹敦 (Georges Denton, 1759–1794) 等激烈分子乘機奪權，並號召全國民眾共起抗敵。8 月 10 日，巴黎群眾會合各地援軍攻入王宮，另建「巴黎公社」並廢黜國王及《1791 年憲法》。9 月 20 日民軍在凡爾密 (Valmy) 打了勝仗，阻擋聯軍攻勢，替代立法會議的「國民公會」遂即開議，宣布廢君主、改共和。

1793 年元月，路易十六被送上斷頭臺，6 月頒布新憲，但在和平來臨前暫由羅伯斯庇爾所領導的革命政府代行政權。羅伯斯庇爾急於爭取對外抗戰的勝利，手段難免恐怖，但其為盧騷信徒，清廉愛國、強調德性；雖以身殉，卻始終能保障法國大革命之成果，使人類爭取「自由、平等、博愛」的歷史，又向前跨進了一大步。❶

## 第二節　革命思想的導師

## 一、盧騷之成長背景

生於日內瓦，母親因難產病故，父親為鐘錶匠，兼代母職，每晚常與愛子共讀故事及小說。愛唱詩歌的姑媽，激發了盧騷的音樂才能；伴同嬉遊的表兄則培養了他對大自然的愛好。12 歲時，其父與當地貴族衝突，被迫逃亡，孤兒盧騷只能於翌年到銅雕師父處學手藝，生活不規，開始叛逆。16 歲時因遲歸無法進城，乾脆逃亡天主教鄰邦薩伏尹 (Savayen)，以改宗為理由而獲得收容，但卻不肯至修道院苦修而甘願做華倫夫人 (Madame de Warens,

❶　參閱王曾才：《西洋近代史》（臺北：正中，1978），頁 337–390。

1699–1762) 的僮僕，因為在那裡可以享受到家庭生活的溫暖。大他 12 歲的華倫夫人成為他的母親兼情人，並且贊助他到神學院去接受音樂教育。但 10 年安定生活被一場眼疾所破壞，當他從法國南部療養回來時，發現華倫夫人已另結新歡。

盧騷傷心欲絕地徒步翻過阿爾卑斯山去找工作，1740 年在里昂貴族哈伯萊 (Hably) 處任家庭教師。曾閱讀洛克的《教育漫話》及其他同時代的有關著作，卻因缺乏耐心與節制而只好流浪到巴黎討生活。他新編的歌劇如〈鄉村預言家〉、〈戀愛的詩神〉等在巴黎很受歡迎。百科全書派的領導者狄德羅不僅邀請他著述，還介紹他替杜邦 (Dupin) 家族及法國駐威尼斯公使館工作。

在巴黎的生活使盧騷因此認識上流社會的虛偽、法國政府的專制腐敗，亦對人類文明的成果開始懷疑，而懷念日內瓦共和國的民主自由，所以在簽名時自署為「日內瓦公民盧騷」(J. J. Rousseau, citoyen de Geneve)。❷

## 二、得獎作品

影響盧騷一生最大的轉折是 1749 年 10 月赴梵孫尼 (Vincennes) 去探望被關在那裡的狄德羅時，途中見迪翰 (Dijon) 學院的徵文題目：「科學與藝術是否有助於道德的進化？」他突湧靈感，寫下了後來獲獎的文章〈論科學和藝術是否有助於敦風化俗〉：「但我清楚地知道，必須反對當時的社會與文明，因為在自然中，人性本善，經過制度的約束，人類都變壞了。」盧騷在梵孫尼的靈感好像火山爆發一樣，解開人類三千年文明的壓抑，明白表達他所體驗到當前社會的罪惡與不公。他要抗議使人日益墮落的文明、呼籲回歸上帝創造的原初自然❸。38 歲得獎後的盧騷開始轉變，不僅在理論上建構革命思想，而且在行動上也變得驚世駭俗。他躲開了路易十五的恩俸、謝絕了英王喬治的幫助、恥與偽善的朋友們一起乞討嗟來之食，要用自己的勞力來謀生。

---

❷　參閱陸琪譯：《盧騷傳》(臺北：志文，1974)。Martin Rang: *Klassiker der Paedagogik* (München: C. H. Beck, 1979) s. 116–134.

❸　Jean Jacques Rousseau: *Preisschriften und Erziehungsplan*, hg. v. Hermann Röhrs (Bad Heilbrunn: Julius Klinkhardt, 1976).

　　在世人眼中，尤其是百科全書派的夥伴們感到，盧騷不僅身體病了（罹膀胱癌絕症），而且精神也瘋了。1754 年迪翰學院再度徵文，題目是：「人間不平等之由起何在？是否根據自然法？」盧騷撰〈論人類不平等的起源和基礎〉回答曰：「不平等之起因為違反自然法的私有財產……使貧者愈貧，富者愈富。其次為設置官吏，使強者壓迫弱者，最後變成暴君專制，以民為奴；甚至特權階級窮奢極慾，大多民眾飢餓待斃，政府既無能，唯一出路就是革命」❹。這篇文章雖未得獎，但因言詞激烈，聲名大大遠播，卻也使盧騷的處境更為困難。他既無法見容於巴黎，乃遷回日內瓦並改宗新教。

#  三、隱居著述

　　1756 年盧騷經百科全書派友人的介紹，移居蒙莫朗 (Montmorency) 森林中的隱廬 (Chavrettes)。談碧娜夫人 (Madame d'Épinay, 1726–1783) 提供鄉下別墅給他療養及寫作，亦使他如願返回大自然中，過心靈自由的生活。但在那裡，他又禁不住情慾而愛上談夫人的嫂嫂蘇菲 (Sophie Hondetot)。他在《懺悔錄》(Les Confessions) 中自承：「友情與愛情是我的 2 個偶像，無論是善是惡，都身不由己地為此犧牲。」短短數月的畸戀，使他與百科全書派割席斷交，再度外出流浪，然也因此寫下了《新哀緣綺思》(La nouvelle Heloise)。

　　1757 年底盧騷遷居到同一森林地區的另外一個村落，由盧森堡大公所有的一所別墅中。他自忖死期將至而心無旁騖地集中精力，埋首寫作。1762 年 4 月，《社約論》(Du Contrat, ou Principes du Droit Politique) 先行出版，開卷即謂：「人本生而自由，然處處皆在鎖鏈之中。……吾人為何服從政治的強制力？乃因國家之成立，政府之設立，法律之訂定，皆出於吾人之自願與同意。我們必須結合全體力量以保護身體與財產而訂定契約。……由此結合之行為，產生一道德的團體，即國家」。❺

　　此種論證確立了「主權在民」的原則，但主權之行使應根據國家正義公平及民眾公共福利的「全意志」(general will)，而不是取於數量占多數的「眾

❹　浦薛鳳：《西洋近代政治思潮》（臺北：中華文化，1955），頁 230–236。

❺　馬君武譯：《盧騷民約論》（臺北：中華，1958）。

意志」(will of all)。這本書雖在 30 年後被羅伯斯庇爾奉為革命聖經，但出版當時並未受到重視。

另一本《愛彌兒》(*Émile*) 是教育小說，同年 5 月在荷蘭出版，敘述愛彌兒自出生以至成年的教育過程，說明教育要順乎自然，以育人為目的，而不是要製造公民。這本書認為教會應當改革，就像樂譜和戲劇必須改革一樣。但因法文原著筆端帶有感情、動人心肺，暢銷一時，觸怒了偽善的「法利賽人」。經天主教會的檢控，該年 6 月初，巴黎高等法院查禁該書並發出逮捕作者的命令。盧森堡公爵及其夫人等唯恐禍延己身，勸其逃亡。

盧騷只能連夜逃亡，翻越阿爾卑斯山至紐夏泰 (Neuchatel)，受力主宗教寬容的普魯士開明君主腓特烈二世之庇護。盧騷於 1765 年發表《山居書簡》(*Letters ecriteo de la Montagne*) 為其本自良心的信仰辯護❻，結果他又把信義宗的基督教也得罪了，所住之處都受到村民的攻擊。他被迫於 1766 年元月流亡英國去投靠休謨 (David Hume, 1711–1776)，卻又由於性情多疑，無法與休謨相處，而於 1767 年 5 月再度潛回巴黎，仍靠騰寫樂譜來度日。

## 四、死後哀榮

庇護他返到法國的齊雷亭 (René de Giradin, 1735–1808) 侯爵於 1778 年 5 月提供巴黎近郊愛曼儂 (Enmenonville) 農莊，俾其療養及從事植物研究，但他終在 7 月 2 日上午 11 時逝世。臨死前盧騷以為自己是孤零零地苟活在世上，但他並不知道，即使當伏爾泰批評盧騷為「頭號傻瓜」之時，康德就讚美他是「為真理搏鬥的騎士」。在他逝世前 8 年，他的全集已翻版 6 次，小說《新哀綠綺思》亦出了 10 版。〈鄉村預言家〉等戲劇更到處上演，轟動一時。

死後到他墓前去憑弔的民眾尤其成千上萬。當代文人墨客的妒忌終歸無效，後世革命志士卻必須乞靈於這一位日內瓦的公民。法國大革命成功後，羅伯斯庇爾把自己當作祭物獻給盧騷，且宣稱：「革命成功，盧騷是導師，他的靈柩必須遷葬先賢祠。」當然，他的影響遠超過政治的範圍，他孕育了歐洲的哲學，也轉移了文學和藝術的時代。啟蒙時代的前驅、德國文學狂飆運動

❻ Hermann Glockner: *Die europäische Philosophie* (Stuttgart: H. Reclam, 1958) s. 572.

的天才，幾乎都是盧騷的崇拜者。

盧騷不僅用理智，而且用情感；不僅求知識，而且求智慧；不僅依乎規則，而且發自天才，使人性依天恩而不朽。他是啟蒙運動的領袖，卻提倡「回歸自然」的浪漫主義，防止啟蒙思想流入「重知主義」的極端。他是民主政治的推手，卻強調「使人成為自然人」優先於為國家訓練公民、為行業培養技師。他的教育小說《愛彌兒》不僅使康德認識「人性之可貴」，也使裴斯泰洛齊與福祿貝爾開創了根據「自然程序」來教育兒童的大道。

## 第三節　《愛彌兒》的教育思想

本書藉著書中主角愛彌兒成長與發展的過程，來討論教育問題。盧騷原本的想法僅僅是接續洛克的《教育漫話》作進一步的探討，爲知他那許多不同凡俗與當時觀念大不相同的見解，到底還是引發了教育思想上「哥白尼式的革命」❼。其內容最主要是：

## 一、教育目的

在使人成為人，一個真正的人，一個自然的人。人性教育要優先於職業教育及公民教育。「不是要養成騎士、軍人或牧師，而是要讓他成為人。」❽

## 二、教育原則

### ㈠自然主義

猶如植物生長必須依循自然秩序，人類的教育也必須調和自然，培養與自然一致的習慣，消極地除去障礙、調整環境，使兒童本性之善得以發揮、內在能力得以發展。唯有遵從自然秩序而生長，才能使能力平衡欲望而成為

---

❼　參閱劉焜輝譯：《盧騷的教育思想》（臺北：商務，1972）。

❽　Jean Jacques Rousseau: *Emile oder über die Erziehung*, hg. v. Martin Rang (Stuttgart: Reclam, 1963)

自由的人，也唯有在適當時期實施適當教育，才能獲得最大的教育效果。

　　我對於使兒童的心理早熟，教以成人義務者，稱為積極教育；反之，知識教導以器官成熟為前提者，稱為消極教育。因此，消極教育並不是遊惰的時間，而是正確地使用感覺，準備迎接理性。它不是教以德性，而是預防惡性；不是授予真理，而是預防謬誤。等到兒童具備了解真理的能力，才指示善的途徑。❾

## ㈡兒童本位

　　盧騷認為「兒童與生具有學習的能力」，理性隨著身體活動而自發地覺醒，逐漸能獨立地思考並自動地產生求知的興趣。在感情和意志方面則是自愛(l'amour de sai) 始於覺醒，其次發生同情、喜歡、感謝、害怕與憎惡等情緒，進而形成人類的意志，產生自發行為的衝動。

　　人性本善，讓兒童依著本性去發展，做自己的主人，保持本來的面目，才能真正成為自然人，所以教育應以兒童為本位。兒童不是成人的縮影，兒童在人類的秩序中有其獨特的地位與絕對的價值——「把兒童當做兒童」、「從兒童中去發現兒童」，故應尊重兒童的權利及他們自己的看法與生活方式，「愛護兒童，……讓他們及時領略人生的幸福，享受兒童時期的快樂」。❿

## ㈢生活中心

　　盧騷亦強調生活的教育價值，認為教育的真諦是為了兒童現在的生活，而不是為了未來生活的準備，所以要從生活中去學習，直接去觀察自然及周遭的事物。真正的知識來自生活經驗，而非文字符號；自然才是萬人必須熟讀的偉大書籍，而不是抹殺學問的教科書。理性覺醒以後，才有判斷力，才能真正地記憶或推理；在此之前，所學的文字符號，徒然使事物與觀念分離。唯一例外是《魯濱遜漂流記》(*Robinson Crusoe*)，因為魯濱遜在荒島的單獨生活，正是自然教育的最好例證，可以發現人類生活與觀念符號相融合的境界。

---

❾　劉焜輝譯，前引書，頁 51。
❿　劉焜輝譯，前引書，頁 52–72。

等到理性更為成熟時，便可「內觀」良心、認識上帝的美善而愛神，擴大自愛愛人而愛「共同的我」。所以盧騷所謂的自然人不是被趕回森林的野蠻人，而是能平衡理性與欲望，「用自己的眼睛去觀察、用自己的感情去感覺，除自己的理性之外，不承認任何權威存在」，從而成為獨立生活的自由人。❶❶

## 三、自然主義的人性教育之分期

### ㈠幼兒教育階段：出生至 5 歲

人性教育始自出生，應以母親為褓姆，父親為教師。2 歲以內之嬰兒應先奠定身體健康之基礎。餵食母乳、少服藥品、居住於鄉村為盧騷所強調的消極條件；衣服寬鬆、經常洗澡、鍛鍊四肢活動為其積極要求。

年歲漸長後，「要去移動各種物件，請勿阻止他，使他常常運動。使他能知道物事的軟硬冷熱輕重、判斷大小形狀以及一切性質」而產生空間及距離的觀念。兒童啼哭時必須善於處理，不可讓他養成命令及專橫的習慣。兒童差不多同時學會說話、飲食及走路，這是兒童生活的第一時期。❶❷

### ㈡兒童教育階段：5 至 12 歲

此階段為感覺教育時期，因體力逐漸發達，指標身體的知識亦不斷增加。「我們幼時的哲學先生就是自己的手、足和眼目，若以書籍取代，那是盜用他人的理性」。游泳、跑步、跳躍、抽陀螺、擲石子等都是有益的運動，但還須因此練習手足活動的感覺。

為訓練觸覺可讓兒童在夜間進入寬敞的室內，在黑暗中藉拍手的音響而估計空間的大小與自己的位置。為訓練視覺，可從目測物體之大小、距離之遠近為起點；輔以量尺及走路所需時間，而教以畫圖及幾何。聽覺方面，盧騷認為教兒童唱歌，要使其聲音正確、平穩、柔順，使他的聽覺銳敏。嗅覺在味覺之先，幫助舌頭的識別並增添想像而使食物美化。上述五官的感覺經過反省成為內在的感覺，便是概念和觀念，是一切知識構成的基礎。❶❸

❶❶　劉焜輝譯，前引書，頁 72–92。

❶❷　魏肇基譯：《愛彌兒》（臺北：商務，1968），第 1 冊，頁 22–43。

❶❸　魏肇基，前引書，第 1 冊，頁 88–124。

### ㈢理性教育階段：12 至 15 歲

少年之理性日益成長，精力超過了欲望；如能善於利用此一自然所安排的時期，勤於學習，便可將剩餘的精力儲存於手中及腦中，而增強追求幸福與自由的生活能力。精力剩餘所產生的好奇心，應引導其觀察自然現象而不是讀書。世界以外無書籍、事實以外無教材，不要馬上給他答案，而只要指點他研究的方法，並養成他長時間注意的習慣。

研究時要試著利用器械，去發現事物之間的關係，尤其要養成少年自行判斷的能力。這時期唯一可讀的書本是《魯濱遜漂流記》。為了生存，技術最為重要：「一切技術中，第一可貴的是農業，其次則為鍛冶，為木工。……社會必有變動，若富者變貧，便無法靠家產奢侈；君主變平民，亦不能用王冠剝削。農民所耕種的土地，若被他人奪取，立即失去生活的憑藉；唯有手工藝者，既已將精力貯存於雙手，無人可以將它搶走。他可以永為獨立的人、自由的人。」

所以，盧騷期盼愛彌兒「如其為詩人，寧可做鞋工」、「操作如農夫，思考如哲學家」，從練習身體和感覺開始，練習心意和判斷，終能結合四肢的勞動和精神的能力。這是他所說的教育之祕訣。❶

### ㈣感情教育階段：15 至 20 歲

青年身心發展益趨成熟，可以接受情感的教育。對盧騷而言，雖無天生的觀念，卻有自然的情感。人因自愛而愛人，因自私而墮落，因性的覺醒而開始為別人而活，因同情與憐憫而關心共同生活的人群，因進入感情生活而形成善惡概念、產生道德判斷。

這時候可以讀《伊索寓言》等故事、普魯塔克 (Platarck, 46–120) 的《英雄傳》(*Parallelen*) 等歷史書籍。教師是第一位可信託的朋友，良心則是自然的宗教，不要先入為主地灌輸任何宗教的教條；可以開始研究各種語言與文學的作品，但不要被熱情洋溢的文章所誤導。年輕人的欲望，是促使他有所成就的工具；年輕人的慾火，更使他得以體驗真正的生活。

不要壓抑熱情，而是令熱情藉理性的力量而成德立業，使個人從一個人

---

❶　魏肇基，前引書，第 2 冊，頁 6–13, 32–37, 44–54。

的世界轉入與別人共同生活的世界。感情生活是人類生活的最高境界，感情教育的實施，是人「心」教育的核心，是人性教育的完成。**⑮**

### ㈤女子教育

《愛彌兒》的第五編討論女子教育。男女同種卻不同性，雖有共同目的，卻彼此有別。男性教育之目的，在促進力量之發展；而女性教育之目的，則在增進優雅的本性。男孩喜歡運動，女孩愛抱玩偶；男人講他們所知道的事情，女子則講她們喜歡的事情；男人長於抽象的、論理的及科學的原理原則之探討，女人則優於實際的活動與觀察。為了治家，女孩必須學習家庭會計及算術，懂得女紅與手工，也知道如何去選擇食物及烹調。

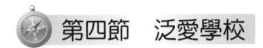

# 第四節　泛愛學校

## 一、何謂「泛愛」(philanthropen)

盧騷的《愛彌兒》在法國造成了政治與社會的改革風潮，在日耳曼地區則激起了令人深思的泛愛主義教育運動。所謂泛愛，是由兩個希臘字：philein（愛）和 antropos（人類）所構成的，其內容則在實施理性與自然的教育。猶如盧騷所云，讓兒童在自然中長大，經由體育訓練強健的體魄，經由勞作學習生活的技能；學習現代的、可用的、活的語文，重視世俗的快樂與今世的興趣，避免打罵、多用獎賞，以培養超越宗教、仁愛為懷的人。**⑯**

## 二、巴斯道 (Johann Bernhard Basedow, 1724–1790)

出生於漢堡，在萊比錫攻讀神學，因力主宗教寬容而未被國家教會所用。1749 年在霍爾斯坦擔任家庭教師時，不使學生強記文字而利用實物教授，即使是學拉丁文也用會話方式來進行，頗受好評。1753 年應聘丹麥樹德學院

---

**⑮**　魏肇基，前引書，第 2 冊，頁 61–131。

**⑯**　Willibald Russ: *Geschichte der Pädagogik* (Heilbrunn: J. Klinkhardt, 1965) s. 64.

(Soro Akademie) 教授，1761 年轉任亞爾多納 (Altona) 文科中學校長。因偶讀《愛彌兒》，極為敬服，1768 年為文加以闡揚，並提出了改進當前教育的具體計畫，其中強調應由國家管理教育，學校應採取宗教寬容的態度，准許不同宗教的教訓也可以存在。

他倡議集資編纂初等學校適用的教科書，一時響應者眾，捐款逾萬金，連遠在寇尼斯堡的大哲學家康德也慷慨解囊。1770 年他又出版了《方法叢書》中的第一本：《家庭和民族中父母所用的教育方法》來加強宣傳其教育理念。經大文豪歌德 (Johann Wolfgang von Goethe, 1749–1832) 的推薦、李奧波特三世 (Leopold III, 1740–1817) 的支持，泛愛學校 (Das Philanthropinum) 於 1774 年在德紹 (Dessau) 公國隆重地成立。其學生一律住校，制服整齊；在田野中上課、在工場內勞作，生活自治且常作成績展覽及戲劇表演，頗受好評。

巴斯道所編初學教科書，借鏡自柯美紐斯的《世界圖解》，流傳雖廣，卻僅把有關知識堆砌在一起，而缺乏系統地整理。此外，巴斯道最大的缺點是缺乏學校管理的才能及與人合作的藝術，雖一度擁有好幾位卓越的教師，卻都很快地分手而各奔前程，但卻亦因此使泛愛學校在 1793 年於德紹停辦後，仍能在歐洲各地繼續發展。❶⑦

## 三、薩而茲曼 (Christian Gotthilf Salzmann, 1744–1811)

出生於杜林根 (Thüringen)，在耶拿大學畢業後，1772 年擔任艾爾福德教區牧師，因牧養貧民頗有所感而寫成《蟹之書》(*Krebsbuechlein*, 1780)，譏刺不合理的兒童教育將養成兒童說謊的習慣與頑固的個性。

1781 年應巴斯道之聘到德紹的泛愛學校任教，然因工作氣氛不對，乃於 1784 年返到杜林根森林地區的小鄉村雪耐芬 (Schnepfenthal) 另外辦了一所泛愛學校，集合了自己的子女、族中的子弟、附近的平民，在和樂融融的家庭氣氛中進行教學。第一屆的學生中有一位窮寡婦的孩子李德 (Karl Ritter, 1779–1859)，後來成為歐洲著名的地理學家。

由於薩氏博愛為懷，且堅持社會正義原則及採取尊重兒童天性態度，學

⑰　W. Russ, a.a.O., s. 65–67.

校中充滿了平等、平民、與平和的氣氛。學生要徹底了解自然環境與自己的鄉土；兒童不僅有自主的權利，也有自己動手來操作的義務。

此外，他以獎勵替代體罰，用愛心培養「健康、合理、善良、幸福之人」，課餘不斷為文闡揚他的教育理念。1806 年出版《蟻之書》(Ameisenbuechlein)，認為教育是一種最高貴且最蒙祝福的職業，但教育工作者亦必須繼續不斷地自我教育。除了必須認識「學生所犯錯誤及不道德行為，都應該從教師自身去尋找原因。」更要「認識兒童」，要學習與兒童一起遊戲——經由遊戲吸引兒童及爭取他們的喜愛與信任，並藉此真正窺得他們的內心、認識他們的真我，「在遊戲中使他們為自己的興趣與利益而學習，在生活中學習，向大自然學習。」[18]

由上可見，薩而茲曼把盧騷的思想發揮得淋漓盡致，1811 年逝世之時，他們的實驗學校已為泛愛主義的教育留下了豐富而寶貴的遺產。

## 四、康伯 (Joachim Heinrich Campe, 1746–1818)

另一位從巴斯道的泛愛學校中出來的教育家是康伯。他於哈萊大學畢業後擔任波茨坦的隨軍牧師，並兼任洪博兄弟的家庭教師，且與他們終身往來不斷。1776 年受德紹大公之命出任泛愛學校副校長，因不耐校內的紛爭而於翌年出走漢堡，在那裡與一群啟蒙時期的文學家們，共同吹響了反對迷信與專制的號角。

從《小魯濱遜》(Robinson der Juengeren) 再版 117 次的暢銷書開始，接著出版《美洲的發現》(Die Entdeckung Amerikas)，他開創了兒童文藝讀物的園地，出版啟知叢書逾千冊，其中有 16 卷關於教育改革，另有 5 卷為《德語字典》。1787 年他成立圖書出版公司，翌年發行《布朗薛維克消息報》，一時成為從柏林至漢堡之間知識分子的輿論中心；但是他在胡芬堡 (Wolfenbuettel) 王室支持下，從 1786 年便集合有志之士共同研議數年才定案的「泛愛主義的教育改革計畫」卻遭受國家教會及守舊人士的反對，直到拿破崙 (Bonaparte Napoleon, 1769–1821) 戰敗後才重新被提出來而付諸實施。[19]

[18]　Hans Scheuerl: *Klassiker der Pädagogik* (München: C. H. Beck, 1979) s. 154.

[19]　H. Scheuerl, a.a.O., s. 146–150

## 五、泰伯 (Ernst Christian Trapp, 1745–1818)

另一位泛愛學校的教師泰伯，出生於霍爾斯坦，受到中學導師艾勒 (Martin Ehlers, 1705–1770) 的賞識與協助，獲得獎學金就讀哥丁根大學，畢業後返母校任教，1777 年應聘德紹學校。

1778 年普魯士邦教育部長崔立志 (Karl Abraham von Zedlitz, 1731–1793)，在哈萊大學創設日耳曼地區第一個從神學研究中獨立出來的教育學講座時，泰伯獲選出任教授兼教育研究所所長，負責中學教師的養成。在 1779 年的就任演說中，他強調把教育當作獨立的學問之必要性。1780 年所出版的《教育學試探》(*Versuch einer Pädagogik*)，則試著在心理學及人類學的基礎上，參照社會的條件及目標，應用科學的實驗與觀察方法來建立教育體系，而不是根據神學與哲學的形上原則。

可惜他那泛愛主義的教育實驗，不僅在實施上效果不彰，而且在理論上也無法突破。由於跟所屬神學院教授們的見解不同，而不得不於 1783 年便離開哈萊，轉而前往漢堡去辦理康伯所創立的學校。1786 年他跟隨康伯研議教育改革的大計畫，並成為《布朗薛維克消息報》及有關叢書的主編，與康伯併肩合作，共同推廣泛愛主義的教育思想。

## 小　結

被羅伯斯庇爾稱譽為法國大革命之精神導師的盧騷，不僅寫了一本「革命聖經」:《社約論》，其論證確立了「主權在民」的原則，並謂主權之行使應根據國家正義公平及民眾公共福利的「全意志」，而不該取決於數量佔多數的「眾意志」，開直接民主之先河。他也寫了一部使大哲學家康德忘掉午後散步的教育小說:《愛彌兒》，其中說明教育要順乎自然，以育人為目的，而不是要製造公民。該書對裴斯泰洛齊和福祿貝爾以及其後的教育家都影響深遠。

【問題討論】

　　1.你讀了《愛彌兒》以後，有什麼感想與心得？

　　2.巴斯道所建的「泛愛學校」能否完全實現盧騷的教育理想？

　　3.為什麼薩而茲曼主張教師要與兒童一起遊戲與學習？

# 第四篇

# 西洋教育的基石

# 第 *11* 章

# 裴斯泰洛齊與基礎教育

## 第一節　教育家的搖籃

### 一、蘇黎世

風光明媚的蘇黎世猶如瑞士的心臟，平靜如鏡的蘇黎世湖躺臥在全市的中央，更好像孔廟中的泮池，不斷湧現智慧的泉源。這裡是瑞士精神生活的中心，盧騷的自然主義和康德的理想主義都曾在此燃燒，文學上的「狂飆運動」(Sturm und Drang) 更數度衝擊這塊仰望玉女峰的平原。

出生於蘇黎世的裴斯泰洛齊 (Johann Heinrich Pestalozzi, 1746–1827) 和他同時代的先賢們，都成長於這樣充滿文化活力的環境中。裴氏的表哥侯赤 (Johannes Holtze, 1734–1801) 之好友拉伐特 (Johann Kaspar Lavater, 1741–1801) 是瑞士狂飆運動的領導人，與德國大文豪歌德及席勒 (Johann Christoph Friedrich von Schiller, 1759–1805) 均有密切往來，歌德且曾兩度訪問蘇黎世而掀起當地文化運動的高潮。德國狂飆運動的著名詩人克羅普斯托 (Friedrich Gottlieb Klopstock, 1724–1803) 及費蘭特 (Christoph Martin Wieland, 1733–1813) 也曾應邀來蘇黎世演講，對裴氏影響極深。

當時有許多學者把經驗主義的理論，從英文譯為德文，介紹到瑞士。如蘇爾策 (Johann Georg Sulzer, 1720–1779) 翻譯了休謨的名著，也引進了洛克的教育學說；萊布尼茲的介紹，則係經吳爾夫的推廣而普及全歐，更經由卜萊廷格 (Johann Jakob Breitinger, 1701–1776) 的講授影響卡羅林學院 (Collegium Carolinum) 的學生；此外，也由於菲希德 (Johann Gottlieb Fichte, 1762–1814) 的介紹，使理想主義的哲學受到了重視。菲氏在《告德意志國民書》(*Reden an die deutsche Nation*) 中強調，只有採用裴斯泰洛齊的教育主張，才能復興德意志民族；這些講稿發表後，亦使裴氏大受影響，相互溝通，辯證進步。

## 二、社會變遷

　　瑞士位於阿爾卑斯山的山區，丘陵起伏，在精緻工業及觀光業尚未發達的十八世紀，居民僅賴農牧維生，經濟頗為困窘，兼以封建制度的壓榨，農民生活更為困苦，一些有愛心有抱負的知識分子遂提倡社會改革運動，卡羅林學院的卜達美 (Johann Jakob Bodmer, 1698–1783) 教授便是當時的領袖。裴斯泰洛齊於 1763 年至 1765 年間就讀該學院，受教於卜氏並積極參與他所領導的愛國團體而從事社會改革活動，奠定了裴氏一生奮鬥的方向。

　　正如同大多數的有志青年一樣，裴斯泰洛齊認為救國必須從改良農業經濟，改善農民生活入手，所以他又投身於重農主義經濟學家齊飛里 (Johann Rudolf Tschiffeli, 1708–1777) 所倡組的農經學社，在那裡他結識了許多位品學兼優的熱血青年，其中最使他欽佩的是主修神學的卜隆齊里 (Hans Kaspar Bluntschli, 1743–1767) 和秀外慧中的許安娜 (Anna Schulthess, 1738–1815)。

　　卜氏志向遠大、才氣如虹，為同儕領袖，但不幸染患肺疾，英年早逝。他的離世帶給裴斯泰洛齊和許安娜同樣的悲痛。當許安娜讀到裴氏所撰哀悼好友的文章時，不僅感到真情至愛，也在他身上看到高貴的心靈，立即不顧父母的反對而決定委身於他。28 歲的安娜與 21 歲的裴斯泰洛齊訂婚後，便攜手共赴齊飛里的農場去實習，以便繼承友志，農業救國。

　　裴氏又早在他姨丈所辦的繅絲工廠中獲得不少工業知識，對英國開始的工業化對社會變遷的影響，早有深刻的認識，所以他後來在教育主張中竭力提倡手工藝技術的學習，並且提倡在鄉村中設置地方性的工廠來改善農民的生活。❶

## 三、敬虔主義

　　宗教改革後，新教雖已恢復「因信成義」的信條，且以《聖經》為解釋真理的基礎；但各國的國家教會仍政教不分，真假信徒混雜，只注重儀禮、

---

❶　Eduard Spranger: *Vom pädagogischen Genius* (Heidelberg: Quelle & Meyer, 1965) s. 121.

規條與形式，徒有基督教會的外表，卻缺乏信仰生活的實際。一些真實信主的基督徒重生得救後，不僅追求《聖經》的知識，堅定他們客觀的信仰，而且經由內裡心靈的虔修，主觀地經歷基督而活出謙讓宜人的公義生活，這就是歷史上的敬虔主義，其代表人物有許賓內、傅朗克，及摩爾維亞弟兄們的新生鐸夫等。

　　裴斯泰洛齊的先祖原是意大利人，宗教改革以後，成為虔誠的新教徒而遷離天主教地區，翻越阿爾卑斯山來到信奉改革教派的蘇黎世。裴氏父親為外科醫生，不幸早逝；母親為敬虔信徒，對裴氏的影響至深且遠，成就了他同情眾生、服務民眾的心志。表兄侯赤所介紹認識的拉伐特，亦是一位敬虔主義的學者，引領裴氏進入「追求《聖經》真理，活出基督形象」之活潑的信仰，而棄絕死板的教條與儀式。

　　裴氏的賢妻許安娜同樣出身於敬虔主義的家庭，其高祖父的兄弟是新生鐸夫的好友，其媳曾在主護村工作，並於 1760 年與拉伐特等人共同在蘇黎世建立了弟兄會的聚會。她另有一位叔祖雅各 (Hans Jakob Schulthess, 1665–1739) 是著名的敬虔主義神學家。在這樣的氣氛中成長的安娜，自然也充滿了基督的愛心。

　　綜上可見，裴氏不僅生長在一個工業化而社會變遷劇烈的大時代中，而且受到法國大革命、拿破崙戰爭及啟蒙思想的衝擊，為了愛國愛民而辦理貧兒教育，更為了這種本自敬虔主義的愛心來辦理兒童教育，為西洋教育安放下第一塊重要的基石。❷

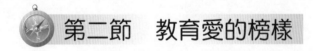

## 第二節　教育愛的榜樣

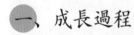

## 一、成長過程

---

❷ Horng-Mo Chen: *Die Bedeutung des erzieherischen Verhäeltnisse bei Pestalozzi:* (Frankfurt a. M.: Peter Lang, 2000) s. 43–48, 79–84.

被譽為教育史上偉大的天才，也是西洋文化史上不朽之典範❸的裴斯泰洛齊，5 歲的時候父親病逝，教養的責任便落在母親及女佣兩位敬虔的婦人手中，使他感覺到愛與溫暖，也體會到上帝的大愛。在做牧師的祖父帶領下，裴氏認識窮苦的農民猶如流離的群羊，需要人牧養。他在祖父工作的牧區內之德語學校讀了 3 年，8 歲時轉到拉丁學校準備升學，15 歲時攻讀預科，17 歲時正式進入當地的最高學府卡羅林學院，受教於卜達美及卜萊廷格等名師。

他們的身教，無論是家庭中的餐敍、森林中的散步，都一言一行、春風化雨地影響圍繞著的學生。裴斯泰洛齊不僅在此研習了語文、歷史及政治，而且有志於救世濟民。他參加了赫爾維會社 (Helvetische Gesellschaft)，積極從事愛國活動。在會中他與敬虔愛主的拉伐特最為知己，共同擔任《警鐘週刊》(Der Erinnerer) 的主筆，與同志傅斯里 (Kaspar Füssli, 1706–1782) 等人揭發貪腐，鼓吹改革；但由於言論內容激烈，該刊被迫停刊，會社也被市政當局解散。

21 歲的裴氏憤而離校投身農業救國運動，1767 年在拉伐特引介下到齊飛里學習農業經營，翌年遷回蘇黎世郊區自營農場。1769 年 9 月他與許安娜結婚，翌年獨子雅各 (Hans Jacob Pestalozzi, 1770–1801) 誕生，以盧騷的名字來命名，也用盧騷的方法來教育。

## 二、　新莊辦學及著述生活

建築在農場中的住宅，裴氏命名為新莊 (Neuhof)，使他可以在工作之餘陪伴獨子雅各的成長。當他看到雅各幸福地成長的同時，村中其他貧苦家庭的兒童卻流浪街頭，沾染惡習，引發他「幼吾幼以及人之幼」的慈悲心腸，而在 1773 年冬天開辦「貧民學校」，收容 10 餘名附近兒童。除《聖經》及「讀、寫、算」以外，還教兒童農藝及紡織，亦教女童手工及家事，俾能半工半讀，培養自力更生的能力，以適應工業革命以後的社會變遷。1779 年農場因雹災歉收而惡化到宣告倒閉，貧民學校也只好結束。

---

❸　Wilhelm Flitner: *Die Erziehung: Pädagogen und Philosophen uber die Erziehung und ihre Probleme* (Bremen: C. Schuenemann, 1961) s. 197.

　　裴斯泰洛齊變成身無分文的窮人，幸得岳家的贊助，在農場土地被拍賣時，總算保留了住宅作為棲身之所，而賢妻安娜更由於對上帝的信心，始終與他同甘共苦❹。在倪式林 (Isaak Iselin, 1728–1782) 的鼓勵下，裴斯泰洛齊把這一段痛苦的辦學經驗寫成文章，集結成冊，完成《隱士的黃昏》(*Die Abendstunde eines Einsiedlers*, 1780)，其中指出：「當時社會雖然腐敗黑暗，但是人的本質來自自然，所以保有一種潛存的善。……要從 3 種關係中完成人的教育……第一是從人與上帝的直接關係中去教育好人；其次是在親子關係中，藉母愛與父愛來施行好人教育；最後乃是人與社會的關係，必須在社會中，才能培養出為社會努力的好人。」❺

　　1781 年教育小說《賢伉儷》(*Lienhard und Gertrud*) 第一集出版，他以生動的筆法，描述布那村 (Bonnal) 的磚匠如何在賢妻葛姝 (Gertrud) 的規勸下改過遷善、戒酒戒賭，並合力戰勝當地惡霸的剝削，且由葛姝聯合全村農婦向地主陳情而贏得自治，展開結合「教學」與「勞動」的公共建設，使得該村欣欣向榮。這部小說不僅反映當時農村實況，並提出經由教育以改革社會的呼籲，故事生動有趣、引人入勝，廣受讀者的歡迎。

　　這本書的暢銷，使裴斯泰洛齊名聞全歐，但是他「陶冶善良人性，以建立民主國家」的深意卻少有人了解；雖然翌年再出版《克里斯托夫和愛爾思》(*Christoph und Else*) 加以說明，卻仍然很少人理解，當然更沒有人實施他的教育主張。1783 年出版《賢伉儷》第二集，獻給剛逝世的好友倪式林；1785 年出版第三集；1787 年出版第四集，也是最後一集，則是獻給敬虔主義的宗教家新生鐸夫公爵。

　　如何探究人性的本質、發展善良的人性、建設理想的社會，是裴斯泰洛齊經常縈懷於心、切問近思的問題。1793 年，德國哲學家菲希德與其未婚妻在蘇黎世完婚，新娘是裴斯泰洛齊夫婦的舊識，因之交談，彼此切磋討論，引為知己。1797 年裴氏所發表的《人類發展中自然歷程之研究》(*Meine Nachforschungen ueber den Gang der Natur in der Entwicklung des*

---

❹ 李園會：《教育家裴斯泰洛齊》(臺中：臺中師專，1968)，頁 638。
❺ 田培林、賈馥茗編：《教育與文化》(臺北：五南，1976)，頁 638。

*Menschengeschlechtes*) 便參考很多菲希德的意見，而在萊布尼茲與盧騷的思想基礎上，發揚康德理想主義的教育精神。

## 三、斯坦寺孤兒院

在法國大革命浪潮的衝擊下，瑞士在 1798 年創建了「赫爾維共和國」，昔日同志紛紛從政，裴斯泰洛齊也擔任《赫爾維國民導報》(*Helvetisches Volksblatt*) 的主編。由於借重法軍鎮壓反抗勢力的戰爭，不僅使地方殘破，也產生了許多孤兒及衣食無繼的貧苦兒童。新政府乃徵用斯坦寺 (Stanz) 的修道院舊址成立孤兒院加以收容，經教育部長史達甫 (Philipp Albert Stapfer, 1776–1840) 之推薦，裴斯泰洛齊被任命為院長。面對這一群面黃肌瘦、困苦流離的丐兒，不僅激發了他同情貧苦兒童的慈心，也喚醒了他從事人性教育的夢想。

1799 年 1 月孤兒院開辦時收容 50 名兒童，到 3 月已增加至 80 餘名。雖然設備簡陋、環境艱困，但是裴斯泰洛齊深信不論兒童如何貧窮、如何習慣不良，都有神所賦予他人性的力量；這種力量若被啟發，就能衝破惡劣的環境而綻放道德的奇葩。他與他們生活在一起，同甘共苦：「他們的菜湯就是我的菜湯，他們的飲料也是我的飲料。我感覺心中全無所有，沒有家庭、朋友、佣人，我的心中只有他們。他們健康時，我被他們圍繞著愉快地過一天；他們生病時，我在他們身邊照顧他們。晚上我最後就寢，睡在他們中間，陪他們祈禱、讀書，一直到他們睡著。早上我最早起床，替他們換洗髒得無法洗乾淨的衣服，並給他們洗滌身上的汙垢。」❻

他同時教導他們語言的拼法和初級的算術，並輔以運用實物的「直觀教學」，生活秩序也逐漸上了軌道。每天上午 6 至 8 時在教室上課，8 時至下午 4 時從事功藝勞動，下午 4 時至晚上 8 時又是讀書、寫字及算術。在短短的幾個月中，已經把他們訓練成一個有秩序的生活團體。

同年 5 月，法軍被奧俄聯軍擊敗，撤退至斯坦寺，因急需救治傷兵而徵用校舍為野戰醫院，屢經交涉無效，孤兒院被迫解散，裴斯泰洛齊也身心交

---

❻　李園會，前引書，頁 41。

疲地病倒；但這段為時不到半年卻刻骨銘心的孤兒院經驗，使他更深一層地體會到兒童教育的真諦。在〈斯坦寺信函〉("Stanzer Brief") 這封沒有寄出給友人的信中便記錄了這一份體驗，而成為教育思想的瑰寶。❼

## 四、經堡疊村到明心湖

1799 年夏，教育部長史達甫介聘裴斯泰洛齊到堡疊村 (Burgdorf) 的公立小學去任教，使他得以繼續實驗在斯坦寺所發明的兒童教育方法。當他用窗的圖畫來說明時，學生反問：為何不去觀察真實的窗戶，使他領悟到「直觀」(anschauung) 的重要——只有自然及真實的事物，最易使兒童認識；複雜的現象也是由幾個簡單的要素構成，如能找到這些要素，便能掌握基礎教育的方法了。由於他不讓學生背誦教義，遭致保守的家長們反對，但是在他熱忱地教導下，學生成績卻大有進步。

1800 年 3 月全邦統一考試，裴氏所教班級榮獲第一名，不僅獲頒獎狀，而且獲得教育部長史達甫進一步的鼓勵，為他創立「教育之友會」(Gesellschaft von Freunden des Erziehungswesens) 來推廣教育實驗。同年 6 月成立大會時，裴氏在主題演講中說明：「我想把人類的教育心理化，就是把教學的形式建立在人類精神發展所依據的不變法則上，並且根據這種法則使知識要素單純化，然後以簡賅的語句作系統的敘述，使最基層的民眾也能獲得自然的、精神的及道德等多方面的陶冶。」❽

接著，他贏得葛呂仙 (Hermann Kruesi, 1775–1844) 的合作，利用當地古堡為校舍，創辦了一座新的實驗學校，並附設師資訓練班。葛氏不僅是他終身的辦學夥伴，在校教語文、算術及綜理校務，並且為他聘請陶布萊 (Johann Georg Gustav Tobler, 1769–1843) 教史地、宗教問答及協助編述，另外還有步斯 (Johann Christoph Buss, 1776–1855) 教圖畫及唱歌。在他們同心一德的努力下，校務蒸蒸日上，學生人數不斷增加，且由於教育之友會的宣傳，也吸引不少國內外的訪客。

---

❼　Wolfgang Klafki: *Pestalozzis Stanser Brief* (Weinheim: Beltz, 1963).

❽　李園會，前引書，頁 51。

德國教育家赫爾巴特 (Johann Friedrich Herbart, 1776–1841) 首先來訪，新任教育部長穆爾 (Mohr) 亦於次年 4 月親來巡視，並在校留宿一晚後，頗為欣賞學校的精神，決定撥款補助。其時學校生活秩序井然、朝氣蓬勃。學生一律住校，教師與學生飲食起居、運動遊戲都在一起；清晨有朝會，課間有散步，睡前有晚禱。校中沒有體罰與鞭笞，兒童們互相信賴並且尊敬老師，自動稱呼裴斯泰洛齊為「爸爸」，學校好像一個大家庭，與當時歐洲學校所採取的打罵教育完全不同。

1801 年 8 月，裴氏的獨子雅各發展遲緩，且患有癲癇症不幸病故，得年僅 31 歲。裴氏一家因之搬到堡壘村共住，也增加了學校的家庭化氣氛。強忍住白髮送黑髮的痛苦，裴氏在 10 月發表《葛姝如何教導她的孩子》(*Wie Gertrud ihre Kinder lehrt*) 一書，用 14 封給友人的書信，說明他的教育理念及實驗成果。其中強調「直觀為教學的基礎，要尊重兒童的個性，依據兒童心理發展的順序來教學；基本教育的主要任務，不是從外向內給予兒童一些知識，而是自內向外，發展兒童固有的精神能力。」此書出版後，媒體爭相報導，贏得了更多的訪客與捐款，歐洲各國到堡壘村學校來參觀的人絡繹不絕，如後來負責普魯士教育行政的倪可勞微士 (Georg Nicolovius, 1767–1839) 及齊勒 (Carl August Zeller, 1774–1840) 等均來訪問並建立長期友誼。

然而，其時瑞士的政治環境日益動盪不安，「統一」或「聯邦」爭論不休。拿破崙於 1802 年 10 月下令在巴黎召開制憲協調會議，全國選舉 63 名代表前去參加。裴氏當選蘇黎世的 3 位代表之一，原擬建議建立優良的國民教育制度及爭取農民的權益；但 12 月召開的第一次會議中，拿破崙便以不懂 ABC 教學為理由，拒絕與裴斯泰洛齊面談，他憤而提前於 1 月初返國。

1803 年 3 月，新憲施行，中央政府改組，停發學校各種補助，令其另行向邦政府申請。同年 12 月，新任邦長徐瑞來 (Stuerler) 又下令徵用堡壘村的古堡為官邸，迫令學校遷往明心湖 (Muenchenbuchsee) 的修道院故址，且只准租用一年。1804 年 6 月，裴斯泰洛齊無奈地帶著 7 名教師及 67 名學生遷往新址。

為了解決立即面臨的經濟問題，且圖減輕經營管理上的壓力，裴氏一度

與年輕貴族裴論貝 (Philipp Emanuel von Fellenberg, 1771–1844) 合作。裴論貝在明心湖附近的衛侯府辦了一所貧民學校,以採用裴斯泰洛齊的方法為號召,校中除了經營農場外,還設立各種工場,養成鐵匠、木匠、銅匠及鞋匠等手工藝者,學生可以半工半讀,讓學習和技藝合而為一。但是他過分重視功利而忽略人性教育,不久就和裴斯泰洛齊分道揚鑣了。在四面楚歌的困境中,鄰近首都的燕福屯 (Iferten) 願意提供當地古堡及其他優厚條件,歡迎裴斯泰洛齊遷校該市。❾

## 五、燕福屯成為人性教育的中心

1804 年 8 月,裴斯泰洛齊學校在燕福屯恢復上課,原有教師陸續歸來,倪德蘭 (Johannes Niederer, 1779–1843)、施密特 (Josef Schmidt, 1785–1851) 及莫勞德 (Johann von Muralt, 1780–1850) 等均在此卓有貢獻。

學生們 5:45 起床,7:00 朝會,洗冷水浴後於 7:45 早餐,8:00 語文教學,包括法文及德文的文獻。9:00 幾何或圖畫,10:00 算術及心算,11:00 選科或各按興趣的學習,12:00 從事體育活動,12:45 午餐及休息,14:00 書法或數學,14:30 史地,15:30 散步或遊戲,16:30 咖啡時間,17:00 翻譯或討論,18:00 自然或音樂,19:00 體操或各按興趣的運動,19:45 晚禱,20:15 晚餐,21:00 入寢;必要時可延長晚自習至 22:00 或 23:00。❿

除瑞士各邦的學生外,還有來自英、美、法、德、俄等國,以及許多歐洲各地的年輕教育工作者,來校觀摩及學習新的教育方法。裴斯泰洛齊強調教育工作者必須對兒童有愛心,並且能贏得兒童的尊敬與愛戴;具備此項人格條件才配做教師,才夠資格來理解他的教育目標、學習他的教學方法⓫。

在新莊,他以貧苦兒童為教育對象;在斯坦寺及堡壘村,他實驗新的初級課程教學方法;但在燕福屯,他注意到人類全體的「全人教育」,為教育提

❾  Fritz Blättner: *Geschichte der Pädagogik* (Heidelberg: Quelle & Meyer, 1966) s. 100–102.

❿  F. Blättner, a.a.O., s. 193–194.

⓫  F. Blättner, a.a.O., s. 100–102.

出了正確的觀念 ⑫。菲希德在《告德意志國民書》中強調「必須採用新教育，才能復興德意志。」所謂新教育即是裴斯泰洛齊提出的「提昇全體國民知識水準及道德力量，以發揚愛國精神的教育。」大政治家許太因 (Freiherr Stein, 1757–1831) 領導下負責教育改革的洪博在接任新設教育司長後，於 1808 年迅即派遣 17 名公費生到裴氏處學習 3 年，歸而擔任督學或師範學校校長，負責推動國民教育。

薩克森邦不僅派遣留學生，並且邀請裴氏助手布洛曼 (Blochmann) 擔任顧問，建立被鄰邦稱羨的國民小學制度。巴伐利亞邦也於 1808 年選任裴氏為慕尼黑研究院院士。此外地理學家李德及教育家福祿貝爾兩度來訪，歷史學家勞梅 (Karl Georg Raumer, 1783–1865) 及其他學者也都來此觀摩。有法國比較教育之父雅稱的朱利安 (Mare Antoine Jullien, 1775–1848) 更曾率領學生 24 人留學一年。法教育部長庫辛 (Victor Cousin, 1792–1846) 在 1835 年報告中謂普魯士教育之進步乃因採裴氏的教育方法。另一位英國人麥約 (Charles Mayo) 與其姐合辦兒童學校，推廣裴斯泰洛齊的方法，並設師範學院訓練師資。為勞工辦理幼兒學校的歐文 (Robert Owen, 1771–1858)、提倡導生制的貝爾 (Andrew Bell, 1753–1832) 及愛爾蘭人辛格 (John Synge) 等均曾到燕福屯學習。綜上可見，其時燕福屯已經成為歐洲新教育的實驗及推廣中心，慕名來訪的王公貴族及各界領袖為數眾多。

1809 年時燕福屯全校學生逾 166 人，加上教職員工及實習教師，在校住宿者經常超過 200 人，盛況空前。裴氏乘勢組織「瑞士教育會」，結合各邦教育家推動新教育。此外在美國商人麥可柳 (William Maclure, 1763–1840) 的邀請下，裴氏推薦倪夫 (Josef Neef) 到費城市郊創辦新學校，其後更因伍布雷 (William Channing Woodbridge, 1794–1845)、巴納 (Henry Barnard, 1811–1900) 及梅恩 (Horace Mann, 1796–1859) 等人的宣揚，形成了由薛爾頓 (Edward Austin Sheldon, 1823–1897) 所領導的奧斯維各（Oswegs）運動，把裴氏教育思想在新大陸發揚光大。⑬

---

⑫　田培林著、賈馥茗編，前引書，頁 648。

⑬　李正富譯：《西洋近代教育史》（臺北：國立編譯館，1968），下冊，頁 591–595。

　　正當裴斯泰洛齊在國際上享受盛譽的時候，瑞士國內卻產生了不同的聲音。1809 年瑞士國會所組成的調查小組，由自由堡的天主教神父季拉特 (Gregor Girad, 1765–1850) 為主席，到校考察 5 天，結論謂裴氏過於看重兒童的活動與自主，且過於看重算術的教育價值。季拉特以為國民學校的教材，應以國語為中心，不應該把教學工作的注意點完全放在算術上面。❹

　　這份 1810 年發表的報告滋生了校內同仁的疑慮與爭論，數學教師施密特更於次年離開學校。由於意見紛歧，辭職他就的同仁日益增多，甚至連經常代表裴氏闡述教育理念的倪德蘭也於 1817 年離開去創辦自己的學校。同時由於維也納會議以後的歐洲，保守勢力濃厚，人們對改革教育的熱忱也難免減退，而自從 1815 年愛妻安娜逝世後，裴氏的健康也日漸衰退，對學校的經營管理已經力有不逮，但是他教育窮苦人家兒童的信念仍始終如一。

　　因為校內的人事傾軋日益嚴重，校外又由於經費補助問題跟市政府發生訴訟，這一所馳名全歐、歷時 20 年的燕福屯學校，拖到 1825 年，終於不能繼續維持。年邁的裴斯泰洛齊回到新莊過退休的生活，發表自傳《天鵝之歌》(*Schwanengesang*)，說明他對於教育工作的體驗。1826 年出席赫爾維會社的大會時，裴氏已病得無力演講，只能請人代為宣讀後來著名的「倫至堡演說」(Langenthaler Rede)，呼籲瑞士人民恢復民族精神。❺

## 六、為他人而活

　　1827 年 2 月 17 日，裴斯泰洛齊這一位教育史上的偉人病逝故里，在大雪紛飛的 19 日暫厝，他百年誕辰時才隆重遷葬於艾爾高 (Aargau) 縣政府為其所建墓園，墓誌銘曰：

亨利・裴斯泰洛齊

生於蘇黎世，1746 年 1 月 12 日；

歿於布魯格，1827 年 2 月 17 日。

---

❹　田培林著、賈馥茗編，前引書，頁 646–649。

❺　Karl Müller: *Johann Heinrich Pestalozzi* (Darmstadt: Wissenschaftliche Buchgesellschaft, 1967) s. 189.

在新莊，是窮人的救星；

藉《賢伉儷》，傳播平民的福音。

在斯坦寺和明心湖，創辦國民的學校；

在燕福屯，成為啟發人性的教育家。

他是仁人，是基督徒，更是真正的公民；

活著完全為別人，毫不為己。

願主祝福他的名！

 ## 第三節　發展人性的基礎教育

 ## 一、教育目的

在《隱士的黃昏》中，裴斯泰洛齊強調：「使人類本質的內在力量，提昇為純潔的人類智慧，這才是一般的教育目的，即使對於最低級的民眾教育，也是如此。人類普通的能力與智慧之練習與應用，如用之於人類生活之特殊情況中，即成為職業教育；但是任何一種職業教育，都必須安置在一般教育目的之下」❶❻。此外，「教育應該是內在精神力量的自動發展，而不僅是被動地接受知識的歷程。」

田培林先生更進一步說明：「裴斯泰洛齊以為人間一切的苦難、不幸，從其基本方面來看，乃是一個文化問題。……要解決文化問題，必須從人類全體的心靈本質之徹底改造入手。」「人類心靈本質的改造，即是教育。所以，沒有教育，就沒有文化。」❶❼

 ## 二、人性理論

教育之目的既然在求人之完成，但人性為何？古今中外的哲人原來就有

---

❶❻　田培林著、賈馥茗編，前引書，頁 659。

❶❼　田培林著、賈馥茗編，前引書，頁 660。

各種不同的看法。裴斯泰洛齊綜合了盧騷的自然主義、康德的先驗道德以及萊布尼茲的預定和諧等理論，又根據他自己的直接觀察與深入體驗而在《人類發展中自然歷程之研究》指出：人性發展要經過 3 個階段，即「自然情況」(naturzustand)、「社會情況」(gesellschaftlicher zustand) 及「道德情況」(sittlicher zustand)。

在自然情況，弱肉強食、互相混戰，猶如霍布斯 (Thomas Hobbes, 1588–1679) 所云：「人間關係，如同豺狼」；但他又認為原始人雖然極端自私，其實仍有善意存在，「母愛」即其顯例。如果能感覺到他人的善意，則易於情誼相通，彼此聯結而進入社會情況，人與人便得以「並列地」過共同生活。裴氏認為必須發揮吾人心靈深處，源自上帝愛心的「德性」，才能進入道德情況。「在我的本身具有一種內在的力量，這種力量不同於我的動物性欲望，而且獨立於我的一切社會關係之外，而獨立形成了我的尊貴，……這就是德性。」⑱

在道德力量的影響下，人不再以「自我」為生活的中心，因此乃有上帝恩賜的「愛」。這種從心靈深處外顯出來的愛，既反對自然情況中的自私，又反對社會情況中強迫性的約束，只是自動地、志願地把自己的一切給予他人。所以進入道德情況後，個人為獨立的主體，以自由代替自然，以愛心代替自私。同時，他認為社會是超越自然的「文明」，而道德則是文明更進一步的「文化」，人類發展便是由自然而文明，再進入文化的領域；當然，這三種情況在人的本性中，卻往往是同時並存、互為消長的。這種愛的智慧乃是人類向上提昇的力量，從父母之愛開始表現出來的感情，不僅開啟了兒童的安全感與信任心，並且奠定了宗教信仰的基礎；亦只有在愛的氣氛中，教育才能充分發展人性，才能產生人生智慧。⑲

## 三、生活陶冶

在《天鵝之歌》中，裴斯泰洛齊再次強調：「唯有生活才是陶冶」，教育

---

⑱ 田培林著、賈馥茗編，前引書，頁 656。

⑲ F. Blättner, a.a.O., s. 120.

必須以生活為中心，從生活出發，回歸到生活的真理。所以早在《賢伉儷》中便說明：「生活不是藝術，也不是書本，唯有行動本身才是教育及一切功課的基礎」。他認為各種生活的能力都是從真實生活中學來的，例如由被愛才知愛人、由信任產生信仰、由思想激發新思、從行動中模仿他人等，都不能單靠語言文字。

在《隱士的黃昏》中討論到 3 種「生活圈子」(lebenskreisen)：家庭、職業及國家，都具有教育陶冶的功能。人既出生於「家庭」，且被慈繩愛索把父母子女及兄弟姐妹綑綁在一起，乃是生活陶冶的基礎。由於父母的愛心，生活需求獲得滿足、身體安全受到保護，在善意的餵養與細心的照顧下，人性的種子得發芽生長。成人的行為舉止，也成為兒童模仿及學習的對象，兒童在家庭中猶如山野中的百合花，自然地成長。

但隨著年齡的增長，必須學習謀生的技能，無論是習農或是學工，都必須從「學童」變成「學徒」，培養專業的技能、進入專業的生活，使自己成為生產者，成為能幫助自己生活的人。在「職業」的生活圈中，更要發展與他人互助合作的關係，不僅是學習工作的知識、技能及倫理而已。而擴大家庭與職業的生活圈便構成了「民族國家」，施政者好像爸爸，要有「愛民如子」的精神，公民們都是同胞手足，大家一起來興家立業。

裴斯泰洛齊進一步認為，這 3 種生活圈都是外在的，如無內在的意義，生活便將割裂。這個內在意義便是上帝，因為神性乃人性之所本，也為人性發展之目標。信神，才能產生父子之愛、手足之情；信神，才能產生公平正義，使吾人得到安息與活力。[20]

從上述言論看來，裴斯泰洛齊雖不被認為是謹守教規禮儀的國家教會之標準教友，但卻是一位具有活潑信心及主觀經歷之敬虔主義的基督徒。

## 四、全人發展

1797 年所發表的《人類發展中自然歷程之研究》，裴斯泰洛齊開宗明義地指出：「環境不僅構成個人，並且個人亦創造環境，因為吾人心靈中蘊藏著

[20]　Herman Nohl: *Erziehergestalten* (Göttingen: Vandenhoeck & Ruprecht, 1958) s. 15ff.

能力，它可以憑著意志做多方面的發揮。」所以「教育並不是把知識和能力灌輸到人裡面去，而是要把人內在的潛力：認知力、技術及意志力啟發出來。」

依照《葛姝如何教導她的孩子》的第 4 封信至第 11 封信指出，本啟蒙思想，實施知識教育以發展理性，教學活動不僅是獲得靜的知識，而且要產生動的認識。猶如萊布尼茲所云：心如活鏡，能映照世界從「感覺的直觀」進而為「清晰的概念」。這種認知乃是頭腦的潛力。第 12 封信討論技術教育，要訓練雙手發揮身體的能力，俾能養成利用厚生的技能。裴氏早就察覺到工業革命對社會變遷的影響，為了幫助沒有土地的貧民子弟而主張辦理手工藝教育及設立鄉村工業，引發了後來的工作學校和社會教育運動。第 13 封信及第 14 封信則談論道德及宗教教育以開發心的潛力，從兒童對父母愛心照顧的感謝開始，推廣對他人的同情，產生道德的勇氣來提出公義的要求。這種向善的力量，裴氏認為來自上帝的愛心及其播種在我們良心中的靈性——誰的心中有愛，誰也就活在神的恩典中。

1805 年裴氏發表的《精神訓練的方法》又進一步指出：上述「頭、手、心」的三大潛力必須調和統一，才能成為創造活力。1809 年新年所發表的「倫至堡演說」則清楚表明：「愛是陶冶人類本性成為人性的唯一基礎」，又謂：「真正的愛來自信仰，教育家的主要任務是以愛和信仰來融合及發展學生們的內在潛力。」[21]

## 五、直觀原理

在學習與研究方法上，裴斯泰洛齊強調「直觀」，其是經由感官、經驗外在的事物或外界的現象，通過內心的反省，構成清晰的概念，再進而體驗 (erleben) 其內在的意義。在教學實施上要盡量提供實物教學來代替書本文字，使兒童能直接觀察自然，並且經由感官訓練來提昇觀察、分析、歸納及理解等頭腦的潛力。也就是應用這種直觀原理，使他體驗到教育的意義，不僅發展兒童的潛力，而且追求文化的理想。他因此超越了啟蒙思想的理智、浪漫運動的感情及批評主義的意志，而把它們綜合起來，形成一種新的理想主義、

[21] E. Spranger, a.a.O., s. 131–136.

臻於至善的教育理念。❷

## 六、教學初階

　　根據莫爾甫 (Heinrich Morf, 1818–1890) 的研究，裴斯泰洛齊不僅認為直觀是一切認識的基礎，且亦是教學的主要根源。如何把「直觀」原理應用在具體教學活動之上呢？在《葛姝如何教導她的孩子》中，報導了他實驗「數、形、語」教學初階的成果。在「數」的方面，起初是用手指、豆子、石塊等實物來練習算術，進一步製成圖表，觀察數字的意義及練習計算的方法。並且他認為算術教學可以發展「普遍的精神力」，開風氣之先地在小學一年級便開始教授算術。

　　在「形」的方面，也從直接觀察正方形及三角形等圖形開始，使兒童認識各種直線、曲線、垂直、平行及等分等，分辨異同，再加以測量及繪製，並且聯繫習字及繪畫，俾能清楚所見事物的外表、形狀及物理性質。

　　在「語」的教學方面，如在發音練習時，先要聽得正確，繼要正確地學習發音，由聲音進入音節，再進而成為單字。對名詞的認識方面，也必須先有經驗，才有文字，如先嚐「酸」味，再學「酸」字。語言教學的第三步是讓兒童從直觀的途徑去把握一些實物或現象，用語文加以描寫及敘述，最好有系統地加以說明。此外，教學時更要逐步引進相關的自然、歷史、地理等教材，使兒童能夠把語言當工具，從一些模糊的「表象」中，發展成清楚明白的「概念」。

　　總之，教學必須由簡而繁，依照兒童心理發展的順序，並且將理論與經驗結合，自內而外地啟發兒童內在潛力，以完成人的發展，這才是真正的新教育。❸

## 七、鄉土教材

　　法國大革命的發生，使「自由、平等、博愛」的思潮瓦解了歐洲的封建

❷　田培林著、賈馥茗編，前引書，頁 661–663。
❸　田培林著、賈馥茗編，前引書，頁 668–677。

制度；拿破崙擊敗了第三次反法同盟以後，更於 1806 年迫使弗蘭茲二世 (Franz II, 1768–1835) 放棄皇位而終結了有 800 年歷史的「神聖羅馬帝國」，自此以後，民族國家不斷興起。在民族國家中必須讓全體國民都有「獨立的思想」和「成熟的道德」，才能提昇文化、增強國力來爭取國際地位，所以紛紛重視國民教育。裴斯泰洛齊一開始便強調國民全體的教育，尤其是國民中最下層的貧民教育。他的一生大部分都奉獻給貧苦兒童教育，並且他強調：「只有完全的人性教育，才是真正的國民教育。」「道德的自由產生人性，人性構成民族，民族建立國家。」㉔

國民教育不是斯巴達式的集體主義教育，而是家庭教育的擴大，是重視個別差異，以愛為核心的人文自由主義教育 (humaner liberalismus)。他不認為國家的權力可以經由社會控制來規範人性；相反地，他認為真理與正義、信仰與愛心，都植根於心靈深處，必須個別地逐一啟發。

「讓我們首先成為一個人，然後才能成為國家真正的公民！」在家庭中學習為善的能力、在職業中學習生活的能力、在國家中學習參政的能力；教育不僅是自然生長，並且也是文化陶冶，提昇文化與提昇人性乃是教育功能密不可分的一體兩面。透過教育，個人方面為「內在本質的完成」，社會方面則是「文化的充實與培養」。從文化發展的觀點來說，人類的知識範圍本來是很狹小的，是從兒童的身邊及其他最近的事物開始。

對裴氏而言，「鄉土是自然與文化融合的具體表現，蘊蓄著人性發展的無限生機。」「純粹的真理感是在狹小的範圍內形成的，與自己關係最密切的知識以及處理日常生活的能力，乃是鍛鍊人類智慧的堅石。」「兒童生活不能與鄉土脫離關係，鄉土是兒童自我的一部分也是其具體的『全體』，故鄉土教材乃是各科教學的起點。」由於上述的觀點，裴斯泰洛齊也被譽為「鄉土教學」(die heimatkunde) 的先鋒。㉕

㉔ E. Spranger, a.a.O., s. 809.

㉕ E. Spranger, a.a.O., s. 133.

# 小　結

　　西洋教育史上的傑出天才裴斯泰洛齊，終身從事貧苦兒童教育，鼓吹平民教育福音，從人性中發現教育原理，從實踐中驗證教學方法。他分析「數、形、語」的基本因素，提倡直觀教學；發展「頭、心、手」的內在潛力，完成全人教育；重視「家庭、職業、國家」3 種生活圈子，強調生活陶冶。他更因愛上帝、愛鄉土、愛兒童而主張愛的教育。

　　葚福屯學校曾是人性教育的中心，英、美、法、德、俄等國的才俊紛來取經，裴氏也成為教育工作者不朽的典範。

## 【問題討論】

　　1.為什麼裴氏在《隱士的黃昏》中說：「真的教育是人完成的教育」？

　　2.裴氏認為人性的發展要經過哪幾個階段？你認為如何？

　　3.裴氏說：「只有完全的人性教育，才是真正的國民教育。」你同意嗎？

# 第 *12* 章

## 菲希德與國民教育

## 第一節　理想主義

### 一、古典時期

由於啟蒙思想的普及，十八世紀的歐洲已經開始脫離愚昧與盲從，自由地運用理性來認知世界，獨立地憑著理智來行事為人，因之尊重人性的尊嚴與價值，把別人亦當作人來看待。盧騷熱情地呼喊：「人生而有自由平等之權」，不僅喚醒基督教原有的倫理：人人，上自帝王卿相，下至平民百姓，都是上帝的兒女、都有同等的權利，並且也點燃了人們心底的熱情，在文學上產生「狂飆運動」，在哲學上兼顧理智、情感與意志的探討。拿破崙在擊敗第三次反法同盟後，迫使奧皇弗蘭茲二世在 1806 年摘下神聖羅馬帝國的皇冠，民族國家紛紛成立，「自由、平等、博愛」的精神亦瀰漫於歐洲。

其時康德把在他以前的各種學術思想，如英倫洛克、休謨及貝克萊 (George Berkeley, 1685–1753) 的經驗主義、大陸笛卡兒以來的理性主義，以及許賓內和傅朗克所代表的敬虔主義等逐一加以批判研究，完成了啟蒙思想，又超越了啟蒙思想而建立了日耳曼觀念論哲學的完整體系，使理想主義 (idealismus) 在當時成為西洋思想的主流。因為他的哲學博大精深❶，可以追比古希臘的前賢，更可啟發後人的研究，其表達的方式已經成為一種類型、一種典範，可與貝多芬 (Ludwig von Beethoven, 1770–1827) 的樂曲、歌德及席勒的詩文同被視為「古典」的代表，故那個時代亦被稱為「古典時期」(Klassik Epoche)。

### 二、批判哲學

批判哲學的創立者康德，父親為馬鞍工人，先世蘇格蘭人，1715 年才移

---

❶ 吳康先生評為：「綜貫泉流，細破無內」。見吳康：《近代西洋哲學要論》(臺北：華國，1970)，頁 59。

民寇尼斯堡。康德於 1740 年入寇尼斯堡大學受教於少壯派學者克諾誠，研究牛頓的自然科學及萊布尼茲的哲學。1755 年獲博士學位，留校任「私聘講師」14 年，至 1770 年才出任教授。鑑於當時的哲學，理性主義陷入獨斷、經驗主義陷入懷疑，其他中立主義則不分真假對錯，故決心採用新的方法來開創新的局面❷。他切問近思的結果，認為哲學必須先討論四大問題：

　　1. 我能夠知道什麼？ (Was kann ich wissen? / What can I know?)

　　2. 我應該做些什麼？ (Was soll ich tun? / What should I do?)

　　3. 我可以希望什麼？ (Was darf ich hoffen? / What may I hope?)

　　4. 人是什麼？ (Was ist der Mensch? / What is human being?)

　　1781 年他發表《純粹理性批判》(*Kritik der reinen Vernunft*) 回答第一個問題。康德分析「人何以能夠認識？」因為人有「感性」(sinnlichkeit) 可由感官獲得各事物對象，又有「悟性」(verstand) 能把各事物對象加以思維。但是感性與悟性均為先天的形式，必須攝取後天的材料才能構成知識；感性的先天形式主要為空間與時間，悟性的先天形式則為範疇的類別。所謂先天是不依據經驗而有的認識，所以是「先驗的」，如空間中的上下、左右、前後及無限，時間的過去、現在、未來及永恆，均是在經驗之先，卻並不是超越經驗的。先天的認識既然不摻雜經驗，所以是「純粹的」(rein)，具有普遍妥當性 (allgemeingueltigkeit) 及必然性 (notwendigkeit)。

　　換言之，知識為感性與悟性之合作產物，感性供給悟性以知識的原料，悟性則取此等原料而思維之，安排成序，成為知識❸。如果只有直觀，則僅有材料而不能統一，無法成為知識；相反地，如果只有統一的形式而缺乏材料或內容，也不成為知識。所以康德說：「無內容的思想是空虛的，無概念的直觀是盲目的。」類似儒家思想：學而不思則罔，思而不學則殆。

　　此外，感性所能認識的只是事物的表象及現象，而不及其本身或物體本身，悟性所思維的又必以感性所感得的材料為範圍，故也無法認知現象背後的物體本身。所以康德回答了「數學及自然科學如何可能？」的問題，卻發現

---

❷　Friedrich Kaulbach: *Immanuel Kant* (Berlin: Walter de Gruyter, 1969) s. 13–18.

❸　參閱吳康：《康德哲學簡編》(臺北：商務，1961)，頁 20–26。

了人的理性能力仍然有其限制，知識更不會永遠且無任何限制地有效。❹

　　1788 年《實踐理性批判》(*Kritik der praktischen Vernunft*) 問世，辨明知識有其極限，「理智」能力有其不能達到的範圍，但人的「意志」卻可主導心靈所嚮往的理念及道德所追求的價值。當然，必須有意志自由，才能對行為後果負責；必須靈魂不死，善惡才有報應；亦必須有上帝的存在，作宇宙的判官，公義才有保障、福德才能一致。換言之，本乎良心，根據天生的道德命令，人可以從「存在」超度到「應該」，不再計較真假對錯，而要明辨是非善惡。❺

　　所以對康德來說，道德是一種人性價值，更是一種「無上命令」。「有件東西，對之思索愈多，時間愈長，愈使我感到驚嘆與敬畏，那就是天上燦爛的星空與心中道德的法則。」亦就成為《實踐理性批判》的結語，作為第二個問題的答案。

　　他在 1790 年出版《判斷力批判》(*Kritik der Urteilskraft*)，回答第三個問題。康德認為人心的功能亦即廣義的理性，不僅有「理智」作用認識自然而求真、有「意志」作用力行道德以求善，並且還有「情感」作用體認藝術境界而求美。吾人對於某一事物所採取的態度與所表現的價值，常常依據我們對此一事物是否滿足的情感來決定，所以目的觀念是感情的先天基礎，也是判斷力的基礎。

　　主觀的目的由趣味所產生，是審美的、快感的、無關心的純粹之美；客觀的目的性則係把自然看作是一種藝術品，除了基於因果律的機械作用之物體，有機體的各部分是以全體為目的而存在，而全體則以部分的存在統一作用。在「物體」之中，全體等於各部分之總和，而「有機體」則是全體大於部分的總和。宇宙作為整體，有其目的性，也有其價值觀，判斷力之批判因之成為「真」與「美」的中介，美與目的之感情也調和了「必然」與「自由」❻，使一切生命的活動都能自由地選擇目的，使人性也能向上提昇為神性。至於

❹ 余又蓀譯：《康德與現代哲學》(臺北：商務，1964)，頁 75-86。
❺ 鄔昆如：《近代哲學趣談》(臺北：東大，1977)，頁 186-188。
❻ 余又蓀譯，前引書，頁 155-157, 164-165。

「人是什麼？（第四個問題）」則尚待人類學及教育學之探討。

## 三、康德論教育

在寇尼斯堡任教期間，康德曾依照大學的規定講授「教育學」，其講義於 1803 年出版，即為《論教育》(*Über Pädagogik*)❼。其中大量引介盧騷的自然主義及洛克的教學方法，並且特別推重巴斯道設在德紹公國的泛愛學校；文中一再強調要仿照泛愛學校辦理教育實驗，康德自己並曾捐款贊助。不過多數教育史家均認為對於德國學校教育有重大影響的，並不是康德的教育著作，而是他的哲學思想，尤其是其啟蒙思想和道德哲學理論。❽

在《論教育》中，開宗明義的第一句話便是：「人必須經由教育才能成為人」，點明了教育的必要。接著又指出：「人的教育必須由人來教育。」所以父母與成人的榜樣為教育的開始；兒童不僅要善加「養育」，而且要施以適當的「訓練」，俾其能養成正確的生活習慣，以適應自然環境及社會生活，逐漸脫離獸性而發展人性。而人為理性的動物，更需要教育來陶冶人格、發展理性，以達成普遍的善。❾

那麼，教育要如何辦理呢？康德認為可分為 3 個階段：第一是「教化」，亦即培養學童生活的知識與技能，發展其獨立自主的個性，陶冶其成為一個有教養的人。第二是「文明化」，亦即是要實施公民教育來發展群性，養成其敬業樂群的態度、負責盡忠的情操，而為良好的國家公民。第三是「德化」，要經由人格陶冶，使學生能夠明辨是非、善盡義務、自由地為所應為，而夠資格成為世界公民。❿

康德認為當時的教育已經「教化」，也開始發展「文明化」，但是還不夠重視「德化」，故必須加強教育陶冶，使人人能以自己為目的，不做他人的工具；人人能本著自由意志，運用理性去追求世界的永久和平，才能向上提昇。⓫

---

❼　Immanuel Kant: *Über Pädagogik*, hg. v. Theo Dietrich (Heilbrunn: Klinkhardt, 1960).

❽　田培林著、賈馥茗編：《教育與文化》（臺北：五南，1976），下冊，頁 519。

❾　I. Kant, a.a.O., s. 7–9.

❿　I. Kant, a.a.O., s. 13–14.

⓫　Willibald Russ: *Geschichte der Pädagogik* (Heilbrunn: J. Klinkhardt, 1965) s. 77.

## 第二節 菲希德的教育主張

### 一、自我成長

繼承康德哲學思想，把德國觀念論哲學發揚光大的是菲希德 (Johann Gottlieb Fichte, 1762–1814)。他出生於薩克森邦的鄉下，父為貧苦的蘇繩工人，幼時牧鵝為生，無法上學。有一個主日禮拜，大地主米爾悌士 (Ernst Haubold von Miltitz, 1739–1774) 遲到，戲問鄰座小孩：「剛才牧師講了些什麼?」菲希德居能頭頭是道地回答。米氏驚其聰明，便獎助他攻讀文科中學 6 年。 ❷

1780 年菲希德入耶拿大學讀神學，但喜聽法律及哲學課程，尤其愛讀盧騷著作；時米氏已經逝世，必須靠家教來維持生活，次年為獎學金轉學至萊比錫。1788 年他應聘擔任瑞士貴族裴論貝的家教而遠赴蘇黎世，在那裡認識了其未婚妻以及教育家裴斯泰洛齊。

1790 年菲希德返萊比錫復學，正式以哲學為主科。因替學生補習而研究康德，深為折服，尤其是《實踐理性批判》使他從主張「必然」的宿命論之惡夢中驚醒，轉而奔向精神自由的哲學。他體驗到「存在」本身並無價值，「自我」行動才能產生價值；自我的價值乃是自律，亦即本自由意志服從理性律以「為所應為」，履行應盡義務。

1791 年赴華沙求職前，他先到寇尼斯堡去拜會康德，但未蒙延見，乃在旅舍中埋首 1 個月，寫成《天啟的批判》要獻給康德，並附函曰：「無人引介，以文自薦」。康德讀後大為欣賞，不僅立即熱誠接待，而且介紹該文出版。1792 年他在寇尼斯堡大學完成學業，1794 年由康德介聘為耶拿大學教授，講授「知識學」並編輯哲學雜誌。

1799 年發生了所謂「無神論爭辯」。菲希德認為信仰立基於上帝的宇宙秩序，啟示與實踐理性同列，根據《約翰福音》「道成肉身」的原則，上帝、

❷ 張君勱譯：《菲希德對德意志國民演講》(臺北：商務，1992)。

道德與絕對我同為一體。他在〈信仰的基礎〉一文中，把世界秩序放在道德之中，不贊成把上帝視同生殺予奪的專制暴君，引起鄰邦薩克森之抗議。杜林根邦為平息紛爭，要求菲希德保持沉默，但他以維護學術自由為理由，上書辭職，遷居柏林。當時尚有人指控其為無神論者，政府應拒絕其居留，但普魯士王威廉三世 (Wilhelm III, 1770–1840) 謂：「若是他反對上帝，宜由上帝與之解決」❸。遂特准他居留。

　　1806 年，普法戰起，菲希德申請參軍被拒，但他仍於 1807 年冬由丹麥回國，在拿破崙鐵蹄占領下的柏林公開演講，要求國人共同檢討戰敗原因，同心一德為國家之大我而奮鬥。他在演講中指出：「武力與外交為人所限制，除了教育，已無其他活路。若能普及國民教育、改造國民品性、奮發精神以達於思想自由，外界受束縛則移其心思於內界，則 25 年之內可以目睹德國之復興」❹。此令全國朝野同受激勵；力行實踐的結果，朝氣蓬勃、國力大振，1813 年便開始復國的「自由戰爭」。

　　其時，普魯士政府已接受菲希德等多位學者的建議，設立柏林大學，培養領袖人才。他被任命為該校教授，且當選首任校長。當戰事再起，他不僅擔任隨軍牧師，而且要妻子去做軍中護士。其妻因之不幸感染傷寒，某日菲希德上完課回家，喜見妻子已脫離險境，不禁擁吻，以致感染，臥病不起。1814 年 1 月 27 日，他在聽到德軍已經渡過萊茵河的捷報聲中，含笑長眠，享年僅 52 歲。❺

## 二、道德的理想主義

　　康德用批判的方法綜合以往各派學說，創建博大精深的理想主義哲學體系；菲希德則以能思的自我 (ego) 與純粹的理性來界定萬有，由觀念產生存在，把宇宙萬物都歸類到內心裡。由於事實存在的本身並無價值，唯意志與

---

❸　張君勱譯，前引書，頁 5。

❹　張君勱譯，前引書，頁 95–96。

❺　Hermann Glockner: *Die europäische Philosophie* (Stuttgart: H. Reclam, 1958) s. 729–743.

自由賦予價值，使宇宙全體成為道德理念的象徵，這才是真實的存在。自由
是本於自我意志以決定自己行為的活動，然個別的自我意志立基於普遍的理
性，有其道德目的與真理要求；人立於世，必須為所應為地實踐道德律，一
切行動必須本乎良心，所以良心的聲音亦即是上帝的命令。

亦即為此，使我們自由並證實自由者乃道德法則，後之學者遂因之稱菲
希德的哲學為「道德的理想主義」(idealismus der sittlichen tat)，或謂「倫理的
唯心論」❶⑥。同時，菲希德認為理性想了解世界，必先了解本身；想認知萬
物，必先掌握各學科的共同原理。所以他強調「眾學之學」的哲學，應以認
識論為各科學識的根基，追求「知識中的知識」，名為「知識學」
(Wissenschaftslehre) ❶⑦，其絕對的、共同的第一原理是「自我意識」
(selbstbewusstsein)，或稱「自我」。自我是「行動」、「純粹活力」、「自由意志」、
「理智直覺」，所以是「道德自我」；自我的發展要用「發生的方法」來研究，
即邏輯學上的「辯證法」。

他是在黑格爾 (Georg Wilhelm Friedrich Hegel, 1770–1831) 之前，首先提
倡辯證法的近代哲學家。他認為「立」是經由「自思」(selbstdenken) 自行創
造出來的行動，先於「存在」(sein) 而發生，為一切「現象」的原始原因。它
有 3 個原則：

㈠我立我 (Das Ich setzt sich selbst)

理性的自覺，意識到自我的存在，而肯定了我自己的存在，這是根據同
一律 (A = A)；這是「正論」。

㈡我立非我 (Das Ich setzt im Nichtich)

我既被肯定為主體，自然與其他東西隔離開來，猶如「A + –A = 0」，那
些事物便是「非我」，便是客觀世界，成為我的限制，但也成為我行動的機會。

---

❶⑥ W. Russ, a.a.O., s. 79.

❶⑦ 在耶拿大學任教時菲氏發表 *Grundlage des Naturrechts* (1796) 及 *System der
Sittenlehre* (1798)。A. E. Kroeger 將之合譯成英文：*The Science of Knowledge*。轉
譯成中文者有：程始仁譯：《知識學基礎》(臺北：商務，1969) 及陳彝壽譯：《菲
希特知識論》(臺北：國防研究院，1961)。

若能克服外在的障礙與試煉，戰勝內在的欲望與衝動，則我就能憑實踐理性而獲得獨立與自由；這是「反論」。

㈢**我於我中立非我 (Das Ich setzt sich im Ich dem Nichtich entgegen)**

思想為存在的原因，當思想的法則與存在的法則都在「自我意識」之中，就可以使道德行為的主體與客體、我與非我，相輔以成，實行宇宙之目的。❶

《約翰福音》第 1 章所云「太初有道」的道，菲希德把它詮釋成「行動」：當行動開始的時候，會發生矛盾和對立，但終究會成為和諧及統一。在行動中，為要實現自我，必會控制自我、超越自我，使自我進入自由自主的境界而成為「絕對我」；人與人合為群體，道德的公民合成正義的國家，促進大同的世界。菲希德不僅發明了上述的「行動哲學」，他的一生也「道成肉身」地成為道德律的化身，追求真知。❷

## 三、《告德意志國民書》

菲希德在柏林危城所作的 14 次演講，每次講畢，都立即印送講稿至德意志各大城市，此無異是對全民族的講演，其後集結出版，便是《告德意志國民書》。其中討論 3 個問題，第一個是：「為什麼德意志民族被異族（法國所代表的拉丁民族）所戰敗？」他的答案是：「因為國民都自私自利，唯利是圖；國家只知用權力統治，缺乏人民的擁戴；而全民族又分崩離析，不知團結。」

第二個問題：「德意志民族能否復興？」他的答案是肯定的，因為德意志不僅有光榮的歷史，而且有共同的、活的語言（現代德文），並且創造了領導全歐的先驗哲學（康德及理想主義的哲學體系），足以使全民本「自由意志」來採取抗敵行動，爭取國家獨立與民族自由（第 1 講）。

第三個問題：「復興的方法是什麼？」他提出的是實施國民的新教育。這種教育不僅要施之於貴族，而且要讓所有的平民子弟都能享受；必須人人都能成為有知識與有道德的國民，然後民族才能建立正義而自由的國家。尤其

❶　參閱歐陽教：〈菲希特教育思想簡述〉，載於《臺灣省立師範大學教育研究所集刊》（臺北：臺灣師大，1963），第 6 卷。

❷　鄔昆如，前引書，頁 203–211。

在基礎教育階段，應該不分貴族與平民、職業與宗教，均接受共同的教育；所以教育權不當託之於教會，而應隸屬於國家（第 4 至 7 講）。

同時，菲希德認為國民教育即是人性教育，其宗旨在養成人民堅定不移之善意與自由思想之習慣，不僅要培養其外在的能力（生活技能與強健體魄），而且要訓練其內在的心智（理智清晰與意志專純），俾其塑成高尚的品格，亦即人之所以為人的條件（第 11 講）。以此進而追求永久的精神生活，認識「惟與上帝接觸之際，乃有生活、光明、幸福；與上帝分離之際，則為死亡、黑暗、與愁苦（第 3 講）。」[20]

上述新時代的教育，究應如何具體實施？則可以向裴斯泰洛齊學習——他終身不斷實驗的教育藝術，足以使其發揮國民教育的功效。如果國民教育成功，則下一代的國民都能敬畏上帝、熱愛祖國，勇於執干戈以衛社稷、肯為民族大義奉獻個人生命，那麼 25 年內德意志必能復興（第 9 講）。[21]

最後他更強調，國民新教育必須奮發「自我」的精神，達成思想自由的境界——「當內心充實之日，自能發揮其思想於外界。」歷史證明，菲氏所言非虛，因為拿破崙限制德軍不能超過 42000 人，但他們「內心充實」，自由地想出更番訓練的徵兵制度，使全國皆兵，便是一個很好的例證。

# 第三節　對國民教育的影響

## 一、國民教育制度的建立

普魯士建國以來，歷代賢君常下詔勸學，尤其是腓特烈二世更曾於 1763 年訂頒《地方學校通則》(*General Land-Schule Reglement*)，明定 5 至 14 或 15 歲之兒童必須強迫入學，但並未普遍實施。同時他又諭令纂修全國法律，於

---

[20] 張君勱，前引書，頁 14。

[21] Wilhelm Flitner: *Die Erziehung: Pädagogen und Philosophen uber die Erziehung und ihre Probleme* (Bremen: C. Schuenemann, 1961) s. 270.

其繼承者腓特烈‧威廉二世 (Friedrich Wilhelm II, 1744–1797) 任內完成，並在 1794 年公佈，即為著名的《大法典》(*General Code*)，其中第 12 章宣布教育政策為：「所有學校與大學，都是國家的機構，唯有基於國家的認定與同意而設置；它們是在國家監督之下，並常受其考驗與視察。」正式把教育權從教會手中收歸國家。㉒

迨至 1807 年冬至 1808 年春，菲希德在柏林危城中演講，呼籲實施國民教育來復興民族，而且必須是依照裴斯泰洛齊的理論與方法來辦理國民教育，德意志的復興才能成功。

1809 年政府改組，哲學家洪博出任內政部新成立的宗教及教育司長，立即接受菲氏建議，公費派遣 17 名教師赴瑞士遊學 3 年，專門學習裴斯泰洛齊的教育思想與方法，並且要把他所點燃的國民教育聖火帶回德意志㉓。根據美國賀勒斯曼 (Horace Mann, 1796–1859) 赴歐考察報告，這些師範學校的畢業生，的確都具有教育愛心，熱誠地教導兒童㉔；他們在各地督學的領導下，普設國民學校招收不能就讀拉丁學校的少年，並實施新的教育方法。

1817 年教育司改組為教育部，1825 年普魯士建立各縣市教育局而完成國民教育行政監督的體系。其後於 1920 年全國教育會議時，國民學校的前 4 年更名為「基礎學校」(Grundschule)，招收年滿 6 足歲之學童，不分階級、宗教、性別等差別，同時入學。㉕

在此奮鬥的過程中，值得我們注意的有 2 位教育家，即被稱為「德意志的裴斯泰洛齊」的哈尼希 (Wilhelm Harnisch, 1787–1864) 和狄斯德威。前者曾任布萊斯勞 (Breslau) 師範學校校長，強調愛國教育，提倡體育及本國史地。後者於 1832 年任柏林師範學校校長，1858 年被選為國會議員，為維護國民學校教師的權益及推動國民學校的立法而奮鬥；其曾編寫各科教科書，發行《萊茵教育學報》、出版《教師之友年鑑》，影響頗為深遠，對德意志國民教

㉒　劉伯驥：《西洋教育史》(臺北：中華，1983)，頁 333–336。

㉓　這些由公費派遣的教師學成回國後，即分任督學或師範學校校長。

㉔　中華書局編譯：《西洋教育史》(臺北：中華，1962)，頁 328–329。

㉕　許智偉：《德國師範教育》(臺北：臺灣書局，1968)，頁 25–32。

育制度之建立極有貢獻。㉖

## 二、辦理國民教育實驗

菲希德的知識學不僅是哲學上的認識論,而且也是一種人性教育的理論。他認為: 人必須「自我」改造,認識及堅持真理, 依據道德律來行事為人,才能建立正義的國家與大同世界。所以改造世界必須革新教育, 但教育之革新尤賴於哲學之創造。㉗

在耶拿大學任教時,他把哲學課程當作「教育愛」來傳播,頗能動人心弦, 故每學期選修的學生超過 500 人, 信從他的學生還組成了「文學社」來研究如何把他的哲學化成行動。該創社會員有 45 人, 其後均擔任大學教授、政府高官及文教界的領袖, 對社會頗有影響。㉘

菲希德在柏林講學時, 更具體提出了「國民教育」的主張──必須使兒童自幼在不受環境汙染的校園中與教師共同生活, 學校除加強知識教學外,尚應注重體育及生產技術訓練, 發展全人教育以培養理智清晰、意志堅定的國民。此一號召吸引了不少有志青年, 其中有一個 12 人組成的學會, 包括出身於金融世家的高爾 (Ludwig Cauer, 1792–1834) 及猶太裔的醫學生勞志 (J. Lautz) 等, 他們放棄原來修讀的科系, 準備奉獻給菲希德教育救國的理想。

1813 年自由戰爭爆發, 他們都投筆從戎, 勝利退伍後立即完成學業, 並且各憑所長考取了任教資格, 並於 1816 年自費前往燕福屯向裴斯泰洛齊學習。他們於 1818 年創設「私立高爾實驗學校」(Cauersche Anstalt), 招收 5 至 6 歲兒童, 一律住校, 每 5 個學生跟一位教師組成一個「家庭」, 共同膳宿、共同生活、共同學習, 仿造古希臘的教育方式, 特別重視體育、音樂及數學。

1819 年時, 整個柏林只有該校擁有運動場, 並且教學生夏天游泳、冬天溜冰。1826 年他們遷往近郊的夏綠蒂宮附近, 學校不僅擁有自己的游泳池,

---

㉖　W. Russ, a.a.O., s. 102–103.

㉗　Rudolf Lassahn: *Studien zur Wirkungsgeschichte Fichtes als Pädagoge* (Heidelberg: Quelle & Meyer, 1970) s. 12.

㉘　R. Lassahn, a.a.O., s. 38–43.

學生人數也於 1828 年增加到 168 名。學校作息時間非常緊湊，清晨 5:30 起床，6:00 早餐，餐後自習；上課時間從 8:00–12:00，以及 15:00–20:00；中午除正餐外，可在校園中遊戲或到森林中散步；年幼學生 21:00 就寢，高年級生遲至 22:00。學生每天洗冷水澡，過的是類似「修行」的規律生活。

　　高爾實驗學校的辦學榜樣，其後亦被利茨 (Hermann Lietz, 1868–1919) 的「鄉村學校」所仿傚，甚至利茨也以「德意志國民學校」來詮釋他的教育理念。但是如此做法，教師的工作過於繁重，住在學校跟學生一起生活也影響到他們的私生活。共同創校的 18 位教育工作者都是遲婚或終身未娶，既無政府補助及財團支持，學費尤其是膳宿費的昂貴，使該校喪失「全體國民的學校」之原有特性。1834 年因霍亂流行，使該校招生困難財務困窘，兼以創辦人逝世，交由政府管理，並於 1876 年正式改制為「王后文科中學」(Kaiserin Augusta-Gymnasium)㉙，結束了教育史上被人忽視、但極有價值的教育實驗。

## 小　結

　　繼承康德哲學，把理想主義發揚光大的菲希德，曾因到瑞士擔任家教而結識裴斯泰洛齊，相互論道，彼此欽仰。當菲希德在柏林公開演講「告德意志國民」時，坦言除了教育、別無活路；應速採取裴斯泰洛齊的方法建立國民教育、改造國民品性、培養自由精神、發揮創造活力。政府後來因採納其建議而奠定了復國基礎。其實菲氏早在耶拿大學任教時，便提出新的教育主張，傳播教育愛的哲學。

---

㉙　R. Lassahn, a.a.O., s. 118–139.

## 【問題討論】

1.為什麼康德主張「人必須經由教育才能成為人」?

2.行動哲學主張「道德的公民，組成正義的國家，促進大同的世界。」請加以評論。

3.試說明高爾實驗學校的由來及其成效。

第 *13* 章

許萊雅馬赫與中學教育

## 第一節　奠定現代神學的基礎

### 一、基督新教需要新的神學

自從君士坦丁大帝於西元 313 年頒佈《米蘭敕令》，承認基督教為羅馬帝國的宗教開始，不僅宗教與政治有了更深一層的結合，基督教也容納了帝國境內各異教的文化與民族的風俗，並且根據歷代教宗與皇帝的敕旨，以及歷屆大公會議的決議，逐漸形成傳統亦建立起教皇制度與層層節制的聖品階級。迨至奧古斯丁把柏拉圖的哲學與基督教義相結合，多瑪斯又運用亞里士多德的哲學，統一知識與信仰，建立起天主公教的神學體系。

馬丁‧路德在 1517 年改革宗教時，提出了「因信成義、平信徒亦可為祭司、《聖經》就是真理」之原則以為對抗，但是如何使這些原則在神學上可以闡明、在科學上可以證實、在哲學上言之成理，就須要信義宗、改革宗以及其他基督新教的學者們共同來探討與詮釋。其中最有成就，且被公認為奠定現代神學基礎的就是許萊雅馬赫 (Friedrich Daniel Schleiermacher, 1768–1834)。❶

### 二、浪漫而敬虔的人生

許萊雅馬赫出生於布萊斯勞，父親為喀爾文教派之隨軍牧師，旅途中認識弟兄會的敬虔及其對教育的重視，頗為感動，就把他和兩個兄弟一起遠送至主護村弟兄會的基地去就讀。1783 年進入師範學校後，不僅清楚得救，而且開始操練靈性生活及苦修古典語文。1785 年考入弟兄會在巴比 (Barby) 所辦的神學院深造，卻因閉塞的學風及刻板的生活，使愛好自由與創新的許萊雅馬赫無法長期忍受。在獲得父親的諒解後，他於 1787 年轉學至哈萊大學。

---

❶ Hermann Glockner: *Die europäische Philosophie* (Stuttgart: H. Reclam, 1958) s. 780–783.

　　理性主義的學術氣氛使他如魚得水，又獲得新人文主義的語言學家胡爾夫 (Friedrich August Wolf, 1759–1824) 之指導，開始鑽研柏拉圖及希臘哲學，並在哲學教授艾伯哈德 (Johann August Eberhard, 1739–1809) 指導下攻讀康德的批判哲學。1790 年第一次神學考試後，經宮廷牧師的介紹，到東普魯士的屠納伯爵 (Dohna zu Schlobitten) 家中擔任 3 個孩子的家教，首度接觸到上流社會的世俗文化生活，卻反而堅定了他獻身宗教工作的信念。

　　1794 年通過第二次神學考試，他被派任柏林慈善醫院的駐院牧師，除了看顧病痛的民眾，也為初信者編纂教義課本❷。當時柏林正澎湃著浪漫主義的文學運動，在海爾絲夫人 (Henriette Herz, 1764–1847) 的沙龍中，他認識了洪博並與薛來格 (Friedrich Schlegel, 1772–1829) 結成好友，且相約共同翻譯柏拉圖的作品。

　　1799 年他發表《論宗教》(*Über die Religion*)❸，說明宗教不是形上學，也不是倫理學，而是人心深處對於不朽的嚮往，是個別的心靈通往人存在的本質，聯結神性而與上帝交通的道路。換言之，宗教的本質只是人的敬虔直覺，只有從敬虔的自我意識流露出來的，才是真宗教；敬虔能激勵知識與行為，但它既不是「知」也不是「行」，而是一種對上帝的「絕對依靠感」。

　　翌年他又發表《獨白》(*Monologen*) 加以補充及注釋。這種對個別的、隱私的及主觀的宗教經驗之解釋，足以說明「因信成義」及「平信徒皆可以為祭司」的理由，但柏林教會的高層卻因此懷疑許萊雅馬赫有泛神論的傾向，且誣指他與同事的妻子談戀愛。為了擺脫是非，他於 1802 年遠赴波瑪邦 (Pommern) 的司徒坡 (Stolpe) 去擔任主任牧師，在鄉下他獨力翻譯柏拉圖的《對話錄》，受到學界的肯定。1803 年出版的《倫理學批判》(*Grundlinien einer Kritik der Bisherigen Sittenlehre*) 亦受重視，翌年應聘為母校哈萊大學教授。❹

　　他所講授的教義學與詮釋學頗受學生歡迎，與丹麥籍的留學生施梯奮 (Henrik Steffens, 1773–1845) 交往尤其密切❺。1806 年普法戰爭開戰，拿破崙

---

❷　Günter R. Schmidt: *Klassik der Pädagogik* (München: Beck, 1979) s. 217–219.

❸　謝扶雅譯：《士來馬赫：宗教與敬虔》（香港：基督教文藝，1967），頁 24–287。

❹　G. R. Schmidt, a.a.O., s. 219–223.

❺　許智偉：《丹麥史──航向新世紀的童話王國》（臺北：三民，2003），頁 66。

率軍攻占哈萊並關閉大學，許萊雅馬赫四處演講，號召民眾起而抗戰並為國王及國家禱告。

　　旋應洪博之邀參與建校工作，1810 年柏林大學成立，許萊雅馬赫被推選為神學院院長，遍授各神學科目，其精義集結成《基督教信仰論》(*Der christliche Glaube*) 於 1821 年出版，被信義宗及改革宗共同奉為神學基礎❻。為解釋《聖經》真理，他更新了傳統的「釋經學」，把它擴大成「一般詮釋學」(allgemeine hermeneutik)，被狄爾泰視為「精神科學」方法論之基礎。

　　同時，他認為哲學院為大學的基礎，每一位教授都應該在哲學院中找到立足的地方，所以他除了詮釋學外，還開授辯證法、倫理學、政治學、心理學、美學及教育學，頗能吸引聽眾，黑格爾便曾做過他的學生。1813 年反抗法國的自由戰爭爆發，他志願參軍，與菲希德等共同擔任隨軍牧師。復員回校後又兼任「柏林科學研究院」的常任幹事，1815 年起被選任為該院哲學院院士，學術聲望日見隆崇，但他仍熱心為國家及社會服務，並接受洪博的邀請，協助佘萬 (Johann W. Süvern, 1775–1848) 建立德意志的學校系統。

　　許萊雅馬赫於 1831 年獲頒紅鷹勳章，1833 年訪問北歐，在哥本哈根受到施悌奮率領學生以火炬遊行來歡迎，情況熱烈。1834 年 2 月 12 日他因肺炎逝世，享年 66 歲。

## 三、神學基要

　　許萊雅馬赫在《基督教信仰論》中說明宗教不是科學研究的結果，也不是自我意志的作用，而是一種敬虔的、使我們與上帝發生關係的情感，是使我們相信上帝是吾人與萬有的由來，也是永恆與不朽的歸宿之情感。各種宗教在敬虔程度上縱有差異，但其本質並無不同，都在追求歸依感的對象，使「世界精神」與「人之本性」合而為一。所以上帝是「內在的」也是「超在的」，但決不可能是「外在的」。❼

　　他也指出：基督教的特徵，乃是以道成肉身的救主耶穌基督為核心，基

---

❻　謝扶雅譯，前引書，頁 291–460。

❼　謝扶雅譯，前引書，頁 13–14, 309–314。

督徒的「絕對依靠感」或其「與上帝的關係」是特別透過救主基督為中保。「我們只在與救主有活的交契中，才與上帝有交契。」許萊雅馬赫不僅把「思辨神學」僵硬的上帝概念，還原為活生生的充滿愛心的上帝；更從那道成肉身、謙卑為人且在十字架上替人受死、完成救贖的耶穌基督身上，證實了上帝的本質就是愛。「有信、有望、有愛，其中以愛為最大。」上帝的律法不僅要人「愛神」，並且要「愛人如己」。❽

在《聖誕節座譚》中他描寫了母親的偉大，也象徵了上帝的大愛，並且告訴我們，藉著真摯而純粹的母愛，點燃敬虔歸神的愛火。母親是兒童宗教信仰的啟蒙者，這種人與神之間愛的關係，乃是個別的、直接的關係，不須要經過神父的告誡，而是由個人直接來到神的寶座前，如同子女之與父母親切的交契。

1801 年他在佈道時呼籲會眾，不僅要客觀地認識真理，而且要主觀地經歷基督，「必須自行追求、自我反省，提昇自我返到內心深處，使人的靈能進入神的靈中，這方是真正的宗教。宗教決不是獨斷的教條、繁複的禮儀與形式的律例。」因此，現行基督教的宗派和團體，都只是「有形教會」而不是「無形教會」。真正的教會是無形的，沒有組織管理、沒有體制等級、無所謂神甫主教與平信徒的區別；在敬虔者的結合中，人人都是講道員，心靈相通地共同流露敬虔的情感。所以，教會是一位「道德的人格」，其根本原則是自動與自由，它可以與其他團體機關合作，但不應受其支配，尤其不可受政府的統制與干預。

---

❽　謝扶雅譯，前引書，頁 463–516。

**第二節　擴大詮釋學的範圍**

## 一、詮釋學 (hermeneutics)

詮釋學是一門既古老又年輕的學問❾。說它「古老」，因為它的字源是希臘神話中腳生雙翼的天使：海密使 (Hermes)，其主管語言文字、商業及辯論。後轉借成神廟中發布神諭的僧侶之通稱，故有「帶來命運的訊息，啟示事物的真理」之意。柏拉圖首先使用「詮釋藝術」一詞，其意僅指將形諸語言的東西，恰如其分地傳達，而不判斷其真偽❿。亞里士多德則在《工具論》中謂詮釋是進行陳述時的理性操作，且要用智力來辨明真偽，就文字與理論反覆解釋，不斷驗證⓫。其後古希臘圓通教育 (enkylias paideia) 中的 3 門學科：文法、修辭及辯證，以及中世紀自由七藝中的三學 (Triviam) 亦均採取此種詮釋的方法，也就是今天華人基督教會中通稱的「釋經學」。

說它「年輕」，因為直到十九世紀，經過許萊雅馬赫的努力，把它擴大成「一般詮釋學」以後，才成為哲學反思的基礎⓬。在許氏以前，解釋是局部的——闡釋《聖經》、應用法律及解讀文學，各有其不同的重點與技術，但他卻把詮釋學從注釋的技術提昇為理解本身的研究；詮釋學不再侷限於某一特殊的對象與規則，而是一門有效地避免誤解的藝術，成為普遍有效地正確理解的科學。換言之，詮釋學目的是要成為獨立的哲學思辨，要發展成人文學科的普遍方法論。

## 二、釋經學 (hermeneutica sacra)

---

❾　鄧安慶：《施萊爾馬赫》（臺北：東大，1999），頁 185。

❿　楊深坑：《理論、詮釋與實踐》（臺北：師大學苑，1998），頁 125。

⓫　嚴平譯：《詮釋學》（臺北：桂冠，1992），頁 23。

⓬　鄧安慶，前引書，頁 186–191。

十字軍東征以後支配天主教逾 500 年的釋經方法，係繼承阿拉伯學者的治學傳統，博採教皇諭令、教父訓示、哲學理論、文化影響，甚至配合政治需求來解釋《聖經》。以費洛 (Philo, 20 B.C.–54 A.D.)、奧利真聶 (Origine, 185–254) 為首的亞歷山大學派 (Schule von Alexandria) 主張超越文法的詮釋，而應探索心靈的及精神的意義。奧古斯丁更把釋經學與其符號及語言理論，結合成為歷史（文字）、隱喻（神秘）、行為（道德）及類推（未來）4 層意義的規範。例如但丁在其名著《神曲》中，把《馬太福音》28 章尋找耶穌屍身的 3 位婦人，詮釋為伊璧鳩魯、斯圖亞和亞里士多德 3 種哲學流派。

以田奧多 (Theodor von Mopsuestia, 352–428) 為首的安提阿學派 (Schule von Antiochien) 則堅守經典文獻之嚴格的語法解釋❸。馬丁‧路德改革宗教時，不僅主張恢復早期教會的做法，而且跟隨古希臘學者的腳步，以文本解釋文本，用《聖經》來詮釋《聖經》而提出「以經解經」；不需要教義傳統與其他牽涉，只需要忠實地逐字理解，以《新約聖經》解釋《舊約聖經》，使《舊約聖經》聯繫基督，而讓文字的「一義性」來說明《聖經》中內在的一貫精神與神聖啟示。

路德對注釋《聖經》和古籍還有一個重要貢獻，即發明了「循環原則」，亦即要「從特殊的語詞出發，理解文本總體；反過來又從已經理解的總體出發，理解特殊的語詞。如此循環往返，直到實現對特殊語詞和文本總體的全面理解。」到了十八世紀，研究文史、注釋文本，已經具有深厚的傳統，累積了許多有效的規則，並且逐漸形成一種研究方法的體系；但它仍受限於局部性與技術性，無法達成全面的與真正的理解。❹

## 三、一般詮釋學 (allgemeine hermeneutik)

許萊雅馬赫之所以被狄爾泰尊稱為「現代詮釋學之父」，是由於他首先把注釋的技術提昇為理解的科學與藝術。他認為：人是有語言的人，語言是人的語言；內在的語言是思想，外顯的思想是語言。語言乃是說話者生命精神

---

❸　楊深坑，前引書，頁 126。

❹　嚴平譯，前引書，頁 37–46。

之表現，以與他人溝通，若能夠掌握共同的語言，就可能經由人生命之窗，侵入人內心的殿堂，得窺精神世界的奧妙。把「說」出來的「思」記錄下來，就是「文本」，故文本是語言的意義總體，也是說話者的精神總體，也是詮釋的對象。因此詮釋的形式為：

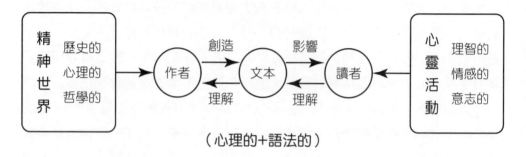

（心理的＋語法的）

上述基本形式也指出：詮釋的過程與創作過程恰好相反，是逆向而上，由掌握文本的語言意義之總體，理解作者之思想與精神總體。作者和讀者在語言的使用與思想的構成上，雖然有所差別（個別性），但必須在他們之間存在一種根本的同一性（普遍性）。如無同一性，不可能互相理解；如無差異性，則根本不需要理解。同一性與差異性之矛盾是一種推動力，要求人們持續不斷地進行理解。

許萊雅馬赫說：「理解一個文本，有時候可以比作者理解得更好。」同時，理解之所以可能，是因為讀者已具備了「先前理解」，才能經由「語法」理解作品背後的精神世界，再經由「心理理解」回溯作者的心靈意圖。彼此雖能互相辯證，卻終究無法掌握全部，必須繼續探索，在不確定的現有基礎上，建構某些確定的東西。❺

因此詮釋乃是一個圓周循環式，永無止境的理解過程，並且這個過程不能完全遵循某些嚴格的規則，而帶有強烈的藝術成分。根據許氏的分析，理解過程可以分成 2 個階段如下：

㈠語法詮釋 (grammatische auslegung)

---

❺　Wilhelm Dilthey: *Denkformen und Forschungsmethoden der Erziehungswissenschaft*, hg. v. Siegfried Oppolzer (München: Ehrenwirth, 1966) s. 13–24.

1.經由共同語言，重建文本原初「語境」(sprachgebiet)。

2.從總體，尤其是上下文來確定詞語的意義。不僅要依據語言的一般規則（普遍性），而且要分析作者使用語言的特徵，亦即各人能說出來的特殊語言（個別性），才能確定文本的正確意義。

3.掌握作者的風格、說話對象、語言域及相互聯結的方式，以把握文本的內在統一性。

(二)心理詮釋 (psychologische auslegung)

1.經由心理轉換，再現作者原始「心境」(darstellenswollen)。

2.具有關於人的全面知識，並了解作者的個性、氣質、教育背景、生活及心理特質，以進入作者的心靈世界及展現文本的意義結構。

3.作者的思想情結 (gedankenkomplex) 為其生命的視窗，而文本中包含的意義則不僅表達「我思」，而且顯示「我在」，是故讀者必須「通作者之意」（心靈表達的意義）、開覽者之心（生命活動的符號），才算真正理解。❻

 第三節　對高中教育之貢獻

### 一、確立高級文科中學的地位與性質

所謂「高級文科中學」係從「拉丁學校」演變而來，以準備升學為目的，也可以說是大學的預備學校，故係「學者教育」的基礎。許萊雅馬赫曾接受洪博的邀請，一度擔任新設教育部的高教司長，又長期兼任各有關課程修訂的委員，並且審訂佘萬領導草擬的《德意志學校系統綱要》(*Gesamtinstruktion ueber die Verfassung der Schulen*, 1814)。最為人稱道的是他重新確立了「高中畢業會考」(Abiturientenexamens)。❼

---

❻　鄧安慶，前引書，頁 197–207。

❼　Friedrich Daniel Schleiermacher: *Ausgewählte Pädagogische Schriften*, hg. v. Ernst Lichtenstein(Paderborn: F. Schöningh, 1964) s. 295–301.

　　文藝復興期間相信學習拉丁文不僅是一種語言教育，而且具有文雅訓練與文化陶冶的價值。在普魯士教育改革期間，更根據理想主義哲學及新人文主義的精神，確認高中教育之目標，為經由古典語文訓練以培養並發展圓滿而和諧的人格。其採取古希臘教育之精神，擬培養一群從事學術研究、能繼往開來地延續人類文化的「文雅人」，故以拉丁文、希臘文、德文及數學為 4 門主科；同時為保證學生的程度，又規定了全國性的高中畢業會考制度，及格者即取得進入大學就讀的資格 [18]。又因為通過此項考試表示學生「智力」已經成熟，具備從事學術研究之能力，故此項證書亦常稱為「成熟證書」(reifezeugnis)。

　　由於高級文科中學一開始就被當作大學的預備學校，所以它的教師也由曾受大學教育的博學之士 (gelehrte) 來擔任，社會地位崇高。根據許萊雅馬赫所草擬的《教師考試辦法》(*Edikt wegen Pruefung der Kandidaten der hoeheren Schulamts*)，凡擬至高級文科中學任教者，須在大學修讀相關學系 6 年以上，成績及格者，始能報考第一次國家考試；及格後實習 2 年，期間尚須每週參加「實習教師講習會」，考試及格者始得參加第二次國家考試。經提出論文，且經試教及口試及格，得擔任試用教師 2 至 5 年；再經學校呈請邦教育部核准，始得任命為終身職的高級公務員，並享用「研究顧問」之職銜。經過如此嚴格甄選過程，自能由好老師來教好學生，確保了德國大學教育的品質。[19]

## 二、為文化教育的先驅者

　　許萊雅馬赫曾於 1813、1820–1821 及 1826 年三度講授教育學，但其講義卻於 1848 年他逝世 14 年後，才根據學生的筆記整理出版。他跟赫爾巴特一樣，都要把教育建設成為一門獨立學術研究的核心，但是他們走的是不同的道路。許氏不偏重實證的觀點，更不把教育孤立出來當作單純的師生關係與教學技術，而是應用批判、現象學的方法，把「教育事實」放在歷史的時空背景中來觀察，經由辯證的程序來詮釋其意義與價值。因此他認為教育學是

[18]　田培林著、賈馥茗編：《教育與文化》（臺北：五南，1976），下冊，頁 524–530。

[19]　許智偉：《德國師範教育》（臺北：臺灣書局，1968），頁 104–112。

從「實際」中產生的科學——知識原本就是經驗的結晶，而每一個行動也都由知識在主導。

雖然他並不認同柏拉圖所言「國民為國家而存在」的主張，但是他認同政治及其他各種文化勢力對教育的影響，並且教育乃是年長的一代引導年輕的一代，獨立生活及融入社會的活動。換言之，教育其實就是個人社會化的過程，與自然被文明化的過程。許萊雅馬赫更認為，年長的一代所背負的語言、知識、敬虔、法律及習俗等均是教育的內容，至於教學的方式則應隨年齡而不同。

兒童時期重在「看護養育」，要培養良好的生活習慣，訓練基本的生活知能。青少年時期應注意學校及社會的影響和學生的「反應」，且因意志力的成長與思想力的形成，可施以必要的賞罰，俾能適應原有的社會規範；亦應鼓勵其自行觀察、自由思想及自己探索，以創造未來社會。到了「成熟時期」亦即成年以後，處罰及反應均已太遲，而應該多方予以「支持」，俾能增強其裡面的善念與外面的知能，而自由地經營群體生活。許萊雅馬赫認為，人的生活開始於家庭，應以愛心來聯繫、以權威來維持、以智力來發展。

母愛不僅啟發敬虔的感情而產生宗教，組成「教會」，而且擴大手足之情而成為「民族」；為了發展理智乃產生學校，並形成「學術社會」或謂「科學」；等到私人權威演變成團體權力時，更產生了「國家」。這「教會」、「民族」、「科學」及「國家」稱之為四大文化領域[20]，教育不僅與這些文化勢力互動密切，而且負有引導年輕的一代進入這些文化領域的責任。

這種把教育的客觀勢力與社會責任、教育的內在意義與歷史價值結合在一起，從文化哲學的觀點來研究的看法，雖然已經超越了啟蒙思想，且把十九世紀的有關思潮，批判地作了辯證的統一，但其重要性在當時卻未被大家所認識。直到1888年狄爾泰提出「普遍有效之教育的教育科學是否可能」的討論時，才被重新發現，且於第一次世界大戰後，經許伯朗額等的創導才重新成為風潮。所以我們可以說，許萊雅馬赫乃是文化教育研究的先驅者。

---

[20]　Fritz Blättner: *Geschichte der Pädagogik* (Heidelberg: Quelle & Meyer, 1966) s. 173–195.

## 小　結

　　天主教不僅與政治密切結合，而且在教義上也根據歷代教宗與皇帝的敕旨、歷屆大公會議的決議，逐漸加入的異教文化、民族風俗、繁複禮儀等而形成了知識與信仰統一的神學系統。

　　馬丁・路德改教時提出：「因信成義、平信徒皆為祭司、唯獨《聖經》是真理。」以為對抗，但讓這些原則成為哲學上言之成理、科學上可以驗證的卻是許萊雅馬赫，並且基督教各大宗派也都採用了他的理論，而公認為是基督教神學的基礎；此外在教育上他也確立了文科中學的地位。

## 【問題討論】

1.什麼是「一般詮釋學」？試說明其內容。
2.為什麼要舉行高中畢業會考？其利弊得失為何？
3.教會、民族、科學及國家四大文化領域為何均以母愛為基礎？

# 第 *14* 章

## 洪博與大學教育

## 第一節　新人文主義

滋生於文藝復興時期的人文主義，重視以人為本的現世生活，仰慕文質彬彬的古代文化，並且尊重人性價值、倡導博雅教育，特別強調古典語文與拉丁文學的教導。但經過 400 餘年的流傳，不免產生死記拉丁文文法規則及死背西塞洛等名家文獻，而忽略了坤體良的教育方法與流弊。

到了十八世紀，日耳曼的學者們已經覺察到羅馬文化繼承自希臘，而希臘的藝術與神話中所表現的人性是何等的活潑與自由，充滿了力與美的調和、理智與情感的統一，因此開始學習希臘、學習古典，追求和諧的人生，發揚完美的人性；強調個人的重要且從知、情、意的全面發展中，培養自主和自由精神的新人文主義 (neo-humanism)，在教育上更強調形式陶冶與內在能力的啟發，並肯定天才的貢獻與個人對歷史的創造。❶

雖然新人文主義的重點並不在古典語文的學習，而在希臘精神的提倡，但是這個運動的確是因古典語文學科的成長而推展的。1734 年季士訥 (Johann Matthias Gesner, 1691–1761) 出任新成立的哥丁根大學語言學講座教授，強調希臘羅馬的人文精神與學術的判斷能力，擺脫了拉丁文學傳統（法文和意大利文）的束縛，大大昌明了古典語文的研究。其繼承者海訥 (Christian Gottlob Heyne, 1729–1812) 更建立了日耳曼古典學術的研究體系，培養了許多著名學者如洪博及薛來格兄弟等人，並經由胡爾夫在哈萊大學所成立的希臘學研究中心，訓練了不少文科中學教師及基督新教的神職人員，而助長了新人文主義的運動❷。其中對學校教育影響最大的有 3 位：

---

❶ Fritz Blättner: *Geschichte der Pädagogik* (Heidelberg: Quelle & Meyer, 1966) s. 142–150.

❷ Albert Reble: *Geschichte der Pädagogik* (Stuttgart: Ernst Klett, 1965) s. 170–172.

## 一、海岱 (Johann Gottfried Herder, 1744–1803) 的歷史哲學

1744 年出生於東普魯士，父親為教堂司事兼女子學校教師。中學畢業後至炮兵部隊擔任文書下士。由於偶然的機會，1762 年進入寇尼斯堡大學成為康德的學生，並跟素有宗教家美譽的哈孟 (Johann Georg Hamann, 1730–1788) 學英文，開啟了海岱對英國文學尤其是莎士比亞的研究之門。1764 年他到拉脫維亞首府里加 (Riga) 的主教學校任教，1766 年發表〈關於德意志近代文學〉，卓露才華，頗受讚譽。1770 年他在斯特勞斯堡結識了年輕的歌德，並且交稱莫逆；其所著〈語言的起源〉("Ueber die Ursprung der Sprache") 一文，也引起了歌德搜集各地民歌的興趣。

海岱也在漢堡認識了藍辛和巴斯道，並與克勞地 (Matthias Claudius, 1740–1815) 成為好友，又陪同呂貝克的歐丁王子 (Prinz von Eutiner Hof) 從事教育旅行。其《旅途紀事》(*Das Journal meiner Reise*) 不僅記載了他旅途中的印象與心得，也說明了他對於教育的看法。

1771–1776 年他在匹克堡 (Bueckburg) 擔任主任牧師，因歌德的推薦，1776 年起擔任威瑪邦 (Weimar) 的宗教及學校局局長，直到 1803 年逝世時為止❸。除了宗教活動與教育行政外，20 餘年來海岱還發表了很多文學作品，宣揚人性的尊貴，推動新人文主義思想的發展。

經過他的詮釋，《聖經》猶如民族詩篇，同時也開創了近代歷史哲學的研究。他發現世界歷史不是機械式地盲目演進，而是朝向有目的之宇宙的有機發展；每一個人均有其個別的、創造性的自由，但經由民族精神、民族語言及民族詩歌卻共同構成和諧的宇宙。他曾在〈歷史哲學與人性陶冶〉("Auch eine Philosopie der Geschichte zur Bildung der Menschheit", 1774) 這篇論文中指出：「人為歷史的動物，只有在歷史發展的過程中與他人互相影響，始能養成人格；經由各種具體的文化因素如語言、藝術、文學、國家等，始能發展人性。」

---

❸　Hans Scheuerl: *Klassiker der Pädagogik* (München: C. H. Beck, 1979) s. 187–197.

　　其後他更強調，人係照著神的形象與樣式被創造，具有自由意志與價值
觀念。人類不像其他動物一樣，具有謀生的本能；相反地，人出生後長期陷
於無助的狀態，沒有成人的養護就不能生存，沒有自我的學習便無法成長。
動物可以只在自然中學習，而人類卻還須要在歷史中向人群學習，所以語言
特別重要——人為語言的動物，語言使人生的價值提昇，語言也促使人性的
歷史發展。

　　基於人類的自由意志及歷史上無法重複的一次性，海岱也尊重個人價值
且強調「個別性」，每一個人都要追求以完美人性為目標的自我成長。在《旅
途紀事》中他指出兒童期（10 至 12 歲）的教育重在感覺訓練，向自然學習；
少年期（12 至 15 歲）需經由歷史啟發其內在的能力；青年期（16 歲成年以
後）則要用哲學來實施理性教育。課程表中語言以外包括母語及鄉土教材，
也要注重美育（美術及詩歌）且不應忽視生活實用的科目。此外，人性教育
更要向古希臘學習，因為希臘才是歐洲文明的源頭。至於教學方式則要生動
活潑，且顧及兒童的個別差異。

　　綜上可見，海岱的人性教育觀念也富有人類學的意義；威瑪邦文科中學
的前期，注重生活實用，後期則充滿著人文主義色彩。「真正的人性，乃是人
類理性的具體表現。只有經由人性的教育，才能使人成為有教養的人。」這是
他對學校師生演講時經常引用的話。❹

## 二、歌德 (Johann Wolfgang von Goethe, 1749–1832) 的 教育小說

　　大文豪歌德生於法蘭克福一個富有而有教養的貴族家庭中，16 歲獲獎學
金到萊比錫大學讀法律，翌年便開始文學創作。1770 年轉學斯特勞斯堡，結
識海岱，深受影響，終身以師事之，也因之使內心把自然與歷史統一在一起，
敬拜上帝創造的奇妙。1772 年由於父親之敦促，他返鄉服務於帝國法院，旋
即執業律師，業餘勤於寫作。1775 年他應奧古斯都 (Herzog Karl August,
1758–1828) 大公之邀，出任威瑪邦樞密顧問並獲贈花園住宅為官邸；翌年推

---

❹　F. Blättner, a.a.O., s. 129.

薦海岱任宗教及學校局長；1787 年推薦席勒擔任耶拿大學歷史學教授，並邀其於 1797 年遷居威瑪。此外他也與菲希德及洪博兄弟等名流學者交往甚密，已隱然成為文壇祭酒。

歌德服務公職 50 年後，友人才開始為他編印全集，共出版了 40 冊，但是其最重要的著作《浮士德》(*Faust*) 的下半部，卻是在他逝世後第 2 年才出版。至於他的教育小說《買士德》(*Wilhelm Meister*)，其上半部《學習時期》(*Lehrjahre*) 出版於 1795 年，下半部《闖蕩歲月》(*Wanderjahre*) 到 1821 年才完卷。

從生物學的研究中，歌德發現有機體的成長各有其自己的規律，在意大利旅遊時發現藝術創作乃是經由「材料」來呈現藝術家心中的「形式」；更由於幼時玩木偶戲的經驗，體驗到自我成長的重要。在《學習時期》中他強調「自我教育」，認為美麗的靈魂乃是誤導，人生必須從錯誤中學習，使精神力量經過考驗而成長。在《闖蕩歲月》歌德藉著書中主人翁的口吻，討論普通教育與職業教育孰為重要的問題，結論是應該以多方面發展人性的普通教育為基礎，再於其上培養專業技術的教育。

在小說中，買士德成為外科醫生，但其人生的幸福尚有賴於道德的提昇與宗教的修養；他必須敬神、愛人，並且珍惜那供養人們的大地❺。不僅是小說，歌德更經由暢銷的詩歌與賣座的戲劇，教育了全民族，在德意志人們的心靈中種植了發展善良人性、追求人生真理的種子；他不僅是歐洲文壇的教父，且更是德意志人民的心靈導師。

## 三、席勒 (Friedrich von Schiller, 1759–1805) 的美育書信

這一位偉大的文學天才出生於胡騰邦 (Wuerttenberg) 一位低級軍官的家中。1773 年受該邦侯爵之命，就讀侯府軍校，1775 年進入斯圖佳 (Stuttgart) 學院攻讀醫學。1779 年的畢業論文便是討論解剖學的哲學基礎。1780–1782 年擔任軍醫期間，業餘嘗試文學創作，所寫劇本《費斯科之亂》(*Die Verschwoerung des Fiesco*) 及《陰謀與愛情》(*Kabale und Liebe*) 相繼上演，都

❺　F. Blättner, a.a.O., s. 130–142.

十分賣座，且均表達了反對暴政、追求自由與正義的熱情。

　　1787 年，以五韻律詩寫成的悲劇《唐卡羅》(*Don Carlos*) 完稿，乃赴威瑪拜訪歌德及海岱等人，頗受推崇。經由歌德的推薦，席勒自 1789 年起擔任耶拿大學歷史學教授。

　　1792 年席勒被選任法蘭西共和國榮譽公民。1794 年起與洪博常有書信往來。1795 年創刊《詩學季刊》及《詩樂年刊》均獲歌德熱烈贊助，其中他發表了很多有關古希臘及人性理想的詩歌如〈鐘之歌〉等長詩，更稱頌一時。在歌德熱誠地邀請下，席勒於 1799 年遷居威瑪，共同推廣新的詩文及戲劇運動，作品豐碩，譽滿歐洲。

　　他於 1793–1801 年間曾發表多篇哲學論文涉及教育問題，但最重要的則是寫給侯爵基士楊 (Friedrich Christian, 1770–1834) 的 27 封書信。經修正後於 1795 年刊登於《詩學季刊》，1801 年印成專書，名為《論人類美育》(*Über dieästhetische Erziehung des Menschen*)。❻

　　在第 1 封信中，席勒主要討論立基於康德的倫理及美育理論，但是在其餘的書信中也明白指出，他無法因人性中具有理性與欲望的衝突，而同意把道德生活從日常生活世界中割裂開來；相反地，他試圖用美感與藝術來調和人性中「追求物質」及「實現形式」之衝動來產生和諧，以昇華到完美境界。

　　藝術家根據心中的「形式」，把大理石雕刻成維納斯。透過美的經驗，無論是「優美」或是「壯美」都將人性從野蠻狀態提昇到道德自由的境地，所以在古希臘，職司文藝的女神和傳播理想的詩人都是人類教育家。同時，席勒觀察人格發展的階段，謂由兒童到青年以至於成人，其實都是重溫人類文化發展的歷史，由野蠻而啟蒙以至於文明。

　　席勒更進一步指出「遊戲」在兒童時期與人性教育上的重要性❼。只有「在遊戲的時候，人才成為真正的人，完全的人（第 15 封信）。」因為「遊戲衝動」(spieltrieb) 統一了「追求物質」與「實現形式」兩種衝動的矛盾，使人

---

❻　Friedrich Schiller: *Briefe über die ästhetische Erziehung des Menschen*, hg. v. Albert Reble (Heilbrunn: Klinkhardt, 1960) s. 84.

❼　參閱李正富譯：《西洋近代教育史》（臺北：國立編譯館，1968），頁 527–543.

性得以發揮、理性獲得自由。「猶如在奧林匹克運動場上，雖然大家向著標竿直跑，卻都已經渾忘生死，把個體融入群體，以自由來爭取自由（第 27 封信）。」此一創見不僅直接啟發福祿貝爾的幼稚教育理論，也間接影響赫爾巴特的多方興趣學說，以及我國教育家蔡元培「美育代宗教」的主張。❽

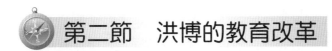
## 第二節　洪博的教育改革

## 一、德意志的復興

在新人文主義運動的衝擊下，德意志民族精神逐漸茁壯。不僅海岱的歷史哲學及其對古代詩歌的探尋，刺激了民族意識的發生；歌德與席勒的古典文學，以及克萊斯特 (Heinrich von Kleist, 1777–1811) 的浪漫文學也增強了民族的自信。此外康德的理想主義哲學，更提高了國家的道德要求，呼籲全體國民義無反顧地爭取民族自由。

1806 年 10 月普魯士被拿破崙打敗，法軍占領柏林，並要求普魯士準時繳納罰款及提供兵源。亦即為此，拿破崙推薦威斯特伐利亞邦總理許太因為普國首席大臣，組織有效率的政府來保證履行義務。1807 年 9 月底，許氏接任後立即改組中央政府，由內政、外交、國防、財政及司法五部組成。10 月 9 日頒布法令解放農奴並推行土地改革，採獨子繼承制，且繼承土地者應供應當兵的兄弟之軍械、馬匹，及求學兄弟的生活費用❾。軍事方面，由夏霍士 (Gerhard Scharnhorst, 1757–1813) 將軍負責建立常備兵役及後備軍制度，其離職前又命內政部增設宗教及教育司，由哲學家洪博主持，實施教育改革。此舉令普魯士上下同心、士氣大振，一時稱治。

但幾年後拿破崙懷疑許氏陰謀抗法，下令緝捕。許氏被迫逃亡，經奧赴

---

❽　參閱孫德中編：《蔡元培先生遺文類鈔》（臺北：復興，1966），頁 229–233。

❾　Fernis-Haverkamp: *Grundzuege der Geschichte von der Urzeit bis zur Gegenwart* (Frankfurt a. M.: Diesterweg, 1962) s. 234–236.

俄，協助俄皇從事抗法大業。令人欣慰的是原推行財政改革的哈登伯 (Karl August von Hardenberg, 1750–1822) 繼承首相後仍然蕭規曹隨，完成三大改革，奠定普魯士復興基礎。❿

## 二、教育家威廉‧洪博 (Wilhelm von Humboldt, 1767–1835)

1767 年出生於波瑪邦的貴族家庭，父親早逝，母禮聘年輕學者在家教導他和他的弟弟亞歷山大‧洪博 (Alexander von Humboldt, 1769–1859)。他在 1787 年到法蘭克福大學攻讀法律以前，已經精通各種古典語文，尤其是希臘文。1789 年由家庭教師康伯陪同到巴黎去觀察革命後的社會狀況，在其日記中有詳盡記載。

1790 年洪博進入普魯士的文官系統，初擔任柏林地方法院會計並受命學習外交事務。1791 年結婚後隱居岳家農莊，潛心研究古典學術及文化人類學，並與胡爾夫、歌德、席勒等互通聲氣。1791–1801 年間，舉家移居巴黎，也曾為語言學的研究到西班牙去考察巴斯克 (Basks) 的方言。1801 年他應召出任普魯士駐教廷代表，1809 年根據許太因的改革方案，成為新成立的文化及教育司長，在任僅 14 個月，在倪可勞微士及佘萬等能臣的襄助下，完成了全面性的教育改革，且創辦了全球第一所研究型的大學——柏林大學，為教育建立了一個重要的里程碑。

洪博後來又返到外交崗位繼續為復興普魯士而奮鬥，先任駐維也納公使，聯繫各國共同反抗拿破崙，並繼任出席維也納會議及德意志同盟的代表。可惜他追求民主憲政的信念，卻終於不敵國內專制保守的氣氛，故在一任駐英公使 (1817–1818) 及一年憲法部長 (1819) 後便掛冠求去，專心從事語言科學的研究，直到 1835 年逝世時為止。

## 三、全面性的教改計畫

國民教育方面，洪博根據菲希德的建議，由倪可勞微士負責，派遣 17 名

---

❿ 參閱郭恒鈺:《德意志帝國史話》(臺北: 三民, 1992), 頁 126–128。

年輕教育工作者到瑞士留學 3 年，歸而擔任督學或師範學校校長，普設國校，建立地方教育行政體系；並以裴斯泰洛齊的精神，充實國民教育，用信心與愛心來培育健康負責又忠勇愛國的公民。

　　中等教育方面，則根據許萊雅馬赫的建議，由佘萬主其事，確立以繼承文化道統為職責的文科高中制度，並實施高中畢業會考及教師檢定考試，以確保學者教育的品質。

　　高等教育方面，他不僅根據菲希德、許萊雅馬赫以及許多學者專家的不同建言，而且也根據他自己對學術教育的體認，創建了一所以德意志精神為基礎、以全民族理想為目標的柏林大學。這所大學不僅成為日耳曼各邦的團結中心，奠定統一的基礎，而且其以研究為導向、自由地追求真理的校風，也影響了全球各大學發展的方向。

　　在確立國家教育權的過程中，更重要的是他保障了人性發展與個性自由的原則，不脫其新人文主義與自由主義之學者的本色。洪博認為教育的功能不僅在由外而內的知識堆砌，且應重在由內而外的人性陶冶；教育的目標亦不僅在培養國家的公民與各行各業所需要的實用人才，而是更要如同當初神的創造，人人各依本性自由地認識宇宙真理、自動地追求人生理想。他要以希臘文化中完美的人性教育精神，使各級學校成為有機的系統。

## 第三節　柏林大學之創立

## 一、創校的背景

　　「大學」是西洋文明在中世紀綻放的一朵奇葩，它推動了人類的進步，促進了知識的發展。最早成立的大學，無論是意大利的波隆尼 (1119)、法國的巴黎 (1200)、英國的牛津與劍橋 (1249)，或是德意志地區的布拉格 (1348)、維也納 (1365)、海德堡 (1386) 和科隆 (1388) 等都具有超國界的性格，並以拉丁文為共同語言。

　　宗教改革後雖有以新教神學為核心的大學，如威登堡 (1502)、馬堡 (1527) 及寇尼斯堡 (1544) 等，但其結構並未改變。其後又受到啟蒙思想的衝擊，有些大學如哈萊 (1694) 和哥丁根 (1734) 等力圖革新，但影響有限，大學的性質與作風依舊故我。所以在自然科學的研究方面，有識之士紛紛主張在大學之外，另設獨立的研究機構；至於為培養農工等專門技術人員，亦各自設置了獨立的專門學院。

　　另一方面，大學中教授們故步自封，往往只知道照本宣科，或作一些形式的辯難 (disputatio)；學生們更因擁有特權、只求混個資格，甚或結幫成群，玩一些決鬥或舊生欺侮新生的遊戲。針對類似的流弊，席勒早在 1789 年就任耶拿大學教授的演說中便批評「混飯吃的學者」；謝林 (Friedrich Wilhelm Joseph Schelling, 1775–1854) 及菲希德等更呼籲教授們要以更高的道德標準來行事為人、以身作則，使大學能「尊德性」而「道問學」。

　　拿破崙纂奪法國大革命的成果而稱帝後，於 1806 年以巴黎大學為帝國大學，作為 22 所區域性大學的中心，採中央集權的領導方式，實施「大學區」制，以大學領導各級學校及地方教育行政，使大學成為一種革命性的嶄新形態。所以當法軍入侵並解散耶拿大學時，全國輿論都呼籲要在柏林另設一所真正的「德意志大學」。

## 二、創校理念

　　洪博在接任普魯士的教育首長後，不僅接受了許萊雅馬赫及謝林等多位學者的建議，並且根據他自己對高等教育的體認：「大學應該是經由科學來陶冶人性的所在，使每一個人的天賦才能獲得充分與最高的發展，而形成其個別的人格。」結合新人文主義文學與理想主義哲學而產生的教育理念，強調人性、重視通識，認為自由與自主的思想是提昇人性，追求道德上完全的黃金大道。

　　洪博在當時的菁英們的辯論中取得共識，認為要富強國家、復興民族，大學不僅要傳授知識，而且要發展知識；大學要注重科學研究，以研究來領導教學。柏林大學的哲學院不跟傳統大學一樣，僅僅開設各專門學院的前期

課程；相反地，它要成為大學的核心，負責推動全校的通識教育，並且要分別設置各種語文和自然科學的研究所來實施研究和教學。柏林大學雖然保留了許多傳統大學的形式，如教授治校、自由教學、學生自治、學校法庭及上課與考試的規則等，但已經培養了自動研究與共同學習的新風氣，注入了無止息地探求真理的新精神，尤其重要的是洪博提出「寂寞與自由」之理念，作為全校師生之守則，形成了柏林大學的新學風。

　　所謂「自由」，乃是發明真理與完成道德的前提；所謂「寂寞」，乃是領導國家社會的知識分子，必須不計利害、不隨俗、不慕虛榮、不醉生夢死、甘願忍受寂寞、淡泊度日的人格修養。全校師生在此一理念的潛移默化下，建立了學校的新傳統，產生了大學的新生命。**❶**

## 三、創校建議

　　洪博在《建立柏林高等學術機構研議書》中說明：「一個能高度表現民族倫理的高等學術機構，必須廣博深入地從事學術研究，自動而非勉強地開發精神及道德遺產。為此，它必須站在純學術的觀點，於內部能結合客觀研究與主觀的人格陶冶，在外部能聯繫已完成的基礎教育與正開始的大學教育，並在面對各個問題時，正確地全面掌握。而且唯有每一成員都能秉持純粹的學術理念，堅持『寂寞』與『自由』的原則，才能實現此一機構的目標。」

　　　此一高等學術機構的另一特質為：永遠把學術當作尚未完全解決的問題，而繼續不斷地研究探尋，不像中小學那樣，僅僅傳授那些已經完成的知識。所以它的師生關係與一般學校有所不同，師生都是為學術而存在。所謂高等學術機構，是藉外在的閒暇與內在的熱誠，不受任何政治形式束縛的人類精神生活。學者是為了自己的研究發明，也是為了能與別人切磋間益而聚集在一起；其次，才是集合一群圍繞著自己的年輕人。所以，當國家要確立此一組織形式的時候，必須注意到：(1)經常保持此一組織的生動而堅強的活力；

---

❶　Helmut Schelsky: *Einsamkeit und Freiheit* (Hamburg: Rowohlt, 1963) s. 66–69.

(2)不僅在理論上，而且在實踐上，純粹而堅定地保持此一高等學術機構與一般學校之區別，以避免其落入故步自封的老套。當政府在履行其義務、供應研究所需物質及形式條件的時候，不作過分而無益的干涉；即便從現實利益的觀點看來，國家在某些時候，仍有作適當干涉之必要。

國家所應做的，是選擇及集合那些足以增強及充實精神力量的人物，並賦予他們工作的自由。學術自由所受的威脅，有時不是來自外部，而是來自機構本身。所以國家既不可把大學當作高級中學或職業學校來處理，也不可把它視同技術的或科學的奴僕來使喚。組成大學是國家的義務，國家也可從較高的觀點要求最後的目標，但卻不可在過程中作直接的干涉。進入大學的青年，其身體、道德與心靈都應該被容許自由與自治；但他們自己卻必須甘心樂意地放棄現實享受，寂寞地潛心追求學術真理。 ⑫

根據這一個建議，於 1810 年所創立的柏林大學，不僅在外部形式上成為嶄新的「研究型大學」，而且在內部精神上亦被激發出創新的活力；它不僅領導德意志民族創建自己的國家，而且奠定了在科學上創造發明、在文化上推陳出新的傳統。這一個新型大學的成功，不僅成為德意志各地大學的典範，而且也引起了美國普林斯敦大學等的仿傚，形成全球大學追求卓越的趨勢。瑞典的諾貝爾獎金從二十世紀初開始頒發，該校從 1901–1956 年間，共有 29 位教授成為諾貝爾獎的得主，研究成就足以傲世，且歷久不衰。

---

⑫　Wilhelm Flitner: *Die Erziehung: Pädagogen und Philosophen uber die Erziehung und ihre Probleme* (Bremen: C. Schuenemann, 1961) s. 274–281.

## 小　結

　　德意志復興期間，新人文主義學者威廉‧洪博受命負責教育改革。他接受菲希德建議，實施國民教育，並商請許萊雅馬赫加強高中教育及修訂學制系統，且各有一批能幹的常任文官切實辦理，使各級學校恰如其分。此外對於當時時論焦點——如何籌設柏林大學作為復國建國工作精神領導中心，在博採群議以後，他仍貫徹自己的理念：「國家應提供充足的經費及條件，卻不可干涉大學的教學；大學要研究創造、發展知識，要以追求真理的態度培育精神自由的菁英。」

## 【問題討論】

1. 柏林大學為什麼要以「寂寞」與「自由」作為師生共守的信念？
2. 研究型大學是否還應該擔負教學任務？
3. 大學教授應否「尊德性、道問學」以作為學生的榜樣？

# 第 *15* 章

## 福祿貝爾與幼稚教育

# 第一節　浪漫時期

## 一、浪漫主義 (romantik) 運動

浪漫主義並不是對古典主義的反抗，而僅是它的延續與發展；由於理性的客觀價值既被確立，另一種推動萬有進步的力量「感情」也開始受到重視。❶

古典主義大文豪席勒，在其所發行的詩刊中已經號召追求自由的熱情，而其所編戲劇更篇篇燃燒著愛情的火焰。威廉・薛來格 (William von Schlegel, 1767–1845) 原在哥丁根大學讀神學，受海岱感召，改習文學，並於1792 年轉學耶拿大學，旋參加席勒發行的詩刊之編輯工作，並因翻譯但丁及莎士比亞等著作而文名大噪。1798 年起在耶拿大學講授文學及美學時，又與其弟共同發行文學評論雜誌：《雅典風》(*Athenaum*) 以鼓動浪漫主義文學的風潮。其強調自我與自由，要勇於表達個人內在主觀的感情而不受任何律例規則的束縛，且主張回歸自然，因為自然乃是不可見的精神之外在呈現。故世界不是機械的，而是有機的、生命的；宇宙不僅是合理的，而且要有愛的同情與美的價值。文學包括一切藝術，最能豐富生命的意義，實現生活之目的。

因之，浪漫作風雖可擴及法國的盧騷與雨果 (Victor Hugo, 1802–1885) 及英國的拜倫 (George Gordon Byron, 1788–1824) 與華滋華士 (William Wordsworth, 1770–1850) 等名家，但是只有薛來格兄弟經由文學批評建立了有系統、有範圍，且又有哲學基礎的文學運動。❷

當時屬於耶拿學派最著名的尚有筆名諾華利斯 (Novalis) 的詩人哈登貝 (Friedrich von Hardenberg, 1772–1801) 以及童話作家田客 (Ludwig Tieck, 1773–1853)。前者所作〈夜之禮讚〉("Hymnen an die Nacht")，傳誦一時；後者則繼承薛來格的遺志，與女兒共同完成了《莎士比亞全集》的德譯本。❸

---

❶ Fritz Blättner: *Geschichte der Pädagogik* (Heidelberg: Quelle & Meyer, 1966) s. 165.

❷ Fritz Martin: *Deutsche Literaturgeschichte* (Stuttgart: A. Kröner, 1961) s. 321–330.

　　1801 年，薛來格轉往柏林講學，經由海爾絲夫人主持的文藝沙龍與洪博、許萊雅馬赫等學者名流交往切磋，擴大了浪漫主義的影響。等到反抗拿破崙統治的自由戰爭爆發，德意志各地更產生了無數浪漫主義的作家與歌者，鼓舞民族熱情，爭取人民自由。

##  二、謝林 (Friedrich Wilhelm Joseph Schelling, 1775–1854) 的同一哲學

　　謝林出生於斯圖佳附近的萊恩堡 (Leonberg)，雙親均出身神學世家。擔任神學教授的父親見其聰穎，自幼親自教導，使其能 15 歲便進入杜賓根 (Tübinger) 學院讀神學。與黑格爾及以後成知名文學家的韓德林 (Friedrich Hölderlin, 1770–1843) 為同窗好友。在校除學習康德的批判哲學外，並旁及斯賓諾莎之理論。17 歲時發表〈哲學之可能〉及〈自我原則〉等文，已才華卓露、受人重視。

　　1795 年畢業後任侯爵家教，伴同兩位公子前往耶拿及萊比錫大學就讀，自己也順便進修數學、物理及醫學。經歌德推介，1798 年任耶拿大學講師，翌年菲希德因「無神論爭辯」去職，謝林乃獨任哲學講席，與學生薛來格、諾華利斯及田客等人交遊融洽，彼此切磋、相互辯詰，形成哲學討論新風氣。

　　其時謝林雖景事菲希德的「自我哲學」，但對「把自然當作自我的生產品，亦即義務之材料」的說法有所疑慮。他認為自然不是完全機械的客體，自然本身有其生命及其目的。他並引當時流行的生物演化的觀念來說明宇宙的進化，謂認識的道路是由客體到主體，從自然中逐漸看到精神，從各種兩極相反的「對立」調和成高等的「統一」，所以「自然是可見的精神，精神為不可見的自然 (Die Natur soll der sichtbare Geist, der Geist der unsichtbare Natur sein)。」謝林因而主張：「在絕對的觀念下，上帝與自然是同一的。」❹

　　宇宙既是一個活的、進化的組織，猶如一個有機體，部分不能離開全體、

❸　宣誠編譯：《德國文學史略》（臺北：中央，1970），頁 122–125。

❹　Hermann Glockner: *Die europäische Philosophie* (Stuttgart: H. Reclam, 1958) s. 743–750.

全體不能離開部分；主觀與客觀、形式與物質、理想與實在，都是一而不分、多而統一。在絕對中立的概念下，沒有邏輯的真假對錯，也沒有倫理的是非善惡，萬有在神祕的境界中統一起來，吾人也可以與自然同體、與天地合一，這就是所謂的「同一哲學」(identitaetsphilosophie)❺，可以歸類為「泛神論」的一種。

謝林的推論基本上混合了詩意與科學、幻想與邏輯；他認為人類自我意識最高階段為藝術，而自然本身便是一首詩，所以他的理論也為浪漫主義運動提供了合適的哲學基礎。❻

## 三、克勞賽 (Karl Christian Friedrich Krause, 1781–1832) 的萬物在神論

克勞賽在耶拿大學就讀時，就親炙於菲希德與謝林。1802 年他獲哲學博士學位，認為「自然」與「精神」一方面是對立的兩個範圍，另一方面卻又彼此影響、互為因果。兩者之上，還有一個統一的「全體」，名為上帝，也可以稱作「本質」。本質是一種無限的或無條件的「存在」，又是真正的「實在」，也可以說是「永恆」或「圓滿」。

所以「本質」即是「絕對」，可以統一自然與精神、主觀與客觀、理想與實在；而哲學的任務即在經由「本質觀照」來認識「絕對」。換言之，克勞賽鑑於當時科學思潮之衝擊，無法堅守「超神論」(theismus) 的立場，承認上帝創造萬有，在萬有之上，且係宇宙的主宰；但又沒有充分理由證明「泛神論」所謂「上帝即世界，世界即上帝」。於是他便調和兩者之間，創造了所謂「萬物在神論」(panentheismus) 的理論，認為上帝在萬有之中，但仍在萬有之上；精神藉自然而呈現，上帝仍藉自然律而管理世界。

克勞賽其後轉任哥丁根及慕尼黑等大學哲學教授，其「萬物在神論」的思想流傳不廣，直到十九世紀時，才一度風行於西班牙，不過卻大大影響了他在耶拿大學時的同學福祿貝爾。

❺　鄔昆如：《近代哲學趣談》（臺北：東大，1977），頁 212–218。

❻　陳正謨譯：《西洋哲學史》（臺北：商務，1968），頁 500–507。

## 第二節　福祿貝爾的教育思想

### 一、浪漫的成長過程

被譽為浪漫主義教育家的福祿貝爾 (Friedrich Fröbel, 1782–1852) 出生於杜林根邦的牧師家庭中，生母在他 9 個月時便病故，繼母則對他從不關心。孤苦的童年，大人們都沒空理他，屋後的小花園是他唯一的安慰❼。他 10 歲時獲得母舅的照顧而上學，17 歲至耶拿大學註冊，修讀自然科學並曾聽過菲希德及謝林的哲學演講，且頗受同學克勞賽之「萬物在神論」的影響。

1805 年他應邀到由裴斯泰洛齊的信徒葛魯納 (Gottlieb Anton Gruner, 1778–1844) 所擔任校長的「實驗學校」任教。是年秋假蒙家長霍滋豪生夫人 (Frau Caroline von Holzhausen) 資助，到瑞士燕福屯去參訪，更深受裴斯泰洛齊之感動，有意獻身教育事業。

1812 年他到柏林大學，受教於著名礦物學家魏斯 (Christian Samuel Weiss, 1770–1856) 門下。他自幼已經觀察到植物的內在規律性，從礦物學又發現礦物結晶的內在規律，並非自外而來的力量，因此更相信人類精神發展的規律，亦係自內而外，毋需他求❽。1813 年，反抗拿破崙統治的自由戰爭爆發，校長菲希德以身作則，擔任隨軍牧師，福祿貝爾也響應號召，投筆從戎。在軍中他結交了兩位好朋友：米登道夫 (Middendorf) 和蘭格泰爾 (Langethal)，後來都成為他教育事業上的夥伴。

1817 年福祿貝爾至卡爾號 (Keilhau bei Rudolstadt) 辦了一所學校，名為「普德教育所」(Allgemeine deutsche Erziehungsanstalt)，米登道夫與蘭格泰爾來校相助。1818 年與才女薇末麗 (Wilhelmine Hoffmeister, 1780–1839) 結婚，她曾受教於菲希德及許萊雅馬赫，婚後使福祿貝爾獲得精神與物質的雙重支

❼　徐宗林譯：《西洋三千年教育文獻精華》（臺北：幼獅，1971），頁 328–350。

❽　Hans Scheuerl: *Klassiker der Pädagogik* (München: C. H. Beck, 1979) s. 249–269.

持，校務蒸蒸日上，並把他的教育理念逐一實施。他將辦校成果以及自己對教育的看法，集結成《人的教育》(*Die Menschenerziehung*) 一書❾，於 1826 年出版，贏得了社會的重視。

當時歐洲在梅特涅 (Klemens Fuerst von Metternich, 1773–1859) 的主導下，各國實施復辟與反動的政策，反對民主共和、箝制言論自由，是故福祿貝爾讓兒童自由發展，以遊戲來進行教學的方式，是守舊人士無法了解的；雖然找不到學校有違背法令的地方，但仍多方為難挑剔，例如學生的頭髮太長之類。家長們為了怕麻煩遂不敢把孩子送來上學，導致學生人數減少。福氏因受不了這種無理的政治力量之干涉而有意另謀出路，便在友人的介紹下到瑞士去辦教育。

福祿貝爾因曾辦理幼兒教育的師資訓練，頗受貝恩 (Bern) 邦政府的肯定，因而於 1835 年受聘為邦立堡壘村 (Burgdorf) 育幼院的院長。在瑞士，福氏可以自由地繼續實驗自己的教育理論；他認為「兒童的自我表現力量」乃是「理性教育」的出發點，在兒童的自我表現活動中，一些具體的物，如水、沙、泥、木、石等都可以拿來作為教學的用具，並且逐漸發展出一套幼兒教育的理論體系。

由於薇末麗無法適應瑞士的氣候而病倒，他於 1836 年陪同妻子返德，並於 1837 年另行在勃蘭肯堡 (Blankenburg) 創辦一所新的學校，名為「兒童及青少年活力培養所」(Anstalt fuer Pflege des Beschaeftigungstriebes der Kindheit und Jugend) 繼續他的教育實驗，同時發行週刊報導成果，推廣他的教育理念。

1839 年薇末麗不幸病逝。翌年福祿貝爾一邊散步、一邊想念愛妻時，突然發現：「校中兒童原來就是他夢寐以求的百合花，猶如諾華利斯心中的藍色小花❿。如果要復演人類進化的歷史，那麼兒童所生活的校園，應該就是人類墮落以前的伊甸園，可以在上帝的恩愛中自由生活。」所以他大聲呼喊說：「幼兒教育場所的正確名稱應該叫做『幼稚園』」。福祿貝爾接著連續出版一些母親的歌與兒歌作為幼稚教育的教材，他認為母子之間的生命聯帶關係，

---

❾　徐宗林譯，前引書，頁 350–371。

❿　F. Blättner, a.a.O., s. 167f.

象徵「天人合一」的「生命大統一」，母親懷中的柔情與愛意，幫助了兒童健全人格的發展。

中世紀天主教繪畫藝術的核心「聖母馬利亞與聖子耶穌圖」呈現出母子心心相印、上帝與人類生命流動底美妙境界。福氏認為其已經無法訴諸於語言，只能用詩歌來唱誦。1848 年他在古騰堡發明活版印刷術 400 週年的紀念大會上，應邀發表專題演講時，建議組織「德意志婦女協會」來推動幼教，訓練師資及培養良母，期望天下的媽媽們都能運用愛心，不僅養護兒童的身體，且幫助兒童精神與心靈的發展 ❶。

1849 年，福祿貝爾又到愛石溫泉 (Bad Liebenstein bei Eisenach) 設立了一所幼稚園，在那裡他結識了畢羅夫人 (Bertha von Marenholtz-Buelow) 及教育家狄斯德威，在他們兩人有力的推介下，使福祿貝爾既神祕又浪漫的教育思想更被後世所重視。

然而由於歐洲各國政府對 1848 年社會革命的恐懼，普魯士教育部竟於 1851 年下令禁設幼稚園，表面理由是幼稚園教育有無神論傾向，實際上則是因政府發現福祿貝爾與在瑞士任教、主張政治革新的侄兒通信的緣故。這個禁令，經畢羅夫人等積極交涉，於 10 年後終於被解除；然而福祿貝爾受此無理打擊，仍於 1852 年早逝。

敬愛福氏的學生們把他安葬於馬利恩堡 (Schloss Marienthal) 的墓園，墓碑上刻著他的名言：「來吧，讓我們的孩子們生活！(Kommt, lasst uns unser Kinder leben)」並且立了一個圓柱形的石柱，其上頂著一個圓球，象徵「兒童恩物」，供後世景仰。

## 二、以生活為中心的教育

「來吧，讓我們的孩子們生活！」這是福祿貝爾自瑞士返德後，在勃蘭肯堡所辦「幼童實驗學校」的校訓。因為他感到：「沒有了生活，人生還有什麼？幼稚園既要復演人類始祖亞當在伊甸園中的生活，也就必須直接生活在上帝

---

❶　Eduard Spranger: *Vom pädagogischen Genius* (Heidelberg: Quelle & Meyer, 1965) s. 201f.

的福佑之下。」他斥責當時歐洲流行的教育為「陌生的教育」，是將知識臨時拼湊起來的教育❷。他認為死背死記文字觀念而缺乏直觀經驗的教育，是沒有生命的教育，不是真實的教育。

遠在心理學家們從事兒童研究以前，便發現了「兒童的心靈」，認為兒童即活動，尤其是遊戲活動為其真實生活的絕大部分。「在遊戲中，兒童開啟了迎接未來生活的心扉」，因為「遊戲乃是內在生命的自由表現，也是基於內在生命的要求；唯有透過遊戲，兒童才能感到喜樂、滿足、平安，才能開展內在的生命而享受到生活的樂趣。一切人生的善根都立基於兒童的遊戲；如果一個兒童，他能努力認真地、自動自發地、連續不斷地從事遊戲，直到身體疲倦為止，則他未來也必是一位主動積極、萬事有恆的成人。」

此外，「兒童在遊戲活動中，能夠自己決定遊戲的範圍與步驟，有一種深切的自由之感，所以任何兒童對於遊戲都有相當的愛好。」在福氏的心目中，不僅所有真正的教育都應該是創造與模仿、自由與紀律等正反兩方面的調和，而且整個人生也原本就顯示了雙重的兩極性格；我們需要「工作」來充實人生，更需要經由「遊戲」來享受人生。工作與遊戲，在活動方式上很難加以區別，其不同僅在是否具有外在的功利目標——工作是為一定的報酬而活動，遊戲則純為自我精神的滿足。

古希臘教育的最高境界，即在為藝術而藝術，為真理而求真，沒有任何外在目標。其教育活動的重點，原本就是音樂與運動，與我國儒家重視「遊於藝」的六藝教育，及主張「生而知之者不如好之者，好之者不如樂之者」的趣味主義，在精神上是相通的。是故，福祿貝爾和席勒一樣，認為只有在遊戲的時候，我們才真正是一個完全屬於自己的人；對兒童而言，遊戲和工作原無區別，只要是活動，使生命力由內而外發揮，生活便有意義。

## 三、生命的大統一

福祿貝爾自幼便觀察到植物的內在規律性，追隨魏斯教授研究時，又發現了礦物的內在規律，因此相信人類精神的發展亦有其規律，並且是「由內

❷ Herman Nohl: *Erziehergestalten* (Göttingen: Vandenhoeck & Ruprecht, 1958) s. 45.

而外，由下而上」。受母舅為牧師的影響，福氏在宗教思想上傾向非教條的敬虔主義，更因接受同學克勞賽的「萬物在神論」而相信「人」、「自然」與「上帝」三者之合一，且認為「每一個生命中間都含有自然的全體，又含有人性的全體……人性與自然，心靈的生命與植物的生命，已經交織成了一個『統一』」。

同時，根據他從軍的經驗，在戰地生活中「聯合行動」的價值高於「個人行動」；且只有當個人屬於全部，部分聯結全體時，生命才有價值。所以福祿貝爾認為：「教育之目的，乃是把每一個別的生命引入生命的大統一，而意識到自己與自然及上帝的合一。」當其奉命上書侯爵說明教育理想時，明白告稱：「我願把孩子們教育成：立足於上帝所造的大地，心胸開闊地與萬有和諧、與天地合一。」

在《人的教育》一書中，福氏首先肯定盧騷的思想，認為人的生長必須順乎自然，且生活在自然之中；其次繼承裴斯泰洛齊的主張，強調設置幼稚園不是要「代替」家庭，而是要作家庭教育的「補充」，甚至要幼稚園來教育母親善盡兒童教育的責任。他更進一步提倡，兒童不僅要在自然中生活、在家庭中生活，並且要在幼稚園中生活。因為教育的使命是要讓「自然的兒童」生長成為「人類的兒童」，提昇而成「上帝的兒童」。

這些理論難免有些玄學味道，因此有人批評，福氏為神祕主義者，不易了解。其實「天命之謂性，率性之謂道，修道之謂教」；教育原本有其形而上的意義，它不僅是生活的參與，而且也是生活的向上提昇。尤其在這缺乏羅曼蒂克氣氛的科技時代，更需要我們多一點浪漫的氣息，才能夠透過「教育愛」來享受真理與至善的「美感教育」。

## 第三節　幼稚園的理論與實施

## 一、意　義

　　幼稚園的德文 kindergarten 原義為「兒童花園」，最早出現於幽默文學家
李希脫 (Johann Paul Friedrich Richter, 1763–1825) 之作品，尤其在他的教育小
說《雷華娜》(*Lavana*) 中，強調兒童猶如植物之嫩芽，必須用愛心來培養，
細心呵護，好像樹木在「苗圃」中。福祿貝爾也認兒童必須在自然中成長，
只能用愛心的陽光和耐心的雨露，幫助他的生命由內而外地生長。

　　福氏也受當時流行的「開展學說」(proformation theory)⑬及宗教思想的影
響，認兒童時期猶如人類歷史起源的伊甸園時期，人類既係照著神的形象與
樣式所造，亦應在上帝福佑之下，享受生命樹的果子而模成神兒子的模樣；
所以幼稚園是兒童的苗圃，也是兒童的伊甸園。⑭

## 二、課　程

　　福氏認為小孩包括 3 個階段：嬰兒（自出生至開始說話）、幼兒（自開始
說話至 3 歲）、兒童（3 歲至 6 歲）⑮。前 2 個階段應該在母親懷中受養育、
父母膝前受教育，這是家庭的責任；兒童階段則可由專業的褓姆及教師來教
育，其時兒童已經開始「自覺」，可以發展其「自動」的態度。

　　福祿貝爾發現兒童具有 4 種本能：⑴創造的本能：基於神性，為一切創
造之源；⑵認識的本能：潛伏於人性，用以認識萬物；⑶藝術的本能：引起
美的情操，可以模仿自然；⑷宗教的本能：發自心靈深處的需求，追求生命
的統一。

⑬　李正富譯：《西洋近代教育史》（臺北：國立編譯館，1968），頁 641–651。
⑭　許智偉：〈福祿貝爾與學前教育〉，載於《東方雜誌》（臺北：商務，1982），頁 20–23。
⑮　林玉体：《西洋教育思想史》（臺北：三民，2001），頁 519–529。

福祿貝爾還認為「教學即生活」，應該從生活中發展兒童的本能，達成教育之目的。所以他所設計的幼稚園課程，首先是要經由「行動與語言」認識物體現象的外表，例如說話、手工、畫圖、讀書、寫字、辨色等，其次是注意萬物內在的本質，包括(1)自然常識：如經由散步和遠足的隨機教學，認識數和形以及通過遊戲活動以認識自然萬物等；(2)思想訓練：如文法、童話、講故事和詩歌朗誦等；(3)宗教教育：要認識自然的奧祕，發現生命的規律而啟迪宗教的情操。

## 三、恩　物

福祿貝爾對幼稚教育最具體的貢獻乃是創製一系列的教具來幫助兒童自動學習、自發作業。他認為這些玩具都是上帝賜給兒童的寶貝，所以稱為恩物 (gaben) ⑯。其數目歸納起來，約有下列各類：

㈠球

象徵宇宙是一個完整體，可用紅、黃、青、綠、紫、白 6 種顏色的小球，表演各種不同的動作和姿勢，藉以訓練手的運動，刺激智力發展，並可說明文法中前置詞的意義。

㈡3 種木製形體

「圓球體」含有和諧圓融之感覺；「立方體」為方正、穩定的代表；「圓柱體」綜合前兩者矛盾性質，象徵正、反、合的辯證過程，可做迴轉的遊戲。

㈢積　木

利用各種木製的條塊，如立方體、長方形及四角體等，用以拼湊建造，使兒童獲得「整體」和「部分」的概念，培養空間的觀念與積極建設的態度。

㈣其他各種不同的小木棍和紙張

使兒童自由中有規律、範圍中有自由，創造各種美的形狀。

㈤作　業

裴斯泰洛齊把勞苦的工作賦以道德的意義，福祿貝爾則進一步認為，經由「作業」，包括「行動」及「勞作」，深植人心的神性才能發芽生長、高貴

⑯　林盛蕊：《福祿貝爾恩物理論與實務》（臺北：文化大學，1975）。

的人性方能完成❶。所以他主張每一個幼稚園，真的要有一個園子，不僅是為了觀賞享受或是作沙堆遊戲，並且要利用園子學習園藝，製造黏土模型和陶器。年幼的兒童至少要練習裁紙和畫圖著色，女生則可學習縫紉、編織等手工藝。

有人因此認為福氏是德國工作學校的先驅。二十世紀的新教育運動領導者如霍爾 (G. Stanley Hall, 1844–1924) 及杜威 (John Dewey, 1859–1952) 等人亦都深受福祿貝爾教育理論及實際之深刻影響。❸

# 小 結

十九世紀初葉，浪漫主義彌漫全歐，人們不僅要根據理智行事為人，而且要熱情奔放地發揮生命活力。福祿貝爾浪漫地放棄世人稱羨的科學家生涯，而去從事幼兒教育工作，因為他發現小朋友才是他夢寐以求的百合，猶如諾華利斯心中的藍色玫瑰。

幼稚園於今天已成為全球通用的名稱；福祿貝爾所發明的恩物，不僅是教具，而且是玩具，已成為兒童不可缺少的禮物。他從陪同學生到燕福屯去學習開始，奉獻一生地開闢幼稚教育的新園地。

【問題討論】

1.說明幼稚園的命名過程及其意義。
2.遊戲在兒童教育上的價值為何？
3.福祿貝爾所發明的恩物有哪幾種？你曾否使用過？

---

❶ F. Blättner, a.a.O., s. 167.
❸ 李正富譯，前引書，頁 675。

第 *16* 章

赫爾巴特與教育科學

## 第一節　教育學能否成為專門科學

### 一、科學研究的趨勢

　　1543 年哥白尼的《天體運行論》出版，掀起了思想革命浪潮。1620 年培根的《新工具》問世，呼籲破除偶像，運用歸納邏輯，以經驗為基礎，尋求客觀的知識。1937 年，笛卡兒的《方法論》出版，更創「心物二元論」，奠定了以人為主體，以自然的現象為客體之實證科學的哲學基礎。至牛頓建立了近代物理學以來，各種科學更紛紛成形，形成了科學研究的趨勢。亦就在這本著「理性」與「經驗」來追求新知的十七世紀，教育思想逐漸從神學與實踐哲學中分離出來，成為有系統的知識。諸如柯美紐斯的泛知主張、洛克的品格教育、盧騷的自然主義、裴斯泰洛齊的愛心榜樣等都構成了現代教育學不可或缺的重要內容。教育學能否真成為一種專門科學之問題，也隨著它被納入大學的科目而引起了積極的討論。

　　康德於 1770 年接任寇尼斯堡大學教授後，曾在其哲學講座中傳授教育學，有關講義並於 1803 年出版。1778 年，普魯士邦教育部長崔立志決定在哈萊大學創設第一個從神學研究中獨立出來的教育學講座時，敦聘泛愛學校教師泰伯為教授兼所長，其在就任演說中已強調把教育當作獨立學問的必要；1780 年出版《教育學試探》一書中，已試著在心理學及人類學的基礎上，用觀察及實驗的方法來建立教育體系。 ❶

　　1809 年，當赫爾巴特應聘榮任寇尼斯堡大學康德講座教授時，便立即提出了以倫理學為教育目的、以心理學為教育方法而建立教育學的主張，且為了「使理論與實際攜手並進」，他在其研究所內創設教育實驗室，並附設小規模的實驗學校。同年，普魯士王國內政部新設教育文化司，由威廉・洪博擔任司長，積極推動改革。洪博既從齊勒在寇尼斯堡所辦學校，親沐裴斯泰洛

---

❶ Albert Reble: *Geschichte der Pädagogik* (Stuttgart: Ernst Klett, 1965) s. 155.

齊愛的教育之精神，故對與裴氏早有淵源的赫爾巴特也推愛賞識，不僅支持他的教育實驗，亦聘請他擔任學務委員參與新教育方案之設計。赫爾巴特因此得與德意志各學界領袖與文壇巨子相互交遊，其在寇大的教育實驗也持續了 24 年。❷

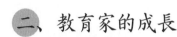

## 二、教育家的成長

被譽為「教育學之父」的赫爾巴特 (Johann Friedrich Herbart, 1776–1841) 出生於北德的歐登堡 (Oldenburg)，父親為市府參事，謹慎保守；母親為醫生之女，活潑外向。赫爾巴特幼時曾撞翻水壺而燙傷，其母疼愛有加，親自在家養護，並聘後來成為著名牧師的郁爾尊 (Hermann Uelzen) 為家庭教師，循循善誘，養成赫氏好學多問的態度及研究哲學的興趣，其母也經常伴讀並跟著學希臘文。

赫爾巴特 11 歲才進入拉丁學校求讀，已對吳爾夫及康德哲學頗感興趣；18 歲畢業時用拉丁文發表演說，討論西塞洛與康德對於「至善」(summum bonum) 的觀念，頗受讚賞❸。他不僅學業成績優秀，也是音樂演奏的名手，創作的鋼琴奏鳴曲曾流傳後世，同時亦勤練騎馬及擊劍等運動來鍛鍊體魄。

1794 年夏天，他遵父命攻讀法律，由母親陪同前往耶拿大學註冊。雖受教於名師菲希德及謝林，卻對於當時流行的理想主義哲學開始懷疑。他從古希臘哲學家潘梅尼德斯及赫拉克利圖斯之斷簡殘篇，得識感官世界與理念世界的不同與對立，以及感官世界中「萬物流轉」的觀念，認為感官也是知識的尺度，也可以得到真實❹，因而逐漸傾向於「唯實主義」。

在校期間他因母親的安排結識了詩人席勒，引發他研究荷馬史詩的興趣，同時也用功地潛修數學。讀完哲學院課程後，在母親的鼓勵下，1797 年接受瑞士貴族許泰格 (Von Steiger zu Reggisberg) 的邀請去擔任 3 個孩子的家教，每個月並須向家長提出學生的成績報告，其中應說明教學方法及對學生的建

---

❷　Hans Scheuerl: *Klassiker der Pädagogik* (München: C. H. Beck, 1979) s. 234–248.

❸　參閱林玉体：《西洋教育思想史》（臺北：三民，2001），頁 47–56, 62–69。

❹　參閱鄔昆如：《希臘哲學趣談》（臺北：東大，1976），頁 477–508。

議。從至今僅存的 5 份建議中，不僅可以發現赫爾巴特從事教學的用心，也可窺得他教育思想的幼苗；其 3 年家教的教學經驗，亦是他窺視兒童的心靈以建立教育科學的基礎。❺

　　1799 年他到堡壘村拜訪大教育家裴斯泰洛齊，深受感動，自認其心理學的基本原則及其對教育學說的推論，都受到裴氏的影響。翌年，他因母病回德，定居於布萊梅 (Bremen)，曾發表〈論裴氏近著：葛姝如何教導她的孩子〉，以及〈裴斯泰洛齊直觀 ABC 之理念〉等論文。1802 年母親病逝，父親同意其自由進修，乃赴哥丁根大學考取哲學博士學位，並取得教授資格，在校擔任私聘講師，開授哲學及教育學。

　　1804 年他發表〈論教育之主要課題：世界之美的表現〉❻。1806 年出版《普通教育學》(*Allgemiene Pädagogik*)、《形上學概要》及《邏輯概要》。1808 年出版《實踐哲學通論》，並在 1809 年獲寇尼斯堡大學敦聘擔任康德講座教授，從此展開了他長達 24 年為建立教育學而貢獻心力的教授生涯。

　　其時，赫爾巴特也孜孜不倦地從事心理學的研究，從形而上學的探討，改為對心理現象的觀察與分析。1816 年出版《心理學》，1824 年出版《心理科學》(*Psychologie als Wissenschaft*)，企圖用數學的方法計算「表象」的作用，猶如牛頓之計算物體運動，而建立「精神力學」，實開科學心理學之先河。其後，費希納 (Gustav Theodor Fechner, 1801–1887) 提倡「精神物理學」及佛洛伊德 (Sigmund Freud, 1856–1939) 之研究「心理分析」，均曾受赫氏心理學說之影響。❼

　　在哲學方面，赫爾巴特自認係康德正統的繼承人，謂菲希德的強調「自我」、黑格爾的「絕對精神」，均已偏離康德之本旨。他於 1813 年著有《哲學導論》(*Einleitung in die Philosophic*)；1831 年出版的《簡明哲學百科全書》

---

❺　黃炳煌：《赫爾巴特教育思想之研究》(臺北：嘉新，1964)，頁 4。

❻　Johann Friedrich Herbart: *Über die ästhetische Darstellung der Welt als das Hauptgeschäft der Erziehung*, hg. v. Heinrich Döpp-Vorwald (Weinheim: Julius Beltz, 1955).

❼　黃炳煌，前引書，頁 31–32。

(*Kurze Encyklopädie der Philosophie aus praktischen Geschichtspunkten*) 則說明
了他唯實主義的哲學觀點❽。可惜他那有異流俗、不肯苟同當時盛行的理想
主義之哲學風氣的態度，卻使他在黑格爾逝世之後，無法到柏林去繼承大師
所遺留的講座。

　　1833 年他返到哥丁根去任教。1835 年出版《教育學講義》(*Umris
Pädagogischer Vorlesungen*)，進一步闡釋他所擬建立的教育學理念，廣受好
評。1841 年 8 月 11 日，被譽為「哲學家中最好的教育家，教育家中最好的
哲學家」的赫爾巴特仍在授課，翌日卻突告中風，於 8 月 14 日壽終正寢，享
年僅 65 歲。其後學生們仍熱心推廣他的教育學說，影響歐洲達一個世紀之久，
並且遠傳美國，成為在杜威之前支配師範及中小學教育的顯學。❾

# 三、實在論的哲學

　　康德哲學原本是感性與悟性並重、經驗與概念兼顧，但為探討本質問題，
其後繼者菲希德、謝林以至於黑格爾卻因強調自我與邏輯，而發展成絕對觀
念論的理想主義；且因其以辯證為方法，綜合各科為體系，形成人類知識之
淵海。黑格爾更因其學富五車及「絕對精神」之中心觀念，而被譽為當代思
想大師，成為德國學術界的偶像。

　　但是自認為康德正統繼承人的赫爾巴特卻不以為然，他認為「物自體」
(das ding an sich) 雖不能用經驗來認知，卻仍可用理性來推知；每一個存在的
現象之背後，必有一個「實在」。眾多現象背後的彼此關係、活動及變化，構
成了客觀的世界之現象；吾人用感官去經驗這許多現象，再經由悟性的反省
與綜合，才能產生真實的知識。這是哲學上的多元實在論，或謂「唯實主義」；
根據這樣的看法，「世界由觀念所構成」並不正確。

　　在實踐哲學方面，赫爾巴特繼承康德「意志自由」的觀念，也認為行為
的善惡是非不應看其結果，而要視其動機；但他又唯實地認為道德法律不該
只是源自理性及無法實證的「無上命令」(kategorische imperativ)，而應該從

❽　徐宗林譯：《西洋三千年教育文獻精華》(臺北：幼獅，1971)，頁 375–388。

❾　李正富譯：《西洋近代教育史》(臺北：國立編譯館，1968)，頁 627–628。

人與人的關係中去探求、從世界萬物的關係中去歸納 ❿。換言之，康德所提出來的是「形式倫理學」，而赫爾巴特企圖建立的是能指示道德內容的「實質倫理學」。他認為一個有道德的人，首先必須有「內心的自由」，並且有追求「至善」的志願；在與別人的關係上，可秉持「善意」、「正義」及「公平」之原則，以建構和諧的社會。❶

赫爾巴特又進一步地推論說：本著善意（孔子所說的恕），設置行政系統來服務公眾；基於正義（孟子所說的義），建立法治社會以維護秩序；運用公平（儒家所主張的忠），產生勞資報酬以增進福利。這樣便可以運用「自由的倫理意志」，戰勝人類自私的欲望，創造美麗的道德世界。所以他所主張的「道德意志」不是玄學的，也不是先驗的；而是心理的、可以驗證的。

赫爾巴特畢生的努力都在探討如何培養學生的「倫理趣味」，增進他們「美的判斷力」，俾能本著良心，忠於原則地自由選擇。道德不僅是教育的最高目標，更是教育目的之全部。換言之，這一位大哲學家之所以建立科學的教育學，便是要以心理的、經驗的、唯實的方法來陶冶人性、德化人生，實現真善美的社會。

## 第二節　赫爾巴特教育學

## 一、教育學之可能

所謂科學通常是指有系統的知識，但赫爾巴特卻依據康德在《純粹理性批判》中的主張，認為真正的科學不僅在外表形式上是有系統的，而且在一定的知識範圍內，有其內部的統整性；亦即依循原則及理念，構成因果的相關性，並非把知識堆集在一起就算了事。所以他所著《普通教育學》便是以先驗的教育目的演繹而成的學術體系。❷

---

❿　J. F. Herbart, a.a.O., s. 10.

❶　Fritz Blättner: *Geschichte der Pädagogik* (Heidelberg: Quelle & Meyer, 1966) s. 202.

　　教育是要人本於理性，發展成為有道德的人，但是人有七情六慾，並非天生就能本於自由意志而服從理性律的「無上命令」，故當時所流行的自然主義教育思想，如盧騷等人所主張「順其自然便能成為好人」並不真實。赫爾巴特務實地從人類學的研究中考慮，能否找到一種方法，在欲望與德性繼續不斷的衝突中，於人性增強道德的力量；其並非勉強人們服從外在的法律，而是促使人們本於內心的自由而選擇理性的命令。教育能否運用心理學的方法來形成人心中的道德意念，進而產生行為中的道德力量呢？他稱這種研究為「教育的可能性」——如果可能，究應如何實施？如此建立起他的教育學。

　　在《教育的主題——世界之美的表現》赫爾巴特說明道德命令的來源是人類理性，而理性判斷是一種美的判斷，他亦稱這種美的判斷為「良心」。照赫氏的說法，哲學可分為邏輯與美學兩大類。美學包括狹義的美學（以音、色或線之關係為對象）、倫理學（以行為及意志之關聯性為對象），兩者均基於意志及趣味而產生讚賞或譴責之判斷，乃是意志的一種獨立評價。他曾言：「美之同時又為真，真之同時又為美，始能稱之為善」。但如何使美的判斷成為追求道德的意志力量呢？赫氏認為無法從哲學探討中去求得，而應該從心理學的實證的觀點來探討。此外，意志的特性是「選擇的自由」，如何在選擇的時候，忠於原則地遠離欲望而追求高尚的目標呢？這需要「練習」與「習慣」，不是像康德所說「凡事本於理性，服從無上命令」；而應根據個人的「良心」，從小處入手，不斷操練「善良意志」、實踐從「內心自由」引申出來的道德理念❸。所以赫爾巴特認為道德教育可以分成 3 個階段：

㈠**管　理**

　　猶如吾人所云常規訓練，經由說明、處罰、獎勵、監督及看顧等不斷練習生活中的秩序與禮貌，以養成「服從」的習慣；其前提必須讓學生充分感受老師的愛心。

㈡**教　學**

　　赫氏認為美育判斷與倫理意志均源自理性，人必須具有相當的知識才能

❿　J. F. Herbart, a.a.O., s. 6.

❸　J. F. Herbart, a.a.O., s. 17–20.

明辨是非，也唯有認識真理，內心才有自由，才能為所應為地行善。所以他從心理學的觀點指出，品格陶冶的核心在教學，尤其是那些能變化氣質的課程，如詩歌、歷史與音樂等。

㈢訓　導

　　在管理所鍛鍊的倫理意志及教學所培養的美育判斷之基礎上，教師要發揮其內在的權威，一方面直接影響學生的情感，喚醒他們的良心；另一方面又深化思想圈所形成的理性判斷，堅定他們的意志。無論是警戒或是鼓勵、勸阻或是啟發，教師必須自己成為學生的榜樣，以其成熟的人格影響學生的人格，使學生本著良心，內心自由地作理性選擇，實現道德行為，訓導才有功效。⓮

## 二、啟發多方興趣

　　赫爾巴特既認為心靈是一實體，猶如萊布尼茲所云單子 (monade) 單一而自主，其受外界刺激產生「表象」，諸表象間視其性質之相似或對立，產生融合、抑制或複合的作用而形成「意識」。表象是使意識發生作用的精神活力，但也可能無法跨越「意識的門檻」而成為「潛意識」，須待新刺激的牽引而復現⓯。表象的沉潛及復現之流動，成為意識之運動；各個表象力量的強弱、相互的關係、運動及變化，乃是機械的作用，可以用數學的方法來測量計算，並尋求其因果關係，猶如牛頓之物理學，故被稱為「精神力學」。新生或復現的表象與意識中舊有的表象之類化作用，猶如食物之消化，赫氏稱為「統覺」，當一群群的表象共構成體系並進入意識的時候，就產生理解或認知。

　　赫爾巴特認為表象是心的根本機能，其他精神作用如感情與意志等也均由此派生；經由「統覺團」(appereceptive mass) 同化新觀念來聯合經驗與知識，是一種「從已知到未知」的學習歷程，並且可以在意識界中形成「思想圈」(der Gedankenkreis)，作為教學活動的核心。他曾言：「兒童的思想圈乃一切精神生活之基礎，所謂教學，無非此一思想圈之擴充與深化而已」，兒童「經由

⓮　A. Reble, a.a.O., s. 224.

⓯　林玉体，前引書，頁 497。

經驗從自然中獲得知識，經由交往而對他人產生同情與理解」；又謂：「人類之價值不存於知識，而存於意志」，「學生之表象群實為意志陶冶之基礎」 ⑯。換言之，思想圈之成長，不僅使學生獲得更豐富的知識以明辨是非，且由於伴隨以生的意志力之加強而完成品格陶冶。赫爾巴特稱此為「教育性的教學」，也是真正有價值的教學，其入手點則為喚起多方興趣——在知的方面包括經驗的興趣、認知的興趣和美善的興趣；在行的方面則應有同情的興趣 ⑰。唯有養成學生的多方興趣，才能幫助他在各種不同道德情境中做正確選擇，並保證他在職業生活上作最佳的決定。

綜上所見，赫爾巴特雖擺脫傳統的玄思的心理學，如以機械的觀點解釋學習歷程的聯想心理學，和強調形成陶冶的心能學派 (faculty psychology) 等，而試圖經由觀察、應用數學來建立科學的心理學；然其因忽視實驗、未能運用實證方法，故雖然發現了許多新的觀念、倡用了許多新的名詞，有助費希納、佛洛伊德等人對心理學之研究發展，卻未能自身完成科學的現代化的心理學體系。但是，他在心理學的基礎上探索教育方法、在倫理學的基礎上發現教育目的之努力，終究為具有價值科學性質的教育學開創了一條康莊大道。他不僅被譽為「教育學之父」，且其「發現興趣、培養興趣」以引起學習動機的主張，更被後世的教育工作者在實際從事教學時奉為圭臬。

## 三、　系統化的教學

赫爾巴特在研究古希臘的史詩時，發現荷馬時常發問：「什麼是我首先要講的？其次要說什麼？最後要如何敘述？」，領悟到教學的過程也必須有一個優先程序，才能發揮最大效果 ⑱。教學的進程目標既在啟發學生的多方興趣，但另一方面，人的興趣往往開始於對某一單一事件的注意，然後擴及相關的事物，並且從感覺和知覺經由分析而提昇至記憶舊經驗與想像新情境的階段，此一過程赫氏稱作「致知」(vertiefung)，亦即要專心以求知。人類的理性又

---

⑯　黃炳煌，前引書，頁 55–56。

⑰　F. Blättner, a.a.O., s. 207–210.

⑱　F. Blättner, a.a.O., s. 210.

更進一步，把致知所得加以反省、思考，提昇到更高的階段，經統覺而類化，進入思想圈中的知識體系，這就是「致思」(besinnung)，亦即反省以求理。致知強調分析，可以明白個別事物；致思重在綜合，可以發現普遍規律；兩者交相應用、辯證發展以擴大思想圈。

　　基於此種認識，赫氏認為教學的過程可包括 4 個階段，即(1)明瞭：專心注意、深入分析，明確把握學習之內容，使其能與其他事務有所區別；(2)聯合：新經驗與舊經驗適當地結合，並擴及相關的知識；(3)系統：使表象的內容發展成普遍的概念或系統；(4)方法：使普遍的概念通過實踐應用於生活❶。赫爾巴特的原意，並不主張一切課程都要死板地照著這 4 個階段來進行，而是要根據教材的內容，隨機調整、活用變化；在教學方式上更要講解與討論、觀察與計算、分析與綜合等靈活應用。

## 第三節　赫爾巴特學派

## 一、五段教學法

　　赫爾巴特堅守在大學中從事研究及教學的崗位逾 30 年，其科學教育學的學說得以不斷傳播，尤其經由他那些在大學中擔任教育學教授、負責師資培育任務的門生之推廣，形成了所謂「赫爾巴特學派」(Die Herbartianer)，影響德意志的教育近一世紀之久。

　　赫爾巴特學派中最主要的人物是戚勒 (Toiskon Ziller, 1817–1882)，他是赫氏的再傳弟子，曾任中學教師，後出任萊比錫大學教授。1865 年創立該校教育學院，並附設實驗學校，負責薩克森邦的師資養成；1868 年創辦「科學的教育學協會」擴大影響於全德。他相信兒童身心的成長，是重複人類發展的歷史階段，而依此規劃課程的發展。他推廣赫爾巴特的系統化教學方法，並修正成「五段教學法」(fünf formalstufen) 亦即：(1)分析；(2)綜合；(3)聯合；

❶　Willibald Russ: *Geschichte der Pädagogik* (Heilbrunn: J. Klinkhardt, 1965) s. 99.

(4)系統；(5)方法。

其時，赫爾巴特的大弟子斯陶 (Karl Volkmer Stoy, 1815–1885) 也於 1874 年在耶拿大學設立了教育研究所及實驗學校，講授赫爾巴特教育學說。1885 年雷鷹 (Wilhelm Rein, 1847–1929) 繼承衣缽後更發揚光大，除了發行《學校年鑑》(*Schul Jahre*) 更進一步把五段教學法之內容修正為：(1)引起動機或預備；(2)提示；(3)聯合或比較；(4)總括；(5)應用。**⑳**

林玉体教授曾經評論說：「教師依據這 5 個過程來進行教學，比較完整。首先，教師先引起動機，將所教的新教材作一番了解與研究，指出教學目標，注意學生的興趣及注意對象（預備）；其次，清楚、簡捷並以生動的方式將教材呈現在學生面前(提示)；然後試圖把新觀念與學生的舊有觀念融合、同化、統整成統覺團（聯合），此時分析與綜合、抽象與具體，都雙管齊下（總括）；最後，就是將成立的統覺團訴諸應用。不過這種教學方法，側重教師本位，雖然也顧及學生之興趣，但似乎比例不多，在其後高唱『兒童中心』(child-centered) 的潮流裡，五段教學法立即失勢」**㉑**。是故赫爾巴特學派其後雖經杜沛德 (Friedrich Wilhelm Dörpfold, 1824–1893) 在西方的萊因河流域、魏爾曼 (Otto Willmann, 1839–1920) 在東方的布拉格擴大實施並深化理論，但仍在第一次世界大戰之前便被教育改革的潮流所替代。

## 二、普及於歐美及日本

在 1911 年舉行的雷鷹教授講學 50 學期的紀念會上，已經發現由耶拿歸去的外國留學生把赫氏教育方法帶到歐洲各地，甚至遠及俄羅斯及美國。其後由於赫氏著作陸續被譯成英、法、意及西班牙等文字而加強其影響。

在意大利的推廣方面，布拿推里 (Franceses Bonatell, 1830–1911) 從 1854 年起便傳佈赫爾巴特學說至意大利；其門弟子克萊達諾 (Luigi Credaro, 1860–1939) 於 1887 年至萊比錫大學進修一年離開以後，設立師範學院、組織教師學會、鼓吹教育立法、推行國民義務教育，使赫氏教學法得以在意大利

---

**⑳**　W. Russ, a.a.O., s. 106–109.

**㉑**　林玉体，前引書，頁 504–506。

生根立基。

在美國的推行方面，一群耶拿大學的畢業生回到美國以後，掀起了赫爾巴特運動 ❷。首先是康乃爾 (Cornell) 大學的戴嘉穆 (Charles De Garmo, 1849–1934) 在 1889 年發表《方法精華》(*The Essentials of Method*)；接著是查理・麥慕里 (Charles Alexander McMurry, 1857–1929) 在 1892 年發表的《總方法》(*General Method*)；他在哥倫比亞大學師範學院任教的兄弟富蘭克・麥慕里 (Frank Morton McMurry, 1862–1936) 又接著發表《複講法》(*The Method of Recitation*)。他們從各種不同的角度闡釋赫爾巴特形式教學的理論與方法，引起很大響應。1892 年組成的「全美赫爾巴特學會」，以戴嘉穆為會長，1902 年改稱「全美教育研究會」，從事科學的教育學之研究，對美國中小學課程的發展及教學方法的改進影響頗大。 ❸

當日本在明治維新 (1868–1912) 的時候，經駐德大使向普魯士介聘郝士客 (Emil Hausknecht, 1853–1927) 到東京講授教育學。他以布拉格大學教授林德納 (Gustav Adolf Lindner, 1828–1887) 的著作為藍本，介紹赫爾巴特的學說，開始了日本教育現代化的第一步，其後才引進裴斯泰洛齊及狄爾泰等人的理論。郝士客的學生中也培養了許多當代的教育家，如谷本富 (1867–1946) 把赫氏思想做了有系統的詮釋，並把《普通教育學》及《教育學講義》譯成日文。

## 三、充滿活力的赫爾巴特

任何學派經過了一段活躍時期以後，都會盛極而衰，赫爾巴特學派也不例外──經過了半個世紀的興盛以後，終究變成教育改革的對象。但正如德國當代大教育家諾爾 (Herman Nohl, 1879–1960) 所言：「赫爾巴特不僅自身擁有數學及自然科學的造詣，足以從事科學的教育學之建立，而且他那上追柏拉圖而與當代哲學家康德、黑格爾並駕齊驅的高深哲學修養，使他的教育學

---

❷ Rudolf Lassahn: *Tendenzen Internationaler Herbart-Rezeption* (Kastallaun: A. Hannm, 1978) s. 59–76.

❸ 劉伯驥：《西洋教育史》(臺灣：中華，1983)，頁 293–294。

蘊藏著生機和活力，冬眠以後可以逢春再發」❷。細讀赫氏著作，可以發現他始終維護善良人性及個人自由，反對把人當作機器及把教育視同工程地機械塑造。他更強調教育獨立，反對讓教育成為政治、宗教甚或哲學的附庸。其次，他認為教育目的不該由教師決定，而應讓學生自己發現，這就是他所強調的教學應以興趣為目標，並且是多方興趣，直接影響並豐富生活，形成一生的志趣。

此外，一般通常認為：「工作是目標，興趣是助力」。赫爾巴特卻把它反過來說：「興趣才是目標，工作是完成興趣的方法」。其實這種說法與孔子所云：「知之者不如好之者，好之者不如樂之者」意義相通，可以東西輝映。

雖然赫爾巴特生長在一個浪漫主義思想蓬勃的時代，他卻拒絕了「人格成長，猶如植物自然生長」的說法，而發現人類精神生活的核心在「思想圈」，這是每一個人的理性所在。經由不斷的經驗與交往，擴大其範圍；經由持續不停地精神呼吸、知與思的交互作用、辯證發展而形成人格的有機發展。其實思想圈中不僅有心思的更新，而且包括了心情和心智的變化；教育的功能也就是經由知識的成長，影響人心理上的思想、情感和意志，形成新的價值標準。

主張兒童中心的學者批評「五段教學法」以教材為本位，不顧兒童自主的學習興趣，且過重形式，難免呆板僵硬；然而杜威在其所著《思維術》(*How We Think*) 中，主張思維的 5 個階段為：暗示、問題、假設、推理及驗證❷，與赫氏學派所主張的教學五階段：預備、提示、比較、總括與應用甚為類似。在實證上，赫氏理論雖然難免有其時代的局限，但在哲學思辨方面，卻有其深邃的思想泉源，常人難以望其項背，他被稱為教育家中最偉大的哲學家，並非過譽。

---

❷　Herman Nohl: *Erziehergestalten* (Göttingen: Vandenhoeck & Ruprecht, 1958) s. 51–59.

❷　國立編譯館主編：《教育大辭書》(臺北：文景，2000)，頁 186。

# 小 結

被稱譽為「哲學家中的大教育家，教育家中之大哲學家」的赫爾巴特，他在倫理學的基礎上發現教育目的、在心理學的研究中探索教育方法，終於為具有價值科學性質的教育學開闢了一條康莊大道。如果說他是「教育學之父」實在也當之無愧。此外，他「發現興趣、培養興趣，以引起學習動機為先」的主張，應該被教師們奉為圭臬。雖然學生們把他設計的教學過程，簡化為「五段教學法」，便於推廣也引致誤解，但其本於深邃哲學思考的理論，仍是教育學的活水泉源。

## 【問題討論】

1.什麼是「思想圈」？在知識學習和品格陶冶上如何發生作用？
2.為什麼赫爾巴特所主張的「道德意志」不是先驗的而是心理的？
3.赫爾巴特學派在美國和日本有何影響？

# 第 *17* 章

## 葛隆維與成人教育

## 第一節　北歐教育的特色

### 一、維金傳統

政治地理上所謂的北歐是指丹麥、瑞典、挪威、芬蘭、冰島五國及其屬地：格陵蘭、法羅、歐蘭與斯瓦北等群島而言。它不僅是今天世界上生活品質極高的社會福利國家，而且也是歷史上維金人所統治的地區。其從西元十世紀接受基督教化開始，不斷進步。

十一世紀時，丹麥國王開紐特一世 (Canute I, 985–1035) 曾占領英倫，被盎格魯‧薩克遜及丹麥兩國共推為國君。十四世紀時，丹麥攝政王瑪格麗特一世 (Margrethe I, 1353–1412) 建立「斯堪地納維亞聯邦」，統一了北歐；但十六世紀時瑞典脫離聯邦而獨立，且因國王阿道爾夫 (Gustavus Aldolphus, 1594–1632) 在三十年戰爭時英勇善戰而取代了丹麥的優勢。二十世紀開始後，獨立運動澎湃，挪威於 1905 年獨立、芬蘭於 1919 年獨立且改制共和，冰島也於 1944 年改制共和而脫離丹麥。 ❶

綜上可見，北歐歷史上淵源於共同的維金文化，地理上亦彼此唇齒相依，故於 1953 年又成立「北歐理事會」(the Nordic Council)，並在 1963 年簽署《赫爾辛基協定》推動五國間合作，共謀發展。

### 二、北歐的現代化

北歐地處極北苦寒之地，一年有四個月是天寒地凍的冬天，糧食不足、資源貧瘠，非四處劫掠無以為生。由於第十世紀開始的基督教化，改變了維金人的思想與行為，尤其以 1517 年馬丁‧路德掀起的改教運動，影響最大。1520 年道生 (Hans Tauson, 1494–1561) 訪問威登堡返到丹麥以後，便宣揚「因信成義，以《聖經》為真理，平信徒均可為祭司」的福音。1538 年，丹王邀

---

❶　參閱許智偉：《丹麥史──航向新世紀的童話王國》(臺北：三民，2003)。

請神學家布艮漢根來指導信義會的改建，其忠心執行馬丁・路德的指示：「使兒童每天上學 2 小時，其餘時間在家學習一種行業，同時並進。」並動員神職人員兼任教職、在市鎮設立讀寫學校、在教堂辦理聖經學校，使一般民眾都能明白《聖經》、相信基督；後又把哥本哈根大學改組成新教大學，成為培育牧師和教師的搖籃。自此以後，北歐各國成為擁護新教的重鎮，民智也日益開放。

1814 年，丹麥立法令 7 至 14 歲的兒童接受國民義務教育，以培育民力、恢復信心。生聚教訓的結果，在十九世紀 20 年代已產生了發明電磁原理的大科學家歐士德 (Hans Christian Oersted, 1777–1851) 及聞名全歐的雕塑家杜凡生 (Bertel Thorvaldsen, 1770–1844)；30 年代更有安徒生 (Hans Christian Andersen, 1805–1875) 寫成不朽的童話、祁克果成為存在主義哲學的前驅。挪威、瑞典也跟著分別於 1840 年、1842 年推行國教，使經濟振興、科學進步，政治也更能民主。40 年代葛隆維 (Nikolaj Frederik Severin Grundtvig, 1783–1872) 的成人教育運動已經從丹麥開始發展，它所喚起了的民族意識和愛鄉土的熱情，使丹麥在第一次薛來斯威戰爭 (Slesvig War, 1848–1850) 中打敗了強大的德國而光復失土。

瑞典在 1870 年開始工業化，鋼鐵、造船及紡織均有傑出成就，汽車及機械也有很好表現，接著又發展通訊產業、製藥及生物科技。二十世紀開始頒發的諾貝爾 (Alfred Nobel, 1833–1896) 獎金，標示了全球科學的進步；愛倫凱 (Ellen Key, 1849–1926)「兒童世紀」的呼聲也喚醒了教育改革的風潮。瑞典在 1950 年搶先把國民教育延長 9 年，並在 1972 年改革高中、1977 年改革大學，成為世界教育改革運動中最先進的國家。❷

檢討北歐諸國現代化的歷史，可以發現教育領導著社會的變遷、推動政治的進步和經濟的發展。尤其是丹麥，它是世界上最早推行國民義務教育的國家，而葛隆維的思想更替西洋教育注入一股不同於傳統文雅教育的清流，擴及歐洲、影響全球。或許這也是金恩 (Edmund James King, 1914–2002) 比較全球 7 個代表性國家的教育時，首先提到丹麥，並且說：「他們的成就，無法

❷　參閱許智偉：《北歐五國的教育》（臺北：鼎文，2002），頁 36–37, 141–142。

不歸功於教育。」 ❸

## 三、全民的自由教育

昔日的邊陲地區，今天已躋入富國行列的北歐五國，在科技發展上更力爭上進。不僅全球傑出學者均以能到斯德哥爾摩戴上諾貝爾的冠冕為榮，而且有關科技產品諸如行動電話、電腦軟體、生物科技、石油工業、地熱開發等亦受世人推崇。但是他們自己引以為傲的卻是文化——縱或地理上是小國，文化上必須是大國；他們不僅以建立了世界上「政治最民主的社會福利國家」為傲，更以能夠發展出「全民的自由教育」為光榮。

在教育行政方面，他們強調「參與式民主」的學區制，重視教育機會的平等，所以延長國教年限、設置綜合高中、申請入大學採取抽籤及積點分發制度，提高工農階級就讀大學比例。此外，由於葛隆維提倡用母語來教學、以詩歌和歷史來培育民族意識的影響，北歐各國教育在邁向國際化的今天，仍重視「本土化的契合」，也尊重少數民族的文化，所以各級學校自編鄉土教材，各自發展具有本土特色的科學研究，而各個地區也都有他們自己的鄉土博物館。另一方面，他們的學位與學歷已可與歐盟及美國相通，教授與學生的交流更為頻繁，加上結合電子郵件進行外語教學、利用網路及電視辦理遠距教學；可以說北歐各國是在尊重本土文化價值的基礎上，推行互動的、發展各地區文化特性的國際化教育。 ❹

最值得稱讚的則是，自從 1838 年葛維隆呼籲「為全民設立生活的學校」以來，1844 年開始有第一所「民眾高等學校」，成人教育運動猶如長江大川，不斷洶湧向前，由北歐普及全球。雖然由於科技的進步、社會的變遷，今天的成人教育已經日新月異，其內容與方式多采多姿，但是其「全民的自由教育」精神卻始終是一貫的。丹麥史學家說：「假若沒有葛隆維，今天的丹麥將

❸ Edmund James King: *Other School and Ours: Comparative Studies for Today*, 4th ed. (London: Halt, 1973) s. 75.

❹ 臺灣師大國家講座主編：《教育科學的國際化與本土化》（臺北：揚智，1999），頁 31–41, 121–123。

是另外一個樣子。」由於葛隆維的貢獻，北歐教育才是如此自由、活潑、生機盎然，其對後世教育的影響，值得吾人作進一步的研討。

## 第二節　成人教育之父：葛隆維

### 一、為自由的教會而生

　　時勢造英雄，但英雄也可以創造時代。歐洲大教育家許伯朗額更認為：「教育天才創造了每一時代的新教育，並且為吾人及後世留下了古典的範例與不朽的價值」❺。被教育界公認「成人教育之父」的葛隆維便是一個顯例。

　　葛隆維出生在丹麥璽蘭島的一個小鄉村，父親為信義會牧師，母親亦系出一個著名牧師的家庭。4 歲開始認字後，便非常喜歡閱讀，甚至被人稱為「書呆子」。6 歲入學，不僅讀完了導師家中的藏書，並且每日必看《貝林時報》(Berlingske Tidende)，關心時事，尤其是關於法國大革命的報導。1803 年他以極優成績考取哥本哈根大學神學碩士，卻因年僅 20 歲，而沒有教堂願意聘他。

　　1805 年春天，葛隆維遠赴冷岩島 (Langeland) 一位地主家中當家庭教師。1806 年他讀到歐倫雪蘭閣 (Adam Oehlenschläger, 1779–1850) 的詩集及海岱的歷史哲學，激發了他研究民族傳統文化的興趣，乃利用冷岩島安靜的環境埋首北歐古籍，潛心發掘維金的英雄史績。當 1807 年英軍襲擊丹京的消息傳到鄉下，葛隆維熱血沸騰地向時常邀請他去講道的當地駐軍說明：「恢復維金英雄光榮的大時代已經來臨！」遂即返故鄉與父母小住後，於 1808 年 5 月束裝北上哥本哈根。

　　其後他出版了《北歐神話》(Nordans Mythologi) 及《世界史教科書》，也發表了許多有關的散文和詩歌，由於文筆生動，頗受年輕的知識分子的肯定。

❺　Eduard Spranger: *Vom pädagogischen Genius* (Heidelberg: Quelle & Meyer, 1965) s. 273.

1810 年在向信義會申請牧師職位的試講時，他誠實地表達：「神是靈，敬拜祂的，必須在靈和真實裏敬拜（《約翰福音》4: 24），所以教會生活應被聖靈澆灌，充滿著生命與活力；但是當前的國家教會卻把真理變成教條、信仰變成儀式，大家勉強遵守誡命中律法和規條，死氣沉沉地缺乏基督的恩典與聖靈的交通，以致根本聽不到主耶穌的話。」可惜這篇以革新教會生活為主題的講詞：〈為什麼在教會中聽不到主耶穌的話?〉正式出版時，卻遭到宗教保守勢力的圍剿，他想留在首都任職的願望因之被封殺，只好無奈地於次年春天返到故鄉，擔任父親的助理牧師。

1813 年父親逝世時，他循例申請繼承父職，居然未被批准，使他進一步認識國家教會如何的黑暗腐敗，非徹底改革、無法復興。葛隆維於 1815 年進軍哥本哈根，為建立全民的自由教會而奮鬥。他首先發行《教化》(*Danne Virke*) 雜誌，闡明馬丁‧路德改教的原義，呼籲信徒恢復正常的教會生活；其次出版《講道集》說明《聖經》的真理，要求會眾接受生命的光照、拒絕背道的教訓。他雖未被允准在教堂講道，仍利用各種集會宣揚自己的主張，漸漸結合了很多年輕的知識分子和優秀的學者。

1818 年起葛隆維又陸續出版了他親自翻譯的 3 部書：史諾 (Snorre, 1178–1241) 的《北歐列王志》(*Norges Konge-krønike*)、薩素 (Saxo, 1150–1220) 的《丹麥史紀年》(*Danmarks Krøuike*)、皮沃夫 (Bjowulf) 的《英雄之歌》(*Drape*)，從不同角度闡揚北歐的光榮歷史，不僅贏得不少讀者共鳴，同時也顯露了他 3 種古文：魯尼、拉丁及古薩克森文的傑出造詣，引起丹麥王室的注意。在丹王的支持下，葛隆維突破宗教領袖的阻撓，在 1812 年被任命為普呂瑞 (Prosro) 鄉村教堂的牧師，且立即於翌年調任首都救世主教堂 (Vor Frelser)。可惜 1825 年與克勞生 (Henrik Nicolai Clausen, 1793–1877) 教授的一場神學辯論，葛氏竟被判停止牧師職務，且其作品非經警察局審查通過，不准出版。處此困境，幸蒙丹王再度伸出援手，獎助他於 1829 年起到英國進修 3 年。

## 二、推動民主政治與合作經濟

自 1689 年光榮革命以來，英國已建立君主立憲及責任內閣的制度。受到

1830 年法國七月革命的衝擊，長期在野的輝格黨 (the Whigs) 首度成為執政黨而執政。政權輪替以後，不僅改革國會也創造了維多利亞女王中道統治的盛世。葛隆維恰於此一期間，在英國親自見識議會中的君子之爭及民間獨立而開放的輿論，深感保守落後的丹麥，必須學習自由進步的英國。故到英國進修不僅使他利用倫敦官方文獻，充實了北歐古代史的研究內容，也因此立定了推動丹麥民主立憲的決心。

受到法國七月革命影響，歐洲各國紛採開明措施，丹麥亦然。文字獄解禁後，葛隆維所編丹麥文的《讚美詩集》在 1837 年出版，很快地被各教堂採用，替代了一般老百姓聽不懂的拉丁文歌本。他所倡導的「丹麥魂」──「讓每一個丹麥人都成為享受社會平等的自由人，也是敬天愛人的基督人」，更逐漸引起了有識之士的共鳴。1839 年，素來愛護葛隆維的丹王基士揚八世 (Christian VIII, 1786–1848) 登基後，他被任命為首都華托醫院牧師，從此有了固定的舞臺來啟迪民智、推動立憲，促成了 1841 年開始實施的地方自治。當 1848 年法國革命爆發時，葛隆維相信「人民世紀」已經來到，遂即發行《丹麥人》(Danskeren) 週刊，積極鼓吹君主立憲。

1849 年，丹王費特力七世 (Frederik VII, 1808–1863) 登基時迫於民意，立即簽署《憲法》並召開第一屆國會 ❻，葛隆維當選國會議員。他任職 10 年期間，不僅為建立自由教會、自由學校及自由經濟而奮鬥，更是廣大農民之代言人，反對把稅捐負擔及兵役義務單獨壓在農民身上。他主張擴大稅基及建立公平的兵役制度，任何人不論貴族或平民、地主或佃農，都要公平地善盡當兵義務。配合《丹麥人》週刊的凝聚民意、「民眾高等學校」供應人才，丹麥的民主政治乃能在和平中加快腳步，迅速地成為君主立憲國家的模範。

由於 1849 年第一次薛來斯威戰爭，大家將丹麥之所以能打敗兵強馬壯的普魯士，歸功於「民眾高等學校」喚起了民族精神；故 1864 年在薛來斯威問題與德、奧開戰後所設立葛隆維式的民眾高等學校，變成了時代的潮流，風起雲湧地在 2 年內增設了 25 所。而民眾高等學校所陶冶的民主風度與訓練的

---

❻　Helge Seidelin Jacobsen: *An Outline History of Denmark* (Copenhagen: Host & Son, 1986) s. 97–101.

參政能力，以及因之孳生的同窗情誼，不僅培養了地方上的政治新秀和意見領袖，而且促成了「鄉村合作運動」，奠定了丹麥農村經濟繁榮進步的基礎。

1861 年，葛隆維 78 歲時被冊封為主教。1863 年，贊成其主張、追隨其理念的人組成了協會，且於 1866 年修憲時成立了自由黨，他也以 83 歲高齡被選為國會上議院的議員。直至 1872 年 9 月 1 日逝世時為止，葛隆維始終直言不諱、創作不輟，為自由與人民而奮鬥。

## 三、倡導成人教育

葛隆維在英國進修時，非常陶醉於三一學院的校園生活，回國後就想引進牛津、劍橋的導師制度，且讓大學生一律住校，在宿舍生活中獲得春風化雨的陶冶。他認為英國民主政治的成功，立基於英國式的學校教育，故曾為文強調：「如徒有憲政知識，而無公而忘私，一心謀求全民福利之修養，則議員可能變成惡獸，國會或許帶來災禍。」遂建議利用「樹德學院」的舊址，創辦一所完全不同於哥本哈根大學的新式高等學校。這所學校應該容納不同職業及不同階級人民的子弟，以鎔鑄屬於全民的「丹麥精神」。

根據葛隆維寫給丹王的奏章所述，這所擬議中的新學院，必須廢除入學及畢業考試，讓全民（尤其是農民）可以自由入學。除了用丹麥文教學（當時其他大學都用拉丁文），課程應包括丹麥歷史、丹麥民歌、丹麥地理及《憲法》；上課方式要以討論代替演講、研究代替背誦，更重要的是師生要住在一起共同生活，學校的董事由師生共同選舉。這個建議雖曾引起國王的興趣和公眾的注意，但立即遭受保守的大學教授反對與宗教及文化部的封殺。

1838 年，葛隆維發表〈生活學校〉（"Skolen for Livet"）及〈人性思考〉（"Menschengedenken"）兩篇重要的演講，明白提出改革教育與改革宗教的主張，並且強調要「為全體人民辦一所充滿活力與朝氣的生活學校」，要經由人與人的互動而變化氣質、藉著詩歌讚美來淨化人性、因為了解歷史而追求美好的未來。在這樣的「民眾高等學校」中，不僅人人要受教，而且終身要學習。❼

---

❼ Thomas Rordam: *Die Dänische Volkshochschule* (Copenhagen: Det Danske Selskab, 1977).

　　首先響應號召，追求葛隆維所編織的教育美夢的是基爾大學丹麥籍教授福魯 (Christian Flar, 1792–1874)。他放棄了大學的教職，於 1844 年到薛來斯威邦的小鎮呂亭 (Rodding) 創辦了第一所給成人教育機會的「民眾高等學校」，招收 22 位農村青年來實驗「生活學校」的理想。學校的老師和學生都寄宿在一起，用丹麥話講丹麥史、吟丹麥詩、唱丹麥歌，以喚起丹麥魂。由於他們的學習動機較強、理解力較好，學習效果亦更為顯著，證明了學習的黃金時期不是只有兒童時期，青年和成人亦有更大的學習可能。尤其是準備憲政及保國衛民的公民教育，更以這種方式最為直接有效。 ❽

　　1848 年第一次薛來斯威戰爭發生時，曾受民眾高等學校教育的丹麥青年，士氣高昂、能團結農民共抗強敵的英勇表現，贏得了全國的讚嘆，從此風起雲湧地普設民眾高等學校，不僅影響鄰邦挪威與瑞典，並且被德國與英國所效法，美國的社區學院、我國社區大學也均淵源於此。而「學到老、學不了」的終身學習觀念，更成為二十世紀以來教育思想的主流之一。

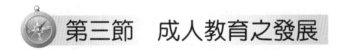

# 第三節　成人教育之發展

## 一、民眾高等學校

　　葛隆維所創導的「民眾高等學校」，其實原意是指「為一般民眾或全體人民所創辦的大學」，用今日的眼光看來，就是一種成人教育機構。在十九世紀的丹麥，民眾高等學校都位在水明山秀、風景優美的鄉村中，以農民子弟為招生對象，並且: (1)年滿 18 歲的成人均可入學，不需任何資格; (2)冬天招收男生 (北歐冬天很長，農閒便於入學進修)，暑季招收女生; (3)學校不舉辦學科考試，但提供技藝訓練; (4)不設宗教科目，但鼓勵師生自由傳講基督福音; (5)學生可以自由建議新設科目，並聘請適當人員講授指導; (6)教學方式生動活潑，且鼓勵戶外教學及實地練習; (7)經由歷史與詩歌，以培養自由、勇敢、

---
❽　T. Rordam, a.a.O., s. 25–50.

誠實的丹麥人為宗旨；(8)經由討論與雄辯，啟發自由與創新的精神。這樣的民眾高等學校雖係福魯在 1844 年首創，但把它建立制度，擴大影響的則是被譽為「丹麥的蘇格拉底」的柯德 (Christian Kold, 1816–1870)。

1849 年，柯德創辦一所民眾高等學校，附設於芬島的綠樹林 (Ryslinge) 小學中，到 1852 年才遷到杜埤 (Delby) 的一座農莊裡獨立經營，1862 年再遷往達隆 (Dalum) 擴大辦理。在達隆，他不僅率先辦理「村女暑期學校」，開創女生入學先例，而且辦理師資訓練，培養願意獻身成人教育的有志之士。由於他飽讀《聖經》及世界歷史，又具有演說天才，每一次的講話都能引人入勝，吸引了無數學生。

1862–1870 年間，柯德主持的達隆學校，幾乎成了所有民眾高等學校的中心，各地教師們紛紛前來見習、研討。是故，1866 年舉行全國民眾高等學校之友會議時，葛隆維親臨致詞並獎勉柯德為「民眾高校的先鋒與導師」。其後民眾高等學校更為蓬勃發展，至 1890 年時，丹麥境內已經增加到 75 所，據統計，當年 20 歲的青年，有十分之一在民眾高等學校求讀。

在挪威，年輕神學家歐芃生 (Olaus Arvesen, 1830–1917) 及艾格 (Herman Anker, 1839–1896) 等人接受葛隆維的號召，創辦民眾高等學校，培養了共同參與、服務社會的志工精神，成效卓著，1864–1894 年間共設有 34 所。同時基督教會中敬虔派認為民眾學校不該過分世俗化而另辦「靈修學校」(pietistischer jugendschule)，加上政府為救助貧困青少年所辦「補習學校」(amtskoler oder fylkesskoler)，使挪威的成人教育機構出現了不同的型態。1976 年挪威國會通過《成人教育法》，才把成人教育和課程範圍、政府職責及經費補助等事項作了統一的規定。 ❾

瑞典於 1868 年同時成立了 3 所民眾高等學校，當時被認為是農民學校。二十世紀開始，由於勞工運動的發展，自 1906 年起便有「勞工民眾高等學校」之設立。由於此種學校發揮訓練工運幹部、培養未來領袖之功能，故獲得地方議會的撥款補助而常稱為社運學校 (rorelseskolorna)。

---

❾ Kim Mørch Jacobsen: *Adult Education in the Nordic Country* (Kungälv: Nordic Academy of Adult Education, 1982) s. 12–16, 18–21.

這種民眾高等學院運動也從丹麥越境南下德國，從 1846 年在邊境倫茲堡 (Rendsburg) 設立第一所民眾高等學校以來，發展頗為迅速。1871 年德國更設立協會加以推廣。至第一次世界大戰前，全德民眾高校已超過 1000 所，但因其培養民主領袖、發展批判能力，致被納粹德國所禁止，直到二次世界大戰結束後，才重新恢復，又成為成人教育之主流。

## 二、 成人教育之多元化

隨著產業的進步與社會的變遷，從 1891 年開始，丹麥及其他歐洲國家的都會地區便出現了以工商青年為招生對象的民眾高等學校，而且不必寄宿住校而可以在夜間或業餘來上課。以丹麥的民眾高校為例，其學校分佈全國各地，民眾可以按興趣自由選讀，也可準備升學考試或配合就業需要，課程包括語文、科學、技能、藝術及體育等科目。各國大學近年除加強固有的研究與教學功能外，特別重視推廣教育以普及高等教育、提昇國民科技水準；晚近除面授外，還利用函授、廣播、電視及電腦網路來實施遠距教學，使成人教育的方式更為多采多姿。

此外，瑞典醫生艾爾曼 (Ellmann) 集合一些喜歡追求新知的青年，成立「學習小組」共同讀書討論，頗具成效，復經某些宗教團體及工會的運用，一時蔚為風氣。目前瑞典每年參加學習小組的人數超過 200 萬人，接近全國人口的四分之一，且有向鄰國蔓延的趨勢，若加上固有的各類圖書館、博物館、體育館、運動場、游泳池等設施，及報章雜誌、電子媒體的應用，將確保每一個成人都有機會終身學習，隨時隨地增進新知，在知識經濟的時代作最佳的貢獻。

## 三、 青草中的黃金財富

回顧剛走過的二十世紀，我們遭遇了兩次世界大戰的浩劫、經歷了經濟復興的奇蹟與經濟恐慌的危機；電腦與資訊科技的發展，不僅改變了知識取得、貯存與運用的方式，且亦將徹底改變人類思考與生活方式。在高科技的挑戰下，我們的教育能否讓未來的主人翁自由發展人性、實現自我、提昇人

格，而漸進於與天地同德？抑或因世俗的流行、媒體的汙染、系統的約束而泯滅人性，變成反被高科技所操縱的囚徒？

1995 年，「北歐部長會議」公佈了一份所屬智庫的研究報告：《青草中的黃金財富》(*The Golden Riches in the Grass*) ❿，其中指出：「資訊必須分類、整理結合成連貫起來的相關實體，才能構成知識的主體，轉化成生活的能力。所以在知識成長的過程中必須由人們運用洞察力及判斷力不斷地加以評估，否則有形成非人性的、被科技所統治的『旁觀者社會』之危險，且使自由民主受到所謂的專家知識及技術運用壓力而枯萎」 ⓫。因此在資訊社會中，人們必須養成終身學習的態度，不斷地接受新的挑戰、吸取新的知識，並且加以評估而轉化成解決問題的生活能力。

北歐教育的特色除了重視成人教育，更以葛隆維所倡導的全民自由教育之精神，讓民眾自動地、快樂地終身學習，永遠以新知成為工作核心，不致淪為知識經濟體中的邊緣人，也不會變為資訊社會中的門外漢；且可經由不斷地學習而作多軌道的生涯規劃，以適應高科技社會中各種行業的快速改變。此外員工進修與學習小組的推廣，是公私企業最大的資產，這也是他們能迅速重組趕上時代的原因。

北歐成人教育還有一個優良傳統，即一開始就提倡「志願主義」及「參與者共同管理」，使教育更能發揮自由的直接民主精神；同時也強調，終身學習最重要的是學習如何去學習。在《青草中的黃金財富》的結語並提及：「我們必須建立人文藝術與自然科學間的橋樑。如果我們結合成人教育的人文主義傳統與自然科學的知識技能，則我們也可使經濟成長與社會幸福平衡地發展。」 ⓬

---

❿ The Nordic Council of Minister: *The Golden Riches in the Grass: Lifelong Learning for All*, 1995.

⓫ The Nondic Council of Minister, a.a.O., s. 15–16.

⓬ The Nondic Council of Minister, a.a.O., s. 105.

## 小　結

　　北歐五國是今天世界上生活品質極高的社會福利國家，歷史上卻曾是極北苦寒之地的維金文化區域。他們因接受基督教化而躋身文明世界，又因率先推行國民義務教育而變成先進國家。今天，各國際組織公認終身教育是開啟二十一世紀大門的鑰匙，大家無法不欽佩丹麥葛隆維偉大的先見。他首先發現成人也有學習能力，且因動機較強、理解較好，其學習效果亦較兒童為佳。誠如葛隆維的先見，在這進步神速的現代社會中，唯有民眾終身學習，才能保障民主政治，推行福利經濟。

## 【問題討論】

　　1.什麼是「民眾高等學校」？有何特點？其辦學精神為何？

　　2.實施地方自治與辦理合作經濟，跟民眾教育有何關係？

　　3.什麼是青草中的黃金財富？應如何發掘？

第 *18* 章

斯賓塞與科學教育

## 第一節　科學世紀

### 一、工業社會的進展

文藝復興以來，近代科學開始發展，從十七世紀中葉起，成果逐漸顯著。1687 年牛頓發表《自然哲學的數理基礎》(*Philosophiae Naturalis Principia Methematica*)，不僅提出「運動三律」，而且把宇宙萬象納入機械的世界體系，奠定了近代物理學的基礎。此外波義耳擯斥鍊丹而開創化學研究、虎克發現植物細胞結構、哈維發現人類血液循環等也均在英倫三島上光芒四射。十八世紀時法人拉瓦謝 (Antoine Lavoisier, 1743–1794) 建立定量化學、蘇格蘭人赫頓 (James Hutton, 1726–1797) 開創地質學，其他各種科學也均有長足進步❶。1769 年，瓦特 (James Watt, 1736–1819) 改良法人巴平 (Denis Papin, 1647–1714) 所發明的空氣引擎成為蒸汽機，而開始了動力時代；運用科學發明於實業的結果，不僅推動了紡織業的機械化與動力化，而且使煤鐵及其他工業也採用動力機械，尤其重要的是促成交通運輸之革命。

隨著工業革命的迅速進展，社會也開始急劇變遷。鄉村人民成群結隊地到都市中謀生活，當時的城鎮尚缺乏合理的規劃，既無排汙設施，也缺乏清潔的飲水和便利的用電，以致疫病叢生，兼以利用童工及廉價勞工，造成了悲慘的世界。對外而言，歐洲各國也因航運發達而向海外掠奪殖民地，尤其是英國，本重商主義的思想、採帝國主義的政策，西進美洲，誅殺印地安人而奪其土地；南下非洲，捕捉黑人賣為奴隸；更進而攻打日本、印度及中國等文明古國，利用強艦利砲加上鴉片，來建立其日不落的帝國。所以十九世紀的西洋也問題重重，而開始孳生多元的新的教育思想來補救時弊。

### 二、進化論

---

❶ 參閱王曾才：《西洋近代史》(臺北：正中，1978)，頁 264–276。

　　十九世紀自然科學之最大創獲在生物學，最具代表性的人物為達爾文 (Charles Robert Darwin, 1809–1882)，他出生於英國西部的一個醫生世家，父親、祖父及外祖父都是名醫，且為皇家學會會員。他幼時頑皮，不愛讀書，卻喜歡觀察鳥類及搜集礦石。他初至愛丁堡習醫，繼至劍橋讀神學，1830 年考取文學士學位，但其興趣是搜集昆蟲標本及探索自然，並開始研究地質學。因讀德國科學家亞歷山大・洪博所著《南美洲探險記》，激發了他到海外去探險的雄心，並蒙亨斯洛 (John Stevens Henslow, 1796–1861) 教授推薦，以博物學家身分隨皇家海軍的「獵犬號」從事環球航行 5 年。他沿途進行水文測量、考察地質化石，更搜集動植物的資料，加以比較分析；多次冒著生命危險，才堅毅地完成漫長的旅程。❷

　　1859 年達爾文出版了他那劃時代的鉅作：《物種源始》(On the Origin of Species by Means of Natural Selection)，認為自然環境能夠對生物產生淘汰作用，唯適者才能生存；而生物為了生存競爭，也往往為適應環境而自然演進，這就是「物競天擇」，也就是有名的「進化論」。1871 年發表的《人之由來》(The Descent of Man and Selection in Relation to Sex)，更進一步假設人類為猿猴的近親，可能系出共同的祖先；由於其與《聖經》中的記載不同，且與國家教會的解釋違反，因之不僅受到生物學界的質疑，更受到神學家們猛烈的抨擊。其實達爾文僅是根據當時他所搜集到的資料作適當的推論，並無反對宗教之意，故在回憶錄中說：「我決不是無神論者，僅是不可知論」。

　　1860 年，英國科學協會在牛津開會時曾舉行大辯論，幸蒙生物學家赫胥黎 (Thomas Henry Huxley, 1825–1895) 相助，用通俗易懂的語言，深入淺出地說明達爾文的理論，有力地駁斥牛津大主教威爾伯福士 (Samuel Wilberforce, 1805–1873) 權威式的教訓。尤其是當大主教責問：「是你祖父的祖先是猿猴？還是你祖母的祖先是猴子？」時，赫氏回答：「沒有理由因祖先是誰而羞愧，但一個人如果不以本行的成就為滿足，而偏要去談自己所不懂的外行的科學問題，並用巧言令色的曲解來支持宗教偏見，這個人才應該自覺羞愧！」立即贏得了上千會眾的掌聲和場外群眾的歡呼。

---

❷　參閱李國秀：《達爾文》(臺北：書泉，1991)。

其時英國社會由於工業不斷進步、教育逐漸普及，進化論及其他科學思想也就更易被大家所接受。赫胥黎以其動人的辯才，所作無數次通俗演講，在推行科學教育運動上，更功不可沒；所著《進化論與倫理學》(*Evolution and Ethics*)❸在中國思想界造成極大衝擊，一時「物競天擇，適者生存」的聲音響徹雲霄。有識之士因此體認到，在這個「優勝劣敗、弱肉強食」的世界中，必須奮發圖強才能救亡圖存；康有為、梁啟超因之要變法維新，孫中山及毛澤東則主張革命，可見其對中國之影響既深且遠。

## 三、實徵主義

工業革命帶動了社會的進步，也滋生了許多弊病，有識之士如英國的歐文、法國的聖西蒙 (Saint-Simon, 1760–1825) 等乃本人道理想倡導社會主義，主張改善勞動待遇、禁止奴役童工，以合作的方式來促進社會的平等。聖西蒙的一個得意門生孔德 (August Comte, 1798–1857)，不僅接受了社會主義思想的薰陶，而且進一步發現社會問題的解決，尚有賴於科學的方法。

孔德認為人類知識的演化，歷經 3 個階段即：(1)神學階段；(2)玄學階段；(3)實證階段，也即科學的階段。在實證階段人乃注重事實的搜集，並探求它們之間的關係；經由觀察與實驗，立基於經驗的知識，加以分析、歸納、演繹、推論及實證而求得真知識，以解決人類所面臨的問題。他又依研究的實證性及其精密程度把科學分為 6 類：數學、天文學、物理學、化學、生物學及社會學。他不僅開創了社會學的研究，而且創立應用自然科學方法，來研究社會現象的實徵主義典範；其所著《實徵哲學》(*Cours de Philosophie Positive*) 也成為社會科學研究的經典著作。❹

按照孔德的原意，是要經由「純粹的觀察法、實驗法以及比較法」以發現一套像數學和物理一樣確定的社會法則——「社會遂和自然一樣，成為獨立於研究者的一個對象界域 (object domain)，純粹是觀察與沉思的對象，而非意志與行動的對象」❺。這種實徵主義和演化哲學的思想，經由法國的涂爾

---

❸　此著作經中國的嚴復譯為《天演論》。

❹　參閱孫本文：《社會學原理》(臺北：商務，1958)，頁 13, 25, 51–60。

幹 (Emile Durkheim, 1858–1917) 和英國的斯賓塞以及後繼諸子的發揚光大，成為今天研究社會學和教育學的主流之一。

## 第二節　斯賓塞論教育

### 一、自學成功的斯賓塞 (Herbert Spencer, 1820–1903)[6]

出生於英國的丹比 (Derby) 市，當地居民大都為基督教美以美會 (Methodism) 的信徒，且受到衛斯理 (John Wesley, 1703–1791) 宗教復興運動的影響，頗為虔誠。斯賓塞的母親便是這樣一位富有宗教愛心的婦人，但由於斯氏以外的 6 個孩子先後早年夭亡，難免性情憂鬱保守。斯氏的父親博學多聞、崇尚自由，不滿美以美會的拘泥規條形式而改宗貴格會，且對於這個好不容易平安長大的孩子特別愛護，不忍心送入學校而親自教導。

斯賓塞的父親也是一位頗富人望的優秀教師，不僅收授個別的家教學生，而且也免費教授貧苦兒童。在教育方法上，他追隨裴斯泰洛齊，認為每一個孩子都是天生的自然探索者，應該讓他們直接去觀察自然，從自我經驗中發現自然的規律。他把自己的教育造詣，都應用在寶貝兒子的身上。斯賓塞也自承，自己的成就，尤其是分析與批評的態度、發現問題又自我尋求解決方法的習慣，均由於父親的培養。

從 13 歲開始，斯賓塞被送到叔父所辦的私塾受教 3 年，學習數學、物理、化學、邏輯、政治經濟、社會問題及法文。維多利亞女王登基後，斯賓塞進入鐵路局工程部門任職，因屢次改進工程設計，積功升任工程師。長年奔波各地的他，親歷英國工業的蓬勃發展，也目睹各種社會問題的發生，常心有所感，為文投稿給不信奉國教者所辦刊物《自由教會》(*The Nonconformist*)。

1848 年他轉任《經濟學人》(*The Economist*) 週刊編輯；1850 年出版《社

---

[5]　黃瑞琪：《批判社會學》(臺北：三民，2001)，頁 11。

[6]　Hans Scheuerl: *Klassiker der Pädagogik* (München: C. H. Beck, 1979) s. 299–309.

會靜學》(*Social Statics*) 一書，其中要求限制國家的功能，保障人民的自由、平等及人性價值，頗受歡迎。同時他開始研究骨相學，遍閱萊伊爾 (Charles Lyell, 1797–1875) 及拉瑪克 (Jean Baptiste de Lamarck, 1744–1829) 等人的著作；曾與赫胥黎等人討論生物演化問題，並時有專文發表。1853 年獲贈一筆遺產，數目雖然不大，卻可維持生活，便辭去週刊的工作，專心從事學術研究，並有意撰寫一部《綜合哲學》(*Synthetic Philosophy*)，把力學、心理學、生物學、社會學及倫理學等各種學科綜合成一個知識體系，來說明他以實徵主義及經驗主義為基礎的進化論觀點。

依照斯賓塞的說法，人只能認識事物的表象，而無法超越經驗範圍來認識其後面的實在。此一不可知的實在，稱為「力」(force)，是物質及其運動的來源，也是推動宇宙萬物的原因。換言之，他替進化論提供了一個哲學基礎，也為現代哲學廣納科學發明的成果與知識。

由於《綜合哲學》的計畫規模宏大，不僅研究費時費力，著作的出版更需大量的資金。雖然穆勒 (John Stuart Mill, 1806–1873) 曾鼎力推薦，稱他為「孔德第二」❼，但仍申請不到政府的補助，只能以預售的方式在 1862 年出版了第一卷：《第一原理》(*First Principles*) 說明他宇宙進化原理的主旨及總綱；但該卷內容卻引起了英國國教人士的強烈反對，原已訂書的讀者也紛紛取消預約，幾乎中斷了他的研究計畫。幸而這部著作及時贏得美國讀者袁孟 (Edward Livingston Youmans, 1821–1887) 的讚賞，他安排斯賓塞在 1882 年到美國巡迴演講，蒙卡內基 (Andrew Carnegie, 1835–1919) 等人捐助研究出版基金，其餘九卷得以陸續出版，終至 1896 年大功告成。

斯賓塞於 1903 年逝世後，其重要遺稿整理出版者共 21 冊，範圍極廣，足見其知識的淵博❽。在《社會學原理》(*Principles of Sociology*) 中，他認為社會是有機體，猶如生物，也有 3 大系統：(1)營養：生產事業；(2)循環：商業、交通及金融機構；(3)調節：管理機構和政府機關。且社會也根據「適者生存,不適者淘汰」的原則不斷進化。此社會系統的觀點後來被帕森斯 (Talcott

---

❼　Hermann Glockner: *Die europäische Philosophie* (Stuttgart: H. Reclam, 1958) s. 822.

❽　H. Scheuerl, a.a.O., s. 303–306.

Parsons, 1902–1979) 所採用，影響現代社會學的發展極大。在《倫理學原理》 (*Principles of Ethics*) 中，他認為有利於人類進化的是善，反之為惡；能適應環境便是幸福與快樂，否則便是罪惡與痛苦。追求自己利益而不損害他人為正義；既有利於自己又有利於社會，便是仁愛。

在達爾文的《物種源始》發表以前，赫胥黎曾為文討論〈科學與教育〉，斯賓塞也在 1854 至 1859 年寫了 4 篇文章討論教育問題。他不僅強調德、智、體三育必須立基於科學知識，且更倡言「唯有科學知識才是有價值之知識」，較赫胥黎以科學知識與博雅教育並重的主張更進一步。這 4 篇文章於 1861 年合成一書出版，即《教育論》(*Education: Intellectual, Moral, and Psysical*)。

## 二、最有價值的知識是科學

斯賓塞討論教育的文章，首先是 1954 年發表於《北英評論》(*North British Review*)5 月號的〈論智育〉❾其中除批評傳統死讀書的不當教學外，還介紹了裴斯泰洛齊的直觀方法。並且認為教學程序應由簡至繁、由易至難、從具體到抽象、從不定至確定、從相同至相異、從經驗到理性，更應從古到今，符合演化原則。文中不僅強調實物教授，而且提倡自我學習、主動求知，更要快快樂樂地受教育。在結語中引裴斯泰洛齊之語：「使教之得其法，童子在教室之樂，無異於在遊戲之場」。❿

1858 年發表於《英國評論季刊》(*British Quaterly Review*)4 月號的〈論德育〉，呼籲廢除學校，尤其是著名公學的打罵教育，而代之以自然懲罰，如因被火所燙而不再玩火、因未能物歸原處而找不到玩具等；並鼓勵兒童「自治」(self-governing) 而不是他律 (governed by others)。1859 年 4 月，斯賓塞在同一季刊上發表了〈論體育〉，指責英國的紳士們只知道談「養馬經」，卻不知道「育兒法」而錯誤地養育兒女，如營養不足、過度讀書、缺少了解等，所以他主張要給予青少年平衡的營養、充分的運動和愛心的關懷。他進一步更提倡運動，且曾引洛克《論教育》中的名言指出「健全的心靈寓於健全的身體」

---

❾　林玉体：《西洋教育思想史》（臺北：三民，2001），頁 603。
❿　任鴻年譯：《斯賓塞教育論》（臺北：商務，1974），頁 117。

之至理。

1859 年 7 月，他在《西敏寺評論》(*Westminster Review*) 上發表了一篇更廣受重視的文章〈什麼知識最有價值?〉。其從進化論的角度，指出人類歷史上之「價值顛倒」，例如原始人衣不蔽體，卻必須穿耳洞、戴耳環、紋身化裝才肯外出，即是「裝飾價值」重於「實用價值」；然吾人以精通毫無生活實用的拉丁古文來誇耀，豈不也是過度重視裝飾價值? 因此知識的真正價值在準備生活、使吾人能過幸福而完美的生活，如欲解決生活中所面對的各種問題，我們必須有記憶力、判斷力、想像力及推理力，而這些能力的培養，就是科學教育的陶冶功能。

如以生活之內容而言，斯賓塞把人類的生活分析成 5 類: (1)與自我生存直接有關的活動: 最需要生理衛生的知識，其中健康教育最為重要; (2)與自我生存間接有關的活動: 凡百職業，無論是生產或服務，都有賴於數學、物理、化學等自然科學的知識，如土木建設需要幾何測量、航海交通須知天文地理、民生日用更離不開機械及電子等科技的知識; (3)養育子女的活動: 不僅需要醫藥衛生的知識，也需要心理學、社會學及倫理學的知識; 養育子女為父母之天職，家庭教育更為生活教育之基礎; (4)維持正當的社會及政治關係之活動: 這也是公民教育的內容，包括經濟學、政治學及社會學的知識不可缺少，歷史尤其重要，但是歷史不可死背死記朝代更替，而應發現今日社會及文化之由來、形成及其發展，以便養成立身處世的基本態度; (5)休閒生活: 包括繪畫、雕刻、音樂、詩歌及文學等足以昇華情感、提昇興趣，這些活動仍然有賴於科學知識之協助，例如繪畫須懂空間投射、雕刻須習人體解剖及平衡理論、音樂要符合聲學及機械原理、詩歌文學更貴於具備豐富的人生經驗和心理分析技巧。

綜上可見人生各類活動均有賴於科學的知識，如果要問:「什麼知識最有價值?」答案只有:「科學」。⑪斯賓塞以此論據擊敗了當時英國紳士的裝飾品教育，而倡導具有「內在價值」的科學教育。

---

⑪ 林玉体，前引書，頁 602–632。

## 三、教育之目的在預備完美的生活

斯賓塞身處科學昌明的時代，又逢進化論帶動了社會思想的變遷；他繼承了洛克的經驗主義和邊沁 (Jeremy Bentham, 1748–1832) 的功利主義，採取了孔德的實徵主義，不再傳統地預備來世的天國生活，抑或從倫理學中去尋找教育目的，而大膽地轉變為預備實際的現世生活，並且跟穆勒一樣，要追求幸福而快樂的生活。

他把生活分析成 5 個不同的項目，又依其功效的大小與價值的高低，排成優先順序：(1)與生存直接有關；(2)與生存間接有關；(3)生命的延續；(4)公民的職責；(5)休閒的運用。其中把運用休閒從事藝術活動的生活排在最後，與當時有閒階級之紳士生活的價值觀有所顛倒，然卻顯示了工商社會中公民的務實精神，故逐漸被大家所接受。

1918 年美國教育學會所制定的中等學校 7 項主要原則是：(1)健康生活；(2)精於基本學科；(3)健全的家庭分子；(4)職業訓練；(5)履行公民職責；(6)善用休閒時光；(7)品德端正。其幾乎就是斯賓塞教育目的主張的翻版❷。從此以後，歐美各國學校教育亦均採取務實的教育目的，這亦可算是教育目的論之進步。

 **第三節　斯賓塞教育論之影響**

## 一、學校中設置科學課程

斯賓塞的《教育論》於 1861 年出版後，立時洛陽紙貴，暢銷 50 年，被翻譯成 20 國的文字，尤其被各國師範學校及教育機構採用為教本，影響廣大而深遠。配合赫胥黎的努力，英國從 1868 年以後陸續頒布法令，准許中小學設置自然科學的課程，並且科學及藝術部對中學之創設理化、生物等課程，

❷　林玉体，前引書，頁 18。

小學設立勞作、圖畫及自然科目，均予以經費補助。德國亦同時把這些自然科學的課程，從實科中學推廣到文科高中。美國更從 1850 年代開始，各州紛紛立法，把自然科學納入學校課程，促進了國家的進步與繁榮。❸

1910 年《教育論》在美再版時，哈佛大學校長義律 (Charles William Eliot, 1834–1926) 曾寫序讚美斯賓塞的論點，且謂該書影響他自己的思想頗深：「處在劇烈的工業變遷及社會興革之洪潮裡，教育有必要做大幅度及深度的改造」❹。使該書及斯氏其他著作在美更為暢銷，擴大了對年輕學者的影響。

義律時常討論民主與教育的關係，曾謂民主式的學制應具備下列原則：(1)外在世界的基本知識應積極主動去獲取，先研究大自然，然後了解地理、氣象、植物及動物；(2)注重「人體部分」，如人種演變故事，包括文學及學術的想像作品；(3)手工訓練及道德陶冶，為職業作準備，且注意工作氣質，如耐心；(4)以格言、閱讀為手段，來教導學生堅強的品格及可親的個性；(5)民主教育必須在兒童心中種下某些「重大的真理，取之作為民主社會的理論基礎」。❺此外，義律推薦吉爾曼 (Daniel Coit Gilman, 1831–1908) 任霍普金斯 (Hopkins) 大學校長，也促成了美國第一所研究型的大學。自此以後，美國大學莫不以研究與教學及服務並重，使科學知識的生產與傳遞成為大學的核心工作。

## 二、赫胥黎的貢獻

參加 1860 年牛津大辯論，協助達爾文駁倒大主教的成見，使進化論得以暢行於世的赫胥黎，是英國維多利亞時期頗負盛名的科學家。他 1825 年出生於倫敦附近的愛林 (Ealing)，醫學院畢業後在海軍醫院擔任助理外科醫師。1840 年參加「響尾蛇」號軍艦，遠航南海的探險，將航海 4 年沿途調查研究所得寫為論文，頗受重視。

1851 年，他被選為皇家學會會員。1854 年起任職於科學及藝術部，協助

❸　劉伯驥：《西洋教育史》(臺北：中華，1983)，頁 311–317。

❹　任鴻年譯，前引書，頁 14。

❺　林玉体，前引書，頁 357。

英國科學教育的推廣，在學校設置自然科學有關的課程。1863 年發表《人在自然界之地位》(*Man's Place in Nature*) 一書，從生物學及比較解剖學之觀點，把達爾文思想做進一步說明。1871 年他又兼任皇家學會書記，1880 年更被推選為會長，任內大力推廣自然科學之研究，也有助於英國大學之現代化。他曾謂「哲學即科學」，因兩者之目的均為求知，但哲學的思維應立基於經過驗證的科學假設之上，故哲學亦應是綜合科學中的一個部門。

1893–1894 年間他出版了自編的《赫胥黎論文集》共 9 卷，其中第 3 卷是《科學與教育》(*Science and Education*)，嚴厲批評英國的傳統教育，認為這種教育是華而不實的，使學生養成讀死書的習慣，不知道去追求真實的科學知識，無法為未來的實際生活做好準備，徒然浪費了學生一生中最寶貴的時間。他曾譬喻說：「（英國）教育之樹的根在空中，而葉子和花在地上；為了使學生能夠通過科學教育，獲得對工業社會最重要的知識和能力，必須把它上下顛倒過來」❶❻。他同時強調，「自由教育」不是古希臘羅馬的文學教育，而應該是根據自然規律的智力訓練，以及身體、道德和審美的訓練，這一些都應該由科學教育來完成。

赫胥黎認為科學教育最大的特點，是使學生的心智直接與事實聯繫，並且用歸納法訓練心智，從具體事實得出結論，從經驗中演繹普遍真理。他重視博物館在傳播科學知識和進行科學教育的功用，認為國家應協助各地設立博物館並加強其活動。

在 1876 年慶祝美國霍普金斯大學創立的賀詞中，赫胥黎更說明：「大學是智慧的中心、自然的詮釋者及美的形式之創造者」。所以鼓勵學生自由地研究，掌握學習的方法，千萬不可把學生培養成只懂得死記硬背的書呆子。他同時評當時英國的大學過分重視文字教育，以及把學位當作商品來出售。此外，他也不忽視技職教育，認為自古相傳的手工藝不僅可使青少年習得一技之長、促進國家生產力，並且可使兒童手腦並用成為聰明的人。

尤其難能可貴的是，赫胥黎早在十九世紀末期，便提倡女子受教育，不僅曾建議劍橋大學頒授學位給女生，並且他自己也在晚年公職退休後，接任

❶❻　單中惠、楊漢麟主編：《西方教育學名著提要》（臺北：昭明，2002），頁 281。

倫敦女子醫學院的校長。此外，他也沒有忘記教師的重要；在《科學與教育》中，他認為一位合格的教師，必須精通所教的科目、善於運用使人明白易懂的語言，更重要的是具有奉獻教育的熱忱，有本領引起學生注意及激發他們學習的興趣。所以教師的養成應該有不同於普通大學的專門機構，政府和學校亦應該採取獎勵措施，來鼓勵青年服務教育。

### 三、對美國的影響

斯賓塞和赫胥黎的科學教育理論，隨著工業社會的進展而愈益擴大其影響，尤其在原本有功利主義傾向的美國，更迅速地接受了他「教育是使個人更容易適應環境，教育是完美生活的準備」之論點。以達爾文進化論思想為基礎的斯賓塞社會和政治經濟學，也深深地影響了美國社會科學的發展。

耶拿大學的余內 (William Graham Sumner, 1840–1910) 因閱讀斯賓塞的著作獲得靈感而寫成《社會的科學》一書，不僅強調「民俗」(folkways) 和「習尚」(mores) 的重要，且企圖用民主原則來改組工業制度。被稱為「美國社會學之父」的華德 (Lester Frank Ward, 1841–1913)，其名著《動態社會學》(*Dynamic Sociology*, 1883) 便是回應斯賓塞之作，不過他進一步主張，心具有「目的性」，心的出現與運作，使人類的演化不會走入盲途，反而有目的有意識地向有價值的理想社會邁進。[17]

其後美國的社會學界及教育學者在討論社會和教育問題時，莫不都在斯賓塞思想的籠罩之下；是故當杜威提出鞏固民主政治、建立自由社會的教育主張時，首先要打破的便是斯賓塞的生活預備說了。因為斯賓塞的教育思想僅是他進化論的綜合哲學之演繹及反映，缺乏教育實驗的基礎，更不了解兒童的心理。由於遙遠的目標不易成為兒童的學習動機，並且斯賓塞較偏重科學知識的傳授，卻忽視了教育家所重視的求知能力的培養及學習態度之養成。所以也有人批評他「雖開風氣難為師」，是轉變時代的英雄，卻並不是「萬世師表」，尚無法成為教育史上的典範。[18]

---

[17] 林玉体，前引書，頁 359–371。

[18] 參閱徐宗林：〈斯賓塞之哲學及其教育思想之研究〉（臺北：師大教研所，1965），頁 78。

## 小　結

　　達爾文的進化論在工業起步發展的英國，造成了極大的衝擊。牛津大辯論時，幸賴赫胥黎拔刀相助，駁斥保守勢力的圍剿，使進化論及科學思想得以普及。他在英國科學部及皇家學會任職逾 36 年，把自然科學引入學校課程。

　　與赫氏同時提倡科學教育的斯賓塞，花了 34 年完成《綜合哲學》，替進化論提供哲學基礎，並為現代哲學廣納科學發明成果，雖受重視卻影響不大。倒是其《論教育》一書僅集合 4 篇短文而成，卻暢銷 50 年，被譯成 20 國文字，其實用的教育目的，久被美國採用；而他「教育是生活的預備」的理論，也成一時顯學。

## 【問題討論】

　　1.為什麼科學知識是最有價值的知識？

　　2.斯賓塞為何批評英國的紳士教育是裝飾品教育？

　　3.教育是生活抑或是生活的預備？

# 第五篇

# 現代教育的發展

第 *19* 章

杜威的民主教育論

# 第一節　美國的新教育

## 一、民主時代

### ㈠獨立及制憲

1688 年英國光榮革命後，洛克的經驗主義及民治思想早已傳播新大陸，人人相信生命、自由及財產為人類三大權利，並且認為無代議士便不納稅；政府如無法履行保障上述人權之義務，人民即有起而革命的權利。所以當英王喬治三世 (George III, 1738–1820) 於 1775 年 2 月拒絕大陸會議的「權利請求」而決定用兵平亂時，新大陸群情憤慨。亨利 (Pavick Henry, 1736–1799) 且於同年 3 月在麻薩諸塞議會發表演說〈不自由，毋寧死〉。5 月，第二次大陸會議舉行，亨利發表〈何以必須拿起武器〉宣言，並決議籌組民軍，以華盛頓 (George Washington, 1732–1799) 上校為司令。

1776 年 6 月 7 日，大陸會議決議建立美國聯邦。同年 7 月 4 日通過傑弗遜 (Thomas Jefferson, 1743–1826) 所草擬的《獨立宣言》，宣佈了一個新國家的誕生。1788 年又通過了《聯邦憲法》，依據孟德斯鳩 (Baron de Montesquieu, 1689–1755) 分權原則及洛克民主理論所建立的新政府亦於翌年成立，華盛頓被選為總統，傑弗遜任國務卿。雖建國之初，因為忙於團結各州共建聯邦，美國的教育始終是由州政府來監督，但是在開國元老的心目中，卻早已認識到公民教育的重要。

「一個民主的共和國家，無法建立在一群愚昧的人民身上」❶。傑弗遜在與友人通信時，便一再強調此一看法而力主推廣知識、教育國民。他還提請維吉尼亞州通過教育法案：「每一學區（約數百戶人家）設置小學 1 所，辦理 3 年義務教育。全州設立 20 所文法學校，供青年自費攻讀，但成績優異之清寒學生，政府應予資助；畢業後，除資賦優異者可升至州立大學，餘可擔

---

❶　中華書局編譯：《西洋教育史》（臺北：中華，1962），頁 392。

任小學教師」❷。他的同鄉友人麥迪遜 (James Madison, 1751–1836) 當選第四
任總統後更強調:「平民政治如果沒有公民知識的基礎,必陷於悲慘的結局,
人民惟有掌握知識的權力,才能妥善管理其國家。故共和國必須有一種令人
滿意的教育制度」❸。雖然傑弗遜窮畢生之力,無法使《知識普及法案》被
議會接受,但在他所力促通過的《宗教自由法案》之基礎上,公立學校逐漸
替代教會學校與私立學校,而發揮了國民教育的功能。❹

## ㈡梅恩 (Horace Mann, 1796–1859) 創建學制

　　南北戰爭以後,國民教育的需要更見迫切,就在林肯 (Abraham Lincoln,
1809–1865) 發表《解放黑奴宣言》的 1863 年,麻薩諸塞州議會通過設置「教
育董事會」,並敦聘前州議員,名律師梅恩為秘書長,統籌全州公共教育事務。
他接任後深感職責重大,不僅廣搜歐洲教育資訊,並且巡訪本州各地,介紹
及推廣裴斯泰洛齊的精神與方法。他首先設立師範學校 3 所,因效果良好以
後陸續增設,離任時,已有師範學校 50 所,遍佈全州各區,並且憑著他與州
議會的良好關係以及在社會上的崇高聲望,不斷增加教育經費提高教師待遇。
除了每年向州議會提出工作報告外❺,也發行《普通學校雜誌》(*Common
School Journal*) 說明他的看法與做法。他在任 12 年 (1837–1849),成績裴然,
屹然成為全美教育領袖。

　　梅恩主張學校要超脫宗教派別、突破性別及種族歧視、強調德智體三育
並重,均具先見。化育所及,全美都受到影響,故教育史家常稱譽他為「美
國國民教育之父」。

## ㈢巴納 (Henry Barnard, 1811–1900) 的貢獻

　　與梅恩同時推動公共教育運動的,還有一位重要教育家是巴納。他出生
於康州 (Connecticut) 的書香門第,耶拿大學畢業後取得律師資格。1835 年赴

---

❷　徐宗林譯:《西洋三千年教育文獻精華》(臺北: 幼獅, 1971),頁 88。
❸　林玉体:《美國教育思想史》(臺北: 三民, 2003),頁 392。
❹　林玉体,前引書,頁 101–105。
❺　這 12 份年度工作報告 (*Annual Reports of the Board of Education*) 是美國教育史
　　的重要參考資料。

歐洲進修，注意到裴斯泰洛齊的愛的教育及其對歐洲學校的影響。

1837 年他因父喪返美，翌年當選康州州議員；因調查貧民救濟及盲生問題而發現該州公立學校問題極為嚴重，師資、經費、校舍及設備都很不足，甚至學校環境也極為惡劣，乃提議倣麻州之例，設「州教育董事會」來負起提昇公共教育的責任。由於無人願意擔任這「錢少事多責任重」的秘書長一職，只好先行暫代，接著做了 4 年，也讓這位原本無意從事教育工作的法律專家，為關愛兒童盡心盡力，並且「愈在教育上費力，愈覺得興趣無比，遠非我原先的預期」❻。他虛心地向梅恩請教，辛勤地督導各地公立中小學的興建，並且建立了「教師研習所」辦理講習來提高師資水準。

由於巴納建議增收稅捐來推行免費的中小學教育，遭受保守人士的反對，州議會遂於 1842 年決議廢除教育董事會。不過羅德島州 (Rhode) 卻慕名於 1843 年邀請巴納前往該州擔任教育廳長，他在任內不僅創設市圖書館來普及知識，並且設計了一座流動式的示範學校、巡迴各地辦理示範教學活動，鼓勵老師們採用新的教學方式並引起公眾對教育的興趣❼。更重要的是他為該州設計了一套完善的公立學校制度，不僅稱譽全美，而且徵集的教育基金也有了公平而合理的分配及管理辦法。為了改善校園環境，他更編寫了《校園建築》(*School Architecture or Contributions to the Improvement of School House*, 1848)，大自校地的選擇，小至課桌椅的排列，都有詳細的說明。

1849 年巴納又被請回康州故鄉服務，翌年出任新設師範學校的校長並於 1855 年創刊《美國教育雜誌》(*American Journal of Education*)，有系統地介紹裴斯泰洛齊、赫爾巴特及福祿貝爾等大教育家的思想，及歐洲各國教育的進步實況，加上全美各州的教育消息和各種教育問題的討論，內容極為宏富。1867 年聯邦教育署成立，巴納受邀擔任首任署長，然因與華府高層理念不合，除致力於美國教育資訊之整理及統計外，難有建樹，故於 1870 年該署改組時掛冠求去，專心辦理教育雜誌，繼續為美國的公共教育奉獻。

在梅恩與巴納的倡行之下，興起了許多仁人志士為建立共和國的公共教

❻ 林玉体：《西洋教育思想史》（臺北：三民，2001），頁 565–574。

❼ 國立編譯館主編：《教育大辭書》（臺北：文景，2000），第 2 冊，頁 174–175。

育制度而奮鬥，例如蓋老維 (Samuel Galloway, 1811–1872) 在奧亥俄州、米爾士 (Caleb Mills, 1806–1879) 在印第安那州，及艾德華 (Ninain Wirt Edwards, 1809–1889) 在伊利諾州等均各有建樹❽，創造了民主時代的教育歷史，為自由法治的社會安放著一層穩定的基石。

## 二、實用主義

新大陸原本繼承英國的哲學思想，無論是洛克的經驗主義、穆勒的自由理論，抑或邊沁的功利思想，都根深蒂固深入一般人民的腦中。雖曾有學者探討康德及介紹黑格爾，但都未能開花結果；相反地，在南北戰爭以後，他們漸漸發展出自己的哲學體系——實用主義 (pragmatism)。

首先吹響實用思想號角的是皮爾斯 (Charles Sanders Peirce, 1839–1914)，他畢業於哈佛大學科學院，是一位傑出的物理學家，為符號邏輯（擬合數學與形式論理為一體）的創始人之一，父親也是哈佛大學數學及天文學教授。

1876 年，霍普金斯大學創立，皮爾斯被聘為邏輯學教授❾。在研究康德的《實踐理性批判》時，他發現康德所說：「道德法則純由義務觀念而產生，不應含有經驗的事物於動機中，所以是實踐的 (praktisch) 而不該是實用的 (pragmatisch)。」但他卻認為以品德之動機為追求人生之幸福，行動之是否符合真理，應視其實際的效果；故真即是善，凡對生活有利的，才是合理、真實的。換言之，真理之意義，存於其對人生之價值，故是「實用的」而非「實踐的」。❿

1878 年皮爾斯在《通俗科學月刊》(*Popular Science Monthly*) 發表〈如何使吾人觀念清晰〉("How to Make Our Idea Clear")，說明：「要找出一個意念之真正意義，須先考察意念所引起的動作後果；不然的話，對意念之真義之爭辯將永無止日，並且必然一無成果。」詹姆士 (William James, 1842–1910) 讀

---

❽　劉伯驥：《西洋教育史》（臺北：中華，1983），頁 386–390。

❾　張鶴琴：《美國哲學簡史》（臺北：文海，1995），頁 50–54。

❿　Hans Joachim Störig: *Kleine Weltgeschichte der Philosophie* (Stuttgart: Kohlammer, 1950) s. 482f.

到此文，頓悟：「哲學的功能乃是尋求，思想不過是實用的工具；為求對某一目的物在我們思想中有清晰的觀念，只需考慮此一目的物可能涉及的實際效果。」因此他也走上實用主義的道路。❶

詹姆士年輕時曾經多次到歐洲去學習進修，也曾聽過馮德 (Wilhelm Wundt, 1832–1920) 關於心理學的演講。1869 年他獲得哈佛大學醫學博士學位，1872 年應聘哈佛講師教生理學，1875 年兼授心理學並建立了心理學實驗室。1890 年所出版的《心理學原理》不僅被視為心理學經典之作，而且也是美國功能學派興起的里程碑。其中首倡意識流 (stream of consciousness) 理論，認為意識不是靜止的，而是因人因事因時而連續地流動。他亦主張心理學研究方法之多元化，除內省法外尚應採取觀察法、實驗法、比較法及調查法等。❷

1904 年他所發表的專文：〈實用主義方法〉("The Pragmatic Method") 贏得了普遍的注意。文中說明，實用主義不像形上學者一樣，探討事物的「本質」，也不像達爾文主義者探索事物的「來源」，而是要向前觀看事物的「後果」與「效應」；因此真理乃是理念的「兌現價格」(cash-value)，吾人對事物的認識或概念的掌握，必須由其產生的效果或實際結果 (practical consequences) 而得。所謂實際結果不僅指客觀的物理因果關係，而且包括主觀的心理因果關係以及環境與主客觀相互影響的結果；換言之，實際結果是建立在感覺經驗的基礎上，故實在是純粹的經驗，「凡經驗的才是實在的」。此外實際結果也是指科學研究的實驗經驗，凡無法經由此種經驗的檢證，任何觀念都沒有意義也不會產生真正的知識。

由於皮爾斯不滿意詹姆士對實用主義的說明而為了避免混淆，便改稱自己的理論為「實效主義」(pragmaticism)❸。後來杜威認為世界是一繼續不斷的演變歷程，見於當前的現象變遷、生長、發展，故哲學是實踐與生動的，與社會有關。站在自然科學的立場，思想本身就是一種行動的工具，就是實

---

❶ 許大成、董昭輝、邱煥堂、李雲珍譯：《西洋哲學史話》(臺北：協志，1972)，頁 474。

❷ 張春興：《心理學思想的流變》(臺北：東華，2000)，頁 247–249。

❸ 國立編譯館主編，前引書，頁 75–76。

驗的行動，藉行動而增加經驗；經驗也包含衝突，從衝突中產生探究，藉以
修正經驗、解決問題，所以每一種理念或假設都具有工具的價值。由於杜威
強調解決問題的方法與工具，因此他的實用主義又稱為「工具主義」。

　　自此以後，這土生土長的哲學玫瑰，不僅遍植全美，而且還移植回歐洲，
在英國有薛勒 (Ferdinamd Canning Scott Schiller, 1864–1937) 的人本主義，在
德國促成魏興國 (Hans Vaihinger, 1852–1933) 的宛若哲學 (Die Philosophie
des als ob)，在法國則與柏格森 (Henri Bergson, 1859–1941) 的生命哲學
(lebensphilosophie) 互相契合。他們共同把哲學思辨建立在自然科學研究發展
的基礎，更新了哲學的面貌。其時詩人愛默生 (Ralph Waldo Emerson,
1803–1882) 以及其他本土作家也都紛紛用詩歌、文學及藝術來鼓吹愛好自
然、追求自由、敬畏上帝、關懷社會的民主精神；結合實用主義成為這個移
民國家的民族精神，用以陶冶國民心靈、提昇文化力量，而厚植民主政治的
基礎。

## 三、教育大師

　　杜威 (John Dewey, 1859–1952) 出生在美國維蒙特州 (Vermont) 的布林頓
(Burlington) 小鎮，在家鄉讀州立大學三年級時，因讀到赫胥黎所編的生理學
課本而使他覺得要追求有意義與有價值的人生。四年級時遇到杜理 (H. A. P.
Tonney) 教授循循善誘，引起了他對哲學的興趣。曾撰〈唯物論之形而上學之
假定〉投稿至《思辯哲學雜誌》(*Journal of Speculative Philosophy*)，不僅獲得
主編哈理士 (Willison Torrey Harris, 1835–1909) 覆函鼓勵並將之刊登，也使他
有勇氣繼續撰文。❶④

　　1882 年霍普金斯大學成立，杜威考入該校哲學研究所肄業。短期來校訪
問講學的密昔根大學教授莫理士 (George Morris, 1862–1935) 因提倡新黑格
爾主義 (neo Hegelianism)，使杜威獲得了第一個安身立命的精神上的避風港，
自謂：「黑格爾對於主體與客體、物質與精神、神與人之綜合，不僅為一理智

---

❶④　吳俊升：《教育與文化論文選集》(臺北：商務，1972)，頁 402–479。

的程式，彼對余之作用，正如一種解放」 ⓯。另兩位對杜威影響較大的教授
是心理學家霍爾及講授倫理學的皮爾斯。在杜威所辦的實驗學校的課程編組
中，可以發現前者所創「複演說」(recapitulation theory) 之痕跡，而後者則引
導他逐漸走上實用主義之道路。

1884 年，杜威以〈康德之心理學〉論文獲得博士學位，並由莫理士教授
介聘到密昔根大學擔任講師。1887 年，杜威的第一部專著《心理學》問世。
隔年被聘為明尼蘇達 (Minnesota) 大學教授，並出版《萊布尼茲人類悟性新論》
及《民主主義之倫理》2 書。1889 年因恩師莫理士逝世，杜威被召回密大繼
任哲學系主任，受詹姆士及米德 (George Herbert Mead, 1863–1931) 之影響，
其哲學思想開始趨向建立「工具主義」。

1894 年，杜威應聘新創不久的芝加哥大學哲學心理學及教育系主任。
1896 年創設實驗學校，學校中以兒童生活為中心，用兒童活動來編組課程並
實驗各種教育理論。1897 年發表〈我的教育信條〉("My Pedagogic Creed") 說
明他對教育意義、學校組織及教材教法的基本看法。1899 年他當選美國心理
學會會長，就職演說為〈心理學與社會實踐〉；同年又出版暢銷名著《學校與
社會》，共收演講稿 3 篇，加上實驗學校的成果報告，開創從社會觀點論教育
之風氣。翌年發表〈論理思想的幾個階段〉，正式與形而上學絕緣，追隨皮爾
斯而認為「思想為懷疑與探討之歷程，科學是論理思想發展之最高與最後階
段。」 ⓰

1901 年，被杜威譽為「進步教育之父」的派克 (Francis Wayland Parker,
1837–1902)⓱將其所辦「師範學院」(Chicago Institute) 併入芝大成立教育學
院。翌年派克去世，由杜威兼掌教育學院，但該校附小與實驗學校合併，由
杜威夫人擔任校長一事，引起部分同仁不滿，伏下杜威離開芝大的原因。1903

---

⓯ 吳俊升，前引書，頁 414。

⓰ 吳俊升，前引書，頁 431。

⓱ 派克曾任崑山 (Quincug) 市督學及科克 (Cook) 郡師範學校校長，主張把學校組成
「模範家庭、完全社區、雛形民主」，以禮堂作兒童及成人聚會場所，並大膽引
進繪畫 (drawing, painting, modeling) 等作為教學活動。

年芝大成立十週年，杜威主編的《論理學說研究》(*Studies in Logical Theory*) 出版，詹姆士譽其創立了「芝加哥學派」(Chicago School)，皮爾斯則評其創新了實用主義的知識理論。1904 年，因芝大不允聘其夫人為附小校長，杜威亦即辭職前往紐約，應聘哥倫比亞大學教授，並在師範學院兼課。

其時哥倫比亞大學為各國留美學生的中心，杜威在此春風化雨 20 餘年，影響遍及各國，更造就了他的國際聲望 [18]。1905 年杜威當選美國哲學會會長，發表了〈實用主義之唯實論〉("Realism of Pragmatism") 等重要論文。1906 年他赴霍普金斯大學講學一年，出版《我們如何思想》(*How We Think*)。1916 年其經典名作《民主與教育》(*Democracy and Education*) 出版，全書以民主與科學為脈絡，闡明知識在經驗中之發生過程，規定課程論、價值論與方法論而構成教育理論體系，並將過去由於社會階級區分而產生之文雅教育與勞動教育、理論與實踐等種種對立，統一於工具主義之下，以促進民主社會之實現。此書出版後轟動一時，並翻譯成各國文字。

1918 年杜威在赴加利福尼亞大學及史丹福大學學術演講後，接受東京帝國大學邀請赴日講學，又應中國學術文化團體邀請來華講學。1919 年 5 月 1 日杜威抵上海，3 天後中國發生五四運動，政治震盪，且逐漸形成新文化運動，引起了素來關懷社會的杜威的興趣；又因中國學術界的挽留，遂向哥大請假一年，留華在各大學客座講學。

根據杜威夫婦在此期間寄回美國的家信，可以發現他們的觀察極其細微而深入，如謂中國政治之腐敗造成婦女地位低落，以致「一些有錢的婦人，成天只是在牌桌上推推麻將」或「從事服飾的競豔」[19]。他指出中國人懶散而缺乏公德心；日本人專心一致，但由於盲目崇拜及愛國狂熱，終必走上侵略的道路。他仔細地觀察從北京經南京到上海的學生運動，雖有數千人被捕，但有更多的人前仆後繼地準備坐牢，不僅有數十萬學生罷課，並且有上海商人起而罷市。他在各地演講，每逢說到：「美國人民並不依靠政府來為他們做事，而是自己搶著為自己的事務而努力」時，聽眾反應非常熱切，故感到必

[18]　徐宗林：《西洋教育思想史》(臺北：文景，1998)，頁 274–288。

[19]　王運如譯：《中國書簡》(臺北：地平線，1970)，頁 10、28。

須鼓勵實施民主與科學的教育以厚植自由社會的基礎，幫助這個文化古國的新生。❷

杜威在華期間，負責接待的，在北方有北京大學代理校長蔣夢麟和教授胡適(且兼翻譯)，北京高師校長李建勛和南開大學校長張伯苓也是他的學生；在南方有東南大學校長郭秉文、教務主任陶知行及負責翻譯的劉伯明，上海的陳鶴琴、董任堅等亦擴大他的影響。所到之處青年學人多受鼓舞，師範學院之課程因而重組、實驗學校紛紛成立，研習教育者亦以留學哥倫比亞為首選，而 1922 年的「學制改革案」更完全貫徹了杜威民主教育的精神。吳俊升教授曾謂：「中國教育所受外國學者之影響與深遠，以杜威為第一人。杜氏所及於國外教育影響之鉅大，亦以中國為第一國。」❷

杜威在 1920 年接受北京大學名譽博士學位後於翌年秋季返美。說明他哲學體系的鉅著《經驗與自然》(*Experience and Nature*) 於 1925 年出版。1930 年，杜威自哥倫比亞退休，但仍留校任名譽教授至 1939 年。1938 年他出版《經驗與教育》(*Experience and Education*) 澄清其教育立場，以及《論理學：關於探究之理論》(*Logic: The Theory of Inquiry*) 強調自然科學方法，尤其是觀察法與實驗法。1939 年出版了《自由與文化》(*Freedom and Culture*)，說明最能保障自由者乃民主制度與科學方法，可見其對民主理念之堅持。1941 年珍珠港事變後，他增訂反對納粹之舊作：《德國哲學與政治》於翌年出版，表達其對美國參戰之支持。1949 年杜威 90 華誕時，還出版了與平德萊 (Arthur Fisher Bentley, 1870–1957) 合著的《知與知者》(*Knowing and the Known*)，這也是他的最後著作。

杜威哲學以知識論始，亦以知識論終，可稱圓滿，而他的高壽亦使他的教育理論建立完整體系，其教育風範留下令人景仰的榜樣。

---

❷ 王運如譯，前引書，頁 48。

❷ 吳俊升，前引書，頁 345, 448–449。

##  第二節　民主教育的理論

### 一、民主是一種生活方式

洛克以來，民主政治是指國家主權屬於國民全體的政治。所以治者的權力要基於被統治者的同意，如民眾意見有所不同，少數要服從多數，多數要尊重少數。此外人民擁有生命、自由、財產及追求幸福等天賦的基本人權，政府不得侵犯；立法、行政或司法部門之措施如違背人民之委託時，人民有「訴之於天」(appeal to heaven) 的革命權利或抵抗權利。美國獨立後，依據上述理論建立民主國家，並採三權分立互相制衡的原則，組織民治政府；更由於傑弗遜的尊重新聞自由和宗教信仰自由的堅持，為民主政治注入一股生命活力。至林肯而使民主的意義更為充實，民主乃是：民有 (of the people)、民治 (by the people)、民享 (for the people)。

杜威更進一步從社會學的觀點，發現民主不僅是一種政治制度，並且是一種生活方式，所以更需要人們經由教育來學習、陶冶與培養。他在《民主與教育》中說到：「一個仰賴民眾投票的政府若要成功，必須投票的那些被治理的人民都是受過教育的。如果民主社會不允許外加的權威來壓制，就必須讓公民自主地表達意願、自由地呈現興趣，這種能力必須經由教育來創造。所以民主並不只是一種政治形態，主要的乃是一種共同生活的模式、一種協同溝通的經驗」❷❷。是故民主社會的公民不僅要關注公共利益，並且要尊重別人不同的意見，明智地了解形成這些意見的理由。❷❸

杜威更認為，嚴格劃分階級會使社會走向滅亡，所以他反對柏拉圖的《理想國》將國民分成 3 個類型的教育方式。同時，他也不贊同盧騷以來個人主義的教育想法，他認為遵循自然的教育方法，雖可開放心智、追求真理，但

---

❷❷　John Dewey: *Democracy and Education* (N. Y.: The Free Press, 1916) s. 118.

❷❸　林玉体，前引書，頁 688–690。

也無異聽命於機緣偶然而否定了教育的功能、否定了有組織的學習之價值。當然，他更不贊同菲希德以來國家主義的教育趨勢——這種以民族國家為目標的教育機制，不僅窄化了社會的目標，背離了裴斯泰洛齊以愛心實驗教育方法來提高人民生活的初衷，更違反了康德定義教育為人變成人的過程之原意。杜威認為人必須先成為道德的、理性的、自由的人，然後才能成為獨立的、理智的、負責的民主國家的好公民。❷

## 二、教育即生長

　　杜威的哲學，普通稱為工具主義，為實用主義的一個支派，乃是建立在他的「知識論」(epistemology) 上面❷。知識對他而言，是指稱一個完全的認識動作，包括過程與結果，本於經驗的「感覺」及基於理性的「觀念」，且是有機體為解決困難情境所採取的認知作用之兩個方面。在《思維術》中，杜威指出認知作用亦即思想歷程，計有 5 個步驟：(1)發現一個疑難而待解決的問題；(2)確定問題的性質；(3)提出解決問題的假設；(4)推演假設之各種方案及其可能結果；(5)經由實行、觀察、實驗等方法來驗證假設之是否正確，可否合用。由此也可發現感覺的事實與觀念的判斷是相互連結、彼此依賴的。

　　經驗的原始對象，乃從有機體與環境間自然的交互作用而產生，故認知應以經驗為基礎，不離經驗範圍，但理性仍必須有主動的選擇與安排。換言之杜威把「認知作用安放在自然的、生物的和社會的經驗範圍以內，承認它實用的起源和行動的性質，因而把同一作用中不同的方面，看作為支配環境起見而發生的分工作用。」這是他解決古典的經驗論和理性論之衝突最有效的方法，也是他知識論的特色。

　　杜威認為感覺和觀念都在經驗之中自然發生，僅在反省的過程中有所區別。所以他不像康德一樣主張「先驗的」知識，反而主張凡百事物均離不開經驗，並且凡是經驗的對象，都是實在的東西。然而人類可以運用理智，以觀念來改造實在，因知識乃起源於實際的需要，而一切知識包括觀念、意義

---

❷　J. Dewey, a.a.O., s. 108–116.

❷　吳俊升，前引書，頁 259–286。

和理論等，都是用來解決疑難的工具。在創造和改變實在的認識過程中，理智 (intellect) 並非只是被動地接受外界印象的白板，而要主動地發揮理性的參與功能、預測事情的結果。他如此重視理智的功能，也調和了傳統的實在論和觀念論。

　　基於這種工具主義的實用主義之教育哲學，杜威在芝加哥大學創立實驗學校來驗證他的理論，然後根據實施的結果，建立他的教育學體系。由於知識既是解決生活中困難問題的工具，學校便應安排適當的生活環境，讓學生自行發現問題，並尋求解決辦法來學習知識——所以「教育即生活」，學生為了生活而學習，並且要「從做中去學」，如此便調和了興趣主義與訓練主義。更重要的是杜威反對把教育當作現成知識的灌輸，認為教育乃是經驗繼續不斷地改組與改造，是有機體為求生存發展而學習知識以調適環境活動，始於自然的衝動及欲求，經過理智的反省、判斷及思考，發展出創造的智慧、健全的人格與不受欲求奴役的自由❷⑥，這也是他強調「教育即生長」的真義。

　　依此，杜威也修正了亞里士多德的主張，提出由潛能而實現的生長理論。杜威把人看作一個生物，把人的經驗看作生物對付環境的種種行動。生物從環境有所感受 (undergoing)，也有所施為 (doing)，這感受和施為的交互關係便構成經驗。在低等的生物應付的環境比較簡單，經驗只有刺激與反應；但當生物的層級愈高、環境的因素愈複雜時，必須選擇適當的手段，實現正確的效應，才能避免淘汰命運。經過了長期不斷進行的物競天擇，人類才產生最複雜的神經系統和最高級的心靈作用，而心靈作用的最高表現，乃是智慧，即是明瞭自然界交互作用的因果關聯。根據目的而行動，便是智慧的行動，其是自然實現它自己的潛能❷⑦；生長既是自然實現它自己潛能的過程，「這過程就是它自身的目的 (aims is education)，除了這個過程自身以外，沒有別的目的。」

　　杜威又說：「教育的自身並沒有什麼目的，只有人、父母、教師，才有目的」❷⑧。國家與社會往往對教育設有特定的宗旨與理想，而所有外鑠的、強

❷⑥　田培林：《教育學新論》(臺北：文景，1972)，頁 29–45。

❷⑦　吳俊升：《教育哲學大綱》(臺北：商務，1962)，頁 87–88。

❷⑧　J. Dewey, a.a.O., s. 125.

加於學生的教育目的，不是從他們自身經驗所自由產生的；名為目的，其實是別人遂願的手段，有違民主社會中個人人格自由發展、經濟利益平等共享的原則。所以教育目的在使受教者學習繼續成長的能力、獲得更寬廣的視野、預見行為的結果、掌握優先順序、引導實踐行動，並且這種目的能彈性地適應當前需要，改變環境條件。❷❾

## 三、學校是社會進步的磁場

早在 1897 年發表的〈我的教育信條〉中，杜威便強調學校是一種社會機構，教育也是社會化的過程，且謂：「我相信教育是社會進步與改革的基本方法。」個人為構成社會的成員，而社會的共同的基礎也建立在社會裡每一個分子的觀念、情感和習慣上。人類之所以能勝過萬物，即在於人類能累積前人的經驗而成知識，利用舊知識以創造新知識以解決面對的問題，使生活不斷地進步，日益充實。社會分子裡前一代的人必須教導新生一代的兒童與青年，學習原有的共同理想、宗教信仰、風俗習慣和語言文字，以便融入社會，繼往開來；所以「教育是一種社會機能」，為社會生存的必需。

但是現實的社會極為複雜，學校則必須是一個單純的社會、一個控制的學習環境，揚善棄惡；不僅要有效地學習科學的知識、接受文化的陶冶，並且要啟發人生的理想、訓練道德的意志。所以學校應該是一個理想的社會，非僅是雛形的社會或社會的縮影；學生要透過課程和教學，實際地在社會中生活，並且培養自主地學習客觀判斷的能力。此外學校更要追求「人類經驗中最完善的境界，科學與藝術的密切結合。」如此才能讓社會了解學校何以存在的原因，並讓他們理解，學校乃是使社會獲得進步與改善的最根本最有效的機構。

在這種意義下，學校教師不僅是維持社會秩序、扶持社會成長的公僕，並且可比喻為上帝的先知和神國的使徒了。學校的課程也因此不是科學，也不是文學、歷史或地理，而是兒童自己本身的社會活動，要遵循兒童生長程序、依照人類文化發展的途徑，從無意識的統一開始逐漸分化。另一方面，

---

❷❾　J. Dewey, a.a.O., s. 136–138.

科學教育只有讓兒童理解社會生活的物質條件與發展過程時才會有教育價值。語言是人與人間溝通的工具，文學是社會經驗的反映與解釋，兩者均不可脫離兒童的經驗；歷史提示社會的形成與發展，經由地理認識生存的環境，均須與社會生活結合，才產生豐富的意義。至於遊戲、手工（包括縫紉與烹飪等）、勞作等學科，更是表現的建設的活動，是統合課程的核心。

經由以上各種變革，學校教育的重心也發生了根本的變化——「如同哥白尼改以太陽為天體運行的中心，現在要使兒童變成太陽，學校活動都應環繞著他的周圍被安排而運行。」 ❸⓿

## 第三節　新教育的推廣

## 一、實驗學校在美國的普及

「什麼是被教育者？什麼是兒童？這是世界上的中心問題。兒童是一切上帝創造物的最高頂點。這是一項給你、給我、給現在及將來的教師解答的問題，或者永久不能解答。所以我們應由兒童的行動及行動的趨向去研究兒童，有如我們研究其他現象一樣」 ❸❶。早在 1894 年，曾在柏林大學留學的派克便發表了如此的談話，用以說明他接掌庫克郡 (Cook County) 師範學校 (1883-1901)，以及後來創辦芝加哥學府的動機與立場。他不僅把裴斯泰洛齊及福祿貝爾的學說引進美國，並且身體力行地加以實驗，使學校成為以兒童能力而非以課程教材為中心的教育機構。杜威於 1894 年應聘芝大時曾赴該校參觀，非常滿意，故攜子女送往求讀。經多年合作後，他更推崇派克為「進步教育之父」。

1896 年杜威在芝加哥大學創辦實驗學校時，更明白宣示要仿傚派克所辦學校，將他教育理想在此實驗，猶如自然科學家的實驗室。該校招生 4 至 14

---

❸⓿　宮原譯：《學校與社會》（東京：岩波，1957），頁 26-27。

❸❶　楊國賜：《進步主義教育哲學體系與應用》（臺北：水中，1982），頁 245。

歲的兒童，強調創造性的自我表現，且謂兒童生活來自經驗，經驗來自活動，要用兒童本身的社會活動來開始教學。杜威並且強調：「在學校中學習固然重要，但生活第一，學習須經過生活，且與生活有密切關係」❸。他認為學校生活是漸進的、純潔的及平衡的，並希望這種學校生活能促成社會的進步。

1899 年杜威出版《學校與社會》後，實驗學校教學活動的內容更為具體而充實，引起了教育界的廣大注意。1904 年杜威轉到哥倫比亞大學任教時，美國各地已有幾所類似的學校在推動新教育；由於新教育思想經由該校師範學院之傳佈，實驗學校更風起雲湧地不斷成立。1918 年在郭伯 (Stanwood Cobb, 1881–1982) 領導下組成了「進步教育協會」(Progressive Education Association)，共推杜威為榮譽會長；1924 年起該協會創刊《進步教育》雜誌，領導著美國教育界的輿論。

另一位對新教育運動有貢獻的是杜威的得意門生克伯屈 (William Heard Kilpatrick, 1871–1965)，他不僅用明白流暢的文詞說明杜威的學說，並且在1918 年出版了暢銷逾 20 年的名著《設計教學法》(*The Project Method*)，指出教學法應該是一種有目的性的行動，是在教師輔導下，學生自己根據個人的興趣及社會需要來決定設計的項目和學習目標，自行擬定計畫與執行實際的學習活動，然後作自我評鑑與相互評鑑。雖然這也是以兒童為中心的學生自主自發的活動，但是教師仍應付出加倍的關心、鼓勵與指導。能否養成這種有責任感的教師，乃是實驗教育成敗的關鍵。

由於進步教育協會其他會員們的努力，實驗學校風起雲湧，採用新式教育方法的學校，尤其是公立學校更為普遍，逐漸替代了以往強調背誦與記憶、知識與權威的讀書學校，而成為教師尊重兒童、學生自由創造、以民主社會為理想的「生活學校」❸。我國教育家吳俊升曾評論說：「在現時美國所有的小學中、在大部分的中學中、在少數的大學中，比 50 年前顯然有較多的生趣和愉快的氣氛、有較多的自由和獨創的精神，學生間和師生間有較多的合作、

❸　楊國賜，前引書，頁 255–259。

❸　孫彥民、黃中、李正富譯：《二十世紀的教育發展》(臺北：國立編譯館，1968)，頁 78–83, 110–116。

有較多實際的和創造的活動……，這差不多都是杜威的貢獻，也是他的教育思想在實施方面的優良表現。」⑭

　　但是由於社會變遷的加速、經濟危機的考驗和世界戰爭的洗禮，進步教育也接受到嚴峻的批判與挑戰，必須進一步走向更新式教育。1944 年，該協會改名為「美國教育聯合會」(American Education Fellowship) 而迎向戰後的新世紀。

## 二、歐洲的新教育實驗

　　早從盧騷開始，以兒童為本位、以生活為中心的教育改革思想，已經在歐洲不斷發展，並且有巴斯道的泛愛學校、薩而茲曼的仁愛學校及裴斯泰洛齊的人性學校等各種不同類型的嘗試；但是能夠與美國進步教育運動互相呼應的教育實驗，則要從英國雷迪 (Cecil Reddie, 1858–1932) 於 1889 年創立的阿伯茲學校 (Abbootsholme School) 說起。

　　該校是一所家庭式的鄉村學校，收留 7 至 18 歲的男童 40 名，主為勞工階級的子弟，離開工業化的都市來到安謐的鄉村，過純樸勤勞的生活。全校7 至 11 歲為初級，12 至 18 歲為高級；辦學宗旨在以自由發展人格。雷迪指出：「我們的目的是在造就人類一切能力的圓滿發展。……要達到這目的，學校即不應成為一塊人工造成的地方，專靠書本為媒，而不與生活相關聯。……學校應是一個小世界，真實的、實際的，使兒童發現自己。」由於位處鄉村，該校充分以田園為教室，經由工作來訓練兒童的能力、智力、體力以及手工的技巧，從實際的活動中了解公民的責任與社會的需要，並且重視藝術創作與感情陶冶，實施全人的教育。此外，校內不採取競賽制度，而鼓勵自由的團體討論。⑮

　　繼之而起的貝德萊 (John Haden Badley, 1865–1967) 於 1893 年創辦的貝岱學校 (Bedels School) 更進一步提倡男女合校與學生自治。1924 年，倪爾 (Alexander Sutherland Neill, 1883–1973) 創辦響滿全球的夏山學校

---

⑭　吳俊升：《教育與文化論文選集》（臺北：商務，1972），頁 292。

⑮　楊國賜，前引書，頁 227–229。

(Summerhill School)，該校校訓是：「快樂、誠摯、均衡與合群」。倪爾深信：「世上沒有問題兒童，只有問題父母」，所以學校中要讓兒童自由，讓他們屬於自己的生活。通常全校保持 25 名男生與 20 名女生，依年齡分成：5 至 7 歲為初級，8 至 10 歲為中級，11 至 15 歲為高級。全體學生一律住校，每級設一位導師 (home mother) 與學生共同生活，照料他們的起居，但生活完全讓學生自治。每星期六晚上的「全校大會」，教師與學生平等地出席會議，表決時一人一票，由學生擔任主席及秘書；如此消除了兒童內心的緊張與恐懼，教師更要以愛和了解、運用讚許來鼓勵兒童追求活潑快樂的生活，使成為手腦並用、身心平衡之有用的人。

　　心理學大師佛洛姆 (Erich Fromm, 1900–1980) 曾讚美夏山學校表現了真正的教育原理，故聲名遠播，國外學生來英學習者眾，美國人更稱呼它是「進步學校」❸❻。1927 年，哲學家羅素 (Bertrand Russell, 1872–1970) 也在貝根 (Beacon Hill) 創辦「自由學校」，以遊戲教育學生為現代世界的公民，強調培養具有活力、勇氣、感性及智慧的品性，且要使兒童「獲得知識而不失去生活的歡樂，養成科學態度而不失去自發的精神」。

　　雷迪的鄉村學校實驗，對德國的影響比對美國還要深遠。1896 年，利茨在耶拿大學獲得博士學位並在附小任教一段時間後，經教育學教授雷鷹的推薦，渡海遠赴英國來拜訪雷迪，深佩雷氏教育理想，故在阿伯茲學校見習一年後才返德國。

　　1898 年利茨在哈爾茲 (Harz) 山區創辦了第一所鄉村學校「愛生堡」(Ilsenburg)，招 7 至 12 歲的學童為初級。1901 年在杜林根森林設第二所鄉村學校，名「好賓達」(Haubinda)，招收 12 至 15 歲兒童為中級。1904 年在富達 (Fulda) 河邊辦理第三所鄉村學校「皮伯宮」(Schloss Biebstein)，招收 15 至 17 歲的學童為高級。學校採小班制，每班人數以 5 至 12 人為度，導師必須與學生共同生活，像家庭一樣，一起遊戲、一起工作、一起遠足也一起旅行。每位學生都有一塊屬於自己的園地，校中設有工藝工場及各種專科教室，雖然沒有固定的課表，卻可從生活中學習科學知識，陶冶人文修養。學生升級

---

❸❻　楊國賜，前引書，頁 259–269。

後可以變更校區，廣開眼界。校中不僅有運動場、體育館，並且經常舉辦各種體育及藝術活動，使學生都能手腦並用，身心平衡地健全發展。

　　利茨終身未娶，以校為家，完全為著學生而活，且曾陪著學生到北極圈及伊斯坦堡等地旅行；經過他訓練的教師同仁也都能以他為榜樣，本著菲希德「用教育來培養新國民」的理念，推廣教育實驗。如魏尼根 (Gustav Wyneken, 1875–1964) 在 1906 年創辦維克斯多夫 (Wickersdorf) 鄉村學校、吉熙伯 (Paul Geheab, 1870–1961) 在 1910 年創辦歐騰 (Odenwald) 森林鄉村學校等可見一斑。吉氏在希特勒統治期間流亡瑞士，在貝恩邦的鄉下辦學，戰後返德復校，迄今仍享盛譽。類似的實驗學校還有華爾道夫 (Waldorf School) 亦在歐洲各地紛紛興起，推動了新教育的運動。 ❸❼

## 三、精粹主義的挑戰

　　當杜威的實用哲學思想與進步主義的教育改革運動蓬勃發展之時，亦激起了保守派的學者們之批評與挑戰。他們認為學校教育不可為了滿足學生一時的興趣而犧牲他們終生受用的文化精粹；不可為了以學生為中心而犧牲教師寶貴的經驗指導；更不可為了根據心理原則來組織教學活動，而犧牲了知識所不可缺少的理論體系。因為教育的作用在傳遞人類社會文化的遺產與共同的信仰，在變動不居的宇宙中，仍有其不變的真理與永恆的價值，這些是成為文化人必須追求的基本素養，亦是學校課程與教材的重要內容。為了預備將來完美的生活，也為了替社會培養更有用的人，必須精選教材並分析知識與經驗以形成學科內容。此外根據官能心理學 (faculty psychology) 的學習遷移理論 (transfer of training)，強調為了訓練各種心能，如記憶、判斷、推理等而應重視背誦與考試、磨練與懲罰。這種論調隨著第一次世界大戰的發生，及 1930 年的經濟恐慌而愈益受人重視。 ❸❽

　　首先發難的是巴格爾 (William Charles Bagley, 1872–1946)，早在 1931 年

---

❸❼　Rudolf Lassahn: *Geschichte der Schulversuche* (Heidelberg: Quelle & Meyer, 1979) s. 51–64.

❸❽　楊國賜：《現代教育思潮》(臺北：黎明，1977)，頁 41–91。

他便著書批評進步主義，並逐漸獲得畢保德 (George Peabody) 師範學校的修爾施 (Louis Shores, 1904–1981)、哈佛大學前校長柯南特 (Bryant Connant, 1893–1978) 及教授烏理先 (Robert Ulich, 1890–1977)、哥倫比亞大學的康德爾 (Issac Leon Kandel, 1881–1965) 及於 1935 年首先提出精粹主義 (essentialism) 一詞的德梅基維克 (Michael Dmiaschkevich, 1891–1938) 等人的響應。

他們於 1938 年在大西洋城集會，組成「精粹主義教育促進委員會」(Essentialist's Committee for the Advancement of Education)，呼籲改善學校績效、提高學生程度、選拔優秀人才來促進國家進一步的發展。曾任芝加哥大學校長的赫欽斯 (Robert Maynard Hutchins, 1899–1977) 認為人能思考及推理，是唯一的邏輯思維的動物，所以教育要重視心靈的陶冶與智德的訓練，這些都需要選擇能與往聖先賢的智慧連結起來的「永恆學識」(the permanent studies) 作為知識的核心與教材的重點。並且他更強調：「課程的釐訂，是成人的責任，而非由兒童的興趣決定」**❸⁹**，公然向進步主義的主張提出挑戰。

另外一位挑戰者是天主教的馬理坦 (Jacqueo Maritan, 1882–1973)，他認為近代社會生活的混亂，是由於人們的靈魂、道德、宗教的無知，以及學校教育之不夠健全所致。他在其名著：《教育處在十字路口》(*Education in the Crossroad*, 1943) 中，批評進步主義教育忽視教育的目的，猶如繞著圓圈跑一樣，找不到發展的方向。過分放任的教育也使學生很少受到「挑戰」與「訓練」，無法激發學生對真理的熱愛與養成認真負責的工作態度。他更批判杜威實用主義哲學，把教育侷限於功利和現實社會的範圍，培養學生成為現代工業社會的工具和零件，而不是經由文化陶冶發展成真正有理性、有智慧，能與天主建立關係的自然存在物。教育的本質在使人成為人，故必須在「先驗」的基礎上，從「悟性」和「直覺」開始。**❹⁰**

同為進步主義學者的波德 (Boyd Henry Bode, 1873–1953) 在《徘徊在十字路口的進步教育》(*Progressive Education at the Crossroads*, 1938) 一書中，指

---

**❸⁹** 徐宗林，前引書，頁 326。

**❹⁰** 單中慧、楊漢麟主編：《西方教育學名著提要》(臺北：昭明，2002)，下冊，頁 76–85。

責某些進步學校過分重視兒童興趣而不顧社會需要，變成了個人主義的聖地
而不是民主政治的搖籃。濫用設計教學法而缺乏教師指導和有效管理的結果，
不僅使學生無法獲得合乎邏輯的種族經驗，也使課程支離破碎、不成系統，
尤其是曲解「教育即生長」的原則，使教育發展缺乏定向。所以他建議教育
應以建立民主的社會、維護民族傳統文化為目標。 ❹

　　杜威本人後來也發現進步學校的做法與中庸平衡的主張已有不合，故曾
於 1928 年發表〈在新學校中有多少自由?〉，嚴正批評進步學校中的極端趨勢。
1938 年，他曾就新舊教育的爭執作了一系列的演講，題為〈論新教育〉，加
以批判並集結成《經驗與教育》一書。

　　綜上可見，進步教育運動雖替美國及歐洲的教育注入一股活水清流，但
亦激起了不少批評，但是其實際成效又到底如何? 根據 1930 年的一份評鑑報
告，發現進步學校和傳統學校的學生，在學業成績上並無顯著差異，但進步
學校學生在閱讀方面成績亮麗，而傳統學校學生則數學較好❷。1935 年，麻
理遜 (John Cayce Morrison) 針對紐約市學校作評估，結論亦相仿，唯採用活
動課程學校的學生，比較喜歡工作，且更懂得合作與自律。 ❸

　　總結而言，杜威的教育理論雖飽受批評與挑戰，但誠如林玉体教授所言:
「二十世紀結束之前，美國教育思想仍籠罩在杜威的思想潮流裡，……二十
一世紀有可能仍是杜威哲學的天下。」❹

---

❹ 孫彥民等譯，前引書，頁 169–172。

❷ Jacob Wayne Wrigtstone: *Appraisal of Newer Elementary School Practices* (Columbia University, 1938) s. 203–204.

❸ John Cayce Morrison: *The Activity Program* (N.Y.: State Department of Education, 1941) s. 161–163.

❹ 林玉体，前引書，頁 396。

# 小　結

　　美國獨立後實施民主政治、創建全民學制，並發展出萌生於本土的實用主義哲學思想。杜威應運而起，首在芝加哥大學任教哲學並辦理實驗小學，繼至哥倫比亞大學春風化雨 20 餘年。他不僅以科學的實證方法，累積其實際教學經驗以印證其理論，並且應用辯證的方法，廣納各派，智慧地提煉成獨創的原理。

　　杜威在第一次世界大戰期間出版的經典名作《民主與教育》轟動一時，影響全球，促進民主社會的實現。雖曾接受精粹主義之挑戰，仍為教育思想之主流。

## 【問題討論】

　　1.實用主義與工具主義有何不同？試加以比較說明。

　　2.進步主義學校的特徵為何？試加以分析。

　　3.為什麼學校是社會進步的磁場？試予以申論。

第 **20** 章

蒙特梭利的幼兒教育論

## 第一節　兒童世紀的來臨

### 一、愛倫凱 (Ellen Key, 1849–1926) 的呼籲

隨著二十世紀的開始，愛倫凱出版了一本石破天驚的著作《兒童的世紀》(*Das Jahlrhundert des Kindes*, 1900)，宣稱二十世紀是兒童的世紀，教育必須從兒童出發，以兒童為中心，讓兒童照著他們自己的意思自由地生活。愛倫凱出身於瑞典的貴族家庭，曾陪同擔任國會議員的父親遊歷歐洲各地，又愛好文學、酷嗜閱讀，不僅看過洛克、盧騷及尼采 (Friedrich Nietzsche, 1844–1900) 等人的名作，也曾涉獵達爾文及斯賓塞的著述。30 歲開始擔任小學教師及斯德哥爾摩社區大學的瑞典文明史的講師，並且也關注婦女運動，時常著文論說、評論時政，頗負文名。

《兒童的世紀》一書共分 8 章，計：(1)選擇雙親的兒童權；(2)非天生的性別差異及女工；(3)教育；(4)無家的流浪漢；(5)學校中的自殺現象；(6)將來的學校；(7)宗教教學；(8)兒童工作與兒童犯罪❶。書中激烈批判強迫兒童屈從成人意志的想法與做法，更大肆抨擊當時流行的打罵教育，認為打罵使人性變得更壞，會刺激受害者將身受的暴行施於他人，是製造奴隸的方法而不能培養自由人的道德。

愛倫凱崇尚自由教育，主張按照盧騷自然主義及消極教育原理來改革教育，盡量減少外來干涉與壓制，使兒童天性得到自然發展。她認為理想的學校應讓學生依興趣結成小組，自選圖書來學習，也應設立手工藝工場，讓學生可以開展獨立的活動。總之，教師的任務在於為兒童創造適宜的環境，讓兒童可以經由自由活動經驗、發展能力。她更強調學校家庭化、廢除考試及處罰，讓每一個學生都能自由選科、自訂學習計畫、自行觀察實驗、自己發現問題，並自己去研究解決，以培養兒童獨立的人格，使他們成為「新人」

---

❶ 田培林著、賈馥茗編：《教育與文化》（臺北：五南，1976），頁 754。

以創造新的社會。她熱情洋溢地呼喊:「我們不僅要認識兒童,而且要尊重兒童,我們要從兒童身上看到人類的未來。在進化的亮光中,我們會發現: 二十世紀是兒童的世紀。」❷

《兒童的世紀》在 1902 年被譯成德文,立即引起了一群漢堡地區教師們的熱烈回響。符爾葛斯脫 (Heinrich Wolgast, 1860–1920) 大聲疾呼,指出「具有最高價值的不是科學、不是教材,而是人的心靈,尤其是兒童的心靈,……學校教育真正的任務乃在發展兒童本身所有的潛在力量。」1908 年他以「從兒童出發」為口號,推行教育改革運動,旋即獲得鄰邦布萊梅教師組織的響應。他們在耿茨貝格 (Fritz Gansberg, 1871–1950) 及沙來爾曼 (Heinrich Scharrelmann, 1871–1940) 領導下,在學校中鼓勵兒童自由繪畫、寫作、講故事來發展藝術創作才能,並且在低年級中盡量採用接近兒童生活的鄉土教材來教學,頗見效果。1912 年開始,柏林的歐托 (Berthold Otto, 1859–1933) 更在他自辦的私立小學中實驗母語教學;對低年級學童而言,這種完全以兒童為本位的教學方式,的確最能吸引兒童的注意、激發兒童的創造潛力。 ❸

## 二、兒童心理學的進展

1879 年馮德在德國萊比錫大學設立全球第一座心理學實驗室,首創用科學實驗方法研究心理現象,此後 30 年間,數以百計的世界學者雲集來此向他學習,然後分散各地,形成二十世紀初期推行科學心理學的巨大動力。他的弟子霍爾返美後不僅在霍普金斯大學設立心理實驗室,培養了杜威及卡特爾 (James Mckeen Cattell, 1860–1944) 等傑出學者;並且在擔任克拉克大學創校校長期間,邀請精神分析學派的大師佛洛伊德及榮格 (Carl Gustav Jung, 1875–1961) 於 1909 年抵校講學,將精神分析理論引介到美國。他曾強調:「美國心理學的特色就是兒童心理發展的研究。」❹

霍爾的再傳弟子魏特默 (Lightner Witmer, 1867–1956) 為中小學師資開設

---

❷　Willibald Russ: *Geschichte der Pädagogik* (Heilbrunn: J. Klinkhardt, 1965) s. 131.

❸　W. Russ a.a.O., s. 136–137.

❹　張春興:《心理學思想的流變》(臺北: 東華, 2000),頁 158。

心理學課程並從事學生輔導工作，1896 年更在賓州大學創設心理診所，使用
「臨床心理學」一詞❺。此外，卡特爾的另外一位學生桑代克 (Edward Lee
Thorndike, 1874–1949) 更因他在學習理論上的貢獻，被譽為教育心理學之父。

　　法國的比奈 (Alfred Binet, 1857–1911) 也於 1889 年在巴黎大學成立心理
實驗室，1900 年組織「兒童心理研究會」，1903 年出版《智力的實驗研究》
一書。他與精神病學醫師西蒙 (Theodore Simon, 1873–1961) 合作，在法國教
育部贊助下，於 1905 年完成了「比奈・西蒙智力量表」(Binet-Simon
Intelligence Scale)，使科學化的兒童研究更進一步。1909 年，比奈又發表《兒
童學的新觀念》(*Idées sur Les Enfants*) 一書，回顧 30 年來美、德、法 3 國兒
童研究的成果，以探討兒童教育的發展方向。

　　同一時期，比利時的小兒科醫師德可樂利 (Ovide Jean Decroly,
1871–1932) 於 1901 年在布魯塞爾設立了一所特殊學校，幫助遲緩兒童的心
理與精神發展。1907 年公佈其成功的經驗為「學校應讓學生從生活中學習生
活」：前 4 年的學生可依營養、居住、防衛、團體活動等 4 個興趣中心來組織
單元、從事教學活動、佈置適當環境，使兒童經由觀察周圍的動植物及社會
生活而發展其聯想及發表能力。瑞士的克拉巴德 (Edouard Claparéde,
1837–1940) 亦曾於 1912 年在日內瓦大學創設教育研究所，從事兒童心理的
研究，並開啟了以後皮亞傑 (Jean Piaget, 1890–1980) 有關兒童思維發展的研
究，對當時瑞士兒童教育的實施，貢獻良多。

　　綜上可見，二十世紀前 30 年由於心理學的進展，是一個發現兒童、研究
兒童、尊重兒童，為兒童爭取權益的時代。

## 三、兒童權的維護者

　　重視兒童的呼聲，雖然開始於北歐，但卻要匯流到南歐，才成為巨大的
兒童權運動，使二十世紀真正成為「兒童的世紀」。這一位創造時代的英雄，
是意大利的蒙特梭利 (Maria Montessori, 1870–1952)。高中畢業時，蒙特梭利
拒絕選擇傳統婦女職業，而一心想做濟世救人的醫生。雖然那時羅馬大學醫

---

❺　張春興，前引書，頁 183–185。

科尚不肯收女生，教育部長也拒絕了她的請願，但是她仍鍥而不舍地奔走遊說，終於贏得了教宗李奧十三 (Leo XIII, 1810–1903) 的支持而成為大學中唯一的醫科女生❻。1896 年他於羅馬大學畢業後，擔任大學附設醫院的精神科診所助理醫師。

為了治療知能障礙的兒童，蒙特梭利曾研讀法國第一位研究智能不足及發展遲緩問題的耳科醫師伊塔 (Joan-Mare Gaspard Itard, 1775–1838) 的研究報告，發現伊塔雖然不能成功地矯治「亞費洪的野男孩」(the wild boy of Aveyron，1799 年在森林中捕獲，1829 年在巴黎逝世)，讓他返到文明社會，但伊塔仍信心滿滿地認為：「野孩子的形成並非由於退化，而係缺乏教養，如能及時於兒童敏感期內施以適當的訓練與愛心的關懷，仍能使野男孩社會化。」❼

繼承伊塔志業的是他的學生塞根 (Édouard Séguin, 1812–1880)，1837 年他嘗試診療一位知能障礙的兒童，18 個月的臨床經驗使他信心大增而逐漸推廣其工作。1844 年，巴黎科學會調查報告顯示，經過塞根治療的十餘名兒童均已能正常生活而大加讚揚。塞根也將他的研究成果出版《知能障礙的精神醫療、保健與教育》(*Traitement Moral, Hygiéne at Education des Ideots*, 1846) 並立即受到重視。1848 年法國二月革命後，塞根移民美國。1866 年所著《知能障礙及其生理療法》(*Idiocy and Its Treatment by the Physiological Method*) 迄今仍為啟智教育的重要教材。

藉著這兩位先進所遺留的珍貴資料之幫助，蒙特梭利發現低能兒童並非「社會以外的人類」(extra social beings)，他們的問題不在醫療而在教育。1898 年，蒙特梭利應聘擔任國立啟智學校校長，把塞根的教學方法應用於低能兒童教育，收到良好的效果。她改良了塞根所設計的教具，訓練兒童手足的操作；與兒童一起生活，從旁觀察他們的行為，有時也參與他們的活動。結果發現兒童可以學習許多她認為不可能的事──不僅學會了讀與寫，而且 2 年以後順利通過了正常兒童的公共考試。此一成功經驗亦使她反省：採用這種

❻　林玉体：《西洋教育思想史》(臺北：三民，2001)，頁 633–653。
❼　許惠欣：《蒙特梭利與幼兒教育》(臺南：光華女中，1979)。

方法是否會提高正常兒童教育的成效？

　　蒙特梭利於 1900 年轉任馬基斯特羅 (Maqistero) 女子學院的衛生講師，同時回到羅馬大學進修哲學、實驗心理學及教育人類學。因成績優異，被大學聘為人類學講師，並出版其第一本專集：《教育人類學》(*Antropologia Pedagogica*, 1908)。

　　1907 年，羅馬興建一批示範性的勞工住宅，管委會有意撥用其中一座空屋，設立學校管教未上學的兒童，以免他們肆意破壞社區環境。當董事長塔剌摩 (Signor Talamo) 徵詢蒙特梭利願否負責此一學校時，她立即欣然答允，因為她認為這是天主聽了她的祈禱，好讓她實現醞釀多年的幼兒教育理想。

　　她定名這座學舍為「兒童之家」(Casa Dei Bambini)。學舍「集合了 60 名 3 至 6 歲的幼兒……父母屬於社會的最低階層，大部分是文盲，無暇照顧其幼兒，更不知如何去教養他們的幼兒」❽。蒙特梭利只好本著耶穌的慈愛，根據以往教養低能兒的經驗，像母親一樣地去照顧這群墮落塵間的小天使。她首先培養兒童清潔秩序的習慣，練習進退應對的禮節。每天早晨當兒童一到學校，蒙氏都會檢查他們的手、臉、指甲、脖子和牙齒的清潔；告訴他們如何使用掃帚、刷子、抹布來清潔房間；如何安靜地坐正、平衡地步行、彼此相親相愛，並且對長輩有禮貌。接著她改良以往施用於低能兒童的教具，使其更適用於正常兒童，訓練他們的感官和感覺。再者才是設計讀、寫、算的材料來啟發兒童的心智，並且讓他們從自由選擇與自發工作中去自我教育。

　　1909 年她發表《蒙特梭利教學法》(*The Montessori Method*)，書中詳細說明感官、動作，及讀、寫、算之教育方法與教具，以及自由教育所蘊藏的基本原理。出版後立即受到全球重視，被翻譯成 20 餘國文字，吸引了各國人士前來參觀。其時在英國已有人從羅馬遊學回鄉，試辦「蒙特梭利教室」，成績良好，倫敦市議會遂於 1919 年邀請蒙特梭利作專題演講並辦教師訓練。

　　這一個寶貴經驗，使她發現新的方法不能單靠熱忱，而必須讓每一位教師真正懂得她的教育原理，並且熟悉教具的應用。所以她決心開辦「國際訓練課程」，從 1919 年至 1937 年間，輪流在羅馬及倫敦舉行。每期課程為時 6

---

❽　Maria Montessori: *The Secret of Childhood* (N.Y.: Ballantine, 1966) s. 115–116.

個月，訓練內容包括專題演講、教具研究及參觀蒙特梭利學校；結業期滿經筆試與口試合格，且繳交一篇名為〈論材料的書〉("Book on the Material") 的論文後便可獲頒蒙氏親筆簽名的文憑。同時她又規定，結業學生必須在蒙特梭利學校或教室服務 2 年以後，這張文憑才正式生效。

　　1925 至 1951 年，蒙氏親自主持了 9 次國際蒙特梭利會議。1952 年 4 月，德國分會在法蘭克福舉行年會，經聯合國教科文組織的協助，敦請這位 82 高齡的女教育家蒞會演講，但由於健康緣故，蒙特梭利雖已到了維斯巴登 (Wiesbadon) 卻無力到達會場而趕返荷蘭就醫，5 月 2 日安息天主懷中。蒙特梭利為維護兒童權利而奮鬥的精神，以及從幼兒教育入手，讓各國兒童從和平相處開始，來追求世界和平的理想，為後來教育界帶來深遠的影響。正如她出席 1949 年在意大利舉行的國際會議中所說：「兒童是人類之父、文明之父，而且是現代人類的導師。……人類如要向上提昇就必須把兒童看作光明的嚮導！」❾

 ## 第二節　幼兒教育的原理與方法

 ## 一、工作的哲學

　　在兒童之家的經驗使蒙特梭利驚訝地發現，兒童喜歡工作甚於遊戲，選擇教具而不要玩具。在《童年的秘密》中她說：「兒童的工作慾正象徵生命的本能，因為不工作兒童就無法組成其人格。……人類以手工來建構自己，以雙手作為人格的工具及智力與意志的表現。」當然，對工作的意義，成人與兒童並不相同，兒童經由「活動性的工作」而創造自己，並且從克服困難的練習中成長。初生幼兒既不能咀嚼，也不會抓握，更無法走路與行動，但他卻與生俱有「吸收的心智」，能利用自己的敏感性興趣滿滿地吸收印象融入其經驗中。

---

❾　田培林著、賈馥茗編，前引書，頁 724。

　　兒童學話與鸚鵡不同，因為人有心智來學習及保存知識；模仿行為也與猴子不同，因為人有智力可以主導經驗而從事「建構性的運動」。「敏感期」是自然賦予兒童發展的一個關鍵因素，它使兒童內部產生生命力，使他能從複雜的環境中選擇適合其成長及為其成長所需的事物。兒童從雙腳的運動，習得平穩的能力；從雙手的操作，習得協調的能力；更從舌頭的練習，學會表達的能力，學會與他人溝通而成為社會的一分子。人類是唯一真正賴雙腳之平衡來走路的動物，所以蒙氏認為學習走路是第二次的誕生，使人真正成為自由的人。語言的發展與生命成長一樣，是緩慢的、自動的、由內而外的，從無意識的預備語言進展到文明的語言，而真正成為一個人。❿

　　蒙特梭利還進一步指出：「人就是能作理性判斷然後透過意志而決定其行為方向。」如果沒有意志力，則心智生命幾乎不存在。在意志導引下的有目的之動作，就是工作。人類唯有透過工作才能開展其自然的秉賦；透過工作使身體活動成為有目標的行為、四肢成為心智的工具，他們也就成為正常的兒童。但有時兒童會氣餒退縮，失去意志控制而產生「防衛作用」，不肯對環境順應、不願與外界互動，例如害怕學校而與學校疏遠、厭惡數學而不肯學算等，這些都淵源於幼年的印象，是成人一味禁止干涉而引發了兒童的「自卑情結」所致。故「要醫治這種心智生命的營養不良症，必須使兒童從事有興趣的工作來建構他們自己的行為，進而因心智集中，發展成正常化的新兒童之真實人格。」⓫

## 二、教具的價值

　　1932 年，「新教育同志會」(New Education Fellowship) 在意大利的尼沙 (Niza) 舉行第 5 屆國際年會時，蒙特梭利曾以「和平與教育」為題發表演說，其中提到：「我們應該從 3 方面來看世界，一方面是人，一方面是萬物，另一方面則是兒童。兒童在世界上有獨立的地位、有尊嚴的權利，既不應該把兒童當作具體而微的人，也不應該把兒童放在萬物之列，等量齊觀。我們教育

---

❿　許惠欣，前引書，頁 102–122。

⓫　Maria Montessori: *The Absorbent Mind* (N.Y.: Dell, 1967) s. 203–209.

工作者所能作的，只不過是替兒童預備或佈置一個適當的工作環境和活動場所而已。」⑫

　　蒙氏所製教具或謂工作材料，正是兒童所需的工作環境。她所以稱工作材料為教具，因為它必須有教育意義，但決不是教育的教學媒介，而是用以幫助兒童自我建構與精神發展。「兒童發展的第一要素是專心，……他需要能使他專心的物品。教具便是這種心智的鉤 (hook)，是兒童內在歷程發展的鏈環，連結其各階段的發展，預備其以後所要面對的新經驗。例如 3 歲半的小孩操作圓柱體嵌入物 (cylinder insets) 時，必須以其拇指、食指抓握圓柱體的小圓球，便是以後寫字握筆的預備」⑬。換言之，有教具，才能引起兒童工作的興趣；使用教具，才可以把兒童的注意力集中於工作；有了教具佈置成的工作環境，兒童自己就能夠有興趣的工作下去。

　　蒙特梭利所發明的教具，種類繁多，加上後來隨著觀察兒童的需要，不斷增製的新教具更是不勝枚舉。最基本的有：(1)關於動作及肌肉訓練者，如穿衣脫鞋的木框、訓練手工的黏土及瓶罐、上下樓之螺旋形木梯、配合音樂韻律的走線等；(2)訓練各種感覺者，如彩色幾何體、觸覺板、裝有各種紡織品的籃子、不同色系的彩色板、裝有不同水溫的金屬碗、各種幾何圖形的拼圖櫃、可以結繩扣的木架、發出各種不同音響的銅鈴及音樂鐘等；(3)為讀寫算之準備者，如砂紙字母板及活動字母卡、數字棒及算術框、彩色階梯與珍珠鏈等。再配合以音樂上的五線譜、美術上的圖畫、手工藝和園藝⑭，這些教具使兒童得以充分在合適的環境中工作、發展其人格並充實其生命的意義，所以在蒙特梭利教學法中，教具是核心，教師僅僅是兒童與環境間的溝通橋樑，必要時才從旁協助。

## 三、教師的角色

　　蒙特梭利認為兒童與成人有對等的價值，在人類生活中是並列的。在「兒

⑫　田培林著、賈馥茗編，前引書，頁 724。

⑬　許惠欣，前引書，頁 153。

⑭　許興仁編譯：《蒙特梭利教具指引》(臺南：光華女中，1978)。

童之家」中，僅把 3 至 6 歲和 6 至 9 歲的兒童大概地分組，彼此沒有嚴格的界限；各組活動的場所雖有區分，仍可互相看見、且能隨時互換，讓兒童依興趣參加另外一組。由於教具本身有其規律性與自動控制錯誤的特性，兒童可以快樂地自我教育、自動工作，因此蒙特梭利教學法與傳統的「老師講，學生聽」的片面注入之教學方式完全不同——教師不再是主角，也不再是權威的指導者與傳道授業者，而是要負起聯絡環境、教具及兒童的責任。

按照蒙氏的說法，教師必須用謙卑的態度、仁愛的胸懷，向兒童學習來發現童年之祕。教師要能控制自己的情緒，因為「憤怒使我們無法了解兒童並且導致另一種罪惡：驕傲。……兒童對成人之怨恨或疏忽會無意識地以膽怯、說謊、錯誤行為、無理哭鬧來反應，因為他們無法了解其原因。如果成人對兒童抗拒行為的反應，僅是憤怒與驕傲，則無法知道其內心的真正企圖，更不會發現兒童生命的秘密：人類的潛能。」❶⑤

所以要扮好教師的角色，首先要成為「兒童的觀察者」，不表示我們的成見、不干涉兒童的行為，要耐心地等待並仔細地觀察。兒童希望與別人分享他的成功與發現，如果我們用同情的態度、友善的反應，並且有恆地在「觀察等待」，必定能夠分享他們的快樂與痛苦、了解他們內在的生命呼喚。接著可以成為「兒童的解釋者」，讓他們自動地跑來找你，幫忙解決疑難，使幫助成為比安慰更寶貴的禮物。更重要的是教師要與兒童「面對面」、「眼對眼」地溝通，了解他們的語言、明白他們內心的意圖，為他們開啟被世界關閉了的「發現的花園」。

第三，教師是「環境的守護者」，必須預備一個讓兒童正常生活，且能發展其生命潛力的環境。教師不僅要看守物質的環境，而且也要維護內部的秩序，使兒童在工作時不致受到打擾；如有兒童干擾別人時，應該把他帶開，讓助理另行輔導，使每一位生活在樂園中的兒童，其內心深處的生命的火燄不致熄滅。第四，教師是「兒童行為的榜樣」，不僅儀容要整齊清潔，使人樂於親近，言行舉止更要自然大方，顯示高貴氣質，贏得兒童的信任與尊敬，足為兒童行為學習的榜樣。

---

❶⑤　許惠欣，前引書，頁 149–153。

最後，教師也是「學校與家庭及社區的溝通者」，兒童教育的成功，不僅有賴於家庭的合作，也需要社區的支持及學校與社區文化之融通。尤其是要改變傳統教育的舊觀念、推行兒童教育的新方法，必須教師們能扮演好與家庭及社會的溝通的角色，向他們說明也爭取他們的支持。所以在「兒童之家」開辦之初，蒙氏便規定「母親必須把孩子弄乾淨後才能送來」、「母親至少每週到校一次，了解孩子在校學習情形，並接受教師的建議。」

 **第三節　蒙特梭利教學法的影響**

## 一、推廣於全球

《蒙特梭利教學法》在 1909 年出版以後，立即受到全球各國的重視，迄今已翻譯成 20 餘國文字。英文譯本是在 1912 年出版，蒙特梭利並在 1919 年起在倫敦與羅馬兩地輪流舉辦教師訓練；至 1937 年，結業學生超過 5 千人，且來自全球 40 餘個不同的國家，返國後分別舉辦幼兒教育事業。在此期間，蒙氏也曾分赴歐洲的德、奧、荷蘭及西班牙，以及亞洲的印度和巴基斯坦等地演講授課，傳佈她的幼兒教育思想，使新的學校不斷增設。

德國是福祿貝爾的故鄉，他在十九世紀初期所創建的幼稚園制度，迄今盛行不衰，他的教育哲學更受大家的推崇。即或如此，德國也設立了「蒙特梭利學校」，1928 年亦設立 25 所頗具規模的「兒童之家」來迎合二十世紀初期工業社會的需要。1929 年蒙氏訪德並成立了「德國蒙特梭利學會」，為「國際蒙特梭利學會」 ⓰ 的德國分會，其不僅辦理師資訓練、出版有關書刊，並且還製作銷售各種教具。

第二次世界大戰期間，蒙特梭利避難印度，受到甘地 (Mohandas Gandhi, 1869–1948)、尼赫魯 (Jawaharlal Nehru, 1889–1964) 及詩人泰戈爾 (Rabindranath Tagore, 1861–1941) 等的熱烈歡迎，乃在喀拉蚩 (Karachi) 設立

---

⓰　該總會設立於荷蘭的阿姆斯特丹。

一所「示範學校」並辦理教師訓練。戰後，聯合國教科文組織又曾在此辦理亞洲各國教育工作人員的進修訓練，使蒙特梭利的教育思想在亞洲更受推崇，更被歡迎。

目前，臺灣各大都市均有蒙特梭利學校的設立，招收 3 至 6 歲兒童入學，成效卓著，頗受家長們的好評；但是收費非常昂貴，完全不同於蒙特梭利當年在羅馬勞工住宅中所辦理的「兒童之家」，把重點放在家境貧困的兒童身上，因而反而成為有錢人家孩子錦上添花的裝飾。林玉体教授曾奉勸「熱心幼兒教育的朋友不要以蒙特梭利的名字作招牌……或趁機斂財，欺瞞社會大眾」❼。田培林教授亦謂：「尤其在我國，幼稚教育只有那些生活裕如而又有知識的家庭出身的兒童，才能有機會去享受。真不能說是一種合理的現象。」❽

## 二、受限於美國

蒙特梭利早在 1912 年首次訪問美國，且曾受到愛迪生 (Thomas Edison, 1847–1931) 及後來擔任美國蒙特梭利學會會長的貝爾 (Alexander Graham Bell, 1847–1922) 等熱烈歡迎，掀起了辦理幼兒教育的高潮。但當時美國教育界深受功能學派心理學家如卡特爾及霍爾等影響，均信奉達爾文的進化論而重視遺傳及演化程序，比較不易接受蒙氏以工作來開展兒童心智的理論。此外蒙特梭利教學法不僅受到保守的教師們墨守傳統教學方式之抗拒，而且也受到進步主義教育家們的攻擊。

1913 年「國際幼稚園年會」中，杜威的得意門生克伯屈便對蒙氏教學法提出了疑問，他認為「兒童之家」的成就令人讚賞，但其所根據的理論卻無新穎之處。接著他又親訪羅馬觀看學校實際運作並與蒙氏詳談後，於翌年發表了〈蒙特梭利體系之檢討〉("The Montessori System Examined") 一文，指出「蒙氏讓兒童個別工作，從自由選擇中學得自主，但未充分提供社會合作的情境，易於對社會缺乏興趣；同時，教學活動受限於教具，教具又不夠變化，無法充分激發兒童的想像力。」❾

❼　林玉体，前引書，頁 653。
❽　田培林著、賈馥茗編，前引書，頁 733。

當年美國教育界係以進步主義為主流，既然其領導者並不欣賞蒙特梭利教學法，當然它亦無法像在歐亞那樣流行了。不過後來經過了經濟蕭條、二次大戰及 1957 年蘇俄搶先發射人造衛星之影響，進步主義教育的勢力在美國大為衰退；且由於心理學的進步，尤其是認知心理學的發展，證明了蒙氏關注幼兒學習的若干假設，使蒙特梭利教學法又被重視，於二十世紀 60 年代以後重新流行。

## 三、因幼兒認知研究而復興

當行為學派替代功能學派成為美國顯學之時，歐洲的心理學研究卻另外開闢了一條新的途徑。自幼顯露天才的皮亞傑，在他 22 歲的那年便考取了瑞士紐夏泰大學生物學博士學位，後來又到蘇黎世大學攻讀實驗心理學。1919 年轉學巴黎，並在「比奈實驗室」工作，直接受西蒙指導。在對兒童進行「勃德推理測驗」(Burt's Reasoning Test) 時，發現兒童回答問題時使用的策略與成人不同，因此促使皮亞傑致力於兒童心理學的研究。

1921 年盧騷學院院長克拉巴德邀請他出任該院實驗室主任，乃能自由地運用觀察法及臨床談話法對兒童的思維進行研究並出版報告，贏得舉世重視。其中指出，兒童對於世界的解釋和成人有點不同：(1)兒童是唯實論的，例如認為夢也和真實的一樣；(2)兒童認為萬物是有靈的，例如覺得月亮會跟著人走；(3)兒童是自我中心的，例如謂宇宙一切東西都是人造的。1925 至 1930 年，皮亞傑的兩個女兒和一個兒子相繼出生，他在妻子的協助下以其孩子為個案，進行細緻地觀察，系統地研究兒童早期的心理發展。

皮亞傑發現思維發展的源頭不在於語言，而在於行為、動作和活動，這就是所謂的「發生認識論」(genetic epistemology)。他指出兒童的心理發展既不是來自先天的成熟，也不是來自後天的經驗，而是來自主體對客體的動作，是主體與客體相互作用的結果。主體透過動作對客體的適應是兒童心理發展的特質；人的心理是適應環境的一種手段，是生物適應的一種特殊表現。此一重大發現，剛好印證了蒙特梭利的教育理論——蒙氏認為兒童有吸收的心

❶　許惠欣，前引書，頁 243。

智及敏感的期間，但必須透過工作才能展開內在的潛能；教師要為兒童預備合適的環境，使兒童能自由選擇教具而操作教具，學習各種教具的教育意義而正常發展。

皮亞傑在研究結論中還指出，兒童的心理發展具有一定的階段性和規律性，且隨年齡的增長在認知的結構上，循 4 個不同時期而產生質的變化，這就是「認知發展階段論」：(1)感覺動作期 (sensorimotor stage)，初生至 2 歲；(2)前運思期 (preoperational stage)，2 至 7 歲；(3)具體運思期 (concrete operational stage)，7 歲至 11 歲；(4)形式運思期 (formal operational stage)，12 至 15 歲。蒙特梭利認為兒童學習開始於「吸吮」與「抓癢」，接著要用各種教具來操練視、聽、觸、聞等感覺的動作，進而發展語言及其他示意手段來表徵事物等做法，也均符合皮氏理論前 2 個階段的要求。

其後的布魯納 (Jerome Seymour Bruner, 1915– ) 以動作表徵為認知的基本模式、蓋涅 (Robert Mills Gagné, 1916–2002) 以區辨學習作為知能學習的基礎等理論，均也可與蒙特梭利教學法互相融通[20]。凡此均可證明蒙氏在幼兒教學上的先見。

## 小　結

二十世紀是兒童的世紀，皮亞傑在兒童思維發展的研究，提供我們正確認識兒童的科學，蒙特梭利則以她畢生的努力為維護兒童權益而奮鬥。

蒙氏在羅馬勞工住宅辦理「兒童之家」開始，本天主的愛心照顧兒童，與他們一起生活而理解兒童、尊重兒童，並發現兒童喜歡工作甚於遊戲、選擇教具而不要玩具，乃提出「世界是由成人，萬物及兒童三方面組成」的理論，設計各種不同的教具，刺激手、腳的動作和語言的發展。《蒙特梭利教學法》因而創新了全球的幼兒教育。

---

[20]　許惠欣，前引書，頁 230–232。

【問題討論】

1.什麼是「吸收的心智」？為何它使教育成為可能？

2.皮亞傑所倡認知發展階段為何？為何能印證蒙氏教學法？

3.蒙特梭利認為教師應扮演何種角色？

# 第 *21* 章

# 凱欣斯泰納的公民教育論

## 第一節　現代國家的新教育

### 一、高度工業化的社會

工業革命的進展在歐洲極為迅速，二十世紀初已經進入高度工業化的階段。其時德國人口大量聚居於都市，由於環境設施的改善、家電用品的普及與俾斯麥 (Otto von Bismarck, 1815–1898) 社會福利政策的實施，人民生活水準大為提高；此外社會結構也急劇變化、產業開始分工，家庭不再是生產與教育的中心，中產階級也因工商業發達而壯大。

另一方面，由於科技的進步、工業升級，工廠所需要的是受過教育的勞力，尤其是經過專業訓練的技術人力，此反映在教育設施上的是產生了許多實科中學、技工學校及同業工會的學徒訓練；且由於德國在利用新科技建立大規模工廠之同時，也持續發展有深厚傳統的手工業之衛星工廠而競爭力大增，迅速成為高度工業化的先進國家。

中產階級的興起，也產生了對民主政治的要求。他們不僅要求擴大中古以來就享受的城市自治特權的範圍，亦憧憬英國憲政、美國獨立與法國共和的民主美夢。由於聯邦制度的形成，民主更易落實於地方自治。1870 年德意志統一以後所建立的帝國，國勢大增，不僅擺脫了封建諸侯的外衣，成為與列強並駕齊驅的真正民主國家，同時還追隨葡、西、法、英的步伐，競逐海外殖民地，來爭取財富與國際地位。

### 二、文化大國的理想

法國大革命的結果，不僅讓軍事天才拿破崙在法蘭西對內建立中央集權、行政有效的現代政府，對外以武力解放歐洲大部分的封建國家。其在德意志也促成了睿智的哲學家康德，對內啟蒙自由思想、倡導以國民道德為基礎的民主法治政府；對外力主本於人類理性力量、追求世界永久和平。

早在 1784 年，康德便站在「世界公民」立場，為文〈論普遍的歷史觀〉
("Idee zu einer allgemeinen Geschichte in Weltbürgerlicher Absicht")❶謂人為
世間唯一的理性動物，本於「內在的自然能量」，使歷史有意義與有計畫，自
然朝向全體目的而發展；縱或時常發生反理性的事件，但卻反而激發了人類
改革的決心，而把歷史向前推進。例如議會原是國王與貴族爭權奪利的分贓
集團，卻演變成代表人民監督政府的民主國會等。❷

　　如同盧騷，康德也認為國家由人民共訂契約而產生，即使不是歷史事實，
亦係法理之必然；唯有國家係由契約產生，國民才有人格與意志可言。在《道
德形上學》(*Die Metaphysik der Sitten*) 中他明白地說：「國家乃是一群人民聯
合在權利法律之下，並且此國家大法必須是先驗的，立基於正義的國家理念
及道德的法律原則」❸。接著又說明國家的治權分為立法、行政、司法，三
權分立，互相制衡，是為共和；集中掌權，便是專制。他更強調國家主權屬
於國民全體，只有人民才是國家主人。綜上可見，康德認為國家乃是理性的
產物，且由於人類理性之進展，必追求共和憲法之普遍實現。

　　1806 年普魯士被法國打敗，菲希德於翌年冬天回國，在拿破崙軍隊占領
下的柏林，對德人公開演講了 14 次，他指出：「武力與外交為人所限制，除
教育外，已無其他活路。若能普及國民教育、改造國民品性，奮發精神以達
於思想自由，外界受束縛則移其心思於內界，則 25 年之內可以目睹德國之復
興」❹。菲希德也建議，這種復興民族的國民教育，必須向裴斯泰洛齊學習，
亦即不分貴族與平民都要接受人性教育，一方面培養外在的能力（生活技能
與強健體魄），另一方面訓練內在的心智（理智清晰與意志專純），使人人成
為有知識與有道德的國民、善盡對國家的責任。

　　1809 年，洪博接任新設的教育文化司司長，建立全國的國民教育體系，

---

❶　Immanuel Kant: *Immanuel Kant Werke*, hg. v. Wilhelm Weischedel, Bd. VI
　　(Darmstadt: Wissenschaftliche Buchgesellschaft, 1964) s. 33–50.

❷　鄒文海：《西洋政治思想史稿》（臺北：鄒文海先生獎學基金會，1972），頁 406–412。

❸　I. Kant, a.a.O., s. 431.

❹　張君勱譯：《菲希德對德意志國民演講》（臺北：商務，1992），頁 11。

其後普魯士配合內政及軍事改革，終能在 1814 年打敗法國，贏得自由戰爭；且經歷普丹、普奧及普法戰爭之勝利而建立了德意志帝國，也奠定了以文化立國的傳統。

## 三、擅長決策與管理的教育家

西元 1900 年，艾爾福德研究院懸賞徵文，題目是「如何教育國校畢業後尚未服兵役的青年，以建立健全的公民社會?」翌年揭曉得獎的是 47 歲的慕尼黑市教育局長凱欣斯泰納 (Georg Kerschensteiner, 1854–1932)。他提出「改組現有的職業補習教育、創建學校與企業合作、理論與技術並重、建立公立職校與學徒制度接軌的新型職業學校，使青年受畢普通義務教育後，接受職業義務教育，接著進入軍隊接受國防義務教育，如此構成一個完整體系的公民教育制度」❺。該構想是凱氏在實際工作多年的心得與體驗，此次獲獎的建議亦使他更能放膽去實行，且使德意志各邦相繼仿傚與不斷修正，逐漸形成今天德國的多軌學制——既可突破貴族與平民分途的雙軌學制，又能因材施教地修正了全民一致的單軌學制，成為最能符合民主多元時代的新學制。

凱欣斯泰納出生於慕尼黑，父母經營販賣毛巾的小生意，家境雖不富有，但豐富的母愛養成了他樂觀的天性與積極的生活態度。他 11 歲就到佛萊辛 (Fleising) 讀簡易師範。16 歲至風光明媚的愛培士堡 (Ebersberg) 擔任小學教師，其後決意深造而赴奧古斯堡 (Augsburg) 的天主教中學補修高中課程。23 歲才至慕尼黑大學攻讀數學及物理，獲中學教師任教資格及哲學博士學位。27 歲開始在紐倫堡、錫萬福及慕尼黑等地的高中及商校任教共 14 年。期間他不斷地實驗課程及教法，創設了自然科學的實驗室及技術科目的實習工廠，輔導學生自治並與學生打成一片，曾多次帶領學生旅行及郊遊，深受學生愛戴及家長讚揚，故聲譽鵲起。

1895 年一個偶然的機緣被任命為教育局長，卻顯示了他領導、管理以及教育行政上的決策才華。他在任內馬不停蹄地巡視境內學校，鼓舞士氣並推

---

❺ Herman Nohl: *Erziehergestalten* (Göttingen: Vandenhoeck & Ruprecht, 1958) s. 63–68.

動改革，使死讀書的學校設立廚房、國民小學開闢花圃、國校高級部設置木工與金工的實習工場，高級文科中學更普遍具備了自然科學的實驗室、水族館及動物園等設施❻。在艾爾福德研究院徵文獲獎後，他更堅定地推行新制，全德各邦也紛紛向慕尼黑看齊。但如同其他改革者一樣，其亦因此遭遇激烈地攻擊與反對。幸虧凱欣斯泰納生性幽默、說話風趣、善於主持會議及協調溝通，不僅使他逐步化解衝突、說服他人，也贏得教育界同仁心悅誠服地擁戴他替大家代言。

1903 年他榮膺第二屆「全德藝術教育會議」主席。1908 年被推派擔任「學校改革聯盟」的發起人，同年應邀赴裴斯泰洛齊 162 週年冥誕紀念會，會上以〈裴斯泰洛齊精神中的未來學校〉為題發表演說，該文印行出版時，改名為〈未來的學校：工作學校〉(“Die Schule der Zukunft eine Arbeitsschule”)。自此以後，凱欣斯泰納為他的教育理念四處演講說明，不僅走遍全德各邦、奧地利、瑞士和法國，並且在 1910 年訪問美國時，發現杜威的教育主張與自己深相契合，尤其是「從做中學」的原則，幾乎和工作學校的精神如出一轍。

1911 年，學校改革聯盟舉行第二次全國大會時，凱欣斯泰納又與教育家高迪希 (Hugo Gaudig, 1860–1923) 等辯論工作學校的性質與內容，更激起大家對工作學校的重視與改革傳統書本教育的興趣。1912 年出版《工作學校要義》(*Begriff der Arbeitsschule*) 一書，說明其教育理念；同年，他當選自由民主黨的帝國議會議員，為新教育的立法而努力，企圖從提昇國民品格入手，建立「文化的法治國家」之公民教育體系。

1918 年第一次世界大戰結束，德國戰敗、改制共和，凱氏退出政壇，應聘慕尼黑大學兼任教授，並於 1919 年自慕尼黑市教育局長任內正式退休，潛心從事學術研究。萊比錫等校大學本有意敦聘專任，卻選擇拒絕而留在家鄉與大教育家菲旭 (Aloys Fischer, 1880–1937) 及許伯朗額等坐而論道，鑽研教育理論及價值哲學。1962 年出版的《教育理論》(*Thorie der Bildung*) 一書，已是一本融合當代教育思潮及他自己近 40 年實際工作經驗之鉅著。

❻ Willibald Russ: *Geschichte der Pädagogik* (Heilbrunn: J. Klinkhardt, 1965) s. 153–158。

在戰後社會動盪、民生凋弊的艱苦日子中，凱欣斯泰納始終本著他對人性的信念、對真理的堅持，以及對教育的熱愛而講學不斷、著述不輟，並且用他一貫的樂觀而幽默的態度，主持無數次各種不同教育團體的會議，鼓舞教育界的士氣，為培養民主、自由、法治的國家未來公民而不計代價地深耕細掘。1932 年他完成了《教育組織原理》(*Theorie der Bildungsorganisation*) 後，以 78 歲高齡安息天主懷中，德國教育界痛失一位享譽國內外的領袖。但誠如許伯朗額所云：「代表民族正氣的倫理自律人格之仙逝，猶如一粒種子落在地裡死了，必將復活結出許多子粒來！」❼

## 第二節　公民教育精義

### 一、以工作學校替代書本學校

如何培養現代德國的公民，是凱欣斯泰納終身深思熟慮的問題。他認為首先要改革當時歐洲「讀死書、死讀書」的學校教育方式。

其實人類社會中的教育活動，原本和實際生活是合而為一的，但從第八世紀的寺院學校開始，就偏重在文字的知識方面；即使啟蒙運動以後，把自然科學的知識列入課程，但仍保持抽象理論的傳授，和實際生活嚴重脫節。

到了十九世紀，由於工業進步，社會變遷，大多數平民的子弟也可以進學校學習，他們所需要的是日常生活的科學知識和使用機器等工具的技能，而不是統治階級引以為傲的拉丁文及人文修養，所以產生了反對已有千年歷史的「書本學校」或謂「學習學校」運動；其中包括「藝術教育」與「人格教育」等運動，均採取「柏拉圖的思想方式」向上追求，認為人的價值高於文化權威，為使兒童心靈和諧發展，主張學生直接參加藝術活動，而把製作圖表、戲劇表演、民族舞蹈、民歌欣賞等作為主要教學方式。

❼ Eduard Spranger: *Vom pädagogischen Genius* (Heidelberg: Quelle & Meyer, 1965) s. 263.

二十世紀初「尊重兒童權利」、「自兒童本身出發」的口號響徹雲霄，還有教育家主張改以「亞里士多德的思想方式」，運用理性來認識和控制世界，教育要以生活為中心，重視能力的獲得、技術的嫻習、職業的適應和政權的行使，也就是要採取工作學校 (arbeitsschule) 的方式。❽

所謂「工作學校」既不是訓練貧童謀生的「勞作學校」，也不是純為經濟生產需要的「技術學校」，而是兼顧手工陶冶及精神活動、技能訓練及科學研究，讓學生出於自己的興趣，選定自己的方式，以社群生活為中心而自動學習的學校。工作學校的「工作」也就是菲希德所稱的「行動」或「實踐」、杜威所說的「經驗」或「活動」。凱欣斯泰納認為，他的工作學校應該具備下列特點：(1)學校的功用，不只是傳授知識，而是發展兒童全部的精神生活；(2)學校的工作，不應該要學生被動地接受，而是要發展兒童自動的活動能力；(3)能力的發展，不能得自「空口說白話」的訓練，而必須經由具體的工作或有職業準備意義的工作；(4)舊式的學校是孤立的，兒童與兒童只是機械地聚集在一起，而新的學校是有機的，教師與學生、兒童與兒童都要互信互助，通力合作地在工作中培養「社會感」。

## 二、勞動教育是人性教育的基礎

凱欣斯泰納說明他的教育理論，是師承裴斯泰洛齊的人性教育思想，在其經典著作《工作學校要義》中，更曾多次徵引裴氏的回憶錄《天鵝之歌》，而謂他的想法與裴斯泰洛齊一致，認為教育乃是人性的陶冶——「生活不是藝術，不是書本，而是行動本身。」、「不會用手工作，就是沒有受過完全的教育。」❾

裴斯泰洛齊受恩師卜達美的影響，早就有社會改革思想，認為教育應該不論階級、不分貧富，本「有教無類」的原則，讓所有兒童都接受共同的人性教育。所以他在《天鵝之歌》強調：「上流社會的子弟，如欲生活幸福而有意義，也必須有適當的工作。……手工勞作與技術訓練乃是人性教育的基

❽　田培林著、賈馥茗編：《教育與文化》（臺北：五南，1976），下冊，頁 758–779。
❾　Georg Kerschensteiner: *Begriff der Arbeitsschule* (Leipzig: Teubner, 1912).

礎」 ❿ 。且更由於他敬虔主義的宗教信念，認為勞動是尊貴的人性，因為工作與勞苦原是人的本分，且也由於勞動，得蒙保守遠離罪惡。勞動教育，與其說是培養生產技能的教育，毋寧說是養成勞動生活習慣的教育。所以凱欣斯泰納主張必須從國民學校開始，讓學生從事手工勞作的訓練來養成勤勞的生活習慣。

其時德國受到青年運動、藝術教育、鄉村學校及福祿貝爾教育思想的衝擊，要求改革教育；萊比錫的教師協會更積極推動修改教育法令的工作。第一次世界大戰結束，德國改制共和並訂頒《威瑪憲法》，其中第 148 條第 3 項規定，將「公民」及「勞作」列為學校課程。1920 年 6 月召開全國教育會議時，曾根據著名社會教育學家拿托普 (Paul Natorp, 1854–1924)、萊比錫師範學校校長邱納爾 (Johanns Kühnel, 1869–1936)、蘇黎世大學教授薩德爾 (Robert Seidel, 1850–1933)3 人之專題報告，連同凱欣斯泰納和高迪希等人的發言，由教育部長薩斐爾特 (Richard Seyfert, 1862–1940) 歸納成 12 項建議作為擬定課程標準之參考❶，也使凱氏勞動教育之主張，終獲具體結果。

## 三、擁一技之長的有用公民

早在 1900 年凱欣斯泰納在他獲得「艾爾福德獎」的論文中便強調，對國校畢業生施以職業教育，是最好的公民教育；職業不僅有謀生賺錢、扶養家庭及實現自我等「利己」的作用，並且也可發揮生產報國、服務社會及造福人類等「利他」的功能。尤其是在民主、法治的文化國家中，每一個國民都應該陶冶成擁有一技之長以生產報國、具文化修養以繼承民族生命的「有用公民」，同時公民應該：(1)是特定職業的工作者；(2)有獻身全民公益的熱忱；(3)能肩負文化傳遞及創新之責任。換言之，他把職業教育看作公民教育的基礎，也是公立學校的第一任務。

大學院校原就負有培養專門職業人員的任務，如神哲學院培養神甫和教師、法學院培養法官和律師；就當時德國社會經濟生活的狀況而言，75% 以

---

❿　李化方：《歐美勞作教育思想史》(臺北：商務，1969)，頁 107–108。

❶　李化方，前引書，頁 269–294。

上的國民都從事徒手勞動的基層生產工作，所以凱氏一開始便特別強調手工勞動。這也是裴斯泰洛齊和福祿貝爾的主張，且是新人文主義教育的傳統。

　　凱欣斯泰納雖強調手工勞作，卻也不忽視精神活動。在 1913 年出版的《自然科學教學的本質與價值》一書中，即認為一切學校的功用在使兒童於精神、道德、技能三方面力量的和諧發展。他在慕尼黑把「工作場所」和「自然科學實驗室」連結起來，以「合作」與「自動」作為工作學校教學活動的特色，明顯已經融合了高迪希的意見。其晚年受許伯朗額及菲旭的影響，更進一步主張：「在兒童心理的發展中，體力的工作興趣都是走在精神的工作興趣前面，但仍應鼓勵青少年從實際工作興趣引入到理論思考的興趣，才能建立合理的教育工作」 ❷ 。足見其已把職業訓練和文化陶冶，作了辯證的統一。

## 四、職業教育之道德化

　　凱欣斯泰納曾對「工作」下了一個嚴格的定義，認為它須：「具有一定的目標，為了達成一定的價值標準，用格物的態度全力以赴地行動。所以不同於『遊戲』（純為自己的興趣）或『體育』（只為追求客觀的成績），也不是『操作』（被動地被他人或他物所役使）。真正的工作，必須使身體的勞動配合於精神的活動，經過深思熟慮，自我評鑑及適當的規劃，所以真正的工作必定具有教育的價值」。 ❸

　　經驗也告訴我們，當青少年在接受職業技術的訓練時，同時也在陶冶內在的品格。成功的職業教育也必然不能單靠書本的間接知識，而必須有賴於操作和經驗的直接知識。工作學校中所著重的也不是機械的技術，而是要養成他們從經驗中不斷改進的創新能力，不僅要手腦並用並且也要具有追求完美的熱忱；除了要有責任感和義務感，更要培養堅定的意志、清晰的判斷、敏銳的感覺和發憤圖強的動力。故職業教育可以與公民教育合而為一，也應該合而為一。由於學校是未來社會的雛形，應輔導學生擴大職業教育之利他思想，所以凱欣斯泰納不僅主張職業教育之人性化，更強調職業教育之道德

---

❷　田培林著、賈馥茗編，前引書，頁 771–773。

❸　Albert Reble: *Die Arbeitesschule* (Bad Heilbrunn: Julius Klinkhardt, 1964) s. 36f.

化，並且學校要負起道德化的責任，讓校園生活民主化、自治化、互助合作，以追求公共利益。

此外，能否建立一個設有學生法院、自治會議，並使聯課活動蓬勃發展的學校，很重要的關鍵因素在於教師，故凱欣斯泰納於 1921 年出版《教育者的靈魂與師資培訓問題》(*Die Seele des Erziehers und das Problem der Lehrerbildung*) 曾詳加討論，其中指出：「教師除了授業解惑以外，必須也是一位能同情理解學生、肯幫助輔導學生、由衷尊重學生，憑己身做榜樣，以教育愛去愛學生而不求回報的『教育家』。」

## 五、陶冶道德自律的人格

通常所謂公民教育，都是要教育青年，使其成為忠於國家的好國民，不僅能對國家有所貢獻，且可在必要時為國家有所犧牲。這樣的看法，似乎只把國家當作「目的」，而個別的青年公民僅是「手段」，只是為了國家才有存在的價值。凱欣斯泰納則認為公民教育和其他任何教育一樣，其目的在培育青年成為獨立的、自由的、道德的人格，並且能夠有高度的責任感或義務感，志願地為國家盡力工作，甚至有所犧牲也在所不惜。好公民不是國家的工具，而是國家的主人。由此可見，凱氏始終追求英美式的民主憲政 ⓮，尤其從美國訪問歸來以後，他不斷推行校園的民主化，希望把學校建設成為雛形的民主社會。

此外，凱欣斯泰納更深受康德思想的影響，認為國家是理性的產物，是立基於正義，經由人民契約所組成的團體，這是道德的結合，所以正常的國家必定是民主、法治的文化國家；國民不僅享有自由與平等的權利，並且要有知識與道德來善盡國民的義務。

綜合上述，凱欣斯泰納所主張的公民教育就是國民道德教育，要「陶冶道德自律的人格」⓯。其在晚年所著《教育原理》(*Theorie der Bildung*, 1926) 中曾謂教育不僅是一種過程，而且也是一種狀態，乃是受教育者經由學習，

⓮　Fritz Blättner: *Geschichte der Pädagogik* (Heidelberg: Quelle & Meyer, 1966) s. 256.

⓯　陳光輝、詹棟樑：《各國公民教育》（臺北：水牛，1998），頁 167–168。

把握文化價值與文化財，而使內在的力量得到充分的發揮，使個性與精神生活邁向理想的完美形態。所謂文化財是指人類精神生活如科學、藝術、經濟、宗教、法律、道德等文化的成果，其中客觀的精神價值存續於歷史，如被投射於個人的體驗則產生主觀的精神價值。教育便是藉客觀的文化財來充實個人的生活，喚起其價值意識，進而有所創造。

凱欣斯泰納認為教育不僅要有目的，而且要有理想，這個理想便是「規範的精神」，也即是新康德學派文德班 (Wilhelm Windelband, 1848–1915) 所謂具備「真、善、美、聖」4 種絕對價值的「完美」。教育便是要以「完美」來陶冶學生的人格，如同康德的主張，從喚醒受教者的「敬虔心」開始，服從自己內心的道德法則而成為自主自律的自由人。

職是之故，學校不僅要實施能力教育，培育具有職業技能與格物態度的有用公民，並且要實施價值教育，陶冶擁有道德意識及完美理想的倫理人格。

## 第三節　凱欣斯泰納的貢獻

### 一、創建二元制的職教

在十九世紀晚期，為了因應工商業的需要，德國各地已經產生了許多職業補習學校，在這些學校畢業的學生，職業技能既不專精，公民及品格教育更完全缺乏。凱欣斯泰納乃在慕尼黑市教育局長任內創設「職業學校」配合各行業公會的學徒訓練，凡隸屬於同業公會的工商機構，只要擁有訓練師資格之同仁，便可招收學徒施以技術訓練及有關專業課程。

這些學徒及國校畢業而未升學的男女青年每週均應至政府所辦職業學校上課 8 至 12 小時，為期 3 年。課程包括專業課程、製圖或筆記、數學或經濟學、工程或園藝、德文、宗教及公民學科。因係由政府及企業雙方各設機構，分途共進，故被稱為「二元制」。由於成效良好，逐漸推廣於全國，凱氏也被譽為職業學校之父。 ⓰

---

⓰　Albert Reble: *Geschichte der Pädagogik* (Stuttgart: E. Klett, 1965) s. 276.

## 二、確立公民學科的地位

1919 年公佈的《威瑪憲法》不僅明定年滿 6 歲之兒童均應在基礎學校接受 4 年共同教育，並且也採納了凱欣斯泰納及各教育團體之建議，將公民科列為學校課程，故基礎學校及職業學校均有公民教學。第二次世界大戰結束以後，根據 1949 年公佈的《國家基本法》，教育文化權屬於各邦，但彼此均有共識要「重視公民責任感及民主生活方式的培養」。為使年輕國民均能從鞏固地方自治入手，進而建立全國民主憲政，故非常重視鄉土教材。

其時東德為加強灌輸共產主義的政治意識而設有「現代常識」(gegenwats kunde)，但 1957 年以後又改稱「公民」 ❶。根據 1959 年聯邦教育委員會之建議，西德各邦在基礎學校增設第五及第六學年為「定向學級」，試探學童的性向才能，決定其未來升學方向而避免過早分化，其課程設有「世界與環境」，作為公民教育之核心科目。同年提出來的學制改革案，又將其第七至第九學年改制為國民中學，採合科課程編制，但仍設有「歷史與政治」一科以加強公民教育。至於高級中學的「政治」及「現代史」兩科以及大專院校的通才教育計畫，莫不以說明民主政治的真諦、習慣民主生活的方式、訓練獨立行使政權的能力，以及陶冶倫理自律的品格以建設自由、民主、法治的文化國家為目標。

## 三、統一文化陶冶與實用訓練

凱欣斯泰納不僅重視工作中的人格陶冶價值，把職業教育與公民教育加以合一，而且把新人文主義運動發展之後，教育思想的兩個極端：人文陶冶與實用訓練之對立，辯證地加以統一。以往有一派人主張教育應重在發展學生的潛能，訓練實用的知能以謀求生活的適應與創造；另一派人則主張以客觀的文化財，陶冶學生主觀的心靈，培養完美的人格以創造理想的世界。兩者各行其是、爭論不已。經過凱氏的調和，現代學校應「由養成個人榮譽的場所變為人生全面訓練的場所，由知能獲得的場所變為良好習慣養成的場

❶ 張秀雄主編：《各國公民教育》（臺北：師大書苑，1996），頁 233–262。

所。」因而把「個人人格的陶冶」和「社會應用的知能」合而為一，使兩個矛盾的主張趨向一致，因此我國教育家田培林先生稱譽凱欣斯泰納在近代西洋教育史上有極大的貢獻。⑱

## 小　結

　　二十世紀剛開始，德國慕尼黑市教育局長凱欣斯泰納在艾爾福德研究院的懸賞徵文：「如何教育青年，以建立健全的公民社會?」獲獎受肯定，他建議：「改組職業教育，使受畢普通義務教育後不再升學的青年，必須接受職業義務教育，然後進入軍隊接受國防義務教育，構成完整的公民教育體系；同時修訂學制為單軌多支，以符合民主時代的需要。」他不僅強調建教合作，而且主張在中學普設自然科學實驗室及技術科目實習工廠。而他創設「工作學校」也響應了「從做中學」的主張。

## 【問題討論】

　　1.什麼是工作學校? 有何特徵?

　　2.文化國家的有用公民應具備何種條件?

　　3.工作、遊戲、體育及操作有何不同?

---

⑱　田培林著、賈馥茗編，前引書，頁 462, 775–776。

# 第 *22* 章

# 馬卡連柯的生產教育論

## 第一節　俄羅斯的教育傳統

### 一、沙皇政府的教育

在橫跨兩大洲的歐亞平原上，吉安羅斯人 (Varangian Russes) 於西元 862 年始建基輔公國。十三世紀初，成吉思汗西侵，其孫拔都建欽察汗國，基輔後裔涅夫斯基 (Alexander Nevsky, 1220–1263) 歸附，被封為莫斯科大公，開始強大。之後伊凡三世 (Ivan III, 1440–1505) 與拜占庭帝國的公主聯婚，被各諸侯擁戴為「俄羅斯統治者」；其孫伊凡四世 (Ivan IV, 1530–1584) 改稱沙皇 (Tsar)。直到傳至彼得一世 (Peter I, 1672–1725)，他推行西化、遷都聖彼得堡，俄羅斯才開始教育制度。❶

當時一般家長不肯送子弟入學，入學後逃學、輟學之風也盛，甚至有人批評當時的學校是：「既沒有教師，也沒有學生，更沒有課本。」幸虧彼得一世接受德國哲學家萊布尼茲之建議，所創辦的科學院在地理探險及資源勘察等方面，均有良好的成果。1725 年彼得病逝後，宮廷政變不斷，直到凱薩琳二世 (Catherine II, 1729–1796) 於 1762 年奪權接位後，俄國才開始安定。她執政 34 年，受啟蒙運動影響，對內標榜開明專制，並與伏爾泰等當代賢達時有書信往來，此外還採納哲學家羅蒙諾索夫 (Mikhail Lomonosov, 1711–1765) 之建議，於 1755 年創設莫斯科大學。

凱薩琳的孫子亞歷山大一世 (Alexander I, 1777–1825)，運用焦土政策，擊退拿破崙侵俄大軍並於 1814 率先攻佔巴黎，被譽為歐洲之解放者，聲望極隆；他同時也提倡「神聖同盟」(Holy Alliance)，盼以基督信仰促進世界和平。在教育上他仿法制把全俄分成 6 個大學區，由大學領導區內教育行政。1803 年頒《國民教育暫行章程》，規定每一教區設一年制的小學 2 所，在縣城及省城各設 2 年級制的縣立學校，省城則設 4 年制的文科中學，畢業生可升入大學，

❶ 李邁先：《俄國史》（臺北：國立編譯館，1969），頁 1–159。

但入學者均為貴族子弟。❷

亞歷山大 48 歲英年早逝，未留子嗣，改由幼弟尼古拉一世 (Nicholas I, 1796–1855) 繼位。尼古拉一世思想保守，以東正教義、專制君權及民族國家三大原則治國。1833 年烏瓦羅夫任教育部長，聲稱要控制青年頭腦，需要建立「心理堤防」以堵氾濫。1835 年他下令取消莫斯科大學之自治，並加強書報及新聞檢查。

亞歷山大二世 (Alexander II, 1818–1881) 繼位後銳意改革，於 1861 年頒農奴解放令，受益人數達 4 千萬，占俄國總人口的 2/3；但後來因補償費問題，他們又變成了公社的農奴，且經濟負擔較前更重，以致民怨沸騰。教育方面他曾於 1863 年修訂《大學法》准許教授治校，但仍禁止學生結社自由；1864 年頒《國民教育法》，卻無法貫徹實施。繼承者亞歷山大三世 (Alexander III, 1845–1894) 改採高壓手段，亦因此激起不斷叛變——先有農民起義，繼有城市暴動，接著知識分子領導的政治團體也開始宣傳民權思想與社會主義。

末代沙皇尼古拉二世 (Nicholas II, 1868–1918) 因修建中東鐵路，與北上的日本勢力衝突而爆發日俄戰爭，結果傲視歐亞的大國竟被日本打敗，革命風潮益形擴大。1914 年俄國捲入第一次世界大戰，因工業落後、政治貪腐而潰敗。1917 年二月革命爆發，部分軍隊轉而支持群眾，改制共和，建立民主政府。同年十月革命爆發後，布爾塞維克黨 (Bolshevik，1918 年改稱共產黨) 以「麵包、和平、自由」為號召，藉「工人及士兵蘇維埃」奪得政權，立即與德議和並遷都莫斯科，建「俄羅斯社會主義聯邦蘇維埃共和國」。1918 年 2 月 5 日頒布法令，規定教育與教會絕對分開，被東正教壟斷的俄國教育也至此結束。

綜觀 900 餘年辦理教育的成績，俄國竟仍有 80% 的人口為文盲，婦女更高達 90%，學齡兒童也有 80% 無法入學；其所做的僅是為統治階級培養教士和官吏。

❷　吳式穎、周蕖、朱宏譯：《蘇聯教育史》（北京：商務，1996），頁 218–219。

## 二、民間的辦學運動

當沙皇政府怠於啟發民智、遲遲不甘心辦理國民教育之時，民間的有識之士已開始推進教育民眾的運動。由於彼得大帝的西化政策，大批貴族子弟到西歐留學，拿破崙戰爭後期又有軍隊長期駐留西歐，這些留學生與軍人歸國以後，急思仿傚西方民主憲政，改革國內弊政，紛紛祕密結社。其時 47 省已設有供貴族子弟升學的文科中學，但農村地區卻幾乎沒有學校，所以他們不僅主張解放農奴，而且推行平民識字運動，提倡由學生教學生、以 10 人一組來教學的「互教制」。

1825 年 12 月駐守首都的衛戍部隊，受「北社」(Northern Society) 鼓動，發動兵變，雖迅被尼古拉一世的炮火敉平，但「十二月黨人」(Decemberist) 的擁護者，如文藝批評家別林斯基 (Vissarion Grigorievich Belinskiy, 1811–1848) 和人道主義教育家赫爾岑 (Aleksandr Herzen, 1812–1870) 等人，卻散至國內外繼續要求民主革新。當亞歷山大二世銳意改革時，被譽為俄國國民教育之父的烏申斯基 (Konstantin Uschinskij, 1824–1870) 於 1857 年發表了〈論公共教育的民族性〉，強調「俄羅斯民族靠自己的力量抵抗蒙古及其他異族的入侵；俄羅斯民族自己創造了深度無法可測的語言以及優美的詩歌、文學、音樂和繪畫；俄國的哲學更從廣大的民間汲取了豐富的養料。」由於他深信俄羅斯民族性的偉大，所以要求把國民教育事業交給國民自己來辦理，因為受教育原本是一種公民的權利❸。同時他也強調民族語言不僅是民族精神的表現，而且它就是民族的導師，必須用自己的民族語言來教導我們的下一代。他更指出教師不僅是知識的傳授者而且應該是熱愛自己工作的教育家，須通曉教育的技藝和教育的機智。

1859 年，著名文學家托爾斯泰 (Leo Tolstoj, 1828–1910) 在他自己的農莊「亞士納雅・波良納」(Jasnaja Poljana) 為農民子弟創辦一所實驗自由教育的學校❹。所以稱為「自由教育」，不僅是對於官辦教育的抗議，而且也是因為

❸ 吳式穎等譯，前引書，頁 272–283。

❹ Werner Kienitz: *Leo Tolstoi als Pädagoge* (Berlin: Volk und Wissen, 1959).

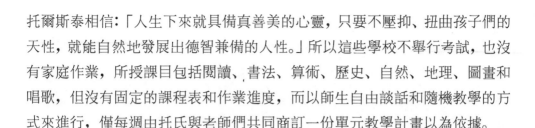

托爾斯泰相信:「人生下來就具備真善美的心靈,只要不壓抑、扭曲孩子們的天性,就能自然地發展出德智兼備的人性。」所以這些學校不舉行考試,也沒有家庭作業,所授課目包括閱讀、書法、算術、歷史、自然、地理、圖畫和唱歌,但沒有固定的課程表和作業進度,而以師生自由談話和隨機教學的方式來進行,僅每週由托氏與老師們共同商訂一份單元教學計畫以為依據。

　　全校分成初、中、高 3 個班級,通常每年有 40 至 50 人入學,但高級班不超過 10 人。學生年齡為 8 至 13 歲;教師除托氏本人外,另外聘了 3 位。除了上課的教室外,尚有圖書室、木工室、體育室及教學用花圃。托爾斯泰還常常帶領學生散步,或是一起去看馬戲。他尊重兒童的興趣,並常常試驗各種新的方法,如從鄉土環境開始教地理、以講故事的方式教歷史等。配合學校的教學活動,托爾斯泰還出版了《亞士納雅‧波良納》的同名雜誌,詳細報導校中教學活動,說明他的教育觀點並與讀者討論辯難,因此引來許多國內外的參觀者,在英、法、德、美及保加利亞等國均有生動的相關報導。

　　托氏學校的成就,不僅帶動了附近農村教區學校的進步,也使原本採取敵視態度的省城文科中學校長馬可夫 (E. L. Markov, 1835–1903) 多次參觀了亞士納雅學校後,承認其實驗教育的成功而為文評介,而托爾斯泰像父親一樣照顧學生所顯示出來的「教育愛」更被大家所稱譽;然而他的輝煌成就卻觸怒了守舊的當朝權貴。1862 年 7 月,乘著托氏因病渡假療養的機會,當地諸侯屠哥洛可夫 (Fürsten Dolgorokov) 一方面唆使媒體大加攻訐,指責托氏是無神論者;另一方面指派憲兵隊搜索學校及住宅,雖查不到任何犯罪證據,卻嚇得學生們不敢到學校來上課。之後縱然有烏申斯基等的激烈抗議,卻仍然改變不了學校被關閉的命運。

　　托爾斯泰黯然前往莫斯科,埋首寫作《戰爭與和平》;直到這部偉大的文學作品完稿,才重新關心其生命所寄的農村兒童教育。他編寫了 4 冊《識字課本》(ABC-Buch) 於 1872 年出版,修正後於 1875 年再版,名《新識字課本》;同年也出版了 4 冊《俄文閱讀課本》(Russischen Lesebüchern)。上述教科書不僅取材於民間生活,使兒童容易理解,而且文字優美、引人入勝,極富藝術價值。這 2 部書都出版了 30 餘次,銷售量達百萬冊以上,對推動俄國的國民

教育貢獻很大。❺

其時沙皇政府雖然曾多次修改學校章程,企圖安撫及阻擋自由教育思想,但改革教育的火花已經四散射開,列寧的父親烏里揚諾夫 (Ilya Ulyanov, 1831–1886) 及無數的烏申斯基追隨者們在各地的奮鬥,加上許多傳播新思想的文學作品出版,終於把俄國的國民教育推向啟蒙民眾的前線。

### 三、馬列教育主張

早期社會主義理論家都強調勞動,例如法國的聖西蒙主張人人應當勞動,且應按勞分配,建立普通義務勞動的社會制度。傅理葉進而主張建立理想的社會公社,人們生活在其中,共同勞動、生產和享樂,並經由教育使體力和智力全面發展,而把全部精力甚至娛樂都用在生產勞動上。英國的歐文更強調:「一切財富都來自勞動和知識,如要改善勞動者的社會狀況,必須使勞動階級子女受到良好的教育和學會一種生產技能和手藝」❻。德國思想家馬克思 (Karl Marx, 1818–1883) 非常重視此一主張,指出:「生產勞動同智育和體育相結合,它不僅是提高社會生產的方法,而且是造就全面發展的人的唯一方法。」❼

雖然馬克思並無關於教育的專門著作,但在其早年所寫關於哲學的文章中,充分顯示了新人文主義的人道思想。尤其是 1835 年,他 17 歲高中畢業時所寫論文〈青年如何選擇職業?〉強調任何職業不僅要使個性得以發展,而且要使群性得以完美;不僅要使個人有所成就,更要促使理想社會得以實現。

到柏林讀大學時,馬克思不僅接受了黑格爾的辯證邏輯,同時也開始追求世界精神的實現。但後來受席勒所寫《美育書信》的影響,他不再認為國家是絕對精神的實現、又或是人類歷史追求的合理目標;相反地,他認為國家可以枯萎,並應以自由的社會代之。後來他研究法國大革命的歷史及工業化社會的發展狀況,又看到恩格斯 (Friedrich Engels, 1820–1895) 所作英國勞

---

❺　W. Kienitz, a.a.O., s. 96–118.

❻　滕大春編:《外國教育通史》(山東教育,1990),第 3 卷,頁 516。

❼　滕大春編,前引書,頁 517。

工實況的分析及研讀了英國經濟學理論之心得，他對於教育已經形成了完整的觀念，尤其在《資本論》第 3 卷以及 1848 年發表的《共產黨宣言》中已有明白的宣示，其中主張學校應該公立並且免收學費，此外教育應該與物質的生產工作相結合。

馬克思的核心觀念認為，不僅要用教育來提昇生產，並且要結合智育、體育、勞動及生產來全面發展人性，俾使無產階級的「新人」一方面具有提高生產能力及自我實現的能力，另一方面亦能發揮群性，謀求群體 (gattungswesen) 的利益，成為生活在自由團體中的真人 (wahre menschen)。1866 年馬克思向在日內瓦舉行的國際工人協會提案，其中指出：「所謂教育包括 3 部分，第一是智育；第二是體育，包括運動與軍訓；第三是綜合技術教育，使學生了解生產各個過程的基本原理，同時獲得運用各種生產工具的簡單技能。」❽

領導俄國無產階級革命的列寧 (Nikolai Lenin, 1870–1924) 十分重視工農和青年的教育問題。革命期間他積極「組織人民教師，使他們從資產階級的支持者轉變成對蘇維埃制度的支持。幫助教師在學校授課時和在居民中進行文化工程時，同勞動人民的共產主義鬥爭聯繫起來。」革命成功後他強調：「學校的任務是培養能夠最終實現共產主義的人。」「首先要求青年認真學習共產主義學說，⋯⋯如果以為只要把共產主義書本和小冊子的東西讀得爛熟，而可以不將其中的知識融會貫通，也無需按共產主義的真正要求去行動，那就很容易造就出一些共產主義的書呆子或吹牛家。⋯⋯只有深思熟慮地領會共產主義理論，並密切聯繫日常的工作，才可能成為共產主義者。」❾

為了使青年一代真正掌握現代文化科學技術，列寧也指出：「蘇維埃教育必須廢除死記硬背方式，提倡深思熟慮的學習，要反對把學問變成僵化的條文或時髦的辭藻；應該將理論和知識相結合，同時還要用基本事實知識來發展和增進學習者的思考力。」他也肯定並豐富了馬克思關於教育與生產勞動相

---

❽　Horst E. Wittig: *Die Marxsche Bildungskonseption und de Sowjetpädagogik* (Bad Harzburg: Wissenschaft Wirtschagt und Technik, 1964) s. 66.

❾　滕大春編，前引書，頁 12–13。

結合以及綜合技術教育的思想，認為這是人的全面發展的教育。 ❿

## 第二節　蘇維埃的教育建設

### 一、建國初期

1917 年 11 月全俄蘇維埃成立工農政府，名為「人民委員會」，列寧為主席，盧那察爾斯基 (Anatoly Vasilyevich Lurnarcharsky, 1875–1933) 為教育委員，其從中學時期就參加革命，且為著名的文藝評論家，享有國際聲望。他就任後宣稱:「在一個充斥著文盲和愚昧無知的國家裡，任何一個真正民主的政府都應該把反對這種愚昧的鬥爭，作為自己在教育領域的首要目標，並採取各種措施爭取在最短時間內做到人人識字、普遍提高人民群眾的文化水準;要建立符合現代教育學要求的學校網，實施普及義務教育，應儘快培養一支強大的人民教師隊伍、提高教師的地位、吸收廣大群眾參加國民教育事業、增加國民教育預算、組織成人教育機構等」。 ⓫

經由全國的通力合作，在 1930 年蘇共舉行第十次代表大會時，識字居民已達 62.6%（1916 年為 33%），7 年制學校的人數更從 18 萬增加到 63.5 萬;工農子弟的學生比例急遽增加，文具和教材也由政府免費供應，足證盧那察爾斯基在卸任時已經交出了一份亮麗的成績單。

人民教育部成立之初，著名教育家、同時也是列寧夫人的克魯普斯卡雅 (Nadeshda Krupskaja, 1869–1939) 就擔任部務委員兼社教司長，並曾兩度出任副教育人民委員。她雖出身貴族，卻因家道中落、父親早逝而必須半工半讀才能修畢女子高校及師範班。1894 年因參加彼得堡罷工而與列寧相識，後被憲兵逮捕同被流放西伯利亞。1898 年在西伯利亞結婚後成為列寧的主要助手，共同翻譯英德文書籍，負責謄寫文件與書信。流放期滿她又兩度僑居國

❿　滕大春編，前引書，頁 15–16。

⓫　趙祥麟主編:《外國教育家評傳》(上海: 上海教育，1992)，第 3 卷，頁 552。

外，協助列寧辦理各種宣傳書刊並擔任布爾塞維克黨的秘書和《教育》雜誌主編，同時在黨校兼課。期間她深入研究了馬克思和恩格斯的教育理論、考察了西歐和北美的學校實況，於 1915 年完成了《國民教育與民主主義》一書並發表了教育論文 30 餘篇。十月革命後她全力投身教育建設，建立蘇維埃教育制度，厥功甚偉。

克魯普斯卡雅不僅忠實地宣揚及貫徹列寧的教育政策，而且亦由於其對於美國及西歐國家教育理論的研究和了解，相當地影響了列寧教育政策的形成。例如列寧在 1919 年所草擬的俄共黨綱，其中教育政策部分所強調的：(1)對 17 歲以下的全體男女兒童實施免費與義務的普通教育和綜合技術教育；(2)要設立托兒所、幼稚園等學前教育機關；(3)完全實現統一勞動學校的各項原則：用本族語教育、男女同校、學校與教會分離、教學與社會生產勞動緊密結合等。上述主張後來亦成為蘇聯建國的教育主張，並且具體規定於 1918 年公佈的《統一勞動學校規程》及其基本原則（又稱《統一勞動學校宣言》）中。

「統一勞動學校」分為招收 8–13 歲兒童的第一級學校（5 年學程）和招收 13–17 歲少年的第二級學校（4 年學程）2 個階段，並將招收 6–8 歲兒童的幼兒園納入學制。規程中強調：「生產勞動應成為學校生活的基礎」；「學校應通過生產勞動和學校生活組織，培養兒童的內在紀律，為社會主義共和國培養未來的公民」；「勞動學校在 2 個階段上的教學，都具有普通教育和綜合技術教育的性質，而且都把體育和美育放在重要位置。」❷ 在《統一勞動學校宣言》裡又說明：「從心理學來說，因為兒童渴望活動，只有透過遊戲與勞動等活動方式學習，才能徹底掌握必要的知識；其次從社會經濟發展需要來考慮，也必須讓學生知道，什麼是他們在生活中最需要的、最能發生作用的、影響最大的各種各樣的工農業勞動。並且，勞動學校不僅是社會轉軌（從資本主義制度轉向社會主義制度）的需要，並且也是迎合時代的潮流，如美國的進步學校和德國的工作學校都是令人稱義的先例。」

在論述了學校與教會分離的「教育世俗化」以及「男女合校」的原則以後，規程還提出了實行個別化教學，以發展兒童的創造能力、建立「學校集

---

❷　吳式穎：《俄國教育史》（北京：人民教育，2006），頁 297–298。

體」來造就社會主義國家所需要的公民等要求。當時著名教育家如莫斯科第
二大學校長平克維支 (A. P. Pinkewitsch, 1884–1939)、首創「勞動學校」理論
的布隆斯基 (Pavel Petrovic Blonskij, 1884–1941),以及創建「第一國民學校實
驗站」的沙茨基 (Stanislaw Teofilowitsch Schaski, 1878–1934) 等人均熱心地參
與了蘇聯建國初期的教育建設。

為了徹底改造學校教學的內容和教學方法以貫徹馬列主義的教育方針,
1921 年 6 月,教育人民委員部根據列寧多次指示,成立「國家學術委員會教
育科學組」,負責擬訂各級學校的教學大綱,由克魯普斯卡雅擔任組長,經邀
集上述教育家、有關學者及教師代表多次研商後,於 1923 年起著手進行草擬
並舉辦有關實驗,布隆斯基為「第一級學校教學大綱修訂委員會」主席、皮
斯特拉克 (Moisey Mikhaylovich Pistrak, 1888–1937) 則擔任「第二級學校教學
大綱修訂委員會」的主席。

1924 年頒布的《第一級勞動學校教學大綱》完全打破了學科界線,按自
然、勞動和社會方面挑選學習材料,又按季節和地區情況組成教學單元,如
「鄉村冬天的生活和勞動」、「五一勞動節」、「為集體化而鬥爭」等,以「大
單元聯絡教學」來替代傳統的「分科教學」制,同時推行「綜合教學法」。

杜威於 1928 年訪蘇以後,克伯屈也於次年到蘇聯訪問,激起了推行新教
學法的高潮。教育人民委員部隨即公布《單元設計教學大綱》,要求在中小學
普遍推行設計教學法並廢除教科書,改用工作手冊、活頁課本,及各種有關
資料來代替,並且還取消了家庭作業和一切考試,禁止實施任何種類的懲罰
等 ⓭。可惜,此番革新雖均有歐美新教育的前例可循,但因沒有足夠具有教
育熱誠且又熟悉新法的教師來執行,不僅教學怠惰、活動混亂,而且單元教
學原本就有無法系統地傳授科學知識的缺點,以致引起了家長和社會的批評。

自 1924 年列寧逝世後,蘇共黨內權力鬥爭激烈;直至史達林 (Joseph
Stalin, 1879–1953) 獨攬政權,雖在經濟上改採五年計畫、農業恢復集體化、
工業以競賽的方式提高產量及加速電氣化,教育上卻趨於保守。紅軍的政戰

---

⓭ 李申申、王鳳英:《大起大落的命運——杜威在俄羅斯》(北京:新華,2007),
頁 71–72。

部主任布伯諾夫 (Andrei Bubnov, 1883–1940) 於 1929 年繼任教育人民委員，1931 年聯共公布《關於中小學的決定》（簡稱《九五決定》），其中指出：「學校的教學沒有提供足夠的普通教育知識，無法完成培養科學基礎知識（理化、數學、語文、地理等）及符合技術學校和高等學校要求畢業生應有之任務。」並重申「應以黨綱中關於綜合技術教育的要求，及列寧在〈論綜合技術教育〉一文中闡明的思想，為今後工作的基礎。」根據此一決定所修訂的教學大綱又確定了「班級授課制」和教師在教學中的主導作用，也恢復了學業評定和考試制度。❶

　　1937 年，一連串改革實施的結果是只知讀書升學，並無參加勞動生產的思想準備和實際鍛鍊，致綜合技術教育流於口號。原本要根據列寧的指示，「讓教育與生產勞動結合以塑造馬克思所謂全面發展之新人——建設社會主義社會的蘇維埃公民」之勞動學校的初衷，也隨著這一連串新教育實驗的失敗而陷入瓶頸。

　　幸而此時出現了一位被俄國大文豪高爾基 (Maxim Gorky, 1868–1936) 稱譽為教育天才的馬卡連柯 (Anton Semjonowitsch Makarenko, 1888–1939)，從辦學的實際經驗中歸納出有效的教學方法及合乎人性的教育原理，又運用他辯證的思考與體驗，建立起適合當時蘇聯社會的教育理論。

　　在教育目的上，馬卡連柯完全服膺共產主義的教育主張，但進一步分析「蘇維埃新人」應有的品格，而認為學校應「培養忠於社會主義祖國的愛國者、有教養的人、熟練的工作者；這種人有責任心和榮譽感，意識到自己的尊嚴，有組織素養、守紀律、堅忍不拔、樂觀愉快。」要培養這些品格，必須通過集體來教育。馬卡連柯堅持學校教學必須與生產勞動相結合，因為勞動可以培養學生良好的道德、發展出他們的智力和能力，並且加強組織和管理，所以在他所領導的「高爾基工學團」(Gorki-kolonie)、「傑仁斯基公社」(Dserschinski-kommunen)，都是一邊學習一邊工作的。由於他反對把教學與生產勞動機械地結合起來，並體悟到「教育學是辯證法的科學」，也因此發現了「兒童學」的曲解與「自由教育論」的偏頗。

❶　吳式穎等譯，前引書，頁 447–448。

# 二、向西方學習

蘇聯建國初期，試圖借鑑歐美新教育運動來建立共產主義教育理論的重要學者，有布隆斯基和沙茨基。

## ㈠布隆斯基

1884 年出生於基輔 (Kiev)。1902–1907 年間在基輔大學攻讀哲學史及心理學，曾因參加社會革命黨被捕入獄。1908–1914 年擔任莫斯科女子師範學校教育學及心理學的教師，並且鑽研柯美紐斯以來西方教育家的理論及俄國托爾斯泰、烏申斯基的教育思想，頗有心得，對美國杜威的民主教育論更為心醉。1913 年考取大學任教資格，翌年起轉任申陽斯基大學 (Sanjavskij-Uni.) 講師，並曾發表多部關於教育學的著作。1917 年開始撰寫他的精心力作：《勞動學校》(*Trudovaja škola*)，指明教育改革的方向，該書於 1919 年出版時，不僅立即暢銷、數度再版，克魯普斯卡雅更曾為文加以讚揚，視為建設蘇維埃新學校的參考。

十月革命後，布隆斯基被聘為莫斯科第二大學教授，且積極參與培養新蘇維埃教師的工作。1921 年起更受命擬訂新勞動學校教學大綱及推動綜合教學法。1924 年起他將積累多年從生物學遺傳學說的角度，試圖結合生物學、心理學及其他有關行為的科學，來研究兒童行為發展的「兒童學」以替代「教育學」，並且利用智力測驗和問卷調查來評定兒童的智商與潛力。1925 年《兒童學》一書出版，甚受重視，有些師範院校更將它列入課程。

1927 年他召開了全蘇兒童學研討會，出席者逾 2500 人，但旋即遭到激烈批評，其指責兒童學者「隨意編製問卷和測驗，把水平不高的兒童列入『智力落後』、『難以教育』等類型，認為對他們進行教育是白費力氣」。馬卡連柯亦指出：「兒童學毫無生氣的宿命論，是對教育帶來難以估計的傷害」**⑮**。布隆斯基經此打擊，只好放棄他對建立蘇維埃新教育的抱負，退守國立心理學研究所去從事格物致知的研究工作；而他的烏托邦「勞動學校」也無法完全實現，只能留供後世學者作學理上的探討了。

---

**⑮** 李申申、王鳳英，前引書，頁 123–128。

## ㈡沙茨基

1878 年出生於斯摩棱斯克 (Smolensk) 一個軍官的家庭。1888 年進入莫斯科第六中學求學，死記硬背的學習只留下痛苦的回憶。畢業後進入莫斯科大學物理系，發現大學與古典中學一樣死氣沉沉，激起沙茨基改革教育的志願，並因閱讀托爾斯泰的著作而對兒童教育發生興趣。

1905 年夏天他與友人在郊區為工人的孩子合辦了夏令營，秋天組織了兒童俱樂部，經由勞動教育和自治活動來發展他們自由創造的能力。但這個機構卻在 1907 年卻被沙皇政府以「試圖在兒童心靈中傳播社會主義」的罪名關閉了。1910 年他與其夫人在莫斯科西南方的卡盧格 (Kaloga) 省又創辦了一所名為「朝氣蓬勃生活」的夏令營，每年接受 60–80 名兒童前來度夏，透過體力勞動和藝術活動，豐富他們的生活情趣，養成良好的生活習慣和發展自由創造的能力。

1913 年冬天，沙茨基到比利時去訪問德可樂利、到日內瓦去參觀盧騷學院，又赴慕尼黑拜會凱興斯泰納、抵柏林與歐托暢談。1914 年春天帶著豐富的心得返俄充實他的夏令營，並且也因此與當代歐洲的教育改革家取得了密切的聯繫。1915 年起夏令營不僅增加了家事和園藝、音樂和戲劇，增添了實習工廠和兒童圖書館，且由於範圍的擴大，招收學生不受年齡限制，甚至開辦幼稚園和小學中低年級的正式課程，並接受政府委託辦理教師進修活動。

十月革命後，沙茨基蒙教育人民委員部核可，在 1919 年 5 月創辦國民教育第一實驗站，其中包括 1 所第二級學校、12 所第一級學校、6 所幼兒園、3 所人民文化館、2 所寄宿學校和 1 所農場。後來又增設 3 所第二級學校，開辦了教師講習會。有了上述一系列的機構，第一實驗站得以根據教育人民委員部所提問題,對國民教育的各方面從事實驗研究並提出具體建議備供實施。1921 年起他更參加了克魯普斯卡雅領導的教育科學組工作,對蘇聯建國初期的教育建設貢獻極大。❶⑥

第一實驗站的成就也吸引了許多教師及外國教育家前來參觀訪問。僅在 1925–1926 年間，實驗站便接待了中、日、美、法、德、比、波蘭和西班牙

⑯　趙祥麟主編，前引書，頁 51–543。

等國的 153 個參觀團。杜威也在 1928 年 7 月來參觀，並在《蘇俄印象記》中寫道:「在這裡建有一所沙茨基的教養園，它是建立在附近 14 所學校的中心，這 14 所學校構成了實驗教育的站點,目的是為俄羅斯農村學校的教育體系制定教材和教學方法。」杜威的讚美對沙茨基是最大的鼓勵，因為他自承教育思想繼承了托爾斯泰的自由教育理論和杜威的實用主義哲學。他主張「把童年還給兒童」、「教育乃是經驗繼續不斷地改組與改造」、「學校應是理想社會的雛形」等，均可看見杜威思想的影子。

當 1931 年聯共公布《九五決定》後，沙茨基對進步教育的實驗工作已經告一段落，所以於 1932 年欣然接任莫斯科音樂學院院長。1934 年 10 月 30 日，沙茨基因病早逝，享年僅 56 歲，留給蘇共教育界無窮的追思。

## 三、蘇維埃教育學的建立

馬卡連柯和蘇霍姆林斯基 (Vasilii Sukhomlinskii, 1918–1970) 是二十世紀蘇聯教育家中，最受國際學術界重視的 2 位；尤其是被高爾基譽為「教育天才」的馬卡連柯，也猶如裴斯泰洛齊被德國學術界承認為「天生教育家」，是目前在西方教育界中被討論得最多的俄國教育家。雖然在大陸已經有不少介紹他的作品，但在臺灣仍難發現研究他的論文。❼

### ㈠馬卡連柯

1888 年出生在烏克蘭鐵路局附設工廠的一位油漆工人家中。1905 年畢業於 6 年制的市立學校及其附設的 1 年制簡易師範班後,任教於鐵路小學。1914 年考入波爾塔瓦 (Poltaw) 師範專科學校深造,加強學習自然科學並開始寫作，喜愛高爾基的文學作品，曾上書向他請教。1917 年畢業後擔任鐵路小學校長。十月革命後由於態度積極，在 1919 年被任命為波爾塔瓦市立第二小學校長兼省教育工會常務委員。革命後的戰亂製造了許多流浪兒童和少年違法者，省

---

❼　2000 年在淡江大學俄羅斯研究所有一篇俄籍客座教授馬良文 (V. V. Malyavin) 指導的碩士論文: 林育秀〈安·謝·馬卡連柯的教育思想、理念之研究〉。直到 2008 年才看到留學俄國回來的黃昌誠博士的大作:《馬卡連柯的教育思想》(高雄: 復文，2008)，共 332 頁。

政府決定設置教養院加以收容並請馬卡連柯負責。

　　馬卡連柯不僅須克服物質設備和生活條件上的各種困難，而且要苦思如何把這群無政府主義的無知兒童，改造成服膺社會主義的新人。「手頭找不到適當的教育理論，只能從眼前的事實中去尋找方法，歸納理論。」由於他自己喜愛高爾基的作品，所以試著把高爾基的小說當作故事講給學生聽，為知引起了很大的反響，尤其是《童年》和《在人間》等書備受歡迎。接著馬卡連柯又介紹了高爾基的生平，勉勵小朋友們學習他的生活而立志向上。當全院養成了閱讀高爾基的風氣，願意以他為榜樣而學習他的精神時，他們的生活有了遠景，教育的工作也容易進行。

　　當全校師生在 1922 年集會決議把教養院命名為「高爾基工學團」時，事實上它已經是一個「紀律嚴明、生動活潑、用友誼的紐帶緊密聯繫起來的集體」[18]。高爾基從 1925 年開始讀到學生們的來信時頗感欣慰，讀到馬卡連柯所寫《教育詩篇》等著作，更為讚許。1928 年 7 月他親來教養院做客 3 天並參觀了傑仁斯基公社後，發表〈蘇聯巡禮〉一文敘述訪問印象，謂馬卡連柯是「新型教育家」，也是「天才教育家」。[19]

　　當時蘇聯教育界流行著向西方學習的「自由教育」，認為教育必須尊重兒童，以兒童為中心，遵循盧騷以來讓兒童自然發展其天賦的理論。但是教養院所收容的是自幼缺乏教養的流浪兒童與少年罪犯，怎麼可能讓他們自然生長出合乎文明社會規範的行為來呢？馬卡連柯因此試圖找尋有效的方法來建立教師的威信、培養學生的自信，認識個人生活在集體中的必要性和集體對於個人的重要性，以及人與人相處的行為規則，進而找到生活的遠景、掌握人生的意義；藉著學習與勞動、增進知識、培養能力，終至成為全面發展的社會主義的新人。

　　1927 年，烏克蘭政府又委託馬卡連柯籌建一所以傑仁斯基 (Felix Edmundowitsch Dserschinski) 為命名的勞動公社，擴大收養流浪兒童和少年違法者。翌年 9 月，他辭去了高爾基工學團的工作而專任該公社的領導，開始

---

[18]　趙祥麟主編，前引書，頁 585。

[19]　黃昌誠，前引書，頁 323。

時有學員 160 名，年齡自 13 至 17 歲。由於多年累積的工作經驗使他有了熟練的教育技巧、系統的教育原則和堅定的教育理念，所以傑仁斯基公社辦得更為得心應手、有聲有色。不僅社員人數超過千人，並且建立了 10 年制完全中學、機器製造廠與照相機工廠；師生逐漸做到費用自給自足，每年可以上繳盈利 500 萬盧布，教育與生產勞動緊密結合，儼然創造了蘇維埃勞動學校的新典範。該公社的畢業生中有些人考入大學，成為教師、醫生、科技人員和創造經濟奇蹟的生產者；有些人更擔任紅軍幹部，成為保衛國家的英雄。小說《1930 年進行曲》和《塔上旗》都是他描寫傑仁斯基公社的內心感受，其中說明了如何經由學生的榮譽感而建立學校的傳統、如何嘔心瀝血地把青少年教育成馬克思所強調的「真人」。

馬卡連柯真正的貢獻，不僅在創造了有效的「教育集體」，更因為在這 32 年的辦學經驗中，不斷地反省思考，要找到有效的教育方法，從超過 20 萬小時的教育實踐的工作中，確定共產主義的教育體系。表面看來，馬卡連柯的教育主張似乎有助於史達林用工作競賽的方式來推動農村集體化和工業電氣化的五年經濟計畫，所以有人認為傑仁斯基公社正在推動教育上的「斯達漢諾夫運動」[20]，但是事實上，馬卡連柯所主張的，都是本著教育良心，從實踐經驗中歸納出來的原則，堅持人道主義、提倡家庭教育與美育。1936 年他被不明的理由調離教育工作而出任烏克蘭的公社管理局副局長[21]。1937 年馬卡連柯遷居莫斯科專門從事寫作，出版了《父母必讀》、《兒童教育講座》及《舒伯特的交響樂》等書。由於他在文學上的成就，1939 年 1 月獲頒紅旗勳章。同年 4 月，在外出演講時卻因心臟病發，猝逝火車車廂內，逝世後被追認為共產黨員。

---

[20] 程大洋：〈馬卡連柯教育思想初探〉，載於《通識論叢》（桃園：萬能科技大學，2010），第 9 期。

[21] 馬卡連柯於 1927 年與系出共黨高層家庭的高琳娜 (Galina Stachierna Salko, 1891–1962) 結婚，頗受保護；1934 至 1938 年史達林發動大整肅時期，烏克蘭黨政高層及國家安全局 (KGB) 的首腦均被波及，馬卡連柯自難倖免。參閱林育秀，前引文，頁 13，附註 7。

　　馬卡連柯雖然享年僅 51 歲，但其豐富的教育學遺產，在蘇聯時期已被廣泛宣傳、運用和發展，蘇聯教育科學院為他設置了研究室並多次編印他的文集。當代蘇聯教育家蘇霍姆林斯基，對他通過集體及勞動進行教育的思想極為推崇，更自稱是馬卡連柯的私淑弟子。

### ㈡蘇霍姆林斯基

　　出生於烏克蘭的農民家庭，畢業於 7 年制學校及 2 年制簡易師範，17 歲就開始在小學任教，同時參加波爾塔瓦師範學院的函授課程。考取中學教師合格證書後，他於 1939–1941 年間任教家鄉的中學。二次世界大戰爆發，他參加衛國戰爭，因重傷退伍轉任奧努夫縣教育局長。

　　為了實踐他自己終身從事農村教育的志願，1947 年他申請返原籍地帕夫雷什學校任教。為輔導受戰爭影響而有心理障礙的學生，他又辦理「快樂學校」的實驗，頗具成效、聲譽鵲起。1950 年被基輔師範學院遴選為在職研究生，他以〈中學的教育集體〉論文考取副博士學位，並於 1956 年起發表了《培養學生的集體主義精神》及《共產主義勞動態度的培養》等著作，受到全國重視。1957 年他當選俄羅斯教育科學研究院通訊院士，波爾塔瓦等師範院校紛來邀請任教，但均被他以必須信守「留在農村，服務教育」之理由拒絕。[22]

　　蘇霍姆林斯基在農村學校服務，數十年如一日，更可貴的是他根據工作中的體驗，發表了 40 多本專著、600 多篇論文，成為蘇聯教育的寶藏；他不僅完成了馬卡連柯「集體教育論」的理想，並且從 60 年代開始，所著《學生的精神世界》等書，重在分析學生個性之形成與發展、說明教育之目的與作用，更建立了關於人的本質之概念和從集體中發展個性的理論。《把整個心靈獻給孩子》一書成熟地表達了他研究教育的心得，並且突顯出辦學成功的祕訣乃是無私的教育愛心。在 1968 年全蘇教師代表大會上，他被封為「社會主義勞動英雄」，惜卻於 2 年後的 9 月 2 日逝世，享年僅 52 歲。

---

## 第三節　生產教育論要旨

　　十月革命以後蘇聯曾試圖假借美歐進步的新興教育理論，並參考俄國烏申斯基及托爾斯泰等的平民教育思潮，來創建符合馬列教育宗旨的新教育體制，設立為無產階級服務的「統一勞動學校」。在二十世紀 20 年代曾轟轟烈烈地由當代教育家們進行教育實驗，雖均各有貢獻，然亦都滋生流弊，無法與當時蘇聯社會環境與政治要求相配合。直到馬卡連柯從實際工作中歸納出教育理論，因其符合當時由農業社會轉型為工業社會的經濟需求，也符合建立蘇維埃新人的政治要求，故能綜合各方意見，辯證地建立蘇聯獨有的教育理論。其異於杜威的「生活教育」、不同於凱欣斯泰納的「工作教育」，也與裴斯泰洛齊的「勞動教育」有所區別，或許可以名之「生產教育論」❷❸，其要旨有三：

### 一、綜合技術教育

　　馬克思主張教育應使人全面發展，亦即智力和體力應充分發展，才能和興趣、品德和審美能力得以自由運用而成為「全新的人」，這種人是各方面都有能力的人，能夠輪流從一個生產部門轉到另一個生產部門從事生產勞動。但在資本主義制度下，猶如恩格斯所說：「每一個人只隸屬於某一生產部門，受它束縛、聽它剝削；每一個人都只能發展自己能力的一個方面而偏廢其他各方面。」《資本論》更指出：「社會分工往往使人被自己活動的工具所奴役，而成為畸形發展的人。」所以列寧在《俄共黨綱草案》中提出：「蘇維埃學校應對全體未滿 16 歲的男女兒童，實行免費的、義務的普通教育和綜合技術教育。」

　　所謂綜合技術教育不是職業教育，而是使人得以全面發展的教育。克魯普斯卡雅進一步加以說明：「綜合技術教育是一個完整的體系，其基礎是在各

---

❷❸　Willibald Russ: *Geschichte der Pädagogik* (Heilbrunn: J. Klinkhardt, 1965) s. 164–168.

種技術形式中，根據技術的發展及其全部中介來研究技術。……它應該貫穿
到各門課程裡去，體現在物理、化學、自然課和社會概論的選材上，這些課
程互相之間應有聯繫，特別是這些課程要跟勞動教育聯繫起來，才能使勞動
教學具有綜合技術的性質。綜合技術中的勞動學習，一方面要授予勞動技巧，
另方面要理解生產過程的基本原理、擴大學生的視野、了解自然科學知識在
技術和工藝過程中的實際運用，並發展把理論和實際連繫在一起的能力以適
應現代的生產過程，而有助於國家的工業化與農業的合理化。」❷❹

　　當馬卡連柯接受革命政府的委託，從 1920 年起辦理工學團時，他已經服
膺馬列思想，願意按照黨綱實施綜合技術教育來「造就新人」。這樣的新人就
是「真正有教養的蘇維埃人」，其從教育機關出去以後，就是一個有用、有技
術、有學識、有政治修養和高尚品德的蘇聯公民。

## 二、生產勞動教育

　　對生產勞動教育之深入探討，是馬卡連柯教育理論體系的基本特點。他
發現勞動是人類生活的基礎、追求幸福與創造文化的源泉，故肯定馬列學說
對生產勞動的重視而認為「教育與生產勞動之結合，乃是使人全面發展的重
要手段」❷❺。故不僅高爾基工學團是半工半讀，傑仁斯基公社的學生更是 4
小時在工廠工作、5 小時在 10 年制學校上課。學生要學習機器的操作，也要
學習工廠的組織與產品行銷，並且要實施自治活動、培養同志情感來規律自
己的生活。

　　馬克思當年分析說：「在工廠裡工作的兒童，雖然所受的教學訓練，只有
整天在學校中讀書的學童的一半，但是學到的卻和他們一樣多，而且有時還
要多。」半工半讀對兒童來說，「有了歇息和接替，比只讓他經常從事一種工
作要痛快得多。一個小孩整天都在學校裡，絕不能和一個才放下工作就興致
勃勃地來到學校學習的另一個兒童相競爭的」❷❻。此外生產勞動不僅能產生

---

❷❹　衛道治：《克魯普斯卡雅教育文選》（北京：人民教育，2006），下卷，頁 115–117。

❷❺　黃昌誠，前引書，頁 208–209。

❷❻　林舉岱：《蘇維埃教育》（上海：商務，1949），頁 48。

物質的利益，而且可以訓練思考和判斷而培養創造的力量。

因此，馬卡連柯要求生產勞動要能提供學生形成概念及進行思考作用，認為必須如此才具有教育意義。「在任何情況下，勞動如果沒有與其平行的知識教育，就不會帶來教育的好處。」「只有把教育作為總體體系一部分時，勞動才可能成為教育的手段。」所以他也反對將勞動神化，反對變成「勞動拜物教」或將勞動與政治教育盲目地結合。

正確的生產勞動教育首先要開展創造性的勞動。「只有當人們自覺在工作中感到快樂並了解勞動的利益和必要的時候，才可能有創造性勞動。」其次，要通過集體勞動以建立人與人之間的正確關係。最後，勞動必須是有計畫的、經常性的；勞動任務更必須是量力的、多樣的。當然，生產勞動教育要獲得成功，其不可缺少的條件乃是教師必須發揮帶頭作用，做學生的榜樣。

## 三、 集體教育

集體教育是馬卡連柯教育理論的核心。所謂集體，他指的是「由目的相同、行動一致者結合而成的社會有機體」，是「由管理、紀律和負責任的機構所組織起來的勞動者的自由集團，是健康人類社會中的社會機構。」它是依照社會主義的原則所建立的社會組織，有共同的奮鬥目標，不僅要有民主的全體大會，並且要建立彼此負責的基層組織（如分隊），更重要的是形成正確的集體輿論。㉗

馬克思曾指出：「只有在集體中，個人才可以獲得全面發展自己稟賦的可能性，個人的自由才是可能的；社會主義的社會並不是建立在彼此孤立與游離於集體之外的人。」所以馬卡連柯認為「教育的任務就是要培養集體主義者，要建立合理的集體、建立集體對個人的合理影響。」他也十分重視教師集體的作用，認為教師集體不僅是培養學生集體與教育學生，而且也是發揮個人工作能力的重要保證。㉘

怎樣才能有效地實施集體教育呢？第一個原則是「對人愈尊重，要求也

㉗ 黃昌誠，前引書，頁 133–136。
㉘ 程大洋，前引文，頁 20。

愈高」。熱愛兒童不可放任不管他們的行為，相反地要幫助他們克服缺點、發揚優點，養成良好的品行。第二，是讓個人對集體負責而不是對其他人負責。「集體是個人的教師」，必須在集體中透過集體和為了集體而進行教育。教師要巧妙地運用「平行教育影響」，透過集體影響個人。第三，集體應經常有一個努力奮鬥的新目標。有前景和目標，集體才能永遠生氣蓬勃。前景應該分近景、中景與遠景，培養人就是要培養他對前途的希望。第四，要塑造集體的傳統。經由長期工作經驗中累積而成的美德，應成為集體的傳統，必須善加維護，使教育更為有效及更易成功。第五，集體需要紀律。馬卡連柯認為「紀律不是教育的手段，而是教育的結果」，是「使一個人能夠愉快地去做自己不喜歡的事情」。換言之，必須有相當的道德修養並且認識行為之目的，才能產生這種自覺的紀律。❷⓽

綜上可見，馬卡連柯運用辯證法統一了群性與個性、紀律與自由、服從與創造、理念與實際、物質利益與精神榮譽等矛盾而建立其「集體教育論」，有效地培育蘇聯建國所需的公民——蘇維埃新人。他逝世後被其國內學者推崇為「蘇維埃教育之父」；德國著名比較教育學者安懷烈 (Oskar Anweiler, 1925– ) 便讚譽其已對二十世紀的教育思想提供了極有價值的貢獻，足以列入「教育界之典範」。❸⓪

## 小　結

俄國十月革命後，曾試圖結合烏申斯基及托爾斯泰的自由教育思想與列寧的馬列主義教育主張，建設蘇聯新教育。建國初期也曾在克魯普斯卡雅主持下，試著引進杜威教育思想。但自史達林於 30 年代大權獨攬以後，命紅軍政戰主任擔任教育部長，教育工作重趨保守。幸而隨著教育上的斯達漢諾夫

---

❷⓽　程大洋，前引文，頁 21。

❸⓪　Oskar Anweiler: *Die Sowjetpädagogik in der Welt von heute* (Heidelberg: Quelle & Meyer, 1968) s. 33.

運動，被高爾基發現了一位教育天才——馬卡連柯。他從教養流浪兒童開始，領導全校師生一邊勞動、一邊學習，建立有效的教育集體，培養全面發展的社會主義新人。

## 【問題討論】

1.什麼是馬克思主張的「綜合技術教育」？如何實施？

2.為什麼教育與生產勞動結合，是使人全面發展的重要手段？

3.何謂集體？如何有效地實施集體教育？

# 第 *23* 章

# 許伯朗額的文化教育論

# 第一節　精神科學的號召

## 一、新康德主義

康德在《純粹理性批判》中，原本主張感性與悟性並重、經驗與概念兼顧，並認為現象的背後之本質為「物自體」，雖可推論卻無法認知。但後繼之哲學家，尤其是從菲希德經謝林以至黑格爾卻發展出一套絕對的唯心論，認為「世界是由觀念所構成」。黑格爾學富五車，運用辯證邏輯、綜合各種體系，成為德國學術界的偶像；然其強調精神世界由主觀而客觀而趨於絕對，並謂國家為人類自由之目標、倫理道德之實體及絕對精神之實現，則又使人發現其理論仍有偏頗，不若康德於批判哲學之平衡，因而引起了不同的異議。

哲學家古諾·費雪 (Kuno Fischer, 1824–1907) 於 1858 年就任耶拿大學教授時的演說：〈康德哲學之鑰〉(“Clavis Kantiana”) 首先倡議要正視康德哲學之真義。1865 年，其弟子李伯曼 (Otto Liebmann, 1840–1912) 更大聲疾呼：「要返歸康德！」其所著《康德及其門人》(*Kant and die Epiqonen*)，每一章的結語都是：「必須返歸康德！」引起了學術界很大的迴響。

回到三大批判的立場，重新再出發的哲學家們，史稱「新康德主義」。他們拒絕流於空談的形而上學，也不贊成心理學與經驗的方法；他們認為要用先驗的方法來認知，把哲學的討論建立在自然科學之基礎上，所以也有人稱之為「批判的實徵論」(kritischer positivismus)。❶

強調康德所創「範疇」概念、擬用自然科學之精神將一切事物還原於純粹理性與內在邏輯法則的馬堡學派，其領袖柯恩 (Hermann Cohen, 1842–1918) 曾著：《純粹知識之邏輯》(*Logik der reinen Erkenntnis*, 1902)、《純粹意志之倫理學》(*Ethik des reinen Willens*, 1904)，以及《純粹情感之美學》(*Ästhetik des reinen Gefühls*, 1912) 加以說明。其同事拿托普贊成其說，著《科

---

❶ Hermann Glockner: *Die europäische Philosophie* (Stuttgart: H. Reclam, 1958) s. 984.

學之邏輯基礎》(*Die Logische Grundlagen der exakten Wissenschaften*, 1910) 予以闡釋❷；但是他認為自然科學討論「實然」(sein)、倫理學討論「應然」(sollen)，因此道德規範不僅是義務責任的邏輯，而且要有理想性與社會性，故創「社會教育學」以教育發展創造的理性，領導經濟與政治活動，將個體融合於社會及文化而向人道理想邁進。

柯恩的得意門生是卡西勒 (Ernst Cassirer, 1874–1945)，以《符號形式哲學》(*Philsophie der Symbolischen Formen*) 開展了認識論的新境界。他的研究發現，動物行為中可以找到記號和信號系統，會用姿態或其他方式表達情感，但是牠們卻永遠不能指謂或描述「對象」，無法發揮語言的「命題」功能，故動物雖有智慧，但其智慧無法達到人類使用符號的層次。由於有了系統的符號，人類的理性功能得以掌握抽象的結構、產生分辨和判斷，形成人文世界和動物世界的分水嶺。是故語言和思想的符號化也間接證明康德所主張的「只有透過理性形式的先驗元素，知識才能獲得它的普遍必然性」，更證明了人的心靈有其主動性與創造力。

卡西勒試著把《純粹理性批判》的原理應用於文化批判，逐一檢討神話、宗教、語言、藝術、歷史、科學等文化成就的符號形式，經過了辯證與討論，豐富了文化哲學的園地。二次大戰期間，卡西勒移民美國，他的學說也得以流行於新大陸。

以文德班為導師的「西南學派」與馬堡學派之間最大的區別，在重視「判斷力批判」之價值，認為它不僅是美學與文化形態之基礎，並且也是建立整個哲學體系的先驗前提。

文德班原習史學，受古諾・費雪影響，致力於哲學研究。1892 年出版的《哲學史教科書》(*Lehrbuch der Geschichte der Philosophie*) 被奉為經典之作。1903 年應聘海德堡繼承古諾・費雪的講座。他引用羅哲 (Rudolph Hermann Lotze, 1817–1881) 的目的論 (teleologiescher idealismns) 來詮釋康德的實踐理性，認為宇宙的運動來自精神能力，人類的行為也源出精神心靈，理性作判斷則根據內在的先驗的價值觀念如真、善、美、聖等而自然導向生命之目的。

❷　吳康：《近代西洋哲學要論》(臺北：華國，1970)，頁 171–172。

此外，他也把自然科學與精神科學的不同加以分別，認為前者是建立因果法則的 (nomothetisch)，後者則是描述事物關係的 (ideographisch)、是個別的。由於歷史學家不可能注意每一個體而必須有所選擇，這種選擇預設了價值判斷，因此評價作用是一切精神科學的基礎。❸

1916 年到海德堡繼任文德班講座的得意門生李凱德 (Heinrich Rickert, 1863–1936) 在位 20 年，更發揚了價值哲學，以「價值」調和「實然」與「應然」，認為人類一切知識皆受價值之衡量，構成內在之意義 (immancent sinn)；諸如科學之求真、倫理之求善、藝術之求美以及宗教之求聖，都不是根據自然的邏輯律而是建立於內在的價值意識之上。反過來說，上述各種文化活動也因其含有價值觀念而產生意義結構，使人類文化得以本普遍的生命而向世界的道德秩序不斷發展。如此不僅建立了文化哲學，而且也使康德的實踐理性恢復了優先的地位。

## 二、生命哲學

西元 1927 年獲得諾貝爾文學獎的法國哲學家柏格森，不僅文筆優美而且立論蘊涵豐富的科學知識和哲學智慧，得以擺脫實證論和觀念論的爭論而另創「生命哲學」。在 1907 年所著《創化論》中，他認為自然科學家的世界圖像是沒有動力和生命的，是機械的；但是經由直觀所挖掘出來的人文世界純粹綿延 (pure duration) 的時空，卻具有生命力和衝力，不斷地生成變化，是自由的。他徵引生物進化的事實，說明生命不是抽象作用，而是在一定的時空中湧現的生命之流，從一個種子到另一個種子，從植物而動物以至於人類。演化的結果使人類的意識得以解放，使人成為有直觀的「真人」(homo sapieus)，所以是自由的，可以本著生命的衝動來創造，也得以體驗神祕的上帝之愛而愛人。❹

同樣提倡生命哲學的，在德國有倭鏗 (Rudolf Eucken, 1846–1926)，他是杜倫德連堡 (Adolf Trendelenburg, 1802–1872) 的學生，並且在 1874 年到耶拿

---

❸ 郭博文譯：《當代歐洲哲學》(臺北：協志，1969)，頁 73。

❹ 郭博文譯，前引書，頁 76–86。

大學繼任古諾·費雪的講座。早在柏格森之前，他就舉起了反對唯物而功利的自然主義之大纛。1888 年所著的《精神生活統一論》強調精神生活的重要，並謂生活即行動、生命必須戰鬥、精神具有活力，可以主動地創造人生，構成宇宙。用倭鏗自創的「精神學方法」(noologische methode) 來推論，則不僅人內在的精神產生世界，而且在歷史長河中每一個個別的存在，均也有其超越時空的精神價值。❺

其時，萊比錫大學的生物學教授杜理舒 (Hans Driesch, 1867–1941) 也提倡新生機主義 (neuvitalismus)，謂生物有其內在目的，引導潛能使其得以完全實現，成為當代生物哲學之有力理論。杜理舒曾於 1921 年來華講學一年，對生命哲學也有所闡揚。❻

辛默爾 (George Simmel, 1858–1918) 原係社會學家，對社會類型及衝突理論頗有貢獻，然其不僅分析社會現象之各個特殊面，且欲追求精神生活之整體面，頗能發揮狄爾泰文化哲學之要義。在柏林任教時所著《貨幣哲學》(*Philosopie des Geldes*, 1900) 一書，說明貨幣之意義及其功能變遷，由性質演進，進而論述生命程序中每一階段，皆求超越於其已有成就之上，由相對而達於絕對，此即「生命之自我超越」(über-sich selbstaufgehem)。這種承認精神創造自己的世界之主張，是他「生命哲學」的主旨，亦與新康德學派的意見兩相一致，匯成當時柏林學派的主流。❼

## 三、狄爾泰 (Wilhelm Dilthey, 1833–1911) 的統合與超越

十九世紀晚期，黑格爾運用辯證邏輯，綜合百科知識所建立的玄學王國，不僅受到物質主義和新康德學派的挑戰，而且更遭遇各種反智思潮的衝擊，使歐洲思想界陷於混亂與消沉。1887 年起，尼采提倡「超人哲學」(der Übermensch)，鼓吹「追求權力的意志」(der Wille Zur Macht)，更加重了時代的負擔，有誤導世人走入歧途的危險。幸而狄爾泰及時興起，本其在各種文

❺　H. Glockner, a.a.O., s. 1018.
❻　吳康，前引書，頁 207–208。
❼　吳康，前引書，頁 177–178。

化系統中的研究造詣，運用「生命概念」統合科學知識和哲學思辨，提出健康、樂觀，使人類恢復希望的新世界觀，帶領歐洲進入二十世紀。

狄爾泰出生於萊茵河畔的皮伯利希 (Biebrich)，父親親為拿紹 (Nassau) 大公國的宮廷牧師，母親親為宮廷樂師。1852 年他到海德堡大學讀神學，頗受益於古諾·費雪的講課。翌年，古諾·費雪被控泛神論而離職，狄爾泰也決意轉學柏林，獲得杜倫德連堡的賞識，在其指導下研究許萊雅馬赫。由於所撰關於許氏詮釋學的論文在 1860 年獲得文學獎，贏得許萊雅馬赫之女的信任，委以繼續整理許氏檔案文籍之重任，狄爾泰遂能從這些珍貴而豐富的第一手資料中，探索這一位偉大天才的心靈是如何形成、其又是如何影響普遍的精神世界，因此發現對內心世界的理解，不是經驗而要體驗。❽

在這樣靈感的基礎上，他不僅整理出版《許萊雅馬赫文獻》，並且以拉丁文所寫的〈許萊雅馬赫的倫理學〉於 1864 年獲博士學位，翌年又以〈道德意識的分析〉論文取得教授資格。1867 年起他先後應聘巴薩爾、基爾及勃萊斯勞 (Berslar) 等大學教授，並於 1882 年返柏林繼承羅哲講座，1887 年被選為國家科學院院士。就任演說中強調：「對於自然，我們可以解釋；對於人，我們只能理解」❾。明白指出研究人內心世界的精神科學之方法論必須建立在詮釋學的基礎上。

由於黑格爾的形上學是用理智來認識外在的自然界，又用理智建構內在的精神界，並且把一切都放在絕對的法則中，這與歷史事實不符。歷史的細胞乃是個人生命的活動，它表現在人類活生生的經驗中，是相對而多樣的。生命的動力不僅有理智，而且有意志、有情感、有內心深處的靈性，並且這許多功能統一成為生命的整體。自然科學所研究的是可感覺的、物質的、客觀的外在事實，可以訴諸普遍性的因果法則，依照已發現的定律和已被證明的公設來解釋。精神科學所研究的內容，是直接或間接基於人類內在經驗之精神事實；我們雖然無法認識人類的心靈活動，但可以從精神所創造的客觀事物，如詩歌、小說、樂曲、建築物或重大的歷史事件而發現它們的創造者

---

❽　H. Glockner, a.a.O., s. 1053.

❾　H. Glockner, a.a.O., s. 1067.

及其心靈整體和「作用關聯體」(wirkungszusammenhang)，甚至可追索其精神世界中的「結構關聯體」(strkturszummenhang) 而理解其意義。

自然科學研究自然時，常透過某種「建構」來探索其關係，方法上強調歸納與實驗。精神科學所研究之精神事實，也有其內在的結構與彼此之間的生命聯繫，不僅可用內在經驗直接體驗，而且要用生命整體（知、情、意、靈）去理解；在方法上不僅採用描述與類比，而且要透過移位 (transposition) 作用，滲入他人的內心生活，以重建與模仿其精神結構，並經由實踐與行動而產生「生命關聯體」(lebenszusammenhang)。

從生命的概念出發，狄爾泰發現人乃是「一個思想事實的系統」，其具有感覺、表象和概念，並且由此造成了各種文化系統，如科學、藝術、宗教和哲學等；同時又根據內在的愛好、企圖與需要，和他人組成家庭、社會、國家和民族等組織。此外人是生命的主體，是認知者，也是實踐者；在力行活動中，人是以生命整體去面對外在的對象或是他人的生命體，在這種彼此交往、互相影響的過程中就形成了生命關聯體。精神科學之特點即在發現此一內心生活之核心而理解其生命意義。❿

但是此種理解是否可能？狄爾泰說明：「人雖有自由意志與個別差異，加上所處歷史與社會關係的不同而有其個別性與特殊性，但人性仍有其精神結構中的普遍性與共同性，若放在一定的歷史與社會脈絡中加以解釋，仍可以產生詮釋者與創作者之間的同質性 (kongenialität) 而成為理解的基礎。」同時，狄爾泰更新了傳統的詮釋學方法，而強調「理解乃是體驗與再體驗的過程」，應包括：

㈠體驗 (erlebnis)

經由感官認識外界，或經由內省發現內心表現，都只是經驗 (erfahrung)；只有用生命去經歷，經由生命關聯體而發現事物之意義與價值時，才能產生「體驗」。它是個人心靈內在意義統一後的具體發現，是生命的動力，也是創作的泉源。英文中只有 experience 一詞與德文的 erfahrung 相當，雖可兼指外感與內省的意識行為，也可經記憶而使過去、未來和現在相結合；但它究竟

---
❿　參閱安延明：《狄爾泰的歷史解釋理論》（臺北：遠流，1999），頁 30-35。

仍只是理智作用，而不是用生命整體去內化 (innewerden) 經驗的體驗活動。只有用生命去經歷，讓經驗與我合而為一時，才能產生活生生的「體驗」。

(二)表現 (ausdruck)

所謂生命表現，乃是心靈的具體化；生命整體所體驗的，可經由外在形式表現出來。它可以是一個觀念、一條規律、一種社會形式，也可以是語言、文字、圖畫或音樂作品。它是人與人之間內心的橋樑，我們的心靈就是透過它一步步地走向他人的內心。所以詮釋學不僅是如何詮釋文本的理論，而是藉由他人生命體驗的「表現」而揭示其自身與生命關聯體的過程。

(三)再體驗 (nacherleben)

詮釋者不僅要由語法詮釋和心理詮釋重建創作者當初的「語境」和原始的「心境」，並且要透過外顯的符號，在歷史和社會脈絡中，探索其內在的精神意義和生命關聯體，使理解具有更高級的形式而獲得超個體的普遍有效性。所以「再體驗」乃是詮釋者與創作者的心靈合而為一，走著熟悉曾經體驗過的道路，向前發展而創造的道路。詮釋者因此可以比創作者自己了解得更多；再體驗亦可衝破既有的藩籬，擴大心胸和視野，為自己的生命行程 (lebensverlauf) 增加新的力量和內涵，例如因研究路德而進入其宗教世界。❶

上述詮釋的基本形式亦可圖解如下：

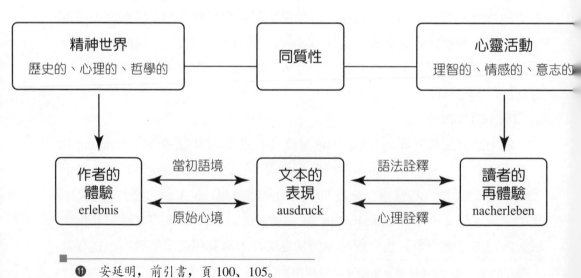

---

❶ 安延明，前引書，頁 100、105。

早在路德注釋《聖經》之時，已經發現了「詮釋循環」的原則，亦即「要從特殊的語詞出發，理解文本總體；反過來，再從已經理解的總體出發，理解特殊的語詞。如此循環往復，直到實現對特殊語詞和總體的全面理解。」許萊雅馬赫更把「詮釋循環」當作普遍詮釋學的重要原則，認為理解某物是與已知某物比較，通過整體與部分間的辯證，把意義互給對方（如因某字或某詞的意義而明白全句），構成有系統的統一體（字詞的意義須從整個句子來觀察）；並且進一步又通過語法詮釋理解其意義，經由心理詮釋掌握其精神，如此使這兩種詮釋方式往復探索、互相循環，終致避免誤解而產生正式的理解。

　　對狄爾泰而言，理解乃是對生命、生命之表現的再體驗，且必須經由生命之中真實的範疇如時間、意義、結構、價值、整體、部分與發展等，保證精神科學中知識的普遍有效性。此外理解也以「先前理解」(vorverständnis) 為前提，如果缺乏先前理解，根本無法開始理解活動。如果詮釋者的精神世界與創作者的精神缺乏交會，根本不可能理解。所以狄爾泰不僅強調理解的歷史性，而且謂理解也必定會在變動不居的歷史潮流中不斷地更新，在不同的時代不斷產生新的再體驗、新詮釋而豐富了文化遺產。基於這種看法，「詮釋循環」也被後來學者當作無限展開的「詮釋螺旋」(hermeneutischer spirale) 了。❶❷

　　狄爾泰相信，只有通過歷史研究和系統研究的相互補充，才能產生真正有價值的精神科學成果。所以在出版了《黑格爾的少年時代》以後，終於在1905 年把多年研究德國文學家歌德、藍辛、諾華利斯及韓德林之心靈創作與德國思想史的關聯，結晶成《體驗與詩歌》一書公諸於世，一時洛陽紙貴，被評為不朽的傑作。於此更證明人類的精神生活不僅有其目的性，而且有價值性與歷史性；過去不是以單獨形式（如認知，感受或意向等）進入現在，而是以有意義的生命統一體，即體驗的形式而作用於現在，使人生命的動力能夠向外顯現，構成精神世界。

　　經由對個人生命關聯體的體驗，是否真能因之理解精神而形成普遍有效的法則呢? 迄今仍然爭論未定。狄爾泰早年有志繼康德三大批判之後提出「歷

❶❷　楊深坑：《理論、詮釋與實踐》（臺北：師大書苑，1998），頁 132–137。

史理性批判」，但有關證明一直到逝世前，仍不完美，必須勉勵其得意門生許伯朗額等人合作撰寫《許萊雅馬赫傳》下冊並繼續系統研究，以建立精神科學之體系。❸

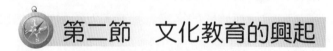

## 第二節　文化教育的興起

### 一、教育家許伯朗額 (Eduard Spranger, 1882–1963)

　　許伯朗額出生於德意志帝國統一後國勢鼎盛、經濟繁榮的俾斯麥時代。父親為玩具商人，幼年在充滿幻想的童話世界中快樂地長大。1900 年進入柏林大學攻讀，其時該校名師雲集、深受薰陶，尤其醉心於狄爾泰的講課。在杜倫德連堡的門人包爾生 (Friedrich Paulsen, 1846–1908) 指導下，以〈歷史科學的認識論與心理學之基礎〉論文於 1905 年獲博士學位，並於 1908 年獲大學任教資格。

　　包爾生自 1878 年起任教柏林大學，直至 1908 年逝世時為止，始終主持教育學講座，並且致力於當時的學制改革，主張實科中學的畢業生也可取得攻讀大學的資格，是一位注重實踐力行的教育家。1889 年出版的《倫理學原理》及 1892 年出版的《哲學引論》等著作，領導當時全德教育思想。

　　他試圖把許多對立的觀念如認識與信仰、唯心與唯物、宗教與科學等調和起來，提倡「客觀的唯心主義」，認為人類心理和生理的活動，有機而一元地構成整個人生；且謂人的意志引導人生活動，猶如理性的意志驅動整個宇宙的運行。同時，他認為哲學應成為改進現實世界的工具，而不可淪為形而上的空談。他並認為人類學指出兒童身心發展的程序，告訴我們教育之可能性；倫理學指明人生之意義和目的，告訴我們教育的方向；經由民族文化所啟示的人生目的即是教育之目的，這也可說是文化教育論的起源了。❹

❸　Eduard Spranger: *Vom pädagogischen Genius* (Heidelberg: Quelle & Meyer, 1965) s. 204.

許伯朗額是包爾生的關門弟子，不僅把恩師的思想發揚光大，他所撰關於洪博的論文也受到狄爾泰的賞識，且在其鼓勵下續撰《洪博與學制改革》，1910 年出版後，備受好評。1911 年應聘萊比錫大學教授，與開創實驗心理學的馮德、提倡美學的福開德 (Johannes Volkelt, 1848–1930) 同事，切磋問道，頗有進益。他不僅試用精神科學的理解方法來研究青年心理，並且開始思考人生形式的問題。

　　一次世界大戰期間，他曾因罹患肋膜炎而被送到巴伐利亞森林的帕登寺 (Partenkrichen) 靜養，因之得與凱欣斯泰納結交，康復後於 1917 年應聘維也納大學客座講學一年。 1920 年返到柏林大學接任李爾 (Alois Riehl, 1844–1924) 的講座。1921 年出版《人生之型式》(Lebensformen)，1924 年出版了《青年期心理學》(Psychologie des Jugendalters)，兩者均係發表他在萊比錫的研究成果。其中前者說明精神活動自內而外，但可由外向內加以理解；吾人內心生活有其精神結構，使生機體與環境及歷史文化互相調適而產生關聯。心靈活動是一個統一的關聯體，理智、情感、意志與良心的作用是統整地面對外界；更由於個性差異與環境和文化之不同而產生不同的人格，具有不同的價值標準，追求不同的人生目的。

　　許氏更進一步分析指出，人格類型有 6 種：⑴理論型：學者，追求真理；⑵經濟型：企業家，追求利益；⑶審美型：藝術家，追求美感；⑷權力型：政治家，追求權力；⑸社會型：教育家及人道工作者，追求仁愛；⑹宗教型：宗教家，追求神聖。

　　把許伯朗額召回柏林的李爾，也是新康德學派的哲學家，原籍奧地利，1878 年起先後任教於喀拉茨、自由堡、基爾及哈萊等大學。1905 年應聘柏林，講學 15 載，頗受學生愛戴且研究不輟，到 80 歲時還親筆整理出版《論最近 40 年的哲學》宣揚他批判的唯實主義思想。 ⑮

　　許氏接任後非常強調大學的教學功能，認為大學教授不應該為了研究而

---

⑭　許智偉：〈倫理教育家包爾生〉，載於《臺灣教育輔導月刊》(臺北：臺灣教育輔導月刊社，1967)，第 17 卷第 9 期，頁 13–16。

⑮　H. Glockner, a.a.O., s. 986.

忽略對學生的關愛與指導,所以對教師的養成制度也提出了具體的改革建議。1923 年,時任哲學院長的杜留希 (Ernst Troeltsch, 1865–1923) ⑯突然仙逝,許氏接任院長,協調聯繫全院 70 餘位教授,充分顯示他的行政長才。1925 年他被選為普魯士科學院的院士,1926 年更與教育界志同道合的好友傅立特納 (Wilhelm Flitner, 1889–1945)、李特 (Theodor Litt, 1880–1962)、諾爾及文克 (Hans Wenke, 1903–1969) 等,共同創辦了《教育雜誌》(*Die Erziehung*) 討論文化與教育問題,領導了當時教育輿論。⑰

1933 年希特勒掌握政權後,箝制言論自由,許伯朗額所著《歌德的世界觀》一書完全與政治無關,居然也遭查禁,後更因與納粹政權的高教政策不合,不贊成「高等院校聯盟」所提「大學一體化」的主張,憤而向大學請辭⑱。後經德國駐日大使蘇爾甫 (Wilhelm Solf, 1862–1936) 的推薦擔任訪問教授,1936 年偕妻子到日本各大學巡迴講演一年,受到熱烈的歡迎,且曾遠赴韓國,對東方文化有了進一步的認識,其著作也被大量譯成日文。

第二次世界大戰爆發後,許伯朗額被徵召擔任軍中心理醫生。1944 年 6 月,部分德國軍官計畫暗殺希特勒,不幸行動失敗,「柏林星期三俱樂部」的會員均遭逮捕且株連甚眾,許氏也被牽累入獄,幸蒙日本駐德大使大島奔走營救,始得釋放⑲。1945 年 5 月,盟國勝利,許氏獲法國占領軍的協助,舉家遷往杜賓根,受到當時杜賓根大學校長霍衣士 (Theodor Heuss, 1884–1963) 之熱烈歡迎及誠摯邀請,留校主持哲學講座,同時協助胡騰堡邦的戰後教育重建及西德的學制改革。當時已經 63 歲的許氏不僅研究不輟而且服務教育的熱誠不減,出版的《國民學校的精神》(*Der Eigengeist der Volksschule*, 1955) 及《天生的教育家》(*Der Geborene Erzieher*, 1958) 更流露出他無私的教育愛與教育責任感,以及對文化教育所抱無窮的希望。

許伯朗額不僅光大了狄爾泰的精神科學,並把文化教育學建設成「詮釋

---

⑯　在宗教社會領域與韋伯齊名,頗有貢獻,1915 年起成為狄爾泰的繼承人

⑰　詹棟樑:《斯普朗格文化教育思想及其影響》(臺北:文景,1981),頁 1–8。

⑱　郭恒鈺:《希特勒與第三帝國興亡史話》(臺北:三民,2004),頁 62–65。

⑲　郭恒鈺,前引書,頁 205。

學的—實用的教育學」(hermeneutisch-pragmatische pädagsgik)，成為當今德國教育的主流，且影響日本、印度、北歐等地區。篤信基督的許伯朗額，飽經憂患，走完了當走的路以後，終於在德國從戰爭廢墟中復興的 1963 年 9 月 17 日安息主懷。

## 二、李特 (Theodor Litt, 1880–1962) 的陶冶倫理

當許伯朗額應聘柏林大學時，到萊比錫接任他講座教授職位的是李特，他也是二十世紀之初，便到柏林受教於狄爾泰門下，同時追隨包爾生及辛默爾學習。他不僅浸淫於生命哲學與德意志的理想主義，並且對黑格爾的辯證法有深入的研究。故其常能分析兩極相反的事實，辯證地找到統合的結論，如其名著:《領導學習或任其生長》(*Führung oder Wachsenlassen*, 1927)、《職業教育與普通教育》(*Berufsbildung und Allgemeinbildung*, 1947)、《德意志的古典教育理念與現代工作世界》(*Die Bildungsideal der deuschen Klassik und die modern Arbeitswelt*, 1955) 等可見一斑。

李特獲得學位後，先任教中學 14 年，並為修訂法令被調到普魯士教育部工作。1918 年出版《歷史與生活》(*Geschichte und Leben*) 頗受讚譽。1919 年應聘波昂大學額外教授，翌年就到萊比錫接任許伯朗額的教授職位，共同弘揚文化教育學的思想。威瑪共和國後期，尤其是在 1926 年召開全國教育會議期間，他與凱欣斯泰納同為最活躍的教育家，為教育改革的理想奮鬥。1932 年他在就任萊比錫大學校長的演說中強調校園自治的重要。

1933 年納粹執政後，李特勇敢地為文表明精神科學必須獨立於政治力及意識形態之外，自由地追求真理，同時結合許多有良知的知識分子，共同反對希特勒的種族政策。他因此被迫於 57 歲時提前退休並被禁發表言論，直到戰後才回復教職，但又因與蘇俄占領軍當局教育政策不合，連同許多其他同事一起離開萊比錫，而於 1947 年回到他最早教過書的波昂大學任教。1952 年退休後仍繼續授課至 1962 年逝世時為止。[20]

要而言之，李特認為教育學是一種精神科學，並係以「我與你之間的相

---

[20]　Rudolf Lassahn: *Theodor Litt* (Münster F. Coppenralh, 1970) s. 7–10.

互理解」(Ich-du-Beziehung wurzelnde verstehen) 為基礎。故教師不僅要具備熟練的教學技術，並且應對人性的發展有正確的認識、對教育理念的歷史有適切的把握、對時代文化的精神世界要有不斷的交流。同時他更認為每一個教育工作者都必須對各種影響生活的因素與文化，採取批判的態度來接受，千萬不可淪為任何一種社會功能（政治、經濟、科學、宗教等）的工具；必須具有獨立的「教育良心」，才能對青年學子負起正確的「教育責任」。

此外，教育之任務絕對不是把受教者引導入某一種特定的生活方式，為著某一種特定的功利目的，使我們的下一代受困於閉塞的文化環境，膚淺而短視地任其生長；相反地，應要讓年輕人開闊心胸，沒有成見地接觸各種不同的文化、了解各種不同的價值，切問近思，辯證統一地追求歷史文化中最高價值的陶冶財，用以陶冶自己，進而創造新文化以推動歷史的進步。❷❶

## 三、諾爾 (Herman Nohl, 1879–1960) 的教育主張

諾爾也受教於狄爾泰與包爾生的門下，在柏林攻讀德國文學、歷史和哲學。曾擔任狄爾泰的研究助理，並負責將狄氏遺稿整理出版。1905 年在耶拿考取教授資格。他不僅闡述精神科學的理論，並且也在其《哲學引論》(*Einführung in die Philosophie*) 等書中把狄氏生命哲學的思想發揚光大，認為教育乃是使人成為人的過程，教育應以人為中心，提昇人的品格、追求人的價值，達成「人化」的功效。

第一次世界大戰結束後，他積極投身於成人教育行列，從事提高國民品質、恢復民族活力的各種社會教育活動。1919 年他在杜林根創辦德國式的成人教育機構「國民高等學院」(VHS)。1920 年應聘哥丁根大學教授，在該校創辦教育研究所並擔任所長 (1920–1937)；納粹執政期間被迫辭職，戰後復任所長以迄退休 (1945–1949)，堅守崗位 30 餘年。其不僅所編《教育手冊》(*Handbuch der Pädagogik*, 1928) 等書被奉為教育寶典，且其門人也遍佈各大學教育研究單位及師範院校，均能堅持教育自主的立場，從事學術研究或負起培育人師的責任。

❷❶　Albert Reble: *Geschichte der Pädagogik* (Stuttgart: Ernst Klett, 1965) s. 300.

　　諾爾門下的佼佼者如魏尼堅 (Erich Weniger, 1894–1961)，1926 年在哥丁根考取教授資格後，歷任法蘭克福等地多所師範學院院長，對師範教育體系之重建頗有貢獻。他於 1946 年返哥丁根掌國民高等學院院長，1949 年繼承諾爾的講座，繼續光大門戶，並兼任聯邦教育委員會委員，領導全國的教育改革。

　　另外像傅立特納早歲熱心推展成人教育運動，1922 年在耶拿考取教授資格後，曾任基爾大學等校教授。1929 年他應聘漢堡大學並在該校創設教育學院，開闢了在大學中培養國民學校師資的新途徑，使漢堡成為國民教育研究中心以迄今日。另一方面，他和李特的共同學生郎額菲德 (Martinus Jan Langeveld, 1905–1989) 返到荷蘭以後更建立教育學院，並開創教育人類學。此外，以闡釋存在主義教育思想著名於世的布爾諾 (Otto Friedrich Bollnow, 1903–1991)，也出自諾爾的門下。

　　綜上可見，在狄爾泰精神科學和生命哲學影響下的教育家們，逐漸遍布各級教育機構，成為戰後德國教育重建的主力。他們繼承歐洲人文主義的傳統、重視文化的傳遞與創新，被人稱為文化教育學派。

## 第三節　文化教育論的核心主張

## 一、教育是文化的繁殖與創造

　　我們今日所了解的文化，譯自英文的 "culture"，源自拉丁文，原義為耕種培育，假借為人類對於自然的適應與創造活動❷。人類為求生存而適應環境，累積厚生的經驗，產生價值，便形成了文化。人之所以為人的「人格」以及各人所獨有的個性，不僅是人與自然互動所產生，而且亦是人在歷史文化的陶冶中所形成。人類在歷史長河中所習得的社會生活與精神活動之知識，無論是科學的或藝術的、道德的或法律的、宗教的或經濟的、理論的或技術

---

❷　許智偉：《北歐五國的教育》（臺北：鼎文，2002），頁 13。

的，都會結晶成文化；而人類的進步即在於能把上一代的文化遺產，傳遞給下一代。

　　許伯朗額不僅認同包爾生「文化即教育」的主張，並且進一步說明：「這種文化活動的開始是使正在成長、發展的個人心靈，與優良的『客觀文化』（即經過精選的文化財，亦即具有陶冶價值的課程與教材）作適當接觸，把客觀文化內化於個人心靈而發展成新的、生動的主觀文化，進而創造客觀文化的新成分，以逐漸接近道德的文化理想之實現。這樣的文化活動就是教育」㉓。換言之，「教育是藉客觀精神以完成主觀精神，也就是藉客觀的文化財來充實個人生活、喚起其價值意識，進而有所創造，增加文化的新成分。前一階段是『文化蕃殖』的作用，後一階段便是『文化創造』。」㉔

　　綜上可見，教育是含有歷史意義的文化活動。康德在〈普遍的歷史觀〉中指出：「人為理性動物，本其內在的天性，自然朝向真善美聖之共同目的，故歷史是有意義與有計畫的；容或具有相交相成之過程，卻永遠朝著理想的境界推進。」所以教育必須認識以往文化的客觀精神、把握現在文化的主觀精神、創造未來文化的絕對精神。亦即為此，許伯朗額早在 1922 年便對教育下了一個定義說：「教育是個體生命活生生地容納客觀的價值，影響其世界觀與生活圈，促使發展中的心靈——精神生活之主體，經由體驗、反省與自我實現而建立有意義與目的之人格。」㉕

## 二、教育要喚醒良心、發揮愛心

　　自從康德指出：「人只有經過教育才能成為人」以後，幾乎沒有西方的教育家會否定以教育發展人性的功能，亦都同意歌德在教育小說《賈士德的學習時期》中說：「教育首在陶冶人性完成人性」。但是，究竟什麼是人性？怎樣才是一個人？卻又有許多不同的見解。唯有一點公認的，是人絕不是只有

---

㉓　田培林著、賈馥茗編：《教育與文化》（臺北：五南，1976），頁 8。

㉔　田培林著、賈馥茗編，前引書，頁 471。

㉕　Eduard　Spranger:　*Grundlegend Bildung, Berufsbildung, Allgemeinbildung* (Heidelberg: Quelle & Meyer, 1965) s. 26.

物質的存在（體），而且也有精神方面（魂）；亦即人的行為有其心理因素。

　　從亞里士多德開始，學者們也公認這種心理的精神作用有 3 種：理智、情感和意志。然而是否有更高層次的「靈」呢？此仍有歧見。由於世界上所有的民族都相信他們自己的宗教，並且每一個人都可能偶而產生一種直覺（第六感）。這種神人感應的交通，直覺和良心都顯示了「靈」的功能。所以嚴格說來，人的存在應該有 3 個層次：體、魂、靈。

　　以往古典的傳統教育，受希臘時代雅典的影響，注重身體和靈魂的教育；近代教育往往限縮於理智的訓練，而文化教育論者則主張恢復完整的人性教育。心靈活動是一個統一的關聯體，如精神科學所云，知情意三者互相統合，一致對外，培養「世界觀」以領導生活，使生命有意義、生活有價值，並且要全面發展人性，使生命實現歷史的目的、完成社會的價值。

　　許伯朗額晚年特別重視良心的問題，認為教育即為良心的調整，也是良心的喚醒。他指出良心是一種發自「自我」深處的內在聲音，雖然很少告訴我們：「這是善的，是你應該走的路！」但是常常提醒我們：「你已經陷於危險，純真即將失去！」使我們運用良知重新判斷，在明辨是非善惡之後再做決定。康德所云「無上命令」以及一切規範意識無不根源於此。我們必須先對得起良心，才能說做對了事。

　　良心是人的價值機能 (wertorgan)，也是價值判斷的基礎。蘇格拉底是最早發現良心、為良心爭辯的導師，歌德則歌頌「良心是道德的太陽」。道德教育的開始即在喚醒學生內在深處的良心，並調整良心的感覺，使其更為敏銳，並且有足夠的知識來判斷及自律。良心也是靈魂的門戶，有宗教的與形上的意義，所以虔誠的許伯朗額也強調：「通過良心使人與上帝能直接交談」。教育原本是由愛的精神所形成，學校乃是「愛的王國」，其中沒有體罰、沒有懲處，所有的乃是春風化雨、愛的鼓勵。㉖

## 三、教師要善盡教育責任，營造教育氣氛

　　教育之所以可能，其先決條件是人有「可塑性」，不僅具有與其他動物不

㉖　詹棟樑，前引書，頁 284、595–602。

同的先驗的可教育性，而且在生長發展過程中，各個不同的階段，亦都有其因「成熟」而特別易於學習的事物。教育並不是任由兒童自由生長，而是由成熟的人格幫助形成中的人格生長發展，幫助他們自動而自主地學習生活、學習知識和學習工作。教育關係不應該是以學生為中心或以教材為中心的關係，而是教師與學生互為主體，互為影響的互動關係。狄爾泰稱此為「生命的關聯」，並且這種關聯是基於教育愛心，為衛護兒童成長的權利而擔任起兒童與世界（物質的及人文的）、兒童與事物（機械的與文化的）之中介而建構起來的。這種關係原來存在於家庭中，是父母與兄姐的責任，其後由於社會分工才變成了專業教師的工作。

教師如果沒有像父親母親愛護子弟一樣的愛心，教育便不會成功；教師如果對兒童缺乏耐心、如果沒有發現兒童的可愛，他也就不適合從事教育工作。所以許伯朗額認為教育家是天生的，至少要有適合的個性，屬於「社會型」的人格；不汲汲於追求金錢地位，能夠安貧樂道地生活於心靈的世界中，發現學生的可愛、以學生的成就為滿足。同時，他認為教育愛不是盲目的愛，而是帶有同情理解的愛，教師必須認識學生的心理、相信學生的未來、引導學生的價值體驗；只有當學生感受到教師的愛心和關懷時，他們自己的良心和愛心，才會被喚醒而產生氣質的改變，其知識之愛、工作之愛、團體之愛與宗教之愛才會被啟發。❷⃝

故如康德所云：「自尊是人格的基礎」。做教師的人千萬不可用任何理由傷害學生的自尊，相反地，要信任學生、培養學生的自尊心，讓他們勇於自行負責。教師不僅要不斷自行進修、增進專業知能、善盡教育責任，而且也要成為學生的榜樣，使他們自立自強、負起對自己及對社會的責任。只有在學校中建立起這樣一種相互信賴、彼此尊重共同生活的生命關聯體時，教育才會發揮最佳的功效。

1953 年至杜賓根大學繼承許伯朗額講座的布爾諾，特別重視春風化雨的「教育氣氛」之培養 ❷⃝，他認為文化教育論強調：「讓學生快快樂樂地生活、

---

❷⃝ Rudolf Lassahn: *Einführung in die Pädagogik* (Heidelberg: Quelle & Meyer, 1976) s. 56–58.

團結合作，朝氣蓬勃地本著愛心學習與工作；而教師們也要親切和藹、仁民愛物、尊重學生、信任學生，用愛心和耐心來幫助他們生活與生長。」他也提醒做教師的人必須培養幽默感，用以化解誤會、平息糾紛與避免衝突，使我們能與別人和睦相處；至少富有幽默感的教師，必定是一位最受學生歡迎的老師！

狄爾泰運用生命概念統合科學知識和哲學思辨，創導精神科學。他認同包爾生所說：「文化即教育」的主張，並謂：「這種文化活動的開始是使正在成長、發展中的個人心靈與優良的客觀文化接觸，把客觀文化內化於個人心靈而發展成新的、生動的主觀文化，進而創造客觀文化的新成分，以逐漸接近道德的文化理想之實現。」其後的弟子許伯朗額、李特及諾爾等人把此一理論發揚光大，形成文化教育學派，是戰後德國教育重建的中流砥柱。

## 【問題討論】

1.什麼是良心？有何教育功能？試與王陽明的「致良知」加以比較。
2.什麼是教育愛心？為什麼教育愛心是辦理教育的首要條件？
3.人格類型有哪幾種？哪一種類型的人最適合當教師？

---

㉘　Otto Friedrich Bollnow: *Die Pädagogische Atmosphäre* (Heidelberg: Quelle & Meyer) s. 18–72.

# 第24章

## 二十一世紀西洋教育的發展趨向

## 第一節　世紀末的反省與反思

### 一、存在主義

　　自然科學的進步、工業革命的成就，助長了唯物的、實證的、實用的與功利的自然主義之發展。十九世紀後半期的西方思想界，主要在批判與修正黑格爾所建立的唯心論體系，其中有消極的攻訐，也有積極的慎思明辨。

　　被譽為「丹麥最聰明的頭腦」，也被謔稱為「哥本哈根的蘇格拉底」的祁克果 (Søren Kierkegaard, 1813–1855) 首先從宗教的立場提出挑戰。他發現當時的國家教會注重形式禮儀，貪圖世俗享受猶如假冒為善的法利賽人。他呼籲信徒們要憑著神的恩典，謙卑地回到內心深處的真理、主觀地經歷基督並個別地贏得信仰，才能消除害怕與憂懼，回歸「存有」(dasein)，享受「天福」(selligkeit des Christen)。

　　換言之，基督的真理並非是徒供神學上的客觀研討的過程，而係每一個信徒都可以簡單地經由信仰，在主觀上體驗並在生活中實踐。所以祁克果說：「只有已被啟示及建立的真理，才是為你而有的真理。」甚至在生活理念上是「主觀即真理」，因為是人自己選擇「存在的境界」而生活。這種「存在先於本質」的「主觀真理論」開啟了二十世紀存在哲學的先河，也對現代神學家巴特產生決定性的影響。❶

　　出生北德歐登堡的雅士伯 (Karl Jaspers, 1883–1969) 因罹患小兒麻痺，自幼感到與自卑，讀到祁克果的日記引起共鳴，同樣從主觀經歷上帝的信仰而找到自己的存在。他攻讀醫學，立志做醫治小兒麻痺的專科醫師，因發現患者的問題主要是心理的而不是生理的，乃專研心理學且獲得任教資格。

　　1919 年雅士伯出版《宇宙觀之心理學》，書中首先倡用「存在哲學」名

---

❶ 許智偉：《丹麥史——航向新世紀的童話王國》（臺北：三民書局，2003），頁 95–100。

詞。他認為孤獨是憂懼之源，要使存在有意義，必須有 3 方面的交往 (kommunikation)：(1)人與世界的交往：雖然人本身有其極限，會受到生老病死的困擾；雅士伯說：「我必須受苦，必須死亡，但是我必須奮鬥來超越自己，創造存在的價值」。(2)人與人之間的交往：人本身是命定的，卻又擁有自由，其存在充滿了荒謬與矛盾；既要在命定之中選擇自己的自由，又會在存在中感受到命運的支配──最好的辦法是忘記自己，想到別人，從「施比受更有福」中享受平安喜樂。(3)人與神的交往：上帝是奧祕的，不可轉換成有形體的偶像，也不能用理智去認識，只能經由信仰，自由地享受祂的大愛，在心靈中經歷祂的存在、與祂團契交往。❷

海德格 (Martin Heidegger, 1889–1976) 是創立現象學的胡賽爾 (Edmund Husserl, 1859–1938) 之傳缽弟子。他跟隨老師的現象學方法，透過本體論的嘗試，以理論的方式探討個人的存在。他發現人性原本虛偽，既不關心別人，也不肯負起責任；故要找回善良的本性，重建人生的意義，必須探討人的存在問題。

1927 年他在出版的《存在與時間》中指出，人的存在有 2 種面向：面對大自然的叫做「在世存有」(in-der-welt-sein)，面對其他人的乃是「共同存有」(mit-sein)。前者是命定的，雖有選擇的自由，卻無法抗拒命運的安排；但後者則是操在自己手中。吾人可以改變自己對別人的態度，更重要的是經由「掛念」(sorge)，超越自己、投入世界，以消除內在的憂慮和不安、壓抑心中的荒謬與虛無、顯明存在的意義、創造人生的價值❸。由此可見，海德格雖以論述存在的本體為主旨，但其具體的貢獻是倫理學的，仍在建立積極的人生態度。

鄔昆如教授曾經分析說：存在主義起源於丹麥，發展在德國，波及法國，影響美洲及亞洲。在德國的階段，基於理性的探討，奠定了哲學的基礎；到了法國時期，更以文學的方式表達存在主義的各種形態。文學最能描寫人生、敘述感情、引起人的共鳴，所以影響大大擴張。到了英語世界以後，由於大

---

❷　Karl Jaspers: *Einführung in die Philosophie* (München: Piper, 1966) s. 49.

❸　項退結：《現代存在思想研究》(臺北：現代學苑，1970)，頁 98–99。

眾文學作品普及，介紹了許多存在極限的荒謬、苦悶、矛盾等概念，反而把原本在哲學上的積極思考忽略了。❹

　　出生於歐戰前線之法國的馬散 (Gabriel Marcell, 1889–1973)，天資聰穎，8 歲開始寫戲劇，並熱愛詩歌與音樂。其作品中經常表現人的痛苦是孤獨與偽善，但是他相信另有一個看不見的世界是理想的境界，如同在《你們生長繁殖地》一劇中所再三重複的一句話：「真的生命不在眼前……人原來就是走向永恆的旅人」。

　　1914 年歐戰發生後，馬散擔任紅十字會調查前線軍人，與其他失蹤人口的工作。至 1918 年戰爭結束時，他替家屬們提供了上千萬個壞消息──不是受傷就是死亡，但是那些被他服務的人們卻總是期待著奇蹟出現和好消息。因為這個切身的經歷，使他體驗到希望的重要，且也因此強調每一個人都要與自己「訂約」、對別人「信實」，在內心中找到「絕對你」而與上帝交往，走向永恆，享有存在的意義與奧祕。

　　沙特 (Jean-Paul Sartre, 1905–1980) 出生於巴黎，2 歲喪父親，8 歲時母親改嫁；因在家不受重視、外出曾遭霸凌，養成憤世嫉俗的性格。雖矮小體弱，卻立志出人頭地，用功苦讀。師範學院畢業後考取國家考試，1933–1934 年間獲得獎學金，到柏林研究胡賽爾的現象學和海德格的存有哲學，歸後埋首著作，出版了《自我的超越》等 4 部哲學著作。1939 年法國展開抗德戰爭，沙特投筆從戎，不幸受傷被俘，1941 年被釋放後重執教鞭，但暗中仍參加自由法國的地下工作，繼續反抗納粹。戰爭經驗使他深感人的脆弱與不幸，常常被死亡威脅，活在憂懼與焦慮中，所以人要發現自己、追求存在──「即使上帝存在，人依然只能靠自己拯救自己」。

　　他的代表作《存有與空無》(*Letre et le Neant*) 於 1943 年出版，其中指出人的存在原係「物在自己」，是「在己存有」(being-in-itself)；但人要自由、要反對自己的命運，而把它改成「為己存有」(being-for-itself)。而所有的「為己存有」卻破壞了「在己存有」，此一設計豈不荒謬？況且人要追求幸福，而幸福根本不存在，這種追求豈非毫無意義？另一方面，由於自己以外，尚有

❹　鄔昆如：《近代哲學趣談》（臺北：東大，1977），頁 184–188。

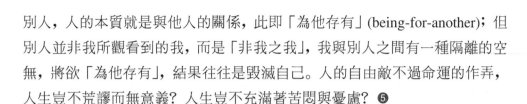

別人，人的本質就是與他人的關係，此即「為他存有」(being-for-another)；但
別人並非我所觀看到的我，而是「非我之我」，我與別人之間有一種隔離的空
無，將欲「為他存有」，結果往往是毀滅自己。人的自由敵不過命運的作弄，
人生豈不荒謬而無意義？人生豈不充滿著苦悶與憂慮？ ❺

　　綜上可見，生存在與機械競爭、與死亡搏鬥的二十世紀，人生價值究竟
何在？人的存在有何意義？人如何作最佳的選擇、運用自由意志來抗拒命運
的安排？這是世紀末必須反省與反思的問題，此不僅成為理性探討的對象，
也是激起心靈共鳴的響鐘。

　　面對存在主義哲學思潮的衝擊，我國學者唐君毅、吳俊升等曾加評述❻，
美國的葛耐勞 (George Frederick Kneller, 1908- ) 及莫理士 (V. C. Morris,
1921- ) 亦出版專書討論存在主義教育的特點❼，德國教育家布爾諾更從教育
學的立場深入探討存在哲學的影響❽。經過了半個世紀的實踐與互動，或許
我們可以更清楚地理解存在主義的教育價值如下：

## ㈠危機教育

　　教育之目的在使人成為人，但是什麼是我們理想中的人？是君子？是紳
士？還是英雄？存在哲學告訴我們：「存在先於本質」。我們既被「投入」世
界，成為有血有肉的人，就要忠實於自我，做一個自由的人。我們無法選擇
自己的「出生」，但是可以選擇自己的生活方式。另一方面，人的一生存有許
多危機時期，例如「青春發動期」、「更年期」；遇到「學習高原」或是「情緒
低落」。如果不能及時警覺危機的發生，又缺乏解決危機的能力，則往往造成

❺　鄔昆如，前引書，頁 192–195。

❻　卓播英：《現代西洋教育思想》（臺北：幼獅，1972），頁 197–248。

❼　George F. Kneller: *Existentialism and Education* (New York: Wiley and Sons, 1958).
V. C. Morris: *Existentialism in Education* (New York: Harper and Row, 1966). 歐陽
教教授曾將上述兩書之要點加以評論。請參閱歐陽教：《教育哲學導論》（臺北：
文景，1977）。

❽　Otto Friedrich Bollnow: *Existenzphilosophie und Pädagogik* (Stuttgart: W.
Kohlhammer, 1959).

人生的挫敗，諸如受不了功課的壓力而跳樓、經不住失戀的痛苦而殉情、發生校園霸凌事件、參加幫派犯罪等，所以要及早實施危機教育。

如果說教育即生活，而生活中處處有危機，如婚姻危機、經濟危機、道德危機、宗教信仰危機及地震、海嘯、氣候暖化等自然災害的危機等；既然知道危機常會發生，所以遇到突然發生的、異常的情事時，便無須驚慌而要冷靜地分析，選擇最佳的解決方案。即或不然，仍要相信：「危機即是轉機，經過危機才能產生新的生命、開創新境界、帶來新希望」。

### ㈡希望教育

人生無常，免不了生老病死苦，但雅士伯告訴我們：「我必須受苦，必須死亡，但是我必須奮鬥，這樣才能超越自己，創造存在的價值。」由於人的價值在於「交往」，如果你與別人交往時，能夠恕以待人、替別人著想，你也必因「愛鄰舍如同自己」而享受「施比受更有福」的喜樂；如果你能進一步與上帝交往，把所有的憂慮和勞苦愁煩都給祂，藉著簡單的信，個別地與主觀地經歷神，你就能回歸存有、享受天福，獲得內心的平安。

猶如祁克果所說，生活在感性的存在境界的人，如要晉升道德的存在境界的人，也必須經過「悔改得救」的躍進，才能置身於宗教的存在境界。所以我們輔導學生甚或少年虞犯時，必須帶領他們經過適當的情境，獲得這種「躍進」的「高峰經驗」，猶如當頭棒喝，才會使人改變人生的方向，產生新生的希望。

同時，人生既是面向死亡的旅程，所以不必恐懼死亡，在教育中要學習的是如何擴大與死亡的距離、如何可以力求「善終」。另一方面，既然人生苦短，那更要在這種短暫的人生中活得有意義，活得喜樂。根據人生的體驗，情感猶如大海，理智不過是滄海一粟。存在主義的學者在文學和藝術中找到不朽、發現希望；存在主義的教育更強調情感教育重於科學教育，要加強音樂、美術與詩歌、文學的課程，也非常重視遊戲與休閒生活教育。

中國儒家所抱死後希望是立德、立功、立言三不朽，雖不同於西方基督教文明之寄望於進入千年國、得著永生，但不論中西、不論生前死後，人必須有希望，而教育的功能就在帶給青年人希望。

### ㈢生計教育

人要生存，必須有謀生的能力。若在太平盛世，也許可靠財產或身分來享受生活，但到了戰亂之世或變革的時候，便須自食其力，所以「身有薄技在身，勝過萬貫家財」。存在主義者強調學習者在學習過程中的行動與參與，以有利於生計教育 (career education) 之實施。❾

此外，存在主義主張是以自己為目的而存在，不可被視作為「物」或「工具」，所以生計教育不同於為企業服務的藝徒訓練，而是人性化的教育❿。教師不可「管訓」學生，只能善加「輔導」；學生重在學習求知的方法、能力及可以類化的活知識，而不可死背死記八股文式的死教材。葛耐勞還大力提倡蘇格拉底教學法，即以問答的方式，循循善誘地啟發真理的「產婆法」⓫。布爾諾則勸告教師們仍要慎擬教案，對教學活動妥善規劃，因為「教育沒有邂逅，卻只有人性的相遇！」從消極的存在思想中又孕育再造人性的活力。⓬

## 二、分析哲學

1922 年史立克 (Morlitz Schlick, 1882–1936) 就任維也納大學哲學講座後，經常與當地科學家們集會討論，如何運用自然科學的方法來探討哲學問題。他們繼承該校先賢馬赫 (Ernst Mach, 1888–1916) 的傳統，反對無法驗證的形上學而試圖以科學的實證、邏輯的歸納、數學的推理來追求真理。猶如倫敦大學教授艾爾 (Alfred Jules Ayer, 1910–1991) 所稱，其掀起了一種哲學的革命，謂哲學不再是思辨的玄思，而僅是一種觀念的分析和語言的分析。後人推崇他們是維也納學派（Wiener Kreis）。⓭

維也納學派中最重要的是提倡科學統一化的卡納普 (Rudolf Carnap, 1891–1970)，他 1926 年到維也納任教，1929 年於該學派在布拉格舉行大會

---

❾　許智偉主編：《美國生計教育》（臺北：幼獅，1982），頁 17–18。

❿　歐陽教，前引書，頁 164。

⓫　卓播英，前引書，頁 219。

⓬　O. F. Bollnow, a.a.O., s. 130.

⓭　郭博文譯：《當代歐洲哲學》（臺北：協志，1969），頁 39–46。

時，領銜發表〈科學的世界觀〉之宣言，強調建立經驗規準及語言解析的重要性，認為哲學其實是一種研究科學語句的邏輯語法學，力倡「物理語言」為「理想語言」，並以邏輯語言的結構法則作為此種理想語言的格式、分析自然科學的述句。1936 年以後他移民美國，在芝加哥大學講學，所倡「新實證主義」深受彼邦學者歡迎，獲得爆炸性成功。❹

奧地利學者維根斯坦 (Ludwig Wittgenstein, 1889–1951)，著有《邏輯哲學論》(*Tractatus Logico-philosophicus*, 1921)，提出「可驗證性」（即任何辭句必須用經驗加以證明）及「同義反複」（先天知識若不是分析的便是重複的）等原則，主張哲學即是語言之批評，對維也納學派影響極大，曾被廣泛應用。他原是羅素 (Bertrand Russell,1872–1970) 的學生，1939 年再赴英倫，講學於劍橋，對英語世界的影響至深且遠。

羅素早歲曾與懷德海 (Alfred North Whitehead, 1861–1947) 合著《數學原理》(*Principia Mathematica*, 1910–1913)，開數理邏輯（或稱符號邏輯）之先河。他宣稱只有自然科學的方法可以供給我們知識，且認同穆爾 (George. Edward Moore, 1873–1958) 的看法，謂哲學在本質上應該是科學的，其任務在批判，在釐清自然科學的概念、結構和經驗方法，因此要受徹底的邏輯分析之規約。

羅素強調：「綜觀哲學的全部歷史，實含有 2 個互不調和卻攙雜一起的部分：一方面是討論宇宙本質的學說，另一方面是探求最佳生活方式的倫理或政治思想；許多淆惑的想法都由於不能對這兩者作足夠明晰的區分」❺。所以哲學家的主要職責是客觀地從事邏輯分析，經由觀察與推理，如同科學一樣，一步一步地研究問題，明晰概念而逐漸接近真理。

同時，他根據相對論及量子科學等新物理學的發現，而主張構成世界之基本要素並非物質，也不是意識，而係四度「空時」(space and time) 連線體的「事素」(event)。換言之，「共相 (universals) 不是物質的，也非精神的，而是潛存的邏輯狀態。」因之有所謂「邏輯的原子論」之說。維根斯坦依此說法

❹ 吳康：《近代西洋哲學要論》（臺北：華國，1970），頁 275。
❺ 邱言曦譯：《西洋哲學史》（臺北：中華，1976），頁 932。

建立其語言分析之學，與穆爾等人共倡語言治療及語言遊戲之法，用邏輯來澄清思想與觀念而收到哲學批評的功效。羅素也贊同弟子們的做法，終使劍橋大學成為英國分析哲學的中心。❻

　　美國哈佛大學教育哲學研究中心主任謝富樂 (Israel Scheffler, 1923– ) 早在 50 年代便提倡運用邏輯分析方法來辨清教育觀念，帶動了學術研究的新風氣。謝氏著述甚豐，尤以《教育的語言》(*The Language of Education*, 1960) 及《知識的條件》(*Conditions of Knowledge*, 1965) 最為風行，常被選為教本或參考書❼。謝氏曾詳盡區分教育定義、教育口號及教育隱喻，謂教育定義應有系統、明確、嚴謹而清晰；教育口號具有流行、通俗及頻繁地被使用的特性，但既無系統、又不精準，對理論之解釋助益有限；教育隱喻雖能經由類比與條示，顯明事物真相，但無標準的型式與明確的證明。此外他對於「教學」及「人性」等概念，也都主張從社會與文化角度，從事綜合性分析。

　　當今領導英國「概念分析」學派的教育家是倫敦大學教授皮德思 (Richard Stanley Peters, 1919–2011)，他遵循穆爾及維根斯坦等分析哲學家的思想，主張採取日常語言的分析來進行教育問題的研究，並且組織學會、創辦期刊，結合同志共同從事教育概念的哲學分析與論證。根據皮氏的說法，教育有 3 個規準：(1)有價值的活動：教育是一個「工作—成就」的概念，是複合的工作歷程，其方法必須富有教育意義，而不可違反道德規範；(2)有認知意義：教育所要求的不僅是接受知識，而且要掌握事物的因果關係並理解其原理原則；(3)自願的歷程：教育不等於訓練，更不是馴獸師的訓練動物，尤其不可採取「魔鬼訓練」的強迫灌輸或洗腦式的廣告宣傳——這種不符合學生志願與興趣的學習，如同違反道德規範的學習 (如訓練偷竊技巧、欺詐方法等)，都是「偽教育」與「反教育」。

　　皮德思更進一步指出「教育乃是啟發」，要論證 (justification) 而非設證

---

❻　吳康，前引書，頁 297–298。

❼　謝富樂於 1952 年獲賓州大學哲學博士學位後便應聘哈佛大學任教，1961 年起任教育學教授，1962 年改任教育學及哲學教授，1983 年起兼教育哲學研究中心主任，1992 年退休，出任該中心主持人迄今。

(proposition)，要分析 (analyze) 而不是思辨 (speculation)；解析教育材料的「型」(form) 與「場」(field)，要釐清知識的形式（如形而上的或科學實證的）而避免範疇的錯誤，依此開展了理性經驗論的教育哲學。其所著《倫理學與教育》(*Ethics and Education*) 更被視為經典之作，有助於當前教育科學之研究。

其實羅素早已明言：哲學除討論宇宙真理外，尚須探求最佳生活方式。而道德規範之建立，更必須符合人性的需求與人類之目的。何況，生活原本就不只是生理與心理的行為，還有心靈的活動，這是無法實證而必須有同理的理解與愛心的體驗，經由人與人間的影響才能發現其意義與價值。

# 第二節　批判理論

## 一、霍克海默 (Max Horkheimer, 1895–1973) 與法蘭克福學派的試探

1920 年有一群德國的猶太裔年輕學者為研究馬克思主義而共同籌備成立社會研究所，附設於法蘭克福大學。1930 年霍克海默擔任所長時，得艾多諾 (Theodor Adorno, 1903–1969)、馬庫色 (Herbert Macuse, 1899–1969) 及佛洛姆等人相助，發展出一套運用辯證否定的思考方式 (negative thinking) 來探討馬克思主義的發展、資本主義的轉化和科技文明的影響等社會問題的研究。這種二十世紀開始流行的新理論，完全不同於傳統理論，霍克海默名為「批判理論」⓲，其後，哈伯瑪斯 (Jürgen Habermas, 1929– ) 進一步指出，這是一種基於解放的認知興趣，企圖主導社會變遷的社會批判理論。換言之，批判理論希望透過對事實或現實的批判與否定，來喚醒或轉變群眾的意識，也就是希望社會理論家的分析、診斷能為群眾所取用，以破除他們的「假意識」，從而喚起群眾自發性的行動來改革社會現狀，邁向合理的社會秩序。⓳

⓲　Max Horckheimer: *Critical Theory* (N.Y.: Harcourt, Brace & World, 1972).

⓳　黃瑞祺：《批判社會學》（臺北：三民，2001），頁 109。

　　法蘭克福的理論家們雖繼承馬克思的歷史唯物論與意識形態，認為人類的異化 (alienation)，造成社會的宰制 (domination) 關係；亦深受盧卡奇 (George Lukacs, 1885–1971) 物化 (reification) 理論的影響，認為人類已成為科技社會的異化勞動、是市場買賣的商品而非世界的主人，所以主張對現存的社會建制要加以有效且不斷地批判與否定，以促使它轉換。但是他們旋即發現「當代資本主義社會與馬克思時代的早期資本主義社會有相當大的差異，……工人（無產階級）的處境已獲得大幅改善，如果要將徹底轉變當代社會的希望寄託在工人身上，勢必落空」❷⓿。同時亦發現今日的工業生產主要是靠科學、技術或自動化的機器，而不是靠勞力，因此馬克思的「勞動價值論」能否適用於當代社會，也成為了疑問。

　　故法蘭克福學派提出科技才是解放的力量，它一方面增強人類通過對世界過程的控制，另方面不斷突破既存社會組織之藩籬；因此如何隨同科技進步，調整社會組織，以發揮科技潛能、創造理想未來，正考驗人類的智慧。

　　法蘭克福學派有一系列的著作探討「工具理性」，最重要的是艾多諾與霍克海默合著的《啟蒙的辯證》(*Dialektik der Aufklärung*, 1947) 和馬庫色的《單向度的人》(*One-Diemensional Man*, 1964)。其中指出工具理性是一種理解世界的方式，即是把它的構成要素看成器具和手段，用以達成我們的目的。工具理性分離了事實與價值，它所關切的是要知道如何去做，而不是應該做什麼。從前，「自然」是上帝的造化；今天，「自然」變成了人們攫取、利用與發展的基地。工具理性不僅產生了資本主義，而且也製造了蘇俄與東歐的極權社會。在工具理性主宰下的工業社會，人也被壓縮成為「單向度的人」，活在功利的和經濟及科技的層次，成為社會大機器中的小螺絲釘。文化工業所製造的「假需求」替代了心靈中的音樂、文學和藝術的「真享受」，社會上充斥著裝腔作勢的「附庸風雅」，不滿的人們只能做某些微弱無力的抗議，如披頭、嬉皮之類浪漫的運動，根本無助於社會的改變。

　　在資本主義的早期，要求人們將大部分的精力用於工作，讓大部分的利潤投資於再生產，或許有其必要；但在晚期資本主義階段，生產力的提高已

❷⓿　黃瑞祺，前引書，頁 118。

意謂著高度壓力已無必要，如何從文化生活開始，個性被重視、人格得獨立，讓世界「非工具化」而使人們可回歸「真我」、享受自由的文化，成為馬庫色所說的個人的「第二向度」，也許是我們追求的美夢。㉑

由於心理學家佛洛姆的參加，使批判理論能應用佛洛伊德的精神分析而發現「文明有賴於壓抑」，猶如揭露病人的潛意識，將其行動納入意識的控制之下，而在社會中健康地生活一樣；批判理論要精緻地分析社會底層的因素和個人人格特質，提昇為依據道德判斷來行動的能力，並且促使社會朝向更少壓抑與扭曲的境界演進。

1933 年希特勒掌權後，法蘭克福諸君子紛紛避居美國。翌年，社會研究所遷往紐約，與哥倫比亞大學合作。直至二次世界大戰結束，應德國聯邦政府要求，該所始於 1950 年遷回法蘭克福，但馬庫色仍留居美國，先後任教於哥倫比亞、哈佛及加州大學。馬氏曾著書反省現代文明批判資本主義，要求解放被囚禁在「一度空間」的人民，呼籲知識分子要在新左派運動中起帶頭作用，並鼓吹學生運動，深受歡迎。

1968 年學潮洶湧時，自美國柏克萊開始，蔓延至德國，終於形成巴黎暴動為最高潮。當時學生高舉 "3M" 標語，誓言要跟隨馬克思、毛澤東及馬庫色的思想前進，因此有人指責法蘭克福學派鼓動學潮，其實並不盡然。因為霍克海默對青年學生欲使用暴力來改變現存秩序深不以為然，且恐暴力革命導致獨裁政權，故公開評論說：「我和今日的年輕人有一些共同的想法，希望過更好的生活以及公道的社會。我和他們一樣，也懷疑我們的中小學、學院、大學的教育價值。但我不同意他們的暴力行為，他們以暴力對付手無寸鐵的對手。我必須公開聲明：一種可疑的民主，儘管有種種的缺陷，還是比今日革命所導致的獨裁要強得多。」㉒

「社會主義學生聯盟」(SDS) 發起人之一的哈伯瑪斯，早在 1967 年便公開反對用暴力來改變現制。當德國學生於 1968 年企圖仿傚中共文革、解放「孤島西柏林」時，更嚴詞批評學生領袖錯估了形勢，因為民眾並不支持學生走

㉑　廖圭文譯：《當代社會理論》（臺北：桂冠，1986），頁 281-296。

㉒　黃瑞祺，前引書，頁 120-121。

上極端，變成「左派法西斯」。可見批判理論是要本於理性，慎思明辨地洞察行動的後果，更要本於良知，負起責任來採取適當而有效的行動。濫情地盲動、暴動，並不能促成社會的進步，而批判理論也不容許被當作造反的口號。

## 二、哈伯瑪斯 (Jürgen Habermas, 1929– ) 與認知理論

　　哈伯瑪斯出生於萊茵河畔的狄賽道夫 (Düsseldorf)，父親為當地工商協會主管。二次世界大戰結束後，哈伯瑪斯 15 歲時始因觀看有關紐倫堡大審的紀錄片，才知道希特勒屠殺猶太人的暴行，開始關心國事。1949 年東西德分裂，他進入哥丁根大學求讀，頗醉心馬克思的理論及西方馬克思主義者盧卡奇所著《歷史與階級意識》。翌年他轉學蘇黎世，再轉學波恩大學攻讀哲學。在研究海德格的存在哲學時，發現其與納粹政權糾纏不清的情形，覺悟知識分子不可躲在象牙塔中被人利用，而應發揮獨立思考，善盡社會責任，故課餘熱心學生運動。1954 年他完成〈絕對與歷史──論謝林思想中的矛盾〉論文，獲得博士學位。因讀霍克海默及艾多諾合著的《啟蒙的辯證》引起共鳴，乃於 1956 年抱著仰慕的心情去師事他們。

　　在撰寫教授資格論文〈公共領域的結構轉型〉時，哈伯瑪斯進一步探討英美實證主義與德國的認識理論，有回歸康德批判哲學與參照詮釋學方法的傾向；而分析當時資本主義社會的變遷及蘇聯和東歐極權國家的產生原因，也迫使他尋求更精細的「運作假設」(working hypotheses) 和更成熟的社會行動理論。可惜指導教授艾多諾居然出人意外地拒絕這篇水準極高的論文，哈伯瑪斯只好轉學馬堡大學，經艾本德魯 (Wolfgang Abendroth) 教授重新審查，口試通過後才取得教授資格。

　　1961 年哈伯瑪斯任教海德堡大學，與哲學詮釋學大師高德美 (Hans-Georg Gadamer, 1900–2002) 及心理學家梅契烈希 (Alexander Mitscherlich, 1908–1982) 同事。在當年德國社會學大會中，艾多諾與波柏 (Karl Popper, 1902–1944) 就「社會科學的邏輯」問題發生了爭辯，會後弟子們繼續討論，哈伯瑪斯遂撰〈科學分析理論與辯證法〉批評波柏的實證主義，把知識論縮減為科學哲學甚至科學方法論，其論證使人刮目相看。其後他又

把有關論文輯成《理論與實踐》(*Theorie und Praxis*) 一書於 1963 年出版，其內容創新了批判理論，倍受重視，乃能於 1964 年回到法蘭克福大學任教。他在就職演說〈認識與旨趣〉("Erkentnis und Interesse") 指出：「人類的生活興趣能夠決定人在世界之中的注意方向，包括學術研究的取向，是構成知識的先決條件。」哈氏稱此為「認知興趣」。而這樣把知識落實到生活上，以避免將某一種知識孤立化、絕對化之「落實的知識論」(materialist theory of knowledge)，依照我國學者黃瑞祺的看法，乃是哲學上知識論的「社會轉折」，使知識論與社會理論打成一片，創建了「承接康德知識論的精神，而綜合了黑格爾、馬克思兩者知識論的新架構，奠定社會理論批判的知識論基礎」。㉓

哈伯瑪斯分析了人類生活，簡約分成「勞動」和「語言」兩個要素：人類藉勞動來獲取物質資源，藉語言來溝互動；前者關乎人的生物存在，後者關乎人的社會文化存在。但在歷史發展與社會演變的過程中，又衍生出第三個要素：「權力」，它是扭曲的溝通方式：「支配」進入社會溝通結構所造成的。

針對上述社會生活要素，人類有 3 種認知興趣（即引導知識研究的基本生活興趣）：技術的、實踐的及解放的。決定 3 種學科的研究取向及知識性質如下：(1)因勞動而有的「技術的興趣」：產生經驗性分析性的學科，目標為建立律則性的知識，其知識形式是資訊；(2)因語言而有的「實踐的興趣」：產生歷史性詮釋性的學科，目標為解釋社會文化現象，其知識形式是理解；(3)因權力而有的「解放的興趣」：產生批判取向的學科（如心理分析、意識型態批判、反省性的哲學和批判社會學），目標為自我反省和相互辯證，其知識形式是批判。

上述知識論架構的優點，不僅將學科知識和生活行動聯貫一起，並且使各類知識各守分際，不至於強以其中某一類的知識（如自然科學）之判準來衡量其他所有的知識（如人文和社會科學）而導致謬誤的判斷，並且可藉更高的觀點(如追求自由與自主)，用批判及啟蒙的力量來導正現實社會的發展。

學潮期間，素來贊助學生運動的哈伯瑪斯，卻因直言諫諍，勸學生們不可採取暴力而被迫退出大學校園，乃於 1971 年起在普朗克 (Max Planck) 研究

㉓ 黃瑞祺，前引書，頁 164–168。

所潛心研究，直到 1981 年才隨著《溝通理論》(*Theorie des Kommunikativen*) 的出版而恢復法蘭克福大學的教席。❷❹

## 三、溝通理論的貢獻

哈伯瑪斯認為，在今日高度工業化的社會中，科技的發展尤其是應用人工智慧的資訊工業已可擺脫人類的控制，其所產生的「系統」甚至反過來控制人類的行動，所以要用「溝通理性」來平衡「工具理性」，用社會互動來規範勞動生產始能經由批判而邁向理性的社會。在《溝通行動》中，他藉由「普遍語用學」(universal pragmatics) 的原則來重建人類的溝通能力，使我們的言辭行動不僅能正確地表達「命題要素」(propositional component)，而且能適當地反映人際關係，而完整地表達「意思要素」(illocutionary component)，進而產生以象徵為媒介的互動及互為主體的溝通。

語言是社會生活的一種重要媒介。假若沒有語言，不但認知不可能，社會生活也不可能。但語言之能夠達成溝通目的，不僅言辭的意義必須是可以理解的，而且要具備「命題內容是真實的」、「言辭行動是正當得體的」以及「說話者的意向是真誠的」3 個有效性聲稱為條件。且只有經過理性的討論，雙方互相質疑、反覆論證，才能獲致共識。在何種條件下所達成的共識，才是合理的共識或真正的共識？哈伯瑪斯謂此條件為「理想的言辭情境」：「在假定真正和合理的共識是可以達成的前提下，所有的參與者都能夠有相等的機會來選擇及運用言辭行動、有相等的機會來擔任對話的角色，才能排除溝通的扭曲與限制。」此外「理想的言辭情境代表一種人類的期望、一種預示，此預示本身就保證我們能夠將實際上所達成之共識和合理的共識關聯在一起，同時理想的言辭情境可以當作實際上所達成共識的一個判準。」❷❺

綜上可見，經過理性討論所獲得的共識，不僅具有規範的向度，並且亦預期了理想的生活形式，使解放興趣所企求的自主與負責成為可能。學者黃

❷❹ 1994 年退休後，哈伯瑪斯照常撰文及演講，並於 2001 年訪問中國韓國和日本，2003 年與德希達 (Jacques Derrida) 共同發表「核心歐洲宣言」。

❷❺ 黃瑞祺，前引書，頁 263。

瑞祺認為，這種理想的生活形式是哈伯瑪斯溝通理論的目標，也是他社會批判理論的起點❷。事實上哈氏也的確是以分析人類溝通行動所獲得的結論，建立起他的社會學、倫理學和政治學的理論批判。經由溝通、理解人類的社會性行為並維持生活世界的完整性，以避免「系統」的宰制。在後習俗社會中，道德規範的共識，必須經由行為人的倫理商談才被接受；公共利益的成立，更應透過公眾的溝通與討論，才不致形成科技統治 (technocracy) 的獨霸。

在第三波的民主潮流中，除了要求健全「少數服從多數，多數尊重少數」的公正選舉和加強獨立而自由的公共輿論以外，更紛紛指向「全球民主」及「審議民主」也稱「理性討論的民主」。其主張促進不同政見、不同族群、不同文化之間的對話，形成彼此的信任和社會的團結，以維護區域安全與世界和平。於此，我們更可以發現哈伯瑪斯溝通理論之先見。

## 四、學制改革的成就

在六八學期間，哈伯瑪斯雖不贊成學生們用暴力來改變現狀的做法，但是他一直認同即速改革當前教育，尤其是大學教育的要求。1968 年前後更積極參與海森邦《高等教育法》的制訂工作，曾為此在《法蘭克福廣匯報》上發表「基本原則」，並在《時代周報》及《鏡報》雜誌等媒體上公開說明及與反對者辯論詰難，終於在取得共識後在同年 9 月經邦議會通過實施。

這個新的高教法一舉推翻了已經歷時 900 餘年的德意志大學傳統:「教授治校」。由於過去教授權限極大，在大學自主原則下雖保障了學術自由，卻難免造成對其他學術人員（私聘講師、專任教師、助教、研究助理及其他學術人員等）和行政人員及工友之不平等待遇，課程與教學也唯教授之命是聽，學生難有表達意見之機會。故新法改為「委員會治校制」，雖然維持大學自主、學術自由的原則，但由教授、講師及研究人員、助教及助理、學校職員、學生及工友分別推選代表參加校務、院務及系所會議，參與學校管理並合理分配經費和保障員工的待遇與福利，且亦經由學生與員工的參與，便於修訂入學辦法，提昇工農子弟求讀大學的比例。此外學生更有充分的機會，與教授

❷ 黃瑞祺，前引書，頁 264。

在互為主體的立場上互相對話，商訂課程及研究計畫。㉗

　　該法實施以後，不僅已被各方接受，而且逐漸被其他各邦仿傚，紛紛制定新的高教法，採取大同小異的類似制度。雖然《聯邦根本法》規定教育文化權授於各部，但經由理性討論的民主方式，卻使全德各邦共同形成了德意志大學的新制度。聯邦憲法法院又於 1979 年通過釋憲案，肯定「委員會治校制」符合憲法精神，可以在各邦普遍實施。

　　至於在高等教育以外的各級各類學校系統，則早已於 1953 年，由時任總統的霍衣士遴聘教育專家及各界代表組成聯邦教育委員會加以通盤檢討，並設計有效的改革方案。該委員會經過了 12 年孜孜不倦的工作，直到 1956 年 6 月才功德圓滿地正式結束。其有關建議如：舊制國校改為新設的基礎學校 (grundschule) 及人才發掘班 (förderstufe)，增設國民中學並將國民義務教育延展為 10 年；設置綜合高中及中間中學 (mittelschule) 並准在各類實科中學修業期滿的學生，可與文科中學學生同樣參加高中畢業會考而入大學求讀；設置了第二條升學之路如大學先修班、專校預備班、高中夜間部及學力檢定考試等，使有志青年可以同等學力接受高等教育。㉘

　　這一個「單軌多支」的德意志新學制，將原本貴族和菁英的學校，改造成民主的和大眾的學校。換言之，德國教育的「外部改革：學制改革」已經完成，需要進一步推動的是「內部改革：課程和教學的改革」。所以二十世紀 70 年代以後，德國教育學者的研究，逐漸集中在「教學論」及「各科教材教法」上。

## 五、克拉夫基 (Wolfgang Klafki, 1927– ) 的教學論與柏林模式

　　克拉夫基出生於東普魯士，自幼成績優異，16 歲便被徵召從事空軍地勤工作。1946 年進入漢諾威師範學校求讀，1948 年畢業後至下薩克森邦的鄉下小學教書。1952 年獲該邦獎學金至波昂大學，受教於李特。1955 年轉學哥丁

---

㉗　范捷平《德國教育思想概論》（上海：譯文，2003 年），頁 14–15。

㉘　許智偉：《德國師範教育》（臺北：臺灣書局，1968），頁 8–21。

根大學，在學者魏尼堅指導下於 1957 年獲博士學位。1963 年以〈教育理論和教學論研究〉❷通過教授資格審查。

這篇論文出版後引起普遍的重視與廣泛的討論，因為克拉夫基逐一檢討歐洲歷代教育家的理論後發現，教育學所不斷探討的核心問題乃是「教學論」的問題，剛好切合當時德國教育內部改革的需要。同時他又大膽地指出，當今的「教學」不再是教師講、學生聽的注入式教學，更不是把科學知識和文化遺產運用各種教學法灌輸給學生的各科教材教法；而是要把教學活動變成教師與學生互為主體的互動過程，並且在生活實踐中培養社會參與的責任感和自我反思及分析批判的能力。教學內容要兼顧歷史性、社會性和未來性，精選化約的知識和能力更應具有舉一反三、學習移轉的類化作用。

克拉夫基抱著「新教學」的理想應聘馬堡大學，直到 1992 年退休。學潮期間被學生奉為精神領袖，其後更積極推動教學革新，不遺餘力。70 年代以後，克拉夫基認同哈伯瑪斯「認知興趣」的架構與「溝通行動」的理論，認為教育既是社會化的過程，便應培養「獨立判斷、批判反思、個性解放」的青年，經由「發現式的學習」（即自行發現及分析、觀察及實驗、思考及認知科學的知識）與「社會性學習」（即經由互動及交往、生活及實踐、學習及增進社會的共識），使他們不僅能夠從愚昧中獲得啟蒙，而且能擺脫社會宰制，勇敢地參與社會活動、負起社會責任。

在所編《教育學》教科書中克拉夫基解釋解放教育，他指出：「解放作為教育的總目標是政治性的，它強調參與、強調通過教育實踐去改造不合理的社會制度和社會現實，培養有批判反思精神的新人」❸。是故，有人稱其為「解放教育學派」，但是克拉夫基自己卻只承認是「批判與建構的教學論者」，因為他除了應用社會批判理論外，還想發揚光大魏尼堅的結構主義思想，要在詮釋學的基礎上進行實證的結構分析。

為了實踐「批判與建構的教學理論」，西柏林師範學院（今已改隸於柏林工業大學）一群年輕教育家海曼 (Paul Heimann, 1901–1967)、歐托 (Gunter

---

❷ Wolfgang Klafki: *Studien zur Bildungstheorie und Didaktik* (Weinheim: Beltz, 1963).

❸ 范捷平，前引書，頁 112–113。

Otto, 1927–1999) 及舒爾茲 (Wolfgang Schulz, 1929–1993) 等人早在 70 年代初便開始辦理「柏林教學模式」的實驗。他們設計以學生為中心的課程，要培養與時俱進的世界觀、激發內在的學習動機、訓練批判反思、理解互動及運用科技的能力以外用結構分析的方法確定學習的範圍、掌握學習的條件，由師生共同規劃教學活動、安排教學媒介、進行教學評鑑，成效卓著，因而得以逐漸推廣，為西洋教育又注入了一股活水泉源。

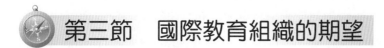

## 第三節　國際教育組織的期望

## 一、聯合國教科文組織 (UNESCO)

聯合國教科文組織是聯合國所屬 18 個專門機構之一，由 191 個會員國與 6 個準會員國組成的「大會」(general conference) 為管理主體，每 2 年舉行會議一次，開會期間由執行處與秘書處領導業務進行。自 1945 年成立以來便致力於「透過教育、科學及文化促進各國間合作，對和平與安全做出貢獻，以增進對正義、法治及《聯合國憲章》所確認之世界人民不分種族、性別、語言或宗教，均享有人權與基本自由之普遍尊重」之宗旨，並且具體落實於 3 項任務：(1)促進教育成為基本權利；(2)增進教育品質；(3)推動實驗、創新和策略對話。歷年來舉行無數會議，推行各種活動，在保障兒童受教權利，協助各國減少文盲及提昇全民教育水準等方面，均有卓越貢獻。

1972 年 5 月該組織國際教育發展委員會公布了一份研究報告：〈學會生存——教育世界的今天與明天〉("Learning to Be: The World of Education Today and Tomorrow")，其中指出：「由於科技的迅速發展，在青少年早期，一勞永逸地獲得一套終身有用的知識和技能的想法已經過時了。……我們要學會生活、學會如何去學習、學會自由而批判地思考、學會在工作的過程中創造而發展。……科技必須和兒童、青年和成人的教育活動結合起來，成為社會生活中連續的過程，並且這過程不僅有學校設施，也要包括資訊系統、

傳播媒體、企業機關、劇院和圖書館，使每個人都可以根據自己的需求終身受教育。」

為了迎接新世紀的來臨，聯合國教科文組織又在 1991 年大會中決議成立「國際二十一世紀委員會」來研擬教育與文化發展的目標與原則。該委員會於 1993 年組成，由曾任法國財經部長的戴洛爾 (Jacques Delors, 1925– ) 為主席，14 名委員分由政治家、科學家、經濟學家、社會活動家及行政人員擔任。他們分別從(1)教育與公民權利義務；(2)教育與社會團結；(3)教育、工作與就業；(4)教育、研究與科學；(5)教育與文化；(6)教育與發展加以研討，並於 1996 年提出報告：〈學習——內在的財富〉 ("Learning: The Treasure Within") ❸，共分為 5 個部分：

㈠**序　言**

指出當前世界面臨三大挑戰：(1)環境遭受破壞而區域發展又不平衡；(2)全球化的開展與民族矛盾日益突出；(3)民主制度在某些區域反而有衰落的趨勢。如何消除此種緊張關係，使經濟發展與人類未來的生存獲得平衡、使「世界公民」與「在地人」的雙重身分可以相互適應、使自由競爭與社會公平得以相輔相成地攜手共進等，均是未來教育不可迴避的責任，因為教育正處於人和社區發展的關鍵位置。

㈡**前　景**

第一章〈從基層社區到世界社會〉指出教育應對了解他人、了解其他民族以及世界和平有所貢獻；第二章為〈從社會團結到民主參與〉；第三章〈從經濟增長到人的發展〉指出人的發展才是經濟增長之根本目的。

㈢**原　則**

第四章〈學習的四大支柱〉指出傳統的教育只教學生認知，而沒有教學生如何做事、如何生活，更不知道人存在的意義與價值是什麼；但是在今天「學習社會」則必須要：(1)學會認知 (learning to know)；(2)學會做事 (learning to do)；(3)學會相處 (learning to live together)；(4)學會發展 (learning to be)，此

---

❸　聯合國教科文組織總部中文科所譯中文版為：《教育——財富蘊藏其中》，1996 年由北京教育科學出版社發行。

項目是前 3 項的總結，其文義是指教育應促進個人的全面發展，以養成具有獨立判斷與反省思考的個人，俾其能自由而負責地因應人生的各種情況。

　　第五章〈終身教育〉指出把人生區分為求學、就業與退休等時期的做法，已經不再符合現代生活的實際，更不符合未來社會的要求，今後人的一生都是學習的時期。雖然教育應包括不同的場所如家庭、職業單位與社區環境等，但仍應以學校為基礎為核心，讓每個人在任何階段都可重返學校接受正規的教育，尤其要幫助那些來自社會邊緣，或遭遇變故而過早失學的兒童。

㈣方　針

　　第六章〈從基礎教育到大學〉指出各級各類教育機構要相互溝通、彼此聯繫。第七章〈教師在探索新的前景〉指出在尊重學生選擇自由及師生平等關係的原則下，教師仍居於主導的地位。第八章〈教育的選擇：政治當局的作用〉強調教育與政治及行政機構合作的重要性，務求尊重多元文化、貫徹機會均等，實現民主理想。第九章〈國際合作：地球村的教育問題〉則呼籲加強教育及科學研究的國際合作，並促進文化交流以推行地球村的教育。

㈤結　語

　　二十一世紀的教育不但要承擔起為全球化的世界帶來和平的重責大任，而且要促進社會的團結和民主的參與，更要在經濟增長中扮演重要角色的同時，負起「人」生存發展的根本職能。

## 二、歐洲聯盟 (EU)

　　德法經濟競爭，尤其是爭奪魯爾河和薩爾河流域的煤鐵產地，是 1870 年普法戰爭以來歷次歐洲大戰的原因。負責法國戰後經濟復興的莫內 (Jean Monnet, 1888–1979) 大膽建議：「德法合作並由有關各國共同經營煤鋼工業以徹底消除戰爭。」德、法、意、荷、比、盧 6 國遂於 1952 年成立「歐洲煤鋼共同體」(ECSC)。由於成效卓著，極有助於戰後復興，6 國乃進而於 1957 年簽訂《羅馬條約》，創設「歐洲經濟共同體」(EEC，俗稱歐洲共同市場) 及「歐洲原子能共同體」(EURATOM)。1965 年的合併條約又將上述 3 個共同體合併運作，統稱「歐洲共同體」(European Community)，簡稱「歐體」(EC)。

　　由於歐體發揮了近似聯邦政府的功能而恢復了歐洲的富強，故吸引了英國、愛爾蘭及丹麥於 1973 年加入。1979 年歐洲議會改為直接選舉後，希臘於 1980 年、葡萄牙及西班牙於 1986 年相繼加入，使歐體擁有 12 個會員國，經濟力量足以抗衡美蘇，在世界上鼎足而三 ㉜。1992 年其簽署的《馬斯垂克條約》(*Treaty of Maastricht*)，締結經濟、貨幣及政治的同盟，建立廣泛的超國家政治體系，稱為「歐洲聯盟」(European Union)，簡稱「歐盟」(EU)。

　　《馬斯垂克條約》第 126 條規定：「在完全尊重會員國對教學內容及教育制度之權責、並尊重其文化與語言的差異性之前提下，歐盟將藉由鼓勵或補助會員國的合作活動來提昇教育品質。行動方案目標為：發展歐洲取向的教育，並藉由學習各會員國語言來達成；鼓勵學生與教師交流，並進一步推動文憑及進修認可制度；推動教育機構彼此的合作交流；建立各會員國彼此間教育資訊與經驗之交換；鼓勵青年及專家交流；鼓勵發展遠距教學」 ㉝。執委會遂在 1993 年提出《教育的歐洲面向綠皮書》，教育暨文化總署乃據而規劃 5 大方案，於 1995 年實施。其核心乃是因應知識經濟的挑戰，以知識歐洲為理想，普遍提昇歐盟各國教育品質的蘇格拉底計畫，其中又可區分為 3 個支計畫：

## ㈠ Comenius 計畫（學校教育計畫）

　　以捷克教育家柯美紐斯命名的計畫，是加強歐洲面向的計畫。中小學校（包括技職教育）均應加強外語教學及校際交流；歐盟提供教師培訓及與其他國家交流的輔助金，並建立「Comenius 行動網路」作為交流的平臺。

## ㈡ Erasmus 計畫（高等教育計畫）

　　以文藝復興時期學者伊拉斯慕士命名的計畫，又稱「歐洲大學學生交流計畫」。獎助各大學的學生和教師到其他國家的高等教育機構，進行 3 個月至 1 年的交換學習，在國外求學期間的成績亦為原大學所承認。此外歐盟還協調各個會員國相互承認大學的學歷和文憑，並且從事課程領域的合作和外語

---

㉜　張福昌：《邁向歐洲聯盟之路》（臺北：三民，2002），頁 132–133。

㉝　張鈿富：《國際與區域組織相關教育政策研究》（臺北：教育研究院籌備處，2008），頁 54。

的學習。

#### (三) Grundtvig 計畫（成人教育計畫）

以丹麥教育家葛隆維命名的教育計畫，其對象包括全體成人，尤其是那些未曾受過良好教育者，或曾被排除在一般教育體系外的人民，務使人人都能終身受教育以發展他們的生存能力。所以要發展各種新式的培訓及教育、建立各教育機構間的夥伴關係、補助到國外去交流及進修，並且要建立 Grundtvig 學術網路作為交換成人教育資訊的平臺。

除上述蘇格拉底計畫以外，還有輔以建立共同的職業訓練制度、提昇歐洲單一市場競爭力、培養「歐洲公民」共識的達文西計畫；讓每個青年都能學會 3 種以上的語文，並鼓勵他們團結、創新的青年計畫；協助中東歐國家教育的 Tempus 計畫；以及歷屆歐盟教育部長聯席會議所推動的「歐盟高等教育區域計畫」(European Higher Education Area, EHEA)，其不僅要相互承認彼此的學位制度、保證各國高教的品質水準、促進學生就學與就業機會的國際交流、共同採取兩階段的大學學制，並且要把終身的成人教育納入高教的一部分。❸❹

根據歐盟官方的評估，上述 5 大方案的執行尚非盡善，必須擬定後續計畫，貫徹實施，才能達成 2000 年在里斯本舉行的歐盟高峰會所訂：「使歐洲成為世界上最具競爭力的知識經濟實體」之目標。此外歐盟更強調成人教育的重要，研擬終身學習策略整合、加強蘇格拉底計畫與達文西計畫的聯貫性及協調性，同時倡導數位學習，利用網路科技與全球知識共享，逐步追求歐洲和諧與世界和平之理想。

## 三、北　歐

位處極寒之地，資源相當貧瘠的北歐諸國，之所以能建設成為今天世界上政治最民主、生活最自由、社會最平等的國家，根據英國教育家金恩的評論：「他們的成就，無法不歸功於教育。」❸❺

---

❸❹　張鈿富，前引書，頁 59–72。

❸❺　詳見本書第 17 章〈葛隆維與成人教育〉。

　　西元第十世紀基督教的教化，改變了維金人的思想和行為；十六世紀的宗教改革，為使人人讀《聖經》而開始有各自的民族語文及平民學校；十八世紀英國立憲與法國大革命的衝擊，使他們推行國民義務教育，並由於民智日開、人才輩出，所以在科學發明和技術進步上也不落人後。

　　十九世紀中葉，葛隆維提出「給成人教育機會」的呼籲，他認為學習的黃金時期不是兒童期而是青年期，尤其是開始職業生活的青年，理解力較佳，學習動機更強，教育效果也最為顯著。這種「為全民設立的生活的學校」在丹麥以「民眾高等學校」的形式出現，逐漸遍及北歐、影響全球，開啟了終身學習運動。當時丹麥大多數的人民是農民，因「民眾高校」的教育而提高了他們的知識力、增加了創造力，且以校友為核心的農村合作運動，不僅繁榮了國民經濟，而且自組政黨、自選代表，健全了北歐的民主政治。

　　時至今日，北歐仍以他們自己的「自由式教育」為驕傲，故當聯合國教科文組織於 1991 年大會決議成立二十一世紀委員會研討未來教育發展方向、歐盟執委會 1993 年提出《教育的歐洲面向綠皮書》以後，北歐部長會議也委由所屬智庫研擬二十一世紀教育的期望。這份報告於 1995 年公佈，名曰：《青草中的黃金財富——全民的終身學習》❸⑥，該報告內容簡要如下：(1)第一章〈未來與進步〉：說明變遷劇烈的未來，最重要的能力當屬「學習如何學習的能力」。(2)第二章〈科技與能力〉：指出新的科技尤其是資訊科技的一日千里，迫使人人都要不斷地學習新的資訊技術。(3)第三章〈國際化〉：任何職場都要求懂外國語言，從事對外溝通最好能通 3 種語言。(4)第四章〈明日歐洲的資格〉：是從工作中學習，並經由交流而獲得的共通的生活能力。(5)第五章〈成人教育〉：要「一石七鳥」，使個人發展能力、機構成為學習社會、強化民主、對抗失業、女男平等以及提昇環保。(6)第六章〈成長與成人教育〉：說明學習是會上癮的，知識愈豐富，愈想要更多的學習。成人的學習應由學習者主導，不僅追求專業知能，更為了人文素養，要使職業、生活與藝術串連起來。(7)第七章〈學習與工作結合〉：要把企業改造成開放性的學習組織，經由目標小

❸⑥　"The Golden Riches in the Grass: lifelong Learning for All", Report from a think-tank, issues by Thê Nordic Council of Minister, February 1995.

組來加強總管，經由共同參與來產生集體智慧。(8)第八章〈學習與失業〉：企業更新是要把消極的失業轉化成積極的進修時間，使職工提昇能力，使企業提昇競爭力。(9)第九章〈為生活而學習〉：提醒我們不應變成「單向度的囚徒」而應成為「多向度的文化人」；我們不是「缺乏教養的專家」而是全面發展的自由人；要追求啟蒙的理智、調和的情感、堅定的意志，對異性尊重、對自然調和，並且有與上帝合一的盼望。(10)第十章〈學習環境與良好實踐〉：再一次呼籲要勇於採用各種多元化的新型的教學方式，諸如個別化學習、學習圈與學習小組、遠距學習、應用電腦及自動教學機、多媒體學習、參與者管理等。結論：在全球化、資訊化與媒體化的未來世界中，只有「科技與人文並重的全民終身學習，才能找到埋在雜草叢中，可以決勝千里的黃金棋盤，才能化青草為財富」。

 ## 第四節　結語：Paideia

　　康德〈論教育〉開首即說：「人是唯一必須受教育的受造之物，因為其他生物，稍加養護便能生存，但是人為理性的動物，理性無法仿傚、無法訓練，必須用教育加以啟發，加以引出。所以康德進一步強調說：「人必須教育才能成為人」。由於自然人必須「教化」成文化人，野蠻人必須「開化」成文明人，小人更需要「德化」成為本著理性生活、運用理性行事為人的君子人。沒有受過教育的原人，是生物的存在，與猿猴同屬靈長類；經過教育啟蒙，理性逐漸生長、不斷發展，終有一日成為理想國際中的世界公民。這種說法與《中庸》所云：「天命之謂性，率性之謂道，修道之謂教」的意思是相通的。人性中含有天理，遵循著天理人性來行事為人就是正道；使人明白正道，並且修正行為來實施正道，就是教化。 ❸❼

　　中西哲理豈非相同？《聖經》有云：「神說，我們要按著我們的形象，照著我們的樣式造人，使他們管理海裡的魚、空中的鳥、地上的牲畜和全地，

❸❼　宋天正注譯：《中庸今注今譯》（臺北：商務，1977），頁 2-3。

並地上所爬的一切爬物」(《創世紀》1:26)。「樣式」是外面的形狀,包括五官和肢體;「形象」是裡面的所是,包括愛、光、聖、義等神的屬性。人必須裡外都像神,才能代表神來管理萬物,這是天命。

《聖經》又提到:「神將生命之氣吹在他鼻孔裡,人就成了活的魂」(《創世紀》2:6)。這口生命之氣進入身體,就成了「人的靈」,是接受神靈的器官,並且使魂產生理智、情感和意志的心理功用而構成人格,是人之所以成為人的條件,也使人跟神一樣成為「自由意志」,可以自己選擇,但也必須自行負責。依據《聖經》的記載,人類始祖亞當和夏娃受魔鬼的誘惑,吃了善惡是非樹上的果子,接受了惡者的生命而在人性中產生了罪性,經常與善良的天性戰鬥,形成了人的原罪。這4千年西洋歷史,尤其是教育思想史,就是告訴我們:「人類如何啟蒙理性,戰勝罪性,發展人性而漸進於神性」的故事。

西洋文明是基督宗教融合希臘哲學和羅馬法制的結果,而羅馬人更是繼承了希臘文化才創建其偉大的文明帝國,所以研究西洋歷史無法不常常回溯希臘的源頭,教育史更是如此;如果要了解西洋教育的本質,無法不先理解希臘人對教育的看法。

希臘文的教育一字 paideia,是指希臘人的形塑。所謂希臘人,不是為自己苟活的個人,而是為城邦生活的社會人;不僅身體健美,而且靈魂美善,要透過真知的獲得,陶冶完美的人格❸。依照柏拉圖的說法,人有理性,能直觀存有 (to ontös on) 而產生理念 (idea);理念獨立自存,是又真又美的至高之善,與宇宙之道 (logos) 相通。人類心靈受理念的陶冶,向上提昇,可以超越感覺世界而逐漸走向近似神的理念世界。教育乃是以人的理念來陶冶人、塑造人,猶如藝術家雕塑作品時在心中有其先驗的形式一樣。

柏拉圖曾提出「洞穴寓言」之說,謂人生在世,猶如自幼被囚於洞穴,全身被綑綁,無法轉身觀看洞外的事物,所見只是牆上反映的背影;一旦獲得自由,走出洞外,在陽光普照下,始能認識真實世界,不再以幻為真。我國教育家楊深坑曾指出:「就柏拉圖而言,教育就是一種解放和啟蒙的過程,

---

❸ Werner Jaeqer: *Paideia: die Formung des griechischen Menschen* (Berlin: Walter de Gruyter, 1959) s. 12.

使人從洞穴出來，走向真實的陽光世界；使人從虛幻的束縛中解脫，開展無限創造的精神自由」❸。其實整個西洋教育史就是一部人類經由啟蒙，使生命的種子得以發芽生長、神聖的理念得以逐漸實現的歷史。

　　雖然西洋教育史枝葉繁茂、錦團繽紛，而且思潮洶湧、時有異見，但是當我們逐一理解體驗以後，卻發現其整體發展仍是人性向上提昇，逐漸擺脫獸性、創造文化、建立文明，以追求與天地同德之理念的 paideia 史。在演變的過程中縱有違反理性，步入歧途的事實；但誠如康德在〈普遍的歷史觀〉所云：「基於人內在的能量，終必相反相成地導向人類全體歷史之目的」。❹

 小　結

　　二十世紀末葉所產生的存在主義和分析哲學，似乎挑戰教育的固有功能和價值，但其結果卻激發出希望教育與反對「偽教育」與「反教育」而維護教育學所具有的價值科學的性質。批判理論雖挑戰教育現狀，然亦完成了大學及學校教育的第一階段改革：外部學制的改革，並且正推動第二階段改革：內部課程與教學的改革。所以我們可以樂觀地抱著信心進入廿一世紀。各國際教育組織告訴我們：「打開新世紀大門的鑰匙是終身學習，我們必須『日新又新，向上提昇』」。

【問題討論】

　　1.國際教科文組織所提「學習四大支柱」是什麼？

　　2.什麼是歐盟的「蘇格拉底計畫」與「葛隆維計畫」？如何實施？

　　3.北歐智庫認為教育是「青草中的黃金財富」，該如何去開發？

❸　楊深坑：《柏拉圖美育思想研究》（臺北：水牛，1983），頁170。

❹　Immanuel Kant: *Immanuel Kant Werke*, hg. v. Wilhelm Weischedel, Bd. VI (Darmstadt: Wissenschaftliche Buchgesellschaft, 1964) s. 35.

# 附　錄

參考書目

中外名詞對照表

# 參考書目

中文部分

三民書局編 (1989)，《新辭典》，臺北：三民。

王曾才 (1978)，《西洋近世史》，臺北：正中。

王運如譯 (1970)，《中國書簡》，臺北：地平線。

方豪 (1977)，《中西交通史》，臺北：華岡。

方豪審訂 (1977)，《世界文明史》，臺北：地球。

中華書局編譯 (1962)，《西洋教育史》，臺北：中華。

田培林 (1963)，《教育史》，臺北：正中。

田培林 (1972)，《教育學新論》，臺北：文景。

田培林著、賈馥茗編 (1976)，《教育與文化》，臺北：五南。

安延明 (1999)，《狄爾泰的歷史解釋理論》，臺北：遠流。

任鴻年譯 (1974)，《斯賓塞論教育》，臺北：商務。

朱經農、唐鉞、高覺敷 (1974)，《教育大辭書》，臺北：商務。

余又蓀譯 (1964)，《康德與現代哲學》，臺北：商務。

宋天正注譯 (1977)，《中庸今注今譯》，臺北：商務。

李化方 (1969)，《歐美勞作教育思想史》，臺北：商務。

李正富譯 (1968)，《西洋近代教育史》，臺北：國立編譯館。

李申申、王鳳英 (2007)，《大起大落的命運——杜威在俄羅斯》，北京：新華。

李常受編 (2002)，《真理課程》，臺北：臺灣福音書房。

李國秀 (1991)，《達爾文》，臺北：書泉。

李園會 (1968)，《教育家裴斯泰洛齊》，臺中：臺中師專。

李邁先 (1969)，《俄國史》，臺北：國立編譯館。

沈剛伯校訂 (1956)，《世界通史》，臺北：東亞。

吳式穎 (2006)，《俄國教育史》，北京：人民教育。

吳式穎、周蕖、朱宏譯 (1996)，《蘇聯教育史》，北京：商務。

吳俊升 (1962)，《教育哲學大綱》，臺北：商務。

吳俊升 (1972)，《教育與文化論文選集》，臺北：商務。

吳康 (1961)，《康德哲學簡編》，臺北：商務。

吳康 (1970),《近代西洋哲學要論》,臺北: 華國。

吳頌皋、吳旭初譯 (1966),《亞理斯多德政治論》,臺北: 商務。

林玉体 (2001),《西洋教育思想史》,臺北: 三民。

林玉体 (2003),《美國教育思想史》,臺北: 三民。

林盛蕊 (1975),《福祿貝爾恩物理論與實務》,臺北: 文化大學。

林舉岱 (1949),《蘇維埃教育》,上海: 商務。

邱言曦譯 (1976),《西洋哲學史》,臺北: 中華。

周特天譯 (1977),《西洋文化史》,臺北: 黎明。

卓播英 (1972),《現代西洋教育思想》,臺北: 幼獅。

范捷平 (2003),《德國教育思想史》,上海: 譯文。

宣誠編譯 (1970),《德國文學史略》,臺北: 中央。

侯健譯 (1980),《柏拉圖理想國》,臺北: 聯經。

馬君武譯 (1958),《盧騷民約論》,臺北: 中華。

宮原譯 (1957),《學校與社會》,東京: 岩波。

徐宗林 (1965),〈斯賓塞之哲學及其教育思想之研究〉,臺北: 師大教研所。

徐宗林譯 (1971),《西洋三千年教育文獻精華》,臺北: 幼獅。

徐宗林 (1998),《西洋教育思想史》,臺北: 文景。

徐慶譽、湯清譯 (1986),《路德選集》,香港: 金陵神學院及基督教文藝社。

高思謙譯 (1979),《亞里士多德之宜高邁倫理學》,臺北: 商務。

浦薛鳳 (1955),《西洋近代政治思潮》,臺北: 中華文化。

孫本文 (1958),《社會學原理》,臺北: 商務。

孫彥民、黃中、李正富譯 (1968),《二十世紀的教育發展》,臺北: 國立編譯館。

孫德中編 (1966),《蔡元培先生遺文類鈔》,臺北: 復興。

陳大端譯 (1960),《世界通史》,臺北: 東亞。

陳正謨譯 (1968),《西洋哲學史》,臺北: 商務。

陳光輝、詹棟樑 (1998),《各國公民教育》,臺北: 水牛。

陳希茹 (2002),《奧林帕斯的回響——歐洲音樂史話》,臺北: 三民。

張君勱譯 (1992),《菲希德對德意志國民演講》,臺北: 商務。

張秀雄主編 (1996),《各國公民教育》,臺北: 師大書苑。

張宜雷 (2003),《影響西方文明的戰爭》,天津: 百花。

張春興 (2000),《心理學思想的流變》,臺北: 東華。

張福昌 (2002)，《邁向歐洲聯盟之路》，臺北：三民。

張鈿富 (2008)，《國際區域組織相關教育政策研究》，臺北：教育研究院籌備處。

張鶴琴 (1995)，《美國哲學簡史》，臺北：文海。

郭恒鈺 (1992)，《德意志帝國史話》，臺北：三民。

郭恒鈺 (2004)，《希特勒與第三帝國興亡史話》，臺北：三民。

郭博文譯 (1969)，《當代歐洲哲學》，臺北：協志。

陸琪譯 (1974)，《盧騷傳》，臺北：志文。

許大成、董昭輝、邱煥堂、李雲珍譯 (1972)，《西洋哲學史話》，臺北：協志。

許惠欣 (1979)，《蒙特梭利與幼兒教育》，臺南：光華女中。

許智偉 (1967)，〈倫理教育家包爾生〉，《臺灣教育輔導月刊》，臺北：臺灣教育輔導月刊社。

許智偉 (1968)，《德國師範教育》，臺北：臺灣書局。

許智偉譯 (1974)，〈蒙他尼論教育〉，《師友月刊》，臺北：師友月刊社。

許智偉主編 (1982)，《美國生計教育》，臺北：幼獅。

許智偉 (1982)，〈福祿貝爾與學前教育〉，《東方雜誌》，臺北：商務。

許智偉 (2002)，《北歐五國的教育》，臺北：鼎文。

許智偉 (2003)，《丹麥史──航向新世紀的童話王國》，臺北：三民。

許興仁編譯 (1978)，《蒙特梭利教具指引》，臺南：光華女中。

國立編譯館主編 (2000)，《教育大辭書》，臺北：文景。

項退結 (1970)，《現代存在思想研究》，臺北：現代學苑。

程大洋 (2010)，〈馬卡連柯教育思想初探〉，《通識論叢》，桃園：萬能科技大學。

傅任敢譯 (1966)，《教育漫話》，臺北：商務。

黃昌誠 (2008)，《馬卡連柯的教育思想》，高雄：復文。

黃炳煌 (1964)，《赫爾巴特教育思想之研究》，臺北：嘉新。

黃瑞琪 (2001)，《批判社會學》，臺北：三民。

單中惠、楊漢麟主編 (2002)，《西方教育學名著提要》，臺北：昭明。

鈕先鍾 (1997)，《歷史與戰略》，臺北：麥田。

鄒文海 (1972)，《西洋政治思想史稿》，臺北：鄒文海先生獎學基金會。

鄒豹君 (1978)，《歐洲地理》，臺北：商務。

鄔昆如 (1976)，《希臘哲學趣談》，臺北：東大。

鄔昆如 (1976)，《中世哲學趣談》，臺北：東大。

鄔昆如 (1977)，《近代哲學趣談》，臺北：東大。

楊亮功譯 (1965)，《西洋教育史》，臺北：協志。

楊深坑 (1996)，《柏拉圖美育思想研究》，臺北：水牛。

楊深坑 (1998)，《理論、詮釋與實踐》，臺北：師大學苑。

楊國賜 (1977)，《現代教育思潮》，臺北：黎明。

楊國賜 (1982)，《進步主義教育哲學體系與應用》，臺北：水牛。

楊萬運、賈士蘅譯 (1978)，《世界通史》，臺北：正中。

詹棟樑 (1981)，《斯普朗格文化教育思想及其影響》，臺北：文景。

廖主文譯 (1986)，《當代社會理論》，臺北：桂冠。

趙祥麟主編 (1992)，《外國教育家評傳》，上海：上海教育。

臺灣師大國家講座主編 (1999)，《教育科學的國際化與本土化》，臺北：揚智。

臺灣福音書房編 (2004)，《二千年教會歷史巡禮》，臺北：臺灣福音書房。

鄧安慶 (1999)，《施萊爾馬赫》，臺北：東大。

蔡進丁、陶瑋譯 (1985)，《歐洲地理新論》，臺北：黎明。

衛道治 (2006)，《克魯普斯卡雅教育文選》，北京：人民教育。

劉伯驥 (1983)，《西洋教育史》，臺灣：中華。

劉焜輝譯 (1972)，《盧騷的教育思想》，臺北：商務。

劉增泉 (2003)，《希臘史》，臺北：三民。

歐陽教 (1963)，〈菲希特教育思想簡述〉，《臺灣省立師範大學教育研究所集刊》，臺北：臺灣師大。

歐陽教 (1977)，《教育哲學導論》，臺北：文景。

錢志純編譯 (1975)，《我思故我在》，臺北：志文。

謝扶雅譯 (1967)，《士來馬赫：宗教與敬虔》，香港：基督教文藝。

謝棟樑 (2004)，《看希臘人打造奧運》，臺北：聯合文學。

魏肇基譯 (1968)，《愛彌兒》，臺北：商務。

關琪桐譯 (1971)，《新工具》，臺北：商務。

騰大春編 (1990)，《外國教育通史》，濟南：山東教育。

嚴平譯 (1992)，《詮釋學》，臺北：桂冠。

## 外文部分

Anweiler, O. (1968). *Die Sowjetpädagogik in der Welt von heute*. Heidelberg: Quelle & Meyer.

Blättner, F. (1966). *Geschichte der Pädagogik*. Heidelberg: Quelle & Meyer.

Bollnow, O. F. (1959). *Existenzphilosophie und Pädagogik*. Stuttgart: W. Kohlhammer.

Bollnow, O. F. (1964). *Die Pädagogische Atmosphäre*. Heidelberg: Quelle & Meyer.

Chen Horng-Mo (2000). *Die Bedeutung des erzieherischen Verhältnisses bei Pestalozzi*. Frankfurt a. M.: Peter Lang.

Comenius, J. A. (1960). *Grosse Didaktik*. hg. v. Andreas Flitner. Düsseldorf & München.

Dewey, J. (1916). *Democracy and Education*. N.Y.: The Free Press.

Dilthey, W. (1966). *Denkformen und Forschungsmethoden der Erziehungswissenschaft*. hg. v. Siegfried Oppolzer. München: Ehrenwirth.

Fernis-Haverkamp (1962). *Grundzuege der Geschichte von der Urzeit bis zur Gegenwart*. Frankfurt a. M.: Diesterweg.

Flitner, W. (1961). *Die Erziehung: Pädagogen und Philosophen über die Erziehung und ihre Probleme*. Bremen: C. Schuenemann.

Gerlach, W., & List, M. (1971). *Johannes Kepler: Dokumente Zu Lebenszeit und Lebenswerk*. München: Ehrenwirth.

Gillien, U. (1979). *Klassiker der Paedagogik*. München: C. H. Beck.

Glockner, H. (1958). *Die europäische Philosophie*. Stuttgart: H. Reclam.

Herbart, J. F. (1955). *Über die ästhetische Darstellung der Welt als das Hauptgeschäft der Erziehung*. hg. v. Heinrich Döpp-Vorwald. Weinheim: Julius Beltz.

Herrmann, U. (1979). *Klassik der Paedagogik*. München: Beck.

Horckheimer, M. (1972). *Critical Theory*. N.Y.: Harcourt, Brace & World.

Jacobsen, H. S. (1986). *An Outline History of Denmark*. Copenhagen: Host & Son.

Jacobsen, K. M. (1982). *Adult Education in the Nordic Countries*. Kungälv: Nordic Academy of Adult Education.

Jaeger, W. (1959). *Paideia: die Formung des griechischen Menschen*. Berlin: Walter de Gruyter.

Kant, I. (1960). *Ueber Pädagogik*. hg. v. Theo Dietrich. Heilbrunn: Klinkhardt.

Kant, I. (1964). *Immanuel Kant Werke*. hg. v. Wilhelm Weischedel. Darmstadt: Wissenschaftliche Buchgesellschaft.

Kaulbach, F. (1969). *Immanuel Kant*. Berlin: Walter de Gruyter.

Kerschensteiner, G. (1912). *Begriff der Arbeitsschule*. Leipzig: Teubner.

Kerschensteiner, G. (1954). *Grundfragen der Schulorganisation*. München: R. Oldenbourg.

Kienitz, W. (1959). *Leo Tolstoi als Pädagoge*. Berlin: Volk und Wissen.

King, E. J. (1973). *Other Schools and Ours: Comparative Studies for Today*. London: Halt.

Klafki, W. (1963). *Pestalozzis Stanser Brief*. Weinheim: Beltz.

Klafki, W. (1963). *Studien zur Bildungstheorie und Didaktik*. Weinheim: Julius Beltz.

Lassahn, R. (1970). *Studien zur Wirkungsgeschichte Fichtes als Pädagoge*. Heidelberg: Quelle & Meyer.

Lassahn, R. (1970). *Theodor Litt*. Münster: F. Coppenrath.

Lassahn, R. (1976). *Einführung in die Pädagogik*. Heidelberg: Quelle & Meyer.

Lassahn, R. (1978). *Tendenzen Internationaler Herbart-Rezeption*. Kastallaun: A. Hannm.

Lassahn, R. (1979). *Geschichte der Schulversuche*. Heidelberg: Quelle & Meyer.

Martin, F. (1961). *Deutsche Literaturgeschichte*. Stuttgart: A. Kröner.

Montessori, M. (1966). *The Secret of Childhood*. N.Y.: Ballantine.

Montessori, M. (1967). *The Absorbent Mind*. N.Y.: Dell.

Morrison, J. C. (1941). *The Activity Program*. N.Y.: State Department of Education.

Müller, K. (1967). *Johann Heinrich Pestalozzi*. Darmstadt: Wissenschaftliche Buchgesellschaft.

Nohl, H. (1958). *Erziehergestalten*. Göttingen: Vandenhoeck & Ruprecht.

Rang, M. (1979). *Klassiker der Pädagogik*. München: C. H. Beck.

Reble, A. (1964). *Die Arbeitsschule*. Bad Heilbrunn: Julius Klinkhardt.

Reble, A. (1965). *Geschichte der Pädagogik*. Stuttgart: Ernst Klett.

Röhrs, H. (1971). *Erziehung zum Frieden*. Stuttgart: Kohlhammer.

Rordam, T. (1977). *Die Dänische Volkshochschule*. Copenhagen: Det Danske Selskab.

Rousseau, J. J. (1963). *Emile oder über die Erziehung*. hg. v. Martin Rang. Stuttgart: Reclam.

Rousseau, J. J. (1976). *Preisschriften und Erziehungsplan*. hg. v. Hermann Röhrs. Bad Heilbrunn: Julius Klinkhardt.

Russ, W. (1965). *Geschichte der Pädagogik*. Heilbrunn: J. Klinkhardt.

Schaller, K. (1973). *Comenius*. Darmstadt: Wissenschaftliche Buchgesellschaft.

Schelsky, H. (1963). *Einsamkeit und Freiheit: Idee und Gestalt der deutschen Universität und ihrer Reformen*. Hamburg: Rowohlt.

Scheuerl, H. (1979). *Klassiker der Pädagogik*. München: C. H. Beck.

Schiller, F. (1960). *Briefe über die ästhetische Erziehung des Menschen*. hg. v. Albert Reble. Heilbrunn: Klinkhardt.

Schleiermacher, F. D. (1964). *Ausgewählte Pädagogische Schriften*. hg. v. Ernst Lichtenstein. Paderborn: F. Schöningh.

Schmidt, G. R. (1979). *Klassik der Pädagogik*. München: Beck.

Schoelen, E. (1965). *Lexikon der Pädagogik*. Freiburg: Herder.

Spranger, E. (1965). *Grundlegende Bildung, Berufsbildung, Allgemeinbildung*. Heidelberg: Quelle & Meyer.

Spranger, E. (1965). *Vom pädagogischen Genius*. Heidelberg: Quelle & Meyer.

Störig, H. J. (1950). *Kleine Weltgeschichte der Philosophie*. Stuttgart: Kohlammer.

Wittig, H. E. (1964). *Die Marxsche Bildungskonzeption und die Sowjetpädagogik*. Bad Harzburg: Wissenschaft Wirtschaft und Technik.

Wrightstone, J. W. (1938). *Appraisal of Newer Elementary School Practices*. Columbia: University.

# 中外名詞對照表

## A

Aachen 阿享行宮

Aargau 艾爾高

Abelard, P. (1079–1142) 艾伯拉

Achaeans 阿該亞人

Acropolis 衛城

Adorno, T. (1899–1969) 艾多諾

Aegean Sea 愛琴海

Aeolians 伊奧尼亞

Aeschylus (525–456 B.C.) 艾契洛斯

Agricola, R. (1443–1485) 艾基柯拉

Albertus, M. (1192–1280) 阿伯都

Alcuin (735–804) 艾爾坤

Aldolphus, G. (1594–1632) 阿道爾夫

Alexander (356–323 B.C.) 亞歷山大

Alexander I (1777–1825) 亞歷山大一世

Alexander II (1818–1881) 亞歷山大二世

Alexander III (1845–1894) 亞歷山大三世

Alexandria 亞歷山大利亞

Alfred (848–901) 亞弗烈

Algarve 阿格夫省

Alsted, J. H. (1588–1638) 艾斯天德

Altona 亞爾多納

Ambrosius (333–397) 安白路士

Amsterdam 阿姆斯特丹

Anaxagoras (500–428 B.C.) 亞那薩哥拉

Anaximender (611–547 B.C.) 亞那希曼德

Anaximenes (585–528 B.C.) 亞那米內斯

Andersen, H. C. (1805–1875) 安徒生

Andronicus, L. (284–204 B.C.) 安德尼柯

Anker, H. (1839–1896) 艾格

Antony, M. (83–30 B.C.) 安東尼

antropos 人類

Anweiler, O. (1925– ) 安懷烈

Aquaviva, C. (1543–1615) 艾奎維伐

Aragon 亞拉岡

Archimedes (287–212 B.C.) 阿基米德

Aristarchus (310–230 B.C.) 阿里士塔克

Aristophannes (448–380 B.C.) 亞里士多芬

Aristotle (384–322 B.C.) 亞里士多德

Arvesen, O. (1830–1917) 歐芃生

Asebie 亞是鄙

Assos 亞索

Athens 雅典

Attica 阿提加

aufklaerung 啟蒙

Augsburg 奧古斯堡

August, H. K. (1758–1828) 奧古斯都

Augustinus, A. (354–430) 奧古斯丁

Ayer, A. J. (1910–1991) 艾爾

## B

Bacon, F. (1561–1626) 培根

Badley, J. H. (1865–1967) 貝德萊

Bagley, W. C. (1872–1946) 巴格爾

Bahama 巴哈馬群島

Balliol 巴里奧

Barby 巴比

Barnard, H. (1811–1900) 巴納

Barth, K. (1886–1968) 巴特

Basedow, J. B. (1724–1790) 巴斯道

Basel 巴薩爾

Basil (330–379) 巴希爾

Basks 巴斯克

Baugarten, A. (1714–1762) 鮑嘉登

Beethoven, L. (1770–1827) 貝多芬

Belinskiy, V. G. (1811–1848) 別林斯基

Bell, A. (1753–1832) 貝爾

Bell, A. G. (1847–1922) 貝爾

Benedict (480–543) 本篤

Bentham, J. (1748–1832) 邊沁

Bentley, A. F. (1870–1957) 平德萊

Bergson, H. (1859–1941) 柏格森

Berkeley, G. (1685–1753) 貝克萊

Bern 貝恩

Berslar 勃萊斯勞

Biebrich 皮伯利希

Binet, A. (1857–1911) 比奈

Bismarck, O. (1815–1898) 俾斯麥

Blankenburg 勃蘭肯堡

Blonskij, P. P. (1884–1941) 布隆斯基

Bluntschli, H. K. (1743–1767) 卜隆齊里

Boccaccio, G. (1313–1375) 薄伽丘

Bode, B. H. (1873–1953) 波德

Bodmer, J. J. (1698–1783) 卜達美

Boehme, J. (1575–1624) 潘梅

Boleyn, A. (1501–1536) 鮑玲

Bollnow, O. F. (1903–1991) 布爾諾

Bologna 波隆尼

Bolshevik 布爾塞維克黨

Bonatell, F. (1830–1911) 布拿推里

Bordeaux 博多市

Boyle, R. (1627–1691) 波義耳

Brahe, T. (1546–1601) 布拉

Braunschweig 布朗薛維克邦

Breitinger, J. J. (1701–1776) 卜萊廷格

Bremen 布萊梅

Breslau 布萊斯勞

Bruner, J. S. (1915– ) 布魯納

Bruno, G. (1548–1600) 布魯諾

Brutus, M. (85–42 B.C.) 布魯特斯

Bubnov, A. (1883–1940) 布伯諾夫

Bude, G. (1467–1540) 布岱

Bueckburg 匹克堡

Bugenhagen, J. (1485–1558) 布艮漢根

Burgdorf 堡壘村

Burlington 布林頓

Buss, J. C. (1776–1855) 步斯

Byron, G. G. (1788–1824) 拜倫

Byzantium 拜占庭

## C

Caesar, J. (100–44 B.C.) 凱撒

Calicut 古里

Calvin, J. (1509–1564) 喀爾文

Cambridge 劍橋

Campe, J. H. (1746–1818) 康伯

Canaan 迦南地

Cannae 坎尼

Canute I (985–1035) 開紐特一世

Cape of Good Hope 好望角

Carey, W. (1761–1834) 凱瑞

Carnap, R. (1891–1970) 卡納普

Carnegie, A. (1835–1919) 卡內基

Carthage 迦太基

Cassirer, E. (1874–1945) 卡西勒

Castile 卡斯提爾

Catherine (1435–1536) 凱薩琳

Catherine II (1729–1796) 凱薩琳二世

Cato, M. P. (232–147 B.C.) 伽圖

Cattell, J. M. (1860–1944) 卡特爾

Cauer, L. (1792–1834) 高爾

Charlemagne (747–814) 查理曼

Chavrettes 隱盧

Christian III (1503–1559) 基士揚三世

Christian VIII (1786–1848) 基士揚八世

Christine (1626–1689) 克麗絲汀

Cicero, M. T. (106–43 B.C.) 西塞洛

Claparéde, E. (1837–1940) 克拉巴德

Clarke, E. (1650–1710) 葛拉克

Claudius, M. (1740–1815) 克勞地

Clausen, H. N. (1793–1877) 克勞生

Cobb, S. (1881–1982) 郭伯

Cohen, H. (1842–1918) 柯恩

Colet, J. (1467–1517) 柯烈

Columbus, C. (1451–1506) 哥倫布

Comenius, J. A. (1592–1670) 柯美紐斯

Comte, A. (1798–1857) 孔德

Connat, B. (1893–1978) 柯南特

Connecticut 康州

Constance 康斯坦茲

Constantine I (272–337) 君士坦丁一世

Copernicus, N. (1473–1543) 哥白尼

Cornell 康乃爾

Cousin, V. (1792–1846) 庫辛

Cracow 柯拉各

Crammer, T. (1486–1556) 克蘭穆

Credaro, L. (1860–1939) 克萊達諾

Cretan 克里特

## D

Da Gama, V. (1469–1524) 達伽瑪

Da Vinci, L. (1452–1519) 達文西

Dante, A. (1265–1321) 但丁

Darius (521–486 B.C.) 大流士

Darwin, C. R. (1809–1882) 達爾文

David, C. (1690–1751) 戴維

De Garmo, C. (1849–1934) 戴嘉穆

de Medici 麥迪西家族

Decroly, O. J. (1871–1932) 德可樂利

Delors, J. (1925– ) 戴洛爾

Demokritos (460–370 B.C.) 德謨克利圖

Denton, G. (1759–1794) 丹敦

Derby 丹比

Descartes, R. (1596–1650) 笛卡兒

Dessau 德紹

Deventer 丹文特

Dewey, J. (1859–1952) 杜威

dialektik 辯證法

Diaz, B. (1400–1450) 狄亞士

Diderot, D. (1713–1784) 狄德羅

Die Philosophie des als ob 宛若哲學

Diesterweg, A. (1790–1866) 狄斯德威

Dijon 迪翰

Dilthey, W. (1833–1911) 狄爾泰

Diocletian (243–316) 戴克里先

Diogenes (412–323 B.C.) 戴奧真尼斯

Dmiaschkevich, M. (1891–1938) 德梅基維克

Dorians 杜利安

Dörpfold, F. W. (1824–1893) 杜沛德

Dresden 德來斯登

Driesch, H. (1867–1941) 杜理舒

Dufay, G. (1400–1474) 杜飛

Dupin 杜邦

Durkheim, E. (1858–1917) 涂爾幹

Düsseldorf 狄賽道夫

## E

Ealing 愛林

Eberhard, J. A. (1739–1809) 艾柏哈德

Ebersberg 愛培士堡

Edinburgh 愛丁堡

Edison, T. (1847–1931) 愛迪生

Edwards, N. W. (1809–1889) 艾德華

Ehlers, M. (1705–1770) 艾勒

Elea 伊利亞

Eliot, C. W. (1834–1926) 義律

Elis 艾利斯

Elizabeth I (1533–1603) 伊莉莎白一世

Ellen Key (1849–1926) 愛倫凱

Elyot, T. (1490–1546) 艾理得

Emerson, R. W. (1803–1882) 愛默生

Empedocles (492–432 B.C.) 恩培多克利

Engels, F. (1820–1895) 恩格斯

Enmenonville 愛曼儂

Ephesos 以弗所

Epicurus (341–270 B.C.) 伊璧鳩魯

Erasmus, D. (1466–1536) 伊拉斯慕士

Erfurt 艾爾福德

Essen 埃森

essentialism 精粹主義

Eton 伊登

Etruster 伊突斯坎人

Eucken, R. (1846–1926) 倭鏗

Euclid (323–285 B.C.) 歐幾里德

## F

Fechner, G. T. (1801–1887) 費希納

Fellenberg, P. E. (1771–1844) 裴論貝

Ferdinand (1452–1516) 斐迪南

Fernara 費拉臘

Fichte, J. G. (1762–1814) 菲希德

Firenze 翡冷翠

Fischer, A. (1880–1937) 菲旭

Flar, C. (1792–1874) 福魯

Fleising 佛萊辛

Flitner, W. (1889–1945) 傅立特納

Fourier, C. (1772–1837) 傅理葉

Fourier, P. (1565–1660) 傅理葉

Francis I (1494–1547) 法蘭西斯一世

Francke, A. H. (1633–1727) 傅朗克

Frankfurt 法蘭克福

Franklin, B. (1708–1790) 佛蘭克林

Franz II (1768–1835) 弗蘭茲二世

Frauenburg 符勞恩堡

Frederik VII (1808–1863) 費特力七世

Freiburg 自由堡

Freud, S. (1856–1939) 佛洛伊德

Freylinghausen, J. A. (1670–1739) 傅林豪

Friedrich I (1122–1190) 腓特烈一世

Friedrich I (1657–1713) 腓特烈一世

Friedrich II (1712–1786) 腓特烈二世

Friedrich IV (1671–1730) 腓特烈四世

Friedrich Wilhelm II (1744–1797) 腓特烈・威廉二世

Fröbel, F. (1782–1852) 福祿貝爾

Fromm, E. (1900–1980) 佛洛姆

Fulda 富達

Fulnek 福內克

Füssli, K. (1706–1782) 傅斯里

Fust, J. (1400–1466) 福士

## G

gaben 恩物

Gadamer, H. G. (1900–2002) 高德美

Galerius (242–311) 蓋力略

Galilei, G. (1564–1642) 迦利略

Galloway, S. (1811–1872) 蓋老維

Gandhi, M. (1869–1948) 甘地

Gagné, R. M. (1916–2002) 蓋涅

Gansberg, F. (1871–1950) 耿茨貝格

Gaudig, H. (1860–1923) 高迪希

Geheab, P. (1870–1961) 吉熙伯

George III (1738–1820) 喬治三世

Gesner, J. M. (1691–1761) 季士訥

Gibert, W. (1549–1603) 吉伯特

Gilman, D. C. (1831–1908) 吉爾曼

Girad, G. (1765–1850) 季拉特

Giradin, R. (1735–1808) 齊雷亭

Glaucha 葛老橋

Goethe, J. W. (1749–1832) 歌德

Gorgias (483–373 B.C.) 高奇亞

Gorky, M. (1868–1936) 高爾基

Gothen 哥丹

Göttingen 哥丁根

Gouveia, A. (1497–1548) 古維亞

Granada 格拉納德

Grassus, L. (115–53 B.C.) 克拉蘇

Gregory IX (1145–1241) 額祿九世

Gregory XV (1554–1623) 額祿十五世

Groote, G. (1340–1384) 葛魯特

Grundtvig, N. F. S. (1783–1872) 葛隆維

Gruner, G. A. (1778–1844) 葛魯納

Guarino, V. (1374–1460) 桂里諾

Gutenberg, J. (1396–1468) 古騰堡

## H

Habermas, J. (1929– ) 哈伯瑪斯

Hably 哈伯萊

Hall, G. S. (1844–1924) 霍爾

Halle 哈萊

Hamann, J. G. (1730–1788) 哈孟

Hardenberg, F. (1772–1801) 哈登貝

Hardenberg, K. A. (1750–1822) 哈登伯

Harnisch, W. (1787–1864) 哈尼希

Harris, W. T. (1835–1909) 哈理士

Hartlib, S. (1600–1670) 哈理伯

## J

James I (1566–1625) 詹姆士一世

James, W. (1842–1910) 詹姆士

Jaspers, K. (1883–1969) 雅士伯

Jefferson, T. (1743–1826) 傑弗遜

Jerusalem 耶路撒冷

Johannes XXIII (1370–1419) 約翰廿三世

Josquin, D. (1440–1521) 喬斯更

Jullien, M. A. (1775–1848) 朱利安

Jung, C. G (1875–1961) 榮格

Justinian (527–565) 猶士丁尼

## K

Kaloga 卡盧格

Kandel, I. L. (1881–1965) 康德爾

Kant, I. (1724–1804) 康德

Karachi 喀拉蚩

Karl IV (1316–1378) 查理四世

Karl V (1516–1556) 查理五世

Karl VIII (1470–1498) 查理八世

Keller, L. (1849–1915) 開勒

Kepler, J. (1571–1630) 開卜勒

Kerschensteiner, G. (1854–1932) 凱欣斯泰納

Kief 基輔

Kiel 基爾

Kierkegaard, S. (1813–1855) 祁克果

Kilpatrick, W. H. (1871–1965) 克伯屈

King, E. J. (1914–2002) 金恩

Klafki, W. (1927– ) 克拉夫基

Kleist, H. (1777–1811) 克萊斯特

Klemens XIV (1705–1774) 克里門十四世

Klopstock, F. G. (1724–1803) 克羅普斯托

Kneller, G. F. (1908– ) 葛耐勞

Knox, J. (1513–1572) 諾克斯

Knutzen, M. (1713–1751) 克諾誠

Kold, C. (1816–1870) 柯德

Köln 科隆

Königsburg 寇尼斯堡

Krakau 克剌高

Krause, K. C. F. (1781–1832) 克勞賽

Kruesi, H. (1775–1844) 葛呂仙

Krupskaja, N. K. (1869–1939) 克魯普斯卡雅

Kühnel, J. (1869–1936) 邱納爾

Kuno Fischer (1824–1907) 古諾・費雪

## L

Lamarck, J. B. (1744–1829) 拉瑪克

Langeland 冷岩島

Langeveld, M. J. (1905–1989) 郎額菲德

Lasso, O. (1532–1594) 拉索

Latin 拉丁人

Lavater, J. K. (1741–1801) 拉伐特

Lavoisier, A. (1743–1794) 拉瓦謝

lebensphilosophie 生命哲學

Leewenhoek, A. (1632–1723) 呂文霍克

Leibniz, G. W. (1646–1716) 萊布尼茲

Leiden 萊頓

Leipzig 萊比錫

Lenin, N. (1870–1924) 列寧

Leo III (750–816) 李奧三世

Leo X (1475–1521) 李奧十世

Melanchthon, P. (1497–1560) 梅蘭克頓

Merici, A. (1474–1540) 梅莉西

Metternich, K. F. (1773–1859) 梅特涅

Michelangelo (1475–1519) 米開朗基羅

Miletos 米利都

Mill, J. S. (1806–1873) 穆勒

Mills, C. (1806–1879) 米爾士

Miltitz, E. H. (1739–1774) 米爾悌士

Minnesota 明尼蘇達

Mitscherlich, A. (1908–1982) 梅契烈希

monade 單子

Monnet, J. (1888–1979) 莫內

Mont Pellier 蒙比利

Montaigne, M. (1533–1592) 蒙他尼

Monte Cassino 蒙卡西諾

Montesquieu, B. (1689–1755) 孟德斯鳩

Montessori, M. (1870–1952) 蒙特梭利

Montmorency 蒙莫朗

Moore, G. E. (1873–1958) 穆爾

Moravia 摩爾維亞

More, T. (1478–1535) 莫爾

Morea 摩里亞

Morf, H. (1818–1890) 莫爾甫

Morris, G. (1862–1935) 莫理士

Morris, V. C. (1921– ) 莫理士

Muehlenberg, H. M. (1711–1787) 繆倫貝克

Muenchenbuchsee 明心湖

Mulcaster, R. (1531–1611) 穆卡斯特

München 慕尼黑

Muralt, J. (1780–1850) 莫勞德

Mycenaean 邁錫尼

## N

Naples 那不勒斯

Napoleon, B. (1769–1821) 拿破崙

Nassau 拿紹

Natorp, P. (1854–1924) 拿托普

Nehru, J. (1889–1964) 尼赫魯

Neill, A. S. (1883–1973) 倪爾

neo Hegelianism 新黑格爾主義

Nero (37–68) 尼祿

Netherlands 尼德蘭

Neuberg 新山

Neuchatel 紐夏泰

neuvitalismus 新生機主義

Nevsky, A. (1220–1263) 涅夫斯基

Newton, I. (1642–1727) 牛頓

Nicaes 尼西亞

Nicholas I (1796–1855) 尼古拉一世

Nicholas II (1868–1918) 尼古拉二世

Nicolovius, G. (1767–1839) 倪可勞微士

Niederer, J. (1779–1843) 倪德蘭

Nietzsche, F. (1844–1900) 尼采

Nivinice 尼尼斯

Niza 尼沙

Nobel, A. (1833–1896) 諾貝爾

Nohl, H. (1879–1960) 諾爾

## O

Ockeghum, J. (1410–1497) 歐克亨

Octavius (63–14 B.C.) 屋大維

Odenbarnevelt, J. (1547–1619) 歐登伯乃威

Protagoras (481–411 B.C.) 普羅達哥拉
Ptolemy, C. (90–168) 托勒密
Pythagoras (580–500 B.C.) 畢達哥拉斯

## Q

Quintilian, M. F. (35–95) 坤體良

## R

Rabelais, F. (1494–1553) 剌伯雷
Rakoczi, S. (1621–1660) 拉柯斯基
Raphael (1483–1520) 拉斐爾
Ratke, W. (1571–1635) 拉提克
Raumer, K. G. (1783–1865) 勞梅
Reddie, C. (1858–1932) 雷迪
Rein, W. (1847–1929) 雷鷹
Renaissance 文藝復興
Rendsburg 倫茲堡
Reuchlin, J. (1455–1522) 羅吉林
Rheticus, G. J. (1514–1576) 雷天可
Rhodes 羅德城
Richter, J. P. F. (1763–1825) 李希脫
Rickert, H. (1863–1936) 李凱德
Riehl, A. (1844–1924) 李爾
Riga 里加
Ritter, K. (1779–1859) 李德
Robespierre, M. (1758–1794) 羅伯斯庇爾
romantik 浪漫主義
Rotterdam 鹿特丹
Rousseau, J. J. (1712–1778) 盧騷
Rupert I (1309–1390) 魯佩一世
Russell, B. (1872–1970) 羅素

## S

Sachsen 薩克森邦
Saint-Simon (1760–1825) 聖西蒙
Salamis 薩拉密斯灣
Salerno 薩理諾
Salzmann, C. G. (1744–1811) 薩而茲曼
Saros-Patak 薩路巴妲
Sartre, J. P. (1905–1980) 沙特
Savayen 薩伏尹
Savonarola, G. (1452–1498) 薩伐諾拉
Scharnhorst, G. (1757–1813) 夏霍士
Scharrelmann, H. (1871–1940) 沙來爾曼
Schaski, S. T. (1878–1934) 沙茨基
Scheffler, I. (1923– ) 謝富樂
Schelling, F. W. J. (1775–1854) 謝林
Schiller, F. C. C. (1864–1937) 薛勒
Schiller, J. C. F. (1759–1805) 席勒
Schlegel, F. (1772–1829) 薛來格
Schlegel, W. (1767–1845) 威廉·薛來格
Schleiermacher, F. D. (1768–1834) 許萊雅馬赫
Schlick, M. (1882–1936) 史立克
Schmidt, J. (1785–1851) 施密特
Schnepfenthal 雪耐芬
Schulthess, A. (1738–1815) 許安娜
Schulz, W. (1929–1993) 舒爾茲
Séguin, É. (1812–1880) 塞根
Seidel, R. (1850–1933) 薩德爾
Semler, C. (1669–1740) 申姆勒
Seyfert, R. (1862–1940) 薩斐爾特
Shaftesburg; Cooper, A. A. (1621–1683)

Troeltsch, E. (1865–1923) 杜留希

Trojan 特洛亞

Tschiffeli, J. R. (1708–1777) 齊飛里

Tübingen 杜賓根

Tyndale, W. (1492–1536) 田戴爾

## U

Ulich, R. (1890–1977) 烏理先

Ulyanov, I. (1831–1886) 烏里揚諾夫

Urban IV (1195–1264) 烏朋四世

Uschinskij, K. (1824–1870) 烏申斯基

## V

Vaihinger, H. (1852–1933) 魏興國

Valencia 瓦倫西亞

Valmy 凡爾密

Vergerio, P. P. (1370–1445) 范傑里奧

Vermont 維蒙特州

Vesalius, A. (1514–1564) 維薩里

Vincennes 梵孫尼

Vinet, E. (1509–1587) 費奈

Virgil (70–19 B.C.) 微吉爾

Vittorino, F. (1378–1446) 費多里諾

Vives, J. L. (1492–1540) 微范士

Volkelt, J. (1848–1930) 福開德

Voltaire, F. M. A. (1694–1778) 伏爾泰

## W

Ward, L. F. (1841–1913) 華德

Wartburg 瓦德堡

Washington, G. (1732–1799) 華盛頓

Watt, J. (1736–1819) 瓦特

Weimar 威瑪邦

Weiss, C. S. (1770–1856) 魏斯

Weniger, E. (1894–1961) 魏尼堅

Wenke, H. (1903–1969) 文克

Wesley, J. (1703–1791) 衛斯理

Whitehead, A. N. (1861–1947) 懷德海

Wieland, C. M. (1733–1813) 費蘭特

Wien 維也納

Wilberforce, S. (1805–1873) 威爾伯福士

Wilhelm, F. (1640–1688) 威廉

Willaert, A. (1490–1562) 魏拉赫

William (1070–1121) 威廉

William (1533–1584) 威廉

William III (1770–1840) 威廉三世

Willmann, O. (1839–1920) 魏爾曼

Winchester 溫徹斯特

Windelband, W. (1848–1915) 文德班

Witmer, L. (1867–1956) 魏特默

Wittenberg 威登堡

Wittgenstein, L. (1889–1951) 維根斯坦

Wladislaw IV (1595–1648) 華拉迪斯老四世

Wolf, F. A. (1759–1824) 胡爾夫

Wolfenbuettel 胡芬堡

Wolff, C. (1679–1754) 吳爾夫

Wolgast, H. (1860–1920) 符爾葛斯脫

Woodbridge, W. C. (1794–1845) 伍布雷

Wordsworth, W. (1770–1850) 華滋華士

Wuerttenberg 胡騰邦

Wuerzburg 胡次堡

Wundt, W. (1832–1920) 馮德

Wycliffe, J. (1328–1384) 威克里夫

Wyneken, G. (1875–1964) 魏尼根

## 西洋教育思想史　　林玉体／編著

　　教育興革，應以教育思想為基礎。在這方面，西洋教育思想的廣度與深度皆凌駕東方之上；探討西洋歷史上重要教育思想之教育學說，確是推動我國教育邁向進步所不可或缺的工作。作者從西元前約六世紀時的「辯者」開始，一直到二十世紀的當代教育思想家為止，一一研讀他們的教育著作，剖析其內容、評鑑其價值，以簡單流暢的文字予以陳述，企盼讀者能對西洋教育思想之演變有輪廓顯明的深刻印象，並從中獲取借鏡，構思出醫治我國教育思想沉痾之藥方。

## 比較教育與國際教改　　周祝瑛／著

　　本書嘗試跳脫傳統的比較教育範疇，透過「時間歷史縱軸」與「國家地區橫軸」的方式，鋪陳五大洲、二十多個國家與地區的教育現況與改革挑戰。書中除了包括比較教育學科的歷史發展、主要理論、研究方法、分析單位與研究主題外，也針對當前重要的研究範例、國際組織與各國教改逐一討論，並探討許多重要學者的論述，以及全球化過程中若干新興國家與衝突地區的教育狀況。作者希望透過本書，能為比較教育初學者、關心國際教改人士，或公共政策制訂者，略盡棉薄之力。

## 教育哲學——本土教育哲學的建構　　溫明麗／著

　　本書扣緊「主體性」與「簡約性」，呈顯「知即德」的傳統教育精神，探究傳統教育哲學、存在主義、現象學、詮釋學、批判理論及後現代等教育哲學觀，並呼喚教師專業倫理素養的風華再現。舉凡有心鑽研教育理論，或擬進行教育行動研究者，本書均能發揮奠定基礎、激發思想、並強化理論建構之效，也期能有助於建構與推動臺灣本土教育哲學。

## 西洋教育史　　林玉体／編著

　　本書作者條列教育上的重要課題，如教育目的、認同教育、心理學、教學法、課程規劃、宗教與道德、教育行政、非正式教育、各正式教育及師範教育等，分別細數其縱向歷史發展，與政治、經濟、哲學等各項在教育中的地位變化，以及公家與私人教育的消長，史料豐富詳實。如果您渴望看見不同教育學者在面對相同課題時思想激盪的火花，那麼本書絕對是您的不二選擇！

## 教育哲學　葉學志／著

　　本書為貫通中西近代教育哲學，且為研究哲學思想與教育理論關係之學術著作。作者以多年講授教育哲學之經驗，精心撰寫，為教育人員提供中西教育思想之重要資料，並予以比較分析，使讀者深切瞭解教育哲學之精華，確立正確教育之導向。本書同時亦在闡明　國父教育思想之先知灼見，及其在教育哲學上之貢獻。

## 美國教育思想史　林玉体／著

　　早期的美國教育思想家，大半拾穗於歐陸及英倫學者的思想耕耘，但「美國本土化」，卻是其後美國教育學者擬透過教育過程來運思的重點所在。本書之撰述，也異於一般教育哲學史或教育思想史的方式，不以傳統的「學派」、「主義」或「形上學」、「道德學說」及「知識論」為章節，而是將教育理論與教育實際，配合時代需求一併論述，以忠實反映美國教育的特色。